史記菁華錄

【漢】司馬遷 原著

【清】姚苧田 選評

王興康 周旻佳 點校

上海古籍出版社

图书在版编目(CIP)数据

史记菁华录 /（汉）司马迁原著；（清）姚苧田选评；王兴康,周旻佳点校. —上海：上海古籍出版社，2022.10（2024.11重印）

（国学典藏）

ISBN 978-7-5732-0454-7

Ⅰ.①史… Ⅱ.①司… ②姚… ③王… ④周… Ⅲ.①中国历史－古代史－纪传体②《史记》－研究 Ⅳ.①K204.2

中国版本图书馆 CIP 数据核字(2022)第 180818 号

国学典藏

史记菁华录

［汉］司马迁 原著

［清］姚苧田 选评

王兴康 周旻佳 点校

上海古籍出版社出版发行

（上海市闵行区号景路 159 弄 1－5 号 A 座 5F 邮政编码 201101）

(1) 网址：www.guji.com.cn

(2) E-mail：guji1@guji.com.cn

(3) 易文网网址：www.ewen.co

上海展强印刷有限公司印刷

开本 890×1240 1/32 印张 14.625 插页 5 字数 320,000

2022 年 10 月第 1 版 2024 年 11 月第 2 次印刷

印数：3,101—4,200

ISBN 978-7-5732-0454-7

K·3268 定价：68.00 元

如有质量问题,请与承印公司联系

电话：021-66366565

前　言

　　《史记菁华录》梓行于清康熙六十年辛丑(1721)。选评者署苎田氏,姚姓,据道光四年甲申(1824)刊本赵承恩序谓,苎田氏为浙江钱塘人,乾嘉时犹在世。朱自清在《〈史记菁华录〉指导大概》一文中说:"《史记菁华录》是钱塘姚祖恩编的。"所根据的是吴振棫题跋,可惜并没有进一步说明,故于他的生卒年月及生平事迹均未能详悉,其著述除了《史记菁华录》之外,还曾评点过《战国策》。从苎田氏的卷首《题辞》和书末评语来看,他少年喜读《史记》,循环讽诵,抉微探幽。在研读过程中,有感于是书意味深长,而当时又没有令人满意的评本可读,于是便设想"抽挹菁华,批导窾郄",使《史记》的天工人巧和太史公的苦心孤诣呈露于读者面前。按今天的话说,《史记菁华录》是经作者精心剪裁并加评语的"节选评本"。

　　苎田氏认为,《史记》在我国历史著作中的崇高地位无与伦比:"汇先秦以上百家六艺之菁英,罗汉兴以来创制显庸之大略",是一部体大思精的巨著;即使就文章论,"洸洋玮丽,无奇不备",也堪称典范,所以为"学者断不可不读"之书。

　　《史记》原文共约五十七万字,分本纪、世家、列传、表、书、志六个门类。苎田氏从中选取了五分之一约十万字加以评点,分为六卷,包括本纪、表、书各三篇,世家九篇,列传三十三篇。在篇章的选定上,传统的《史记》名篇如《项羽本纪》、《留侯世家》、《淮阴侯列传》、《魏其武安侯列传》等都被选入。在此基础上,苎田氏又对入选的篇章作了较大的删节,删除处一般不予注明。正由于这种大刀阔斧的删节,当时曾有人劝告说:《史记》乃一家之言,不宜节选品评,但莳田氏认为:第一,节选古文,其来旧矣,如宋代的真德秀编选《文章正宗》,把《左传》、《国策》、《史记》、《汉书》中的一篇文章按叙事和议论分列在两个部分;第二,古人为文,即使在精华结聚之处也不免随事敷衍,而经过节选品评,可以掇其精华,略其敷衍,发明作者作文的苦心,便于后人阅读。所以,与其把整部《史记》置于案头,读时不求甚解,还不如把太史公笔下最精彩的部分切切实实地读透。根据作者的一己之见,书中所节选者即为《史记》中的"菁华"。

通览全书,莳田氏在节选方面确实达到了"抽捆菁华"的目的。他善于把握《史记》各篇的要旨,洞彻其章法布局,刀尺所至,恰到好处。既保持了《史记》瑰奇闳深的固有风格,又因删繁就简而使情节更集中,主线更清晰,人物性格更鲜明。更可贵的是,经过删节后的文字,并无割裂支离之病,而依然脉络贯通、首尾圆融、神气完足,这些都与评注相辅相成,成为本书最突出的优点。

莳田氏曾说:"评注皆断以鄙意,视他本为最详。"可见,他对自己的评语是自负的。事实上,书中精彩、独到、简洁的评语确实至今仍能给《史记》的爱好者和研究者以有益的启发。从评语的形式来看,有眉批、夹批和篇末评语三种。眉批和夹批每篇都有,侧重于品评篇章中的字、句、段;篇末评语侧重于品评全篇的总体立意,但并非每篇都有。从评语的内容来看,有章法结构的分析,字法句法的讨论,微言大义的钩稽,其精妙处往往令人拍案叫绝,深服其别具只眼。虽然个别地方也有穿凿附会、故弄玄虚的缺点,但还是可以看出莳田氏对于史学与古文有相当深厚的造诣。

在众多的《史记》选评本中,《史记菁华录》是很受青睐的一部。解放前,高中以至大专院校多有以此书作为《史记》读本,可见影响之大。此次重新标点、排印，既可作为初学《史记》者的入门书，又可作为研究者的参考书，还可作为一般古典文学爱好者的读本，因此，兼备了"普及"与"提高"的双重特性。

　　《史记菁华录》问世以来，销行历久不衰，有多种版本，其中以道光甲申扶荔山房藏版暨同治癸酉红杏山房版较胜，现藏上海图书馆。这次整理，评语即取上述版本与通行本互为参稽，正文以《史记》原文为准，凡有讹夺，径行改正，不另出校记。本书初版于1986年，此次收入"国学典藏"丛书，并按丛书体例，原文中夹批、眉批，依次移至文后，总评置于最末，希望能更加适合当代读者的阅读习惯。不逮之处，尚请指正。

整理者

目　录

1

题　辞

　　余少好龙门《史记》，循环咀讽，炙辗而味益深长。顾其夥颐奥衍，既不能束之巾笥；又往哲评林，迄无定本。尝欲抽挹菁华，批导窾郤，使其天工人巧，刻削呈露，俾士之欲漱芳润而倾沥液者，澜翻胸次，而龙门之精神眉宇，亦且郁勃翔舞于尺寸之际，良为快事矣！

　　客有谂于予者曰："《史记》者，龙门一家言也，而擘摘刺取之，能无剟掇之訾乎？"予曰："客盖未达乎文章之原者也。古者左史记事，右史记言；言为《尚书》，事为《春秋》，此《史记》之名所由昉也。自左氏因《春秋》之文作内、外传，于是言与事始并著于一篇之中。宋真德秀论次《文章正宗》，特分议论、叙事为两途，实原本《尚书》、《春秋》之遗意而判厥町畦，故其录《左》、《国》、《史》、《汉》之书，一篇之文，有割其事于此而缀其言于彼者。盖《文选》以下，别无荟萃古文，有之，自德秀始，而其法已然。且左氏用编年之法，每自为一篇以尽一事之本末。至杜元凯始分《经》之年与《传》之年相符。后世记诵之学亦各取其一节之精妙，而命之曰篇，其来旧矣。顾独于《史记》而疑之乎？盖古人之读书也，既知夫三仓、五车之才，选于千万人而不能以一二遇也。吾生也有涯，而知也无涯，以有涯随无涯，不亦殆乎？又以为古人比事属辞，事奇则文亦奇；事或纷糅，则文不能无冗蔓。故有精华结聚之处，即不能无随事敷衍之处。掇其菁华而略其敷衍，而后知古人之作文甚苦，而我之读之者乃甚甘也。

　　今夫龙门之文，得于善游，夫人而能言之矣，则当其浮长淮，溯

1

大江,极览夫惊沙逆澜、长风怒号、崩击而横飞者,吾于其书而掇取之;望云梦之泱漭,睹九嶷之芊绵,苍梧之野,巫山之阳,朝云夕烟,靡曼绰约,吾于其书而掇取之;临广武之墟,历鸿门之坂,访潜龙之巷陌,思霸主之雄图,鹰扬豹变,慷慨悲怀,吾于其文而掇取之;奉使巴、岷,吊蚕丛、鱼凫之疆,扪石栈、天梯之险,萦纡晦窅,巉峭幽深,吾于其文而掇取之;适鲁登夫子之堂,抚琴书,亲杖履,雍容鱼雅,穆如清风,吾于其文而掇取之。若夫后胜未来,前奇已过,于其中间,历荒堤而经破驿,顽山钝水,非其兴会之所属,斯逸而勿登焉。读其文而可以知其游之道如彼,则文之道诚不得不如此也。

吾见今之耳傭而目儌者,日置全史于几案之旁,自成童以迄皓首,固有一卷之文。偶值夫钩章棘句,即掩卷不遑卒读者,徒琅琅于管、婴、夷、屈数传,又不得其窾郤之所存,犹且号于人曰:'剽撦之不古也。'其为自欺以欺人,岂不足胡卢一笑哉!"客无以难,遂书其语于简端。

凡《史记》旧文几五十万言,今掇其五之一,评注皆断以鄙意,视他本为最详,约亦数万言。龙门善游,此亦如米海岳七十二芙蓉研山,几案间卧游之逸品也。因目之曰《史记菁华录》云。

康熙辛丑七夕后三日,苧田氏题。

卷 一

秦始皇本纪

秦初并天下,令[1]丞相、御史曰:"(中略)寡人以眇眇之身,兴兵诛暴乱①,赖宗庙之灵,六王咸服其辜②,天下大定。今名号不更,无以称成功,传后世。其议帝号③。"丞相绾、御史大夫劫、廷尉斯等④皆曰:"昔者五帝地方千里,其外侯服夷服诸侯或朝或否,天子不能制⑤。今陛下兴义兵,诛残贼,平定天下,海内为郡县,法令由一统,自上古以来未尝有,五帝所不及⑥。臣等谨与博士议曰⑦:'古有天皇,有地皇,有泰皇,泰皇最贵⑧。'臣等昧死上尊号,王为'泰皇',命为'制',令为'诏',天子自称曰'朕'。"[2]王曰:"去'泰',著'皇'⑨,采上古'帝'位号,号曰'皇帝'。他如议。"制曰:"可。"[3]追尊庄襄王为太上皇⑩,制曰:"朕闻太古有号毋谥⑪,中古有号,死而以行为谥。如此,则子议父,臣议君也,甚无谓,朕弗取焉⑫[4]。自今已来,除谥法。朕为始皇帝。后世以计数,二世、三世至于万世,传之无穷⑬。"

【夹批】

① 以谦吻作夸诩,辞气峻厉。

② 总前六国罪案,简而伟。

③ 言下已前无古人矣。诸臣只阐明此意耳。

1

④ 秦初三公之职如此。

⑤ 看其即将前令敷衍，不更益一语。

⑥ 秦人万古罪案，即万古功案。

⑦ 有致。

⑧ 古拙可爱。此即《封禅书》悠谬之说也。

⑨ 古劲之极。

⑩ 又了一事。

⑪ 首援太古为说，波澜甚壮。

⑫ 断得妙。

⑬ 意极愚而词极婉。

【眉批】

〔1〕先儒谓：秦时诏令，杂以吏牍，自是一种文字。然漠诰之下，汉诏之前，实另具一段精严伟丽光景。此其第一令也，绝大不群。

〔2〕先自定议，复称制以可之也。

〔3〕称制。可奏始于此，实为娟峭。

〔4〕只三十余字。有援引，有跌宕，有断制。

丞相绾等言："诸侯初破，燕、齐、荆地远，不为置王，毋以填之①。请立诸子，唯上幸许。"始皇下其议于群臣②，群臣皆以为便。廷尉李斯议曰："周文、武所封子弟同姓甚众，然后属疏远③，相攻击如仇雠，诸侯更相诛伐，周天子弗能禁止④。今海内赖陛下神灵，一统皆为郡县，诸子功臣以公赋税重赏赐之，甚足易制。天下无异意，则安宁之术也。置诸侯不便⑤。"〔1〕始皇曰："天下共苦战斗不休，以有侯王。赖宗庙，天下初定，又复立国，是树兵也，而求其宁息，岂不难哉！

廷尉议是⑥。"分天下以为三十六郡,郡置守、尉、监⑦。更名民曰"黔首"。大酺⑧〔2〕。收天下兵,聚之咸阳,销以为钟镰,金人十二,重各千石,置廷宫中⑨。一法度衡石丈尺。车同轨。书同文字⑩。地东至海暨朝鲜,西至临洮、羌中,南至北向户,北据河为塞,并阴山至辽东⑪。徙天下豪富于咸阳十二万户。诸庙及章台、上林皆在渭南⑫。(下略)

【夹批】

① "填"、"镇"古字通用,亦有竟作填义者,更古。

② 下其议亦始此。

③ 凡人臣引议,不援目前所至切者为言,则其议难申。斯得其旨矣。

④ 总只申初令之旨,细味自知。

⑤ 数言利害皆尽。

⑥ 始皇语语有盖世之气。

⑦ 官三等。

⑧ 以"大酺"收分郡案,下又逐件起。

⑨ 一销兵。

⑩ 二同律。

⑪ 三舆地。

⑫ 四建京。

【眉批】

〔1〕为秦计诚非。然千古不能易者,积重之势使然也。

〔2〕纂法最古健,绝去一切支叶。

三十四年,(中略)始皇置酒咸阳宫,博士七十人前为寿。

仆射周青臣进颂曰："他时秦地不过千里，赖陛下神灵明圣，平定海内，放逐蛮夷，日月所照，莫不宾服①。以诸侯为郡县，人人自安乐，无战争之患，传之万世。自上古不及陛下威德。"始皇悦。博士齐人淳于越进曰[1]："臣闻殷、周之王千余岁，封子弟功臣，自为枝辅。今陛下有海内，而子弟为匹夫，卒有田常、六卿之臣，无辅拂，何以相救哉②？事不师古而能长久者，非所闻也③。今青臣又面谀以重陛下之过④，非忠臣。"

始皇下其议⑤。丞相李斯曰："五帝不相复，三代不相袭，各以治，非其相反，时变异也⑥。今陛下创大业，建万世之功，固非愚儒所知。且越言乃三代之事，何足法也⑦？异时诸侯并争，厚招游学。今天下已定，法令出一，百姓当家则力农工，士则学习法令辟禁。今诸生不师今而学古，以非当世，惑乱黔首⑧[2]。丞相臣斯昧死言[3]：古者天下散乱，莫之能一⑨，是以诸侯并作，语皆道古以害今，饰虚言以乱实，人善其所私学，以非上之所建立⑩。今皇帝并有天下，别黑白而定一尊。私学而相与非法教⑪，人闻令下，则各以其学议之，入则心非，出则巷议，夸主以为名，异取以为高，率群下以造谤⑫[4]。如此弗禁，则主势降乎上，党与成乎下⑬。禁之便。臣请史官非秦记皆烧之。非博士官所职，天下敢有藏《诗》、《书》、百家语者，悉诣守、尉杂烧之⑭。有敢偶语《诗》、《书》者弃市。以古非今者族。吏知见不举者与同罪。令下三十日不烧，黥为城旦⑮。所不去者，医药、卜筮、种树之书。若欲有学法令，以吏为师⑯。"[5]制曰："可。"

【夹批】

① 亦即"初并天下"之令衍出来。

② 始皇喜操切，此言非所乐闻。

③ 痛切而疏宕。

④ "重"字妙，有激射。

⑤ 越言亦戆矣。始皇犹知下其议，可不谓犹有君人之度乎？

⑥ 引古曲说。

⑦ 此段为焚书案，然屡提儒生过失，实为坑儒伏脉。

⑧ 诸生罪案已定。其语甚辣，妙在遽住。

⑨ 亦从平定一统冒入，有把握。

⑩ 人各以其所私学者为善也。长句曲而劲。

⑪ 二句皆指"是古非今"者言之。

⑫ 秦时奏议，凡欲重其罪者，多叠杂而出之，如《逐客》、《督责》诸书皆然。

⑬ 钻入操切人心孔。

⑭ 左史记事，右史记言，古制也。两层上指记事之书，下指记言之书，甚明划。

⑮ 前布其令，此详其罪。

⑯ 律外余文，甚周匝，此实后世造律之祖。

【眉批】

〔1〕始皇初令群臣既以为"上古所未有，五帝所不及"，故凡进谏者皆以谤古为本。淳于生独以殷、周为言，宜其如水投石也。全段总以古今为眼目。

〔2〕前段专驳淳于，故文势作顿。

〔3〕后段归狱《诗》、《书》，特更端另起。

〔4〕妙在写得纷纷杂杂，便见《诗》、《书》煞甚坏事。

〔5〕拟令要一字无虚设，先秦文不可及如此。

项羽本纪

项籍者,下相人也,字羽^[1]。初起时,年二十四^①。其季父项梁,梁父即楚将项燕,为秦将王翦所戮者也。项氏世世为楚将^[2],封于项,故姓项氏。项籍少时,学书不成,去学剑,又不成^②。项梁怒之。籍曰:"书足以记名姓而已。剑一人敌,不足学。学万人敌^③。"于是项梁乃教籍兵法,籍大喜,略知其意,又不肯竟学^④。

【夹批】

① 诸《纪》《传》无特著初起之年,此独大书之,所以为三年灭秦、五年亡国作张本,正是痛惜之意。

② 特写两"不成",一"不肯竟学"。羽之结局,已大概可见。

③ 语倔强。而说书、剑处又有层折,见剑虽差胜于书,而意犹未厌也。如闻其声。

④ 真英雄气概,在此句。

【眉批】

〔1〕《本纪》无称字之例。此独称字者,所以别于真帝也。史迁深惜项羽之无成,故特创此格。

〔2〕提出项燕、王翦以著秦、项世仇,提出"世为楚将"以著霸楚缘起。

项梁杀人,与籍避仇于吴中。吴中贤士大夫皆出项梁下^①。每吴中有大繇役及丧^[1],项梁常为主办^②,阴以兵法部勒宾客及子弟^③,以是知其能。秦始皇帝游会稽,渡浙江,梁与籍俱观。籍曰："彼可取而代也^④。"梁掩其口，曰："毋妄言，族矣！"梁以此奇籍^{⑤〔2〕}。

籍长八尺余，力能扛鼎，才气过人^⑥，虽吴中子弟皆已惮籍矣^⑦。秦二世元年七月，陈涉等起大泽中。其九月，会稽守通^⑧谓梁曰："江西皆反，此亦天亡秦之时也。吾闻先即制人，后则为人所制。吾欲发兵，使公及桓楚将^⑨。"^{〔3〕}是时桓楚亡在泽中^⑩。梁曰："桓楚亡，人莫知其处，独籍知之耳^⑪。"梁乃出，诫籍持剑居外待。梁复入^⑫，与守坐，曰："请召籍，使受命召桓楚。"守曰："诺。"梁召籍入。须臾^⑬，梁眴^⑭籍曰："可行矣！"于是籍遂拔剑斩守头^⑮。项梁持守头，佩其印绶。门下大惊，扰乱，籍所击杀数十百人。一府中皆慴伏，莫敢起^{⑯〔4〕}。梁乃召故所知豪吏，谕以所为起大事^⑰，遂举吴中兵。使人收下县，得精兵八千人^⑱。梁部署吴中豪杰为校尉、候、司马^⑲。有一人不得用，自言于梁，梁曰："前时某丧，使公主某事，不能办，以此不任用公。"众乃皆伏^{⑳〔5〕}。

于是梁为会稽守，籍为裨将，徇下县^㉑。广陵人召平于是为陈王徇广陵，未能下。闻陈王败走，秦兵又且至，乃渡江矫陈王命，拜梁为楚王上柱国。曰："江东已定，急引兵西击秦^㉒。"项梁乃以八千人渡江而西^㉓。

【夹批】

① 妙用《孟子》"北方之学者未能或之先"句法。

② 名甚雅。

③ 有心人见奇处。

④ 蛮得妙，与高祖语互看，两人大局已定于此。

⑤ "以此"与前"以是"句应。

⑥ 史公一生得意此四字,其列籍本纪亦坐此。

⑦ 顾吴中子弟紧密。

⑧ "通"字疑守之名,诸解未确。

⑨ 守所见亦是,而卒见杀。观其辞气需缓,正与羽之才气相射也。

⑩ 夹入一句叙事,好笔法。

⑪ 趁风起帆,机警之极,势如脱兔。

⑫ 叙项梁如生龙活虎。

⑬ 迅捷。

⑭ 字法。

⑮ 如此起局,自然只成群雄事业。

⑯ 以上皆以梁为主,籍为从,故只如此写。

⑰ 钄括得好。

⑱ 二句夹叙法,合所举所收共八千人也。

⑲ 校尉,将兵者;候,军候,主侦敌;司马,主军政赏罚。

⑳ 闲处着笔最妙。

㉑ 先作一结,下文另起一案。

㉒ 夹叙一事,非传中正文也。看其简处则极简,两行中写许多情事,如此作文,方无喧客夺主之患。

㉓ 如椽之笔,与传末作章法。

【眉批】

〔1〕"每吴中"云云数句,正注明"皆出项梁下"一句也,看"以是知其能"五字自明。古文针路皆如此。

〔2〕当教以兵法时固已知其可用,此处"奇"字直有可使南面之想矣。细思自辨。

〔3〕守既知项梁能,即委之可耳,何为又扯一亡去之桓楚?如其言,事何时就乎?跋前疐后,如此所以卒贸其首也。

〔4〕夹叙二项,各各须眉欲活,写生妙手。

〔5〕不特回顾"主办"一段也。古文摹写人处,往往大处不写,写一二小事,转觉神情欲活,此颊上三毫法也,不必谓实有是事。

居鄛人范增,年七十[1],素居家,好奇计,往说项梁曰:"陈胜败固当①。夫秦灭六国,楚最无罪。自怀王入秦不反,楚人怜之至今②[2],故楚南公曰:'楚虽三户,亡秦必楚也③。'今陈胜首事④,不立楚后而自立,其势不长。今君起江东,楚蜂午之将皆争附君者,以君世世楚将⑤,为能复立楚之后也。"[3]于是项梁然其言,乃求楚怀王孙心民间,为人牧羊⑥,立以为楚怀王,从民所望也⑦。

项梁起东阿,西北至定陶,再破秦军,项羽等又斩李由⑧,益轻秦,有骄色⑨。宋义乃谏项梁曰:"战胜而将骄卒惰者败⑩。今卒少惰矣,秦兵日益,臣为君畏之。"项梁弗听,乃使宋义使于齐⑪[4]。道遇齐使者高陵君显,曰:"公将见武信君乎⑫?"曰:"然。"曰:"臣论武信君军必败。公徐行⑬,即免死;疾行,则及祸。"秦果悉起兵益章邯,击楚军,大破之定陶⑭,项梁死。

【夹批】

① 借陈胜引入,有把握。

② 倒"至今怜之",句法妙。

③ 谶纬之说。

④ 遥接"败固当"句。

⑤ 应起句,有情。

⑥ 写脚色有关系。

⑦ 点破,妙。

⑧ 李斯子。

⑨ 为梁死案。

⑩ 宋义语只是寻常见识耳,幸而中,亦不幸而中,卒以此杀其身也。

⑪ 时田假立为齐王。

⑫ 即项梁。

⑬ 语生色。

⑭ 点明定陶,自作章法。

【眉批】

〔1〕起"范增"三句,字字无浪下。"年七十"与"羽年二十四"自相照应。

〔2〕亚父首计原欲借虚名以立基业耳。东坡谓弑义帝为疑增之本,似太认真。

〔3〕谬以其祖之谥即为其孙之号,非偶然惑众之计而何?

〔4〕此段特为怀王用宋义张本,非《项氏传》中正文,而其结构圆密,似《国语》文字。

　　初,宋义所遇齐使者高陵君显在楚军①,见楚王曰:"宋义论武信君之军必败,居数日,军果败。兵未战而先见败征,此可谓知兵矣②。"王召宋义与计事而大悦之③,因置以为上将军;项羽为鲁公④,为次将;范增为末将。救赵⑤。诸别将皆属宋义,号为"卿子冠军"⑥〔1〕。

　　行至安阳,留四十六日不进。项羽曰:"吾闻秦军围赵王钜鹿。疾引兵渡河,楚击其外,赵应其内,破秦军必矣。"宋义曰:"不然。夫搏牛之蝱,不可以破虮虱⑦。今秦攻赵,战胜则兵罢,我承其敝;不胜,则我引兵鼓行而西,必举秦矣。故不如先斗秦、赵⑧〔2〕。夫被坚执锐，义不如公；坐而运策，公不如义⑨。"因下令军中曰："猛如虎，狠如羊，贪如狼⑩，强不可使者，皆斩之⑪。"乃遣其子宋襄相齐，身送之⑫。至无盐，饮酒高会〔3〕。天寒大雨⑬，士卒冻饥。项羽曰："将勠力而攻秦⑭，久留不行。今岁饥民贫⑮，士卒食芋菽，军无见粮，乃饮酒高会，不引兵渡河因赵食，与赵并力攻秦⑯，乃曰'承其敝'。夫以秦之强，攻新造之赵，其势必举赵⑰。赵举而秦强，何敝之承⑱！且国兵新破，王坐不安席⑲，扫境内而专属于将军⑳，国家安危，在此一举。今不恤士卒㉑而徇其私㉒，非社稷之臣。"项羽晨朝上将军宋义，即其帐中斩宋义头，出令军中曰："宋义与齐谋反楚㉓，楚王阴令羽诛之。"当是时，诸将皆慑服，莫敢枝梧。皆曰："首立楚者，将军家也㉔。今将军诛乱。"乃相与共立羽为假上将军。使人追宋义子。及之齐，杀之。使桓楚报命于怀王㉕。怀王因使项羽为上将军㉖，当阳君、蒲将军皆属项羽㉗。

【夹批】

① 装头长句法。

② 语甚撇轻，正妙在说得无甚深要。

③ 怀王殊非娖娖下人者，然此真孟浪之举。

④ 特插此三字，为后案。

⑤ 点出一段大关目。

⑥ 如后世特置之衔，欲以尊异之。

⑦ 二语于情事不切，而必引之，活画出宋义头巾气。

⑧ 此留而不行之故。

⑨ 前引后收，訑訑如见。此辈甚多，胡可胜道？

⑩ 军令亦新甚、韵甚。

⑪ 暗指项羽,欲以此折其气。

⑫ 一发迂缓。

⑬ 渲染法。

⑭ 总提句。

⑮ 此就利害上言之。

⑯ 此就义理上言之。

⑰ 于义既不当,于势又无益。

⑱ 透健有声。

⑲ 又假大义以责之,羽安能及此?

⑳ 写出隐恨来。

㉑ 先指饥冻。

㉒ 又带定送子,周匝之至。

㉓ 若无送子相齐一着,何以蒙恶声哉?

㉔ 妙,妙。提出项氏隐衷,偏不附会"楚王阴令"之说,而词又未毕,直画亦画不到。

㉕ 了宋义事。

㉖ 写出太阿倒持来。

㉗ 以上一大段,总写羽为上将军之案。

【眉批】

〔1〕公、卿二字,古人相尊之通称。卿子,犹公子也;冠,元也;军,戎也;犹元戎之称而名特新美。

〔2〕出兵以救赵,而乃以赵委之,以试其锋,岂理也哉! 谬甚。

〔3〕宋义庸妄,不难一见而决。然是时好奇计之范增为末将,岂有不置一策之理? 且项羽历数宋义之失,言言中窾,非羽所及,而其后增又即委赘于羽,故吾尝谓自此以下,皆增之计画也。盖立怀王之意,原欲借以就项氏之业,今乃任其用宋义以偾绩,岂所甘哉? 苏子谓杀宋义乃疑增之本,未必然也。

项羽已杀卿子冠军①,威震楚国,名闻诸侯,乃遣当阳君、蒲将军将卒二万,渡河救钜鹿②〔1〕。战少利,陈馀③复请兵。项羽乃悉引兵渡河,皆沉船,破釜甑,烧庐舍,持三日粮,以示士卒必死,无一还心④。

于是至则围王离,与秦军遇,九战,绝其甬道,大破之⑤。杀苏角,虏王离。涉闲不降楚,自烧杀。当是时,楚兵冠诸侯〔2〕。诸侯军救钜鹿下者十余壁⑥,莫敢纵兵。及楚击秦,诸将皆从壁上观。楚战士无不一以当十,楚兵呼声动天,诸侯军无不人人惴恐⑦。于是已破秦军,项羽召见诸侯将,入辕门,无不膝行而前,莫敢仰视⑧。项羽由是始为诸侯上将军,诸侯皆属焉。

【夹批】

① 又提。

② 先搁一笔。

③ 馀为赵将。

④ 写羽才气过人。

⑤ 自与后"已破"句应。先写一遍,完事迹。

⑥ 又重写一遍,专描战功。

⑦ 本助诸侯击秦也,反写诸侯惴恐,加倍写法。

⑧ 登高而呼,余响犹震。

【眉批】

〔1〕钜鹿之战,羽所以成伯业也,故史公用全力为他写得精神百倍,万世如睹。

〔2〕"当是时"三字重提起,笔力奇恣;"冠诸侯"略作一锁,下再展开。

皆故作奇恣之笔,以出色描画也。

　　楚军夜击坑秦卒二十余万人新安城南。行略定秦地。函谷关有兵守关,不得入。又闻沛公已破咸阳,项羽大怒①[1],使当阳君等击关。项羽遂入至于戏西。沛公军霸上,未得与项羽相见。沛公左司马曹无伤使人言于项羽曰②:"沛公欲王关中,使子婴为相,珍宝尽有之③。"项羽大怒,曰:"旦日[2]飨士卒,为击破沛公军④。"当是时,项羽兵四十万,在新丰鸿门。沛公兵十万,在霸上⑤。范增说项羽曰:"沛公居山东时贪于财货,好美姬。今入关,财物无所取,妇女无所幸⑥,此其志不在小。吾令人望其气,皆为龙虎,成五采,此天子气也。急击勿失⑦。"

　　楚左尹项伯者,项羽季父也,素善留侯张良。张良是时从沛公。项伯乃夜驰之沛公军,私见张良,具告以事,欲呼张良与俱去,曰:"毋从俱死也⑧!"张良曰:"臣为韩王送沛公,沛公今事有急,亡去不义[3],不可不语。"良乃入,具告沛公。沛公大惊,曰:"为之奈何?"张良曰:"谁为大王为此计者⑨?"曰:"鲰生说我曰⑩:'距关,毋纳诸侯,秦地可尽王也。'故听之。"良曰:"料大王士卒足以当项王乎⑪?"沛公默然,曰:"固不如也。且为之奈何?"⑫[4]张良曰:"请往谓项伯,言沛公不敢背项王也⑬。"沛公曰:"君安与项伯有故⑭?"张良曰:"秦时与臣游,项伯杀人,臣活之。今事有急,故幸来告良。"沛公曰:"孰与君少长⑮?"良曰:"长于臣。"沛公曰:"君为我呼入,吾得兄事之⑯。"张良出邀项伯。项伯即入见沛公⑰。沛公奉卮酒为寿,约为婚姻,曰:"吾入关,秋毫不敢有所近。籍吏民,封府库,而待将军。所以遣将守关者,备他盗之出入与非常也[18]。日夜望将军至,岂敢反[5]乎!愿伯具言臣之不敢倍德也[19]。"项伯许诺,谓沛公曰:"旦日不可不蚤自来谢项王[20]。"沛公曰:"诺。"于是项伯复夜去[21]。至军中,具以沛公言报项王,因言曰:"沛公不先破关中,公岂敢入乎?今人有大功而击之,不义也。不如因善遇之[22]。"项王许诺[23]。

　　沛公旦日从百余骑来见项王,至鸿门[6],谢曰:"臣与将军戮力而攻秦[24],将军战河北,臣战河南,然不自意能先入关破秦,得复见将军于此[25]。今者有小人之言[26],令将军与臣有郤。"项王曰:"此沛公左司马曹无伤言之[27]。不然,籍何以至此?"

　　项王即日因留沛公与饮。项王、项伯东向坐,亚父南向坐。亚父者,范增也[28][7]。沛公北向坐,张良西向侍。范增数目项王,举所佩玉玦[29],以示之者三。项王默然不应。范增起,出召项庄,谓曰:"君王为人不忍[30]。若入前为寿[31],寿毕,请以剑舞。因击沛公于坐,杀之。不者,若属皆且为所虏[32]。"庄则入为寿[33],寿毕,曰:"君王与沛公饮,军中无以为乐,请以剑舞。"项王曰:"诺。"项庄拔剑起舞。项伯亦拔剑起舞[34]。常以身翼蔽沛公。庄不得击[8]。

　　于是张良至军门,见樊哙[35]。樊哙曰:"今日之事何如?"良曰:"甚急。今者项庄拔剑舞,其意常在沛公也[36]。"哙曰:"此迫矣。臣请入与之同命[37]。"哙即带剑拥盾入军门[9]。交戟之卫士欲止不内,樊哙侧其盾以撞,卫士仆地,哙遂入,披帷西向立^㊳,瞋目视项王,头发上指,目眦尽裂^㊴。项王按剑而跽,曰:"客何为者?"张良曰:"沛公之参乘樊哙者也^㊵。"项王曰:"壮士^㊶,赐之卮酒。"则与斗卮酒^㊷。哙拜谢起,立而饮之。项王曰:"赐之彘肩。"则与一生彘肩。樊哙覆其盾于地,加彘肩上,拔剑切而啗之^㊸。项王曰:"壮士^㊹,能复饮乎?"樊哙曰[10]:"臣死且不避,卮酒安足辞^㊺?夫秦王有虎狼之心^㊻,杀人如不能举,刑人如恐不胜,天下皆叛之^㊼。怀王与诸将约,曰:'先破秦入咸阳者,王之^㊽。'今沛公先破秦入咸阳,毫毛不敢有所近。封闭宫室,还军霸上,以待大王来^㊾。故遣将守关者,备他盗出入与非常也。劳苦而功高如此,未有封侯之赏^㊿,而听细说,欲诛有功之人,此亡秦之续耳^[51],窃为大王不取也。"项王未有以应,曰:"坐。"樊哙从良坐^[52]。

坐须臾,沛公起如厕,因招樊哙出^[53]。沛公已出,项王使都尉陈平召沛公。沛公曰:"今者出,未辞也,为之奈何?"樊哙曰[11]:"大行不顾细谨,大礼不辞小让^[54]。如今人方为刀俎,我为鱼肉,何辞为^[55]?"于是遂去。乃令张良留谢^[56]。良问曰:"大王来何操?"曰:"我持白璧一双,欲献项王;玉斗一双,欲与亚父。会其怒[12],不敢献,公为我献之。"张良曰:"谨诺。"

当是时,项王军在鸿门下,沛公军在霸上,相去四十里^[57]。沛公则置车骑,脱身独骑,与樊哙、夏侯婴、靳彊、纪信等四人,持剑盾步走,从郦山下,道芷阳间行^[58]。沛公谓张良曰:"从此道至吾军,不过二十里耳,度我至军中,公乃入。"

沛公已去,间至军中^⑤,张良入谢曰:"沛公不胜桮杓,不能辞^⑥。谨使臣良奉白璧一双,再拜献大王足下;玉斗一双,再拜献大将军足下^⑥。"项王曰:"沛公安在?"良曰:"闻大王有意督过之,脱身独去,已至军中矣^⑥。"项王则受璧,置之坐上^⑥。亚父受玉斗,置之地,拔剑撞而破之^[13],曰:"唉!竖子不足与谋^⑥。夺项王天下者,必沛公也。吾属今为之虏矣^⑥!"

沛公至军,立诛杀曹无伤^⑥。

【夹批】

① 两"大怒",有次序。

② 小人多事,不知彼与刘、项有何恩怨。

③ 语陋得妙。

④ 语直捷有势,正与后"许诺"及"默然不应"对锁作章法。

⑤ 提清全局,与后对看,他人不解用此笔。

⑥ 特特与曹无伤"珍宝尽有之"言不相仇,所以表出范增。

⑦ 还其"旦日"、"击破"之言而趣之。

⑧ 十余字耳,叙得情事俱尽,性情态色俱现,千古奇笔。

⑨ 从容得妙。

⑩ 急中骂语,皆极传神。

⑪ 偏从容。

⑫ 又倔强,又急遽,传神之笔。

⑬ 到底从容,音节琅琅可听,只如此妙。

⑭ 自出机警。

⑮ 机警。

⑯ 机警绝人。

⑰ 此等处皆特写项伯,所谓传外有传也。

⑱ 自解语,与曹无伤语对针。若范增之言,本非羽心,且亦无可置辨也。

⑲ 语气详慎卑抑之至,大英雄能屈处。凡此文皆特特与项羽对看。

⑳ 娓娓如闻其声。

㉑ 线索清出。

㉒ 兄弟之益如此,所以谓沛公之机警,并非子房所及。

㉓ 直性。

㉔ 一合说来,化异为同,妙着。

㉕ 语意蔼然,真辞令妙品。

㉖ 轻带,浑得好。

㉗ 脱口便尽画出直爽来。

㉘ 当日,沛公独惧此耳。

㉙ 玦、决同,欲其早决断也。

㉚ 亦至言。

㉛ 写定计明划。

㉜ 是激庄语,非正意。

㉝ "则"字娟峭。

㉞ 疾甚。沛公何以得此？岂非天乎？

㉟ 接过,如鹰隼之削。

㊱ 急语能缓,愈见其妙。

㊲ 若无此念,如何敢入？

㊳ 合前坐次看,便如画。

㊴ 出色细写。

㊵ 一问一答,如布定着数,缺一不可,乱一不得。

㊶ 品目妙。

㊷ 处分妙。

㊸ 此等琐细处,愈见哙之气雄万夫。若一直粗豪,则了无生趣矣。

㊹ 又赞,妙。

㊺ 借势递入，捷而雄。

㊻ 借秦王骂项羽，巧甚。

㊼ 以叛胁之。

㊽ 当时羽深讳此约，偏要提出，妙矣。尤妙在下文回护得好。

㊾ 还军霸上本哙之策，故此语前所无，此独宣之。

㊿ 先入秦应王矣，却又以封侯之赏推尊项王，明明以霸王归之，所谓回互法也。

(51) "亡秦"语应起句。

(52) 写此时情事险甚。

(53) 细婉之笔。

(54) 樊将军快绝。

(55) 奇绝语，看熟不觉耳。

(56) 张良留谢，自作一段读。

(57) 重提一笔，以醒大关目，真是千古妙手。

(58) 先将行色路径细细点出，方逆接"谓张良"一语，良工心苦，于此可见。若先语张良，下重叙行色，如何再接入鸿门留谢事乎？

(59) 八字是子房意中语，非叙事也。

(60) 以醉为托。

(61) 数语耳，亦有体有韵。

(62) 直说妙词，又逊婉，非子房不办此。

(63) 反衬下文。

(64) 愤极。骂不得项羽，只骂项庄，妙。

(65) 亦遥与谓项庄语应。

(66) 了案。

【眉批】

〔1〕羽之大怒，但为某已破咸阳及尽有珍宝。范增之忌，自为其志不在小，此其相去固已远矣。叙得极明划。

〔2〕特下"旦日"二字,为下二"夜"字、二"旦日"字、一"即日"字作引子。古文伏脉之法都如此。

〔3〕张良开口提韩王,所谓"不义",自指韩也。

〔4〕以一笔夹写两人,一则窘迫绝人,一则从容自如。性情须眉,跃跃纸上。史公独绝之文,《左》、《国》中无有此文字。

〔5〕"反"字下得妙。明明以君待羽,以臣自待,其忌不烦解而自释矣。

〔6〕此下一段,千古处危难现成榜样,未可以文字视之。

〔7〕无端将坐次描出。次用"亚父"二字,一唤摇摆出"范增也"三字来,便将当日沛公、张良之刺心刺目神情,一齐托出纸上。史公冥心独造之文也。

〔8〕高祖定天下,诛丁公而侯项伯,此中实有不可一例论者。先辈或以此为比例,非也。

〔9〕樊哙谏还军霸上,及定天下后排闼问疾数语,俱有大臣作用。此段忠诚勇决,亦岂等闲可同?论世者宜分别观之。

〔10〕汲长孺"大将军有揖客"之语,直中带婉;舞阳侯鸿门诮项王之言,激中有巧,俱千古词令绝品,非苟然者。

〔11〕哙实有学问,狗屠中有此人,虽欲不取封侯之贵,得乎?

〔12〕"会其怒"一语,倒映出方才席间气色来,遂令"斗酒"、"彘肩"一着分外出色,此杜句所谓"返照入江翻石壁"之妙也。

〔13〕亚父之愤,固不必言。然碎玉斗一事徒见其粗,何益于事?增以七十之叟,既知将为之虏,犹恋恋于羽,何耶?

项王欲自王,先王诸将相①。谓曰:"天下初发难时,假立诸侯后以伐秦②。然身被坚执锐首事,暴露于野三年,灭秦定天下者③,皆将相诸君与籍之力也④。义帝虽无功,故当分其地而王之⑤。"[1]诸将皆曰:"善。"乃分天下,立诸将为侯王⑥。项王、范增疑沛公之有天下⑦[2],业已讲解⑧,又恶负约,恐诸侯叛之⑨,乃阴谋曰:"巴、蜀道险,秦之迁人皆居蜀。"乃曰:"巴、蜀亦关中地也⑩。"故立沛公为汉王,王巴、蜀、汉中,都南郑。而三分关中,王秦降将以距塞汉王⑪。

春,汉王部五诸侯兵,凡五十六万人,东伐楚⑫〔3〕。项王闻之,即令诸将击齐,而自以精兵三万人⑬,南从鲁出胡陵。四月,汉皆已入彭城,收其货宝美人,日置酒高会⑭。项王乃西从萧,晨击汉军而东至彭城,日中,大破汉军⑮。汉军皆走,相随⑯入谷、泗水,杀汉卒十余万人。汉卒皆南走山⑰,楚又追击至灵壁东睢水上⑱。汉军却,为楚所挤,多杀。汉卒十余万人皆入睢水,睢水为之不流⑲。围汉王三匝。于是大风从西北而起,折木发屋,扬沙石,窈冥昼晦,逢迎楚军⑳。楚军大乱坏散,而汉王乃得与数十骑遁去〔4〕。欲过沛收家室而西㉑。楚亦使人追之沛,取汉王家㉒。家皆亡,不与汉王相见。汉王道逢得孝惠、鲁元㉓,乃载行。楚骑追汉王,汉王急,推堕孝惠、鲁元车下㉔。滕公常下收载之。如是者三。曰:"虽急不可以驱,奈何弃之㉕?"于是遂得脱。求太公、吕后不相遇。审食其从太公、吕后,间行求汉王,反遇楚军。楚兵遂与归,报项王。项王常置军中㉖。

【夹批】

① 提一句,方有架落。

② 明谓义帝也,心事毕露。

③ 只叙战功,便令诸公皆出己下。

④ 归重有法。

⑤ 语牵强得妙,弑端兆矣。

⑥ 节去诸王封号。

⑦ 此段写羽、增心事如镜。

⑧ 指鸿门事。

⑨ 指义帝"先入关者王之"之约。

⑩ "乃阴谋曰","乃曰",一阴一阳,连缀而下,真绘水绘声手。

⑪ 羽以鲁公终,义帝命也。刘以汉为有天下之号,羽所置也。岂非天乎?

⑫ 故作整笔,提出数目,下乃离披如见,最是要句。

⑬ 时齐王田荣反楚,羽方自将击之。

⑭ 如此写汉,不满甚矣。与宋义何异?

⑮ 一路战来,自晨至日中,写得有破竹之势。

⑯ "相随"字妙,便如土崩不可收拾。

⑰ 半入水,半欲据山自固。

⑱ 逼之舍山,仍赶入水,写得如看戏剧。

⑲ 上又加"多"字,下著"水不流"字,可见十余万不止,已将五六十万人开除殆尽矣。

⑳ "逢迎"字妙。非设身处地写不出,真乃神笔。

㉑ 应"东伐楚"句。

㉒ 此先声也。在汉王未至沛之前。

㉓ 求室家另是一段小文字。看其笔之碎而成章。

㉔ 忍心。可与"项王为人不忍"对看。

㉕ 得滕公语,汉王之忍愈见。

㉖ 伏平国君案。

【眉批】

〔1〕项羽、沛公、范增皆义帝所遣之将。

〔2〕此段乃刘、项成败大机关,草蛇灰线,皆伏于此。

〔3〕汉兵五十六万,羽以三万人大破之,此段极写项王善战,为传末"天

亡我"数语伏案。看其笔墨抑扬之妙,而知史公之惋惜者深矣。

〔4〕五十六万人来,数十骑而去,而中间以天幸描之。汉之幸,项之惜也。

　　汉王之出荥阳①,南走宛、叶〔1〕,得九江王布,行收兵,复入保成皋。汉之四年,项王进兵围成皋。汉王逃,独与滕公出成皋北门。渡河走修武②,从张耳、韩信军。诸将稍稍得出成皋,从汉王。楚遂拔成皋,欲西。汉使兵距之巩,令其不得西〔2〕。

　　是时,彭越渡河击楚东阿,杀楚将军薛公。项王乃自东击彭越。汉王得淮阴侯兵③,欲渡河南。郑忠说汉王,乃止壁河内④。使刘贾将兵佐彭越,烧楚积聚。项王东击破之,走彭越。汉王则引兵渡河,复取成皋,军广武,就敖仓食⑤。项王已定东海,来西,与汉俱临广武而军,相守数月。

　　当此时⑥,彭越数反梁地,绝楚粮食,项王患之。为高俎,置太公其上⑦,告汉王曰:"今不急下,吾烹太公。"汉王曰:"吾与项羽俱北面受命怀王,曰'约为兄弟⑧'。吾翁即若翁,必欲烹而翁,则幸分我一杯羹⑨。"〔3〕项王怒,欲杀之,项伯曰:"天下事未可知⑩,且为天下者不顾家⑪,虽杀之无益,只益祸耳。"项王从之。

　　楚、汉久相持未决,丁壮苦军旅,老弱罢转漕⑫,项王谓汉王曰:"天下匈匈数岁者,徒以吾两人耳。愿与汉王挑战决雌雄,毋徒苦天下之民父子为也⑬。"汉王笑谢曰:"吾宁斗智,不能斗力⑭。"项王令壮士出挑战⑮,汉有善骑射者楼烦,楚挑战三合,楼烦辄射杀之。项王大怒,乃自被甲持戟挑战。楼烦欲射之,项王瞋目叱之,楼烦目不敢视,手不敢发,遂走还入壁,不敢复出⑯。汉王使人间问之,乃项王也。汉王大惊⑰。于是项王乃即汉王相与临广武间而语⑱。汉王数之⑲,项王怒,欲一战⑳,汉王不听㉑,项王伏弩射中汉王。汉王伤,走入成皋㉒。

【夹批】

① 项王围汉荥阳,以纪信伪降得出。

② 能忍一。

③ 遥接"走修武"句。

④ 能忍二。

⑤ 楚之败也,以乏食。看其隐隐隆隆,由渐写来。此烧积聚,彼食敖仓,成败之机,已伏于此。

⑥ 另从"数月"内重写。

⑦ 项策已竭,乃出此下着。

⑧ 可谓迂矣,只是顽钝得妙。

⑨ 能忍三。

⑩ 终亏鸿门旧救星耳。

⑪ 谏得亦妙。

⑫ 忽作断案语渡下。文情驰宕多姿。

⑬ 语有君人之度,惜其欲挑战以决之,仍是武夫习气耳。

⑭ 能忍四。

⑮ 独骑相持不用兵卒者,谓之挑战。

⑯ 运用三"不敢"字,极意形容。

⑰ 此等皆极写项王。

⑱ 径造汉垒。

⑲ 历数项王十罪。

⑳ 不济事。

㉑ 能忍五。

㉒ 能忍六。

【眉批】

〔1〕前段出色，写项王之善战。此段出色，写汉王之善忍。

〔2〕汉兵在巩，不足距项王也，全亏彭越，牵缀得妙。

〔3〕先儒多谓"分羹"之语为英雄作略，太公全亏此语，因得不烹。吾谓父子之亲，分虽殊而理则一。当其推堕子女时，忍心固已毕现，岂得谓孝惠、鲁元亦亏其推堕因得不死耶？此只是隆准翁顽钝处，不必曲为之说。

　　是时，汉兵盛食多，项王兵罢食绝①。汉遣陆贾说项王请太公，项王弗听②。汉王复使侯公往说项王⁽¹⁾，项王乃与汉约，中分天下，割鸿沟以西者为汉，鸿沟而东者为楚③。项王许之④，即归汉王父母、妻子。军中皆呼万岁。汉王乃封侯公为平国君。匿弗肯复见⑤。曰："此天下辩士，所居倾国，故号为平国君⑥。"项王已约，乃引兵解而东归。汉欲西归⑦，张良、陈平说曰："汉有天下大半，而诸侯皆附之⑧。楚兵罢食尽⑨，此天亡楚之时也。不如因其饥而遂取之⑩。今释勿击，此所谓'养虎自遗患'也。"汉王听之。

　　汉五年，汉王乃追项王。至阳夏南，止军，与淮阴侯韩信、建成侯彭越期会⁽²⁾，而击楚军。至固陵，而信、越之兵不会。楚击汉军，大破之。汉王复入壁，深堑而自守⑪。谓张子房曰："诸侯不从约，为之奈何？"对曰："楚兵且破，信、越未有分地，其不至固宜。君王能与共分天下，今可立致也⑫。即不能，事未可知也⑬。君王能自陈以东傅海，尽与韩信⑭；

睢阳以北至谷城,以与彭越,使各自为战,则楚易败也^⑮。"汉王曰:"善^⑯。"于是乃发使者告韩信、彭越曰:"并力击楚。楚破,自陈以东傅海与齐王,睢阳以北至谷城与彭相国。"使者至,韩信、彭越皆报曰:"请今进兵^⑰。"韩信乃从齐往,刘贾军从寿春并行,屠城父,至垓下^⑱。大司马周殷叛楚,以舒屠六,举九江兵^⑲,随刘贾、彭越皆会垓下,诣项王。

项王军壁垓下,兵少食尽^{⑳[3]}。汉军及诸侯兵围之数重。夜闻汉军四面皆楚歌^㉑,项王乃大惊曰:"汉皆已得楚乎?是何楚人之多也^㉒!"项王则夜起饮帐中^㉓。有美人名虞,常幸从;骏马名骓,常骑之^㉔。于是项王乃悲歌忼慨^㉕,自为诗曰:"力拔山兮气盖世^㉖,时不利兮骓不逝。骓不逝兮可奈何,虞兮虞兮奈若何^㉗!"歌数阕,美人和之。项王泣数行下,左右皆泣,莫能仰视。于是项王乃上马骑,麾下壮士骑从者八百余人^㉘。直夜溃围南出,驰走^[4]。平明,汉军乃觉之^㉙,令骑将灌婴以五千骑追之。项王渡淮,骑能属者百余人耳^㉚。

项王至阴陵,迷失道,问一田父^㉛,田父绐曰"左"。左,乃陷大泽中。以故汉追及之。项王乃复引兵而东,至东城,乃有二十八骑。汉骑追者数千人。项王自度不得脱,谓其骑曰:"吾起兵至今,八岁矣。身七十余战^㉜,所当者破,所击者服,未尝败北,遂霸有天下^㉝。然今卒困于此。此天之亡我,非战之罪也^[5]。今日固决死,愿为诸君快战,必三胜之,为诸君溃围,斩将,刈旗^㉞。令诸君知天亡我,非战之罪也。"乃分其骑以为四队,四向。汉军围之数重。项王谓其骑曰:

"吾为公取彼一将㉟。"令四面骑驰下，期山东为三处㊱。于是项王大呼驰下，汉军皆披靡，遂斩汉一将㊲。是时，赤泉侯为骑将，追项王。项王瞋目叱之，赤泉侯人马俱惊，辟易数里㊳。与其骑会为三处。汉军不知项王所在，乃分军为三，复围之㊴。项王乃驰，复斩汉一都尉㊵，杀数十百人，复聚其骑，亡其两骑耳㊶。乃谓其骑曰："何如㊷？"骑皆伏曰："如大王言。"

于是项王乃欲东渡乌江㊸。乌江亭长檥船待㊹，谓项王曰："江东虽小，地方千里，众数十万人，亦足王也。愿大王急渡。今独臣有船。汉军至，无以渡。"项王笑曰㊺："天之亡我，我何渡为㊻〔6〕？且籍与江东子弟八千人渡江而西，今无一人还，纵江东父兄怜而王我，我何面目见之㊼？纵彼不言，籍独不愧于心乎？"乃谓亭长曰："吾知公长者㊽，吾骑此马五岁，所当无敌，尝一日行千里，不忍杀之，以赐公㊾。"乃令骑皆下马步行，持短兵接战，独籍所杀汉军数百人。项王身亦被十余创，顾见汉骑司马吕马童，曰："若非吾故人乎㊿？"马童面之，指王翳曰："此项王也(51)。"项王乃曰："吾闻汉购我头千金，邑万户，吾为若德。"乃自刭而死(52)〔7〕。

【夹批】

① 成败大关目提出，大有笔力。

② 如太公在楚，汉亦未敢逞也。特先补此一事在前，固是要着。

③ 至是，项王欲休而汉愈不肯休矣。范增若在，必不离披至此。

④ 此"许之"专指归太公，遥接"侯公往说"句。

⑤ 千古高见，真有英雄作略。

⑥ 反言以为厌胜。

⑦ 故作抑扬,当时必无"欲西归"之事。

⑧ 反挑动信、越。

⑨ 再言之。

⑩ 狠辣。视约誓如儿戏,千古此类至多。

⑪ 临灭复作一振,极写楚之善战。

⑫ 此两人非俯首以求封侯之赏者明甚。

⑬ 反笔甚危悚。

⑭ 可谓惊人之论,非子房不能道。傅、附同,犹云依海以东也。

⑮ 说得透,真兵法奥旨。

⑯ 快甚! 正与刻印刓忍弗与者对看。

⑰ 信、越浅甚,祸端伏于此矣。

⑱ 信、越置两头,中间刘、周,叙四路兵,错综得妙,真奇文。

⑲ 六亦地名。周殷,楚之大司马也。以舒之兵屠蕲六地,并举九江兵来会也。

⑳ 三言之。

㉑ 乱其军心。

㉒ 思乱而语奇。

㉓ 史公每著"则"字处俱极有致。

㉔ 二句如《诗》之《小序》。

㉕ 四字有声有态。

㉖ 结煞才气过人语。

㉗ 英雄气短,儿女情深,千古有心人莫不下涕。

㉘ 此句起案,看其针路。

㉙ 出数重之围如儿戏,极写羽能。

㉚ 随途瓦解。

㉛ 兵不厌诈。一田父,一亭长,为汉所遣置可知。

㉜ 句句从战上夸张,在羽固为实录。

㉝ 钜鹿之战,霸业已成,原无他藉。

㉞ 雄甚,亦陋甚。

㉟ 写得声势俱有。

㊱ 欲以误汉兵而得脱也。

㊲ 应"为公取彼一将"。

㊳ 于斩将之后,又加一叱退之将,所谓余勇可贾也。皆加倍写法。

㊴ 三处各置一围,则兵减。

㊵ 因遂杀出矣。

㊶ 既出围,则复聚为一。

㊷ 情景宛然。

㊸ 始欲渡。

㊹ 先辈指为顽民,吾以为汉所置遣。

㊺ 一"笑"字,疑亭长绐之耳。

㊻ 又不欲渡。

㊼ 其言最长厚,又复负气。

㊽ 不欲知其疑。盖知其疑而不敢乘我之舟,斯不武矣。

㊾ 以马与长者,好处分。

㊿ 寻一自刭好题目。

(51) 回面向王翳也。

(52) 以身与故人,又好处分。

【眉批】

〔1〕侯公往,直请太公耳,乃反先写"中分天下",而后许归太公。又其约出自项王,可知以"兵罢食尽"之势,情见势屈,太公去而事愈不可为矣。

〔2〕汉所欲破者一羽耳。今独力既不能而必资信、越,子房乃劝以与之共分天下,是灭一羽复生二羽矣。且信、越之雄,又非羽所可同年而论也。然而当日子房劝之,高祖亦力从之,而楚遂以灭。夫人用乌喙、长葛以已疾,疾之既已,其去乌喙、长葛而惟恐不速也,必至之势矣。而惜乎信、越之

不能见及此也。

〔3〕"兵罢食尽"之语,凡三提之,正与项王"天亡我"之言呼应。史公力为项王占地步,其不肯以成败论英雄如此,皆所谓一篇之中,三致意焉者也。

〔4〕以下皆子长极意摹神之笔,非他传可比。

〔5〕从来取天下而不以其道者,亦必兼用诈力、兵威。若纯任一战斗之雄而欲以立事,古未有也。羽临死而哓哓自鸣,专以表其善战,可谓愚矣。史公曲为写生,亦无一字过溢,而赞中"岂不谬哉"一句,真与痛砭,所以为良史才也。

〔6〕项王之意,必不欲以七尺躯堕他手坑堑。观其溃围奔逐,岂不欲脱?迨闻亭长言而又不肯上其一叶之舟,既又赐以爱马而慰遣之,粗糙爽直,良可爱也。

〔7〕项王语本一片,中间别描吕马童数笔,此夹叙法。

项王已死,楚地皆降汉,独鲁不下。汉乃引天下兵欲屠之,为其守礼义为主死节,乃持项王头示鲁,鲁父兄乃降。始,楚怀王初封项籍为鲁公①〔1〕,及其死,鲁最后下,故以鲁公礼葬项王谷城。汉王为发哀,泣之而去②。诸项氏枝属,汉王皆不诛。乃封项伯为射阳侯③。桃侯、平皋侯、玄武侯,皆项氏,赐姓刘氏。

【夹批】

① 绝好结构。

② 于情于理,固应乃尔。

③ 合叙中见轻重法。

【眉批】

〔1〕传末赘鲁公案,袅袅有余韵。

太史公曰：吾闻之周生曰"舜目盖重瞳子"，又闻项羽亦重瞳子。羽岂其苗裔耶？何兴之暴也[1]？夫秦失其政，陈涉首难，豪杰蜂起，相与并争，不可胜数①。然羽非有尺寸，乘势起陇亩之中，三年遂将五诸侯灭秦②。分裂天下而封王侯，政由羽出③，号为霸王。位虽不终，近古以来未尝有也。及羽背关怀楚④，放逐义帝而自立，怨王侯叛己，难矣[2]。自矜功伐，奋其私智而不师古，谓霸王之业，欲以力征⑤经营天下，五年卒亡其国，身死东城，尚不觉寤而不自责，过矣。乃引"天亡我，非用兵之罪也"，岂不谬哉⑥！

【夹批】

① 三句见胜之实难。

② 正所谓暴兴。

③ 此列于本纪之旨。

④ 指传中"不归故乡，如衣锦夜行"之语，其意已满矣。

⑤ 起兵三年，有国五年，暴得者亦暴失也。一传中呼应处。

⑥ 总承上二段，非又别作一贬。

【眉批】

〔1〕"暴"字不必作暴戾解，只是"骤"字义，言苟非神明之后，何德而致此骤兴也？

〔2〕由"难矣"至"过矣"，终以"岂不谬哉"，三层贬法，虽列三段，然只是二段之后作一反掉，以总结其一生之事皆足以致亡，而纯靠用兵，必不足以立大业也。

高祖本纪

高祖为人[1]，隆准而龙颜，美须髯，左股有七十二黑子。仁而爱人，喜施，意豁如也。常有大度①，不事家人生产作业。及壮，试为吏，为泗水亭长，廷中吏无所不狎侮②。好酒及色，常从王媪、武负贳酒。醉卧，武负、王媪见其上常有龙，怪之③。高祖每酤，留饮酒，雠数倍④。及见怪，岁竟，此两家常折券弃责⑤。高祖常繇咸阳，纵观⑥，观秦皇帝，喟然太息曰："嗟乎，大丈夫当如此也⑦！"

单父人吕公善沛令，避仇从之客，因家沛焉。沛中豪杰吏闻令有重客，皆往贺。萧何为主吏，主进⑧，令诸大夫曰："进不满千钱，坐之堂下⑨。"高祖为亭长，素易诸吏，乃绐为谒⑩曰"贺钱万"，实不持一钱。谒入，吕公大惊，起，迎之门。吕公者，好相人⑪[2]，见高祖状貌，因重敬之，引入坐⑫。萧何曰："刘季固多大言，少成事⑬。"高祖因狎侮诸客，遂坐上坐，无所诎。酒阑，吕公因目固留高祖⑭。高祖竟酒后，吕公曰："臣少好相人。相人多矣，无如季相。愿季自爱。臣有息女，愿为季箕帚妾。"酒罢，吕媪怒吕公曰："公始常欲奇此女与贵人。沛令善公，求之不与，何自妄许与刘季⑮？"吕公曰："此非儿女子所知也。"卒与刘季。吕公女，乃吕后也⑯，生孝惠帝、鲁元公主。

高祖为亭长时⑰，常告归之田，吕后与两子居田中耨。有一老父过，请饮，吕后因铺之⑱。老父相吕后曰："夫人，天下贵人。"令相两子,见孝惠,曰:"夫人所以贵者,乃此男也。"相鲁元,亦皆贵⑲。老父已去,高祖适从旁舍来,吕后具言客有过,相我子母皆大贵。高祖问,曰:"未远。"乃追及。问老父,老父曰:"向者,夫人婴儿皆似君⑳,君相贵不可言。"高祖乃谢曰:"诚如父言,不敢忘德。"及高祖贵,遂不知老父处㉑。

　　十二年十月,高祖已击布军㉒。会甀㉓,布走,令别将追之。高祖还归,过沛,留㉔。置酒沛宫,悉召故人父老子弟纵酒㉕。发沛中儿得百二十人,教之歌[3]。酒酣,高祖击筑㉖,自为歌诗,曰:"大风起兮云飞扬㉗,威加海内兮㉘归故乡㉙。安得猛士兮守四方㉚。"令儿皆和习之。高祖乃起舞㉛,慷慨伤怀,泣数行下。谓沛父兄曰:"游子悲故乡㉜。吾虽都关中,万岁后吾魂魄犹乐思沛㉝。且朕自沛公以诛暴逆,遂有天下,其以沛为朕汤沐邑㉞,复其民,世世无有所与。"沛父兄诸母故人㉟日乐饮极欢,道旧故为笑乐㊱。十余日,高祖欲去,沛父兄固请留高祖㊲,高祖曰:"吾人众多,父兄不能给。"乃去[4]。沛中空县皆之邑西献㊳。高祖复留㊴止,张饮三日。沛父兄皆顿首,曰:"沛幸得复,丰未复㊵,唯陛下哀怜之。"高祖曰:"丰吾所生长,极不忘耳。吾特为其以雍齿故反我为魏。"沛父兄固请,乃并复丰,比沛。

【夹批】

① 一篇提纲语。其文活而不板,故妙。

② 亦从"豁如"中来,若龌龊迂谨人,安能有此?

③ 此段只摹其"好酒",故知上"及色"二句稍带,有趣。

④ 始则索钱,数倍常价,见其不琐琐较量也。

⑤ 岁终不责所负。

⑥ 天子出,禁人观。此时偶值纵观,故高祖得观之。

⑦ 与项羽语参看。

⑧ 凡以财物输人,皆曰进。

⑨ 此语若逆为高祖设。

⑩ 书字于刺曰"谒",即"贺钱万"三字也。

⑪ 史公每用夹注法,最奇妙。

⑫ 接上"迎之门"句。

⑬ 吕公、萧何二段并一时事,分叙各妙。

⑭ 酒阑、后罢二段,则是吕公正文。

⑮ 顺手补出两事,文味秾至而口吻又宛然,神笔也。

⑯ 点睛法。

⑰ 重提。

⑱ 看他连叙两个相人,无一笔犯复,古人不可及在此。

⑲ 相人凡换四样笔,乃至一字不相袭,与城北徐公语又大不同。

⑳ 《汉书》"似"作"以",颇优。

㉑ 收得高。

㉒ 对黥布反。

㉓ 收兵会于甄地。

㉔ 一"留"字与下二"留"字呼应。

㉕ 亦应传首"好酒"案。

㉖ 摹情写景,一步酣畅一步。

㉗ 首言遭乱起义。

㉘ 次言定鼎。

㉙ 次言归至沛。

㉚ 终因布反而思守成之难。

㉛ 先歌后舞,节次宛然。

㉜ 自注出诗题。

㉝ 生而悲，死而乐，其理一也。

㉞ 亦如以鲁公礼葬项羽之意。

㉟ 又窜入诸母，文愈酣恣。

㊱ 前悲此乐，其情文一也。

㊲ 一留。

㊳ 送之而仍献食，如祖饯然。

㊴ 再留。

㊵ 此段只为丰邑请复，事乃前段之余文。

【眉批】

〔1〕汉室定鼎，诛伐大事皆详于诸功臣《世家》、《列传》中。及《高祖本纪》，则多载其细微时事，及他神异符验。所以其文繁而不杀，灵而不滞。叹后世撰实录者不敢复用此格，而因以竟无可传之文也。

〔2〕高祖豁达大度，乃数数萦情于相人之术。迨后光武迭兴，又酷信谶纬家言，是以汉家一代之间不出术数图纬，是岂非有天下者万世之龟鉴哉？

〔3〕项羽方攘得关中，即云"富贵不归故乡，如衣绣夜行"，及垓下之败，忼慨歌诗，英雄气尽。此纪一段，正语语与彼对照。群雄之与真主，气象一一如绘。史公之惠后学，千古无穷也。

〔4〕凡叙事酣恣之法，须先分节次，逐段加搊，则其味愈浓。不解此即如嚼蜡矣。

太史公曰[1]：夏之政忠①。忠之敝，小人以野②，故殷人承之以敬。敬之敝，小人以鬼③，故周人承之以文。文之敝，小人以僿，故救僿莫若以忠。三王之道若循环，终而复始。周、秦之间，可谓文敝矣。秦政不改，反酷刑法，岂不谬乎④？故汉兴，承敝易变，使人不倦⑤，得天统矣。

【夹批】

① 字法句法俱精。

② 只言小人,妙。野,乔野也。

③ 古云殷人尚鬼,盖敬而流于媚。

④ 明明不许秦人承统。

⑤ 用《系辞》文,妙。

【眉批】

〔1〕赞又极庄重,极雅驯。

高祖功臣年表

太史公曰：古者人臣功有五品^①，以德立宗庙，定社稷，曰勋；以言曰劳；用力曰功；明其等曰伐；积日曰阅^②。封爵之誓曰^{〔1〕}："使长河如带，泰山如砺^③，国以永宁，爰及苗裔。"始未尝不欲固其根本，而枝叶稍陵夷衰微也^④。

余读高祖侯功臣^{〔2〕}，察其首封^⑤，所以失之者，曰：异哉所闻^⑥。《书》曰"协和万国"，迁于夏商，或数千岁。盖周封八百，幽、厉之后，见于《春秋》^⑦。《尚书》有唐、虞之侯伯，历三代千有余载^⑧，自全以蕃卫天子，岂非笃于仁义，奉上法哉^⑨！汉兴，功臣受封者百有余人^⑩。天下初定，故大城名都散亡，户口可得而数者十二三^⑪，是以大侯不过万家，小者五六百户。后数世，民咸归乡里，户益息^⑫。萧、曹、绛、灌之属，或至四万，小侯自倍，富厚如之^⑬。子孙骄溢，忘其先，淫嬖^{⑭〔3〕}。至太初^⑮，百年之间，见侯五^{〔4〕}，余皆坐法陨命亡国，耗矣^⑯。罔亦少密焉，然皆身无兢兢于当世之禁云^⑰。

居今之世，志古之道，所以自镜也，未必尽同^⑱。帝王者，各殊礼而异务，要以成功为统纪，岂可绲乎^{〔5〕}！观其所以得尊宠及所以废辱，亦当世得失之林也，何必旧闻^⑲？于是谨其终始，表见其文，颇有所不尽本末；著其明，疑者阙之^⑳。后有君子，欲推而列之，得以览焉。

【夹批】

① 首提人臣之功说入，见所以尊宠者本非幸得。

37

② 此二句总上三句，勋、劳与功皆有明等、积日之用。

③ 接手便援封誓，妙在说得不甚分明。

④ 臣之罪戾，上之网密，俱有在内。

⑤ 伏下案。

⑥ 此句直贯到"何必旧闻"句。

⑦ 六七百年矣。

⑧ 如虞思、陈满、柏翳、申吕之属。

⑨ 此句专责臣子，文章得体。

⑩ 高祖功臣，同异姓共一百四十三人。

⑪ 原其始封之安，实由地瘠而贫。

⑫ 原其所以失之者，实由富厚而溢。

⑬ 自倍其封，以户口日增也。

⑭ 九字总胪罪案。

⑮ 武、景帝朝。

⑯ 由始封至此才百年，而亡者百三十八侯，与前"协和万国"作对。

⑰ 只"罔亦少密"句千回百折，而后下之又急收转。

⑱ "居今"句正明其"罔密"也。"古之道"与"当世之禁"对看，既未必同，则虽"志古之道"而亦难免于"今之世"矣。言外感慨良深。

⑲ 当时"得失之林"只是今时禁网耳，岂"五品"之功、"永宁"之誓所可概乎？

⑳ 阙疑之意。

【眉批】

〔1〕从古功臣封誓引入。一腔忠厚之意，盎然言下，正与汉之少恩作激射，可谓工于立言。

〔2〕《史记》凡用数叠文法，最显笔力。后人为之，非排即弱。

〔3〕此段专以骄淫定臣子罪案，然表中以此失侯殊少，故妙。

〔4〕《索隐》谓：五侯为平阳侯曹宗，曲周侯郦终根，阳阿侯齐仁，戴侯

秘蒙，谷陵侯冯偃。余别有考。

〔5〕"绲"与"混"同，古字通用。帝王各殊礼而异务，则侯之存亡难以古为例矣。

【总评】

孝武殚括利源，尊显卜式，而功臣、列侯莫肯输财助边。于是元鼎五年，坐酎金夺爵者百余人，而高祖功臣尽矣。亡非其罪，所谓"网亦少密"也。知此，则是篇宛转叹息之意雪亮。

秦楚之际月表

太史公读秦、楚之际[1]，曰①：初作难②，发于陈涉；暴戾灭秦③，自项氏；拨乱诛暴，平定海内，卒践帝祚④，成于汉家。五年之间，号令三嬗⑤。自生民以来，未始有受命若斯之亟也⑥。

昔虞、夏之兴，积德累功数十年，德洽百姓，摄行政事，考之于天，然后在位。汤、武之王，乃由契、后稷，修仁行义十余世，不期而会孟津八百诸侯⑦，犹以为未可，其后乃放弑。秦起襄公，章于文、穆，献、孝之后，稍以蚕食六国，百有余载，至始皇乃能并冠带之伦。以德若彼，用力如此，盖一统若斯之难也⑧。

秦既称帝[2]，患兵革不休，以有诸侯也，于是无尺土之封⑨，堕坏名城，销锋镝，钮豪杰，维万世之安。然王迹之兴，起于闾巷，合从讨伐，轶于三代⑩，乡秦之禁⑪，适足以资贤者为驱除难耳。故愤发其所为天下雄，安在无土不王⑫？此乃传之所谓大圣乎？岂非天哉！岂非天哉⑬！非大圣孰能当此受命而帝者乎？

【夹批】
① 所读盖亦《秦记》也。
② 三字是陈涉定案。
③ 四字是项羽身份。
④ 十二字是高祖结果。

40

⑤ 陈、项、刘也。

⑥ 此"受命"实兼说三家,所以《史记》于陈涉称《世家》,于羽称《本纪》,惟其五年之间而有三朝受命,所以为"亟"。俗解专指高祖,文理便碍。

⑦ 上总言汤、武,此句专指武王。古文如此甚多,正以疏而得妙。

⑧ 逆摺一笔,正见受命之亟为前古所未有。

⑨ 以下方专为本朝占身分。

⑩ 总摄得势,文笔峻挺,绝无厄词。

⑪ 着此句便疏宕有奇气。

⑫ 四字盖古语也,笔致劲疾之至。

⑬ 作想象不尽之笔,煞出受命之正,独尊本朝。

【眉批】

〔1〕西汉文字雅,不用排比,故连叙三四事必句句变调,非有意作奇,其笔性自高也。故学文自秦、汉入者必不堕六朝俳体。至史公则又字字称量铢黍而后出之。

〔2〕后半只作一气贯注之笔,赶出两个"天"字、两个"大圣"来,错互迷离。数十字中,恰有万仞陡注之势,其得力只在中间一句宕开,一笔兜转,有千钧力。

【总评】

题自"秦楚之际",试问二世既亡,汉国未建,此时号令所出,非项羽而谁? 又当山东蜂起,六国复立,武信初兴,沛公未兆,此时号令所出,非陈胜而谁? 故不可言秦,不可言楚,谓之"际"者,凡以陈、项两雄也。表为两雄而作,却以记本朝创业之由,故首以三家并起,而言下轩轾自明。次引古反击一段,然后收归本朝,作赞叹不尽之语以结之。布局之工,未易测也。

六国表

太史公读《秦记》^①，至犬戎败幽王，周东徙洛邑，秦襄公始封为诸侯，作西畤^②用事上帝，僭端见矣^[1]。《礼》曰："天子祭天地，诸侯祭其域内名山大川。"今秦杂戎翟之俗，先暴戾，后仁义，位在藩臣^③而胪于郊祀，君子惧焉^④。及文公逾陇，攘夷狄，尊陈宝^⑤，营岐、雍之间^⑥，而穆公修政，东竟^⑦至河，则与齐桓、晋文中国侯伯侔矣^⑧。是后陪臣执政^⑨，大夫世禄，六卿擅晋权，征伐会盟，威重于诸侯。及田常杀简公而相齐国^⑩，诸侯晏然弗讨，海内争于战攻矣。三国终之卒分晋，田和亦灭齐而有之，六国之盛自此始^{⑪[2]}。务在强兵并敌，谋诈用而纵横短长之说起。矫称蜂出，誓盟不信，虽置质剖符犹不能约束也^⑫。秦始小国僻远，诸侯宾之^⑬，比于戎翟，至献公之后，常雄诸侯。论秦之德义，不如鲁、卫之暴戾者^⑭，量秦之兵不如三晋之强也，然卒并天下，非必险固便形势利也，盖若天所助焉^⑮。

或曰^[3]："东方物所始生，西方物之成孰。"夫作事者必于东南，收功实者常于西北^⑯。故禹兴于西羌，汤起于亳，周之王也以丰镐伐殷，秦之帝用雍州兴，汉之兴自蜀汉^⑰。

秦既得意，烧天下《诗》《书》^⑱，诸侯史记尤甚，为其有所刺讥也。《诗》《书》所以复见者，多藏人家^⑲，而史记独藏周室，以故灭，惜哉！惜哉^⑳！独有《秦记》，又不载日月，其文略不具。然战国之权变亦有可颇采者，何必上古^㉑？秦取天下多暴,然世异变,成功大^{㉒〔4〕}。传曰"法后王",何也?以其近己而俗变相类,议卑而易行也。学者牵于所闻,见秦在帝位日浅,不察其终始,因举而笑之,不敢道,此与以耳食无异。悲夫㉓!

余于是因《秦记》,踵《春秋》之后,起周元王,表六国时事,讫二世,凡二百七十年,著诸所闻兴坏之端。后有君子,以览观焉㉔。

【夹批】

① 起结以《秦记》为关目。

② 畤者,郊祀之名,秦有五畤,各以其地系之。

③ 文法古雅绝伦。

④ 伏天助。

⑤ 陈宝亦神祠。

⑥ 伏地利。

⑦ 竟、境通用。

⑧ 此是穆公始伯,三段逐步紧来。

⑨ 以上言秦,以下言六国。

⑩ 独拈此事,有识。可见孔子沐浴请讨,是春秋战国一大关头。

⑪ 点题。

⑫ 此段橐括《六国表》中所载机权杀伐之事。其文繁而不杀,笔力雄大,非他手可办。灭六国者,秦也,故先叙秦,后叙六国。既叙六国,则仍叙秦。

⑬ 即摈之也。

⑭ 本云论秦之暴戾不如鲁、卫之德义,却用错互文法,与下句作罗纹,古峭特甚。

⑮ 先抑地利以明天助。

⑯ 又归重地利,皆作惝恍不定之笔。

⑰ 五句,每句调必小变,汉文之异乎后人者往往如此。

⑱ 陡接《秦记》之笔,仍转到《秦记》上去,法脉井然。

⑲ 说史记,偏用《诗》《书》陪看,其卸去又不难。

⑳ 先宕开一笔,然后接出《秦记》,见其不得已而用之之意。

㉑ 《六国表》盖采《秦记》为之,故有年无月日。

㉒ 如变封建为郡县之类,后世亦蒙其利。当时诸侯放恣,非秦之力不能驱除之也。《秦记》之不可废者如此。

㉓ 学者动称"法上古",而不知"法后王",故笑《秦记》为不足道,正犹食不以口而以耳,徒听他人之毁誉以为弃取,而不自知其味之果何在也。

㉔ 以《年表》二百七十年之事上绍《春秋》二百四十二年之统。史公心事如此。

【眉批】

〔1〕秦之兴,僭乱何可胜纪?此特拈"西畤用事上帝"起,所以暗伏中间"若有天助"一段也。次拈"逾陇营岐"之事,所以伏中间"收功实者常于西北"一段也。文章脉络,摘出朗若列眉矣。

〔2〕叙秦用三段文字,其气一段紧一段。叙六国亦用三段文字,其气亦一段紧一段。史公文极雄放,然细寻其脉,却复极谨严也。

〔3〕一猜"天助",再猜"地利"。然前则云"盖若",后则冠以"或曰",其意直谓秦无可兴之理,所以深恶而痛斥之也。贵得其运笔之法。

〔4〕此段是正叙,采《秦记》以著《六国年表》本意。然《秦记》卑陋,为世儒不屑道,下段故特举耳食之弊,以见《秦记》之不可尽废也。文义始终照应,一丝不走。

【总评】

子长因《秦记》创立《年表》,上绍《春秋》之书法,下开《纲目》之源流,是一部《史记》大主脑。但《春秋》以鲁为主,《纲目》以正统之君为主,《六国年表》则分界层格，各国自为其主。以其时势均力敌，地丑德齐，无可统摄之义也。然六国之兴灭，惟一秦始终之。秦虽不可以统六国，而未始不可以贯六国。况上世之文，列邦之史，已为秦人收付一炬，则临文考事，舍《秦记》更无可凭。所以入手先叙秦之渐强，次即夹叙六国之寖盛，此即《六国表》前半公案也。次叙秦之并天下，而《六国表》后半公案已澌灭其中。然其言外，却复老大悲慨，老大不平，因起手得天之意，挽住西畤郊天作一疑；又因起手逾陇营岐之事，串出西北收功作一信，此是题外原题之法也。然后转出焚书之后，他无可据，故不得不援《秦记》以存二百七十年崖略。而世儒动欲远法上古，殊不知近己而俗变相类，议卑而易行。传所谓"法后王"者，其理不可易也。末乃明点出"踵《春秋》之后"，"著兴坏之端"，则又借《秦记》而不为《秦记》用者矣。

封禅书

自古受命帝王,曷尝不封禅^{①〔1〕}？盖有无其应而用事者矣^②,未有睹符瑞见而不臻乎泰山者也。虽受命而功不至^③,至梁父矣而德不洽,洽矣而日有不暇给,是以即事用希^④。《传》曰:"三年不为礼,礼必废。三年不为乐,乐必坏^⑤。"每世之隆,则封禅答焉^⑥,及衰而息。厥旷远者千有余载,近者数百载,故其仪阙然埋灭,其详不可得而记闻云。

【夹批】

① 起得惝恍不定。

② 妙。插此句,一篇气息皆透。

③ 一句句绾定全书脉络。

④ 然则武帝于此将何居？

⑤ 以封禅为礼乐,直指其仪言之耳。断章取义法。

⑥ 先嵌一句,为本朝占地步。

【眉批】

〔1〕加土于山之上,而藏玉检之书,以纪受命之符,曰封；除地于山之阴而祭,曰禅。史公因武帝求神仙致方士等事而附会之,杂撰其事曰《封禅书》。其文颇曼衍补苴,故先以"其详不可得闻"提纲也。

周克殷后十四世,世益衰,礼乐废^①,诸侯恣行,而幽王为犬戎所败,周东徙洛邑。秦襄公攻戎救周^②,始列为诸侯^{③〔1〕}。秦襄公既侯,居西垂,自以为主少皞之神^④,作西畤,祠白帝⑤,其牲用骝驹、黄牛、羝羊各一云⑥。其后十六年,秦文公东猎于汧、渭之间,卜居之而吉〔2〕。文公梦黄蛇自天下属地,其口止于鄜衍⑦,文公问史敦,敦曰:"此上帝之征,君其祠之⑧。"于是作鄜畤,用三牲郊祭白帝焉⑨。

自未作鄜畤也⑩,而雍旁故有吴阳武畤,雍东有好畤⑪〔3〕,皆废无祠⑫。或曰:"自古以雍州积高⑬,神明之隩,故立畤郊上帝,诸神祠皆聚云。盖黄帝时尝用事,虽晚周亦郊焉。"其语不经见,缙绅者不道。作鄜畤后九年,文公获若石云,于陈仓北阪城祠之。其神或岁不至,或数岁来,来也常以夜,光辉若流星,从东南来集于祠城,则若雄鸡,其声殷云,野鸡夜雊。以一牢祠,命曰陈宝。

【夹批】

① 从首段入脉。

②《封禅书》夹叙击匈奴事,此语亦非无故而下。

③ 以上叙秦来历,作受命案。

④ 阴觑受命一。

⑤ 已为封禅之滥觞。

⑥ 秦人杜撰之仪也。跟前"仪"字。

⑦ 阴觑受命二。

⑧ 无稽而妙。

⑨ 始曰祠,既曰郊,以渐而起。

⑩ 忽转入前而去。

⑪ 皆即地以名之。

⑫ 则不知何神矣。

⑬ 荒唐得妙。

【眉批】

〔1〕此段专言秦时祠祭之事,汉承秦弊者也。故多作迂怪之语,以先发其端。

〔2〕秦之文、襄皆非受命之君,而自作矫诬如此,乃汉武本已受命而反效其矫诬之为,何也?此史公正意。

〔3〕忽于作鄜畤后旁插吴阳武畤及好畤之废迹,而以传闻"不经"之语束之,则所谓"无其应而用事者"已略见于此矣。凡此皆为后文伏脉也。其笔力之雄浑,千古无匹。

　　齐桓公既霸,会诸侯于葵丘,而欲封禅①。管仲曰:"古者封泰山禅梁父者七十二家,而夷吾所记者十有二焉②〔1〕。昔无怀氏封泰山,禅云云;虙羲封泰山,禅云云;神农封泰山,禅云云;炎帝封泰山,禅云云;黄帝封泰山,禅亭亭;颛顼封泰山,禅云云;帝俈封泰山,禅云云;尧封泰山,禅云云;舜封泰山,禅云云;禹封泰山,禅会稽;汤封泰山,禅云云;周成王封泰山,禅社首③:皆受命然后得封禅④。"桓公曰〔2〕:"寡人北伐山戎,过孤竹;西伐大夏,涉流沙,束马悬车,上卑耳之山⑤;南伐至召陵,登熊耳山以望江汉。兵车之会三,而乘车之会六,九合诸侯,一匡天下,诸侯莫违我。昔三代受命,亦何以异乎⑥?"于是管仲睹桓公不可穷以辞,因设之以事⑦,曰:"古之封禅,鄗上之黍,北里之禾⑧,所以为盛⑨;江淮之间,一茅三脊,所以为藉也⑩。东海致比目之鱼,西海致比翼之鸟⑪,然后物有不召而自至者十有五焉⑫。今凤凰、麒麟不来,嘉谷不生,而蓬蒿藜莠茂,鸱枭数至,而欲封禅,毋乃不可乎?"⑬〔3〕于是桓公乃止。是岁,秦缪公内晋君夷吾。其后三置晋国之君,平其乱。缪公立三十九年而卒⑭。

其后百有余年,而孔子论述六艺,传略言易姓而王,封泰山禅乎梁父者七十余王矣⑮〔4〕。其俎豆之礼不章,盖难言之⑯。

【夹批】

① 即此自以为受命,何其满也!

② 总言封泰山,禅梁父,而下所列十二家,皆非禅梁父者。盖云云、亭亭,诸皆梁父之支阜也。

③ 历历指数,不知何据。大约欲以伏羲、神农诸首出之君压倒桓公而抑其侈耳。观下"穷以辞"三字,其意灼然可见,读者切莫认真。

④ 归重此一句,盖其难、其慎之辞。

⑤ 甚言穷极幽险,其辞新异。

⑥ 管仲举十二君,而桓公独举三代,亦见卑之,无甚高论也。

⑦ 节奏妙。

⑧ 文字巨丽,与前段对。

⑨ 粢盛也。

⑩ 古者荐神之玉,藉用白茅。

⑪ 所以为羞,其说益荒诞得妙。

⑫ 又虚一笔,若平平开去,岂非印板文字耶?

⑬ 反笔,又不必屑屑对针上文,疏宕入妙。

⑭ 插此段何意? 妙在"是岁"二字也。齐桓方俨然自谓受命,而置君平乱、存亡继绝之义,顾出于秦,正所以明桓公之不得为受命也。

⑮ 管仲之言,或邻于诞,故略以孔子之言实之。

⑯ 仍归到仪制上,应首段。

【眉批】

〔1〕首段实砌封禅掌故,所谓"受命"与"无其应而用事"、"睹符瑞而臻

泰山"者,大略具见。是为全书背面铺粉之笔也。

〔2〕桓公自侈其功,只是一匡、九合耳,必从东西南北、遐征远涉说入,何也?盖武帝封禅求仙之举,实在北征匈奴、东诛闽粤、朝冉从骁、定筰存筰之后,其侈心正复相类。特借此对照,乃微词也。凡读《史记》景、武间文字,皆当识其用意所在,则无一字浪下。

〔3〕管仲之意,只是知桓公非受命之君耳,故借无其应而不可用事穷之。

〔4〕即以夷吾之言而折衷于孔子,言下含宕往之致,绝不说煞,故妙。

秦始皇既并天下而帝①〔1〕,或曰:"黄帝得土德,黄龙地蟥见②。夏得木德,青龙止于郊,草木畅茂③。殷得金德,银自山溢。周得火德,有赤乌之符。今秦变周,水德之时④。昔秦文公出猎,获黑龙,此其水德之瑞⑤。"于是秦更命河曰"德水",以冬十月为年首,色上黑,度以六为名⑥,音上大吕,事统上法⑦。

即帝位三年,东巡郡县,祠驺峄山,颂秦功业⑧。于是征从齐、鲁之儒生博士七十人,至乎泰山下⑨〔2〕。诸生或议曰:"古者封禅为蒲车⑩,恶伤山之土石草木,扫地而祭⑪。席用葅稭⑫,言其易遵也。"始皇闻此议各乖异,难施用,由此绌儒生⑬。而遂除车道,上自泰山阳⑭至巅,立石颂秦始皇帝德,明其得封也⑮。从阴道下,禅于梁父。其礼颇采太祝之祀雍上帝所用⑯,而封藏皆祕之,世不得而记也。

始皇之上泰山,中阪遇暴风雨,休于大树下。诸儒生既绌,不得与用于封事之礼,闻始皇遇风雨,则讥之⑰。于是始皇遂东游海上,行礼祠名山大川及八神,求仙人羡门之属⑱。

【夹批】

① 此段属意礼仪,而先从符瑞引入。

② 似龙无角。

③ 语语有迁就,见其说之不根。

④ 先言时当水德,而后乃援远事以实之。诞甚。

⑤ 猎而得龙,怪诞极矣。妙在凿凿而传,中迂怪之征率可想见。

⑥ 以"地六成水"也。

⑦ 水德主杀,故事以法律为尚。

⑧ 先为封禅作一引子。

⑨ 大议封禅之仪,是全书第一笔。

⑩ 以蒲裹车轮。

⑪ 不筑坛。

⑫ 蒲干也,皆俭约之意。

⑬ 七十人之言,想复人人殊,上特著其大略耳。

⑭ 自行其意,亦见雄略。

⑮ 揣注一句,妙。

⑯ 只是与前作西畤、鄜畤等事一副主意耳。可见前详叙之妙。

⑰ 其意以为伤山之土石草木而山灵不享也。书生之见殊陋。著此亦以丑之。

⑱ 一线飘去,转入求仙,亦有烟云变幻之奇。

【眉批】

〔1〕《封禅》一书,于其礼仪盖三致意焉。此一段言秦事而刺其仪之不古也。

〔2〕齐、鲁诸生所言封禅之仪,或出于古,未可知。然约而易行,毕竟有原本,不知后世封禅只是一片侈大之心耳。玉检、金绳,惟恐不盛,此其仪之所以绌而不行也。

自齐威、宣之时,驺子之徒①论著终始五德之运,及秦帝而齐人奏之,故始皇采用之②〔1〕。而宋毋忌、正伯侨、充尚、羡门子高最后,皆燕人,为方仙道,形解销化,依于鬼神之事③。驺衍以阴阳主运显于诸侯④,而燕、齐海上之方士传其术不能通,然则怪迂阿谀苟合之徒自此兴,不可胜数也⑤。

自威、宣、燕昭使人入海求蓬莱、方丈、瀛洲⑥。此三神山者,其傅⑦在渤海中,去人不远⑧。患且至,则船风引而去⑨〔2〕盖尝有至者⑩,诸仙人及不死之药皆在焉⑪。其物禽兽尽白,而黄金银为宫阙⑫。未至,望之如云⑬;及到,三神山反居水下⑭;临之,风辄引去,终莫能至云。世主莫不甘心焉⑮。及至秦始皇并天下⑯,至海上,则方士言之不可胜数⑰〔3〕。始皇自以为至海上而恐不及矣⑱,使人乃赍童男女入海求之。船交海中,皆以风为解⑲,曰未能至,望见之焉⑳。其明年,始皇复游海上,至琅邪,过恒山,从上党归。后三年,游碣石,考入海方士㉑,从上郡归。后五年,始皇南至湘山,遂登会稽,并海上,冀遇海中三神山之奇药㉒。不得,还至沙丘崩㉓。

二世元年,东巡碣石,并海南,历泰山,至会稽,皆礼祠之,而刻勒始皇所立石书旁,以章始皇之功德㉔〔4〕。其秋,诸侯叛秦。三年而二世弑死。始皇封禅之后十二岁,秦亡㉕。诸儒生疾秦焚《诗》《书》,诛僇文学,百姓怨其法,天下畔之㉖,皆讹㉗曰:"始皇上泰山,为暴风雨所击,不得封禅㉘。"此岂所谓无其德而用事者耶㉙?

汉兴,高祖之微时,尝杀大蛇。有物曰:"蛇,白帝子也,而杀者赤帝子㉛。"高祖初起,祷丰枌榆社㉛〔5〕。徇沛,为沛公,则祠蚩尤,衅鼓旗㉜。遂以十月至霸上,与诸侯平咸阳,立为汉王。因以十月为年首㉝,而色尚赤㉞。

二年,东击项籍而还入关,问:"故秦时上帝祠何帝也?"对曰:"四帝,有白、青、黄、赤帝之祠。"高祖曰:"吾闻天有五帝,而有四,何也㉟?"莫知其说。于是高祖曰:"吾知之矣,乃待我而具五也。"乃立黑帝祠,命曰北畤㊱。有司进祠,上不亲往。悉召故秦祝官,复置太祝、太宰,如其故仪礼㊲。因令县为公社㊳。下诏曰:"吾甚重祠而敬祭㊴。今上帝之祭及山川诸神当祠者,各以其时礼祠之如故㊵。"

【夹批】

① 语见《衍列传》中。

② 其言以秦为水德,当克火,故始皇以其言验而神之也。岂知一变而遂为方士之祖,学术之不可不慎于此可见。

③ 方士皆燕、齐人,此处特用齐人、燕人起线。

④ 重提以总断之。○即上"五德之运"之说。

⑤ 由怪迁而阿谀,由阿谀而苟合,愈变而愈下也。

⑥ 三君求仙不见他书,而此亦援以起脉,要亦假借之辞。

⑦ 音附。

⑧ 妙在此句。

⑨ 先推远之。

⑩ 又引而近之。

⑪ 主脑在此。

⑫ 加一层点缀。

⑬ 此句明明空境。

⑭ 幻极。可知如云之中全无所有也。

⑮ 死心蹋地求之,庶几一遇也。

⑯ 遥接威、宣、燕昭。

⑰ 与前"不可胜数"应。

⑱ 描出一片痴。

⑲ 交接驿络也。

⑳ 字字有照应。

㉑ 稽核考察之也。比前段加一句。

㉒ 总结三段主意于此。

㉓ 收得怆然。

㉔ 忽挽入封禅本义,求仙之后,缀以此二行,亦如文章之过渡相似。可见古人文字处处谨严。

㉕ 应笔如椽。

㉖ 遥接"间遇风雨则讥之"一段,而文更浓至。

㉗ 音讹。

㉘ 针线极密,而文不印板,妙,妙!

㉙ 点逗首段一笔。

㉚ 即《本纪》中语,易数字而别具峭韵,此可为删润文字之法。

㉛ 起脉。

㉜ 此篇所重者,祠祭,其他法制,则客意也。叙来轻重详略,天然适宜。

㉝ 以上为一节。

㉞ 应赤帝子语。

㉟ 秦时四帝之祠,各以其时,创立原属不经,高祖以意断之,谓之雄略则可,谓之典礼则不可。

㊱ 高祖于柏人则曰:"柏人者,逼于人也。"于娄敬则云:"娄者,乃刘也。"于此云:"乃待我而具五也。"皆是凭臆造古。粗爽可爱,具见英风。

㊲ 承秦之陋可知。

㊳ 即枌榆社之类。

㉞ 作法如此,子孙安得不有加无已乎?

㊵ 又下"如故"字,妙。

【眉批】

〔1〕此段尽搜方士根柢,为文成、五利辈脑后下针,无一语不为武帝唤醒。其文洸洋恣肆,尽五花八门之巧,细按则愈见其妙。

〔2〕描写三神山,一句一境,使人即之不得、离之不能,诡幻缠绵,其文笔之妙,即是风云溟渤矣。千古绝笔。

〔3〕详写始皇求仙之勤,乃以为武帝前车之鉴耳。其三游海上,亦是三叠文法,写来转觉苍劲,绝无排比之迹。

〔4〕始皇立石已刻铭矣。今二世巡游所至,复刻书其旁以追颂之,不复自立石也。

〔5〕从来机祥之说,历代所不能废。然其流而日甚者,未有不本于祖宗之作法者也。孝武于祠求神仙不遗余力,实高祖有以启之。高祖即位,反秦弊政殆尽,而祠祭荒谬之举独多因之。此段特着两个"如故"字,意微而显。

　　鲁人公孙臣上书曰⑴:"始秦得水德,今汉受之,推终始传,则汉当土德,土德之应黄龙见①。宜改正朔,易服色,色上黄。"是时,丞相张苍好律历,以为汉乃水德之始②,故河决金堤,其符也③。年始冬十月,色外黑内赤,与德相应。如公孙臣言,非也。罢之。后三岁,黄龙见成纪④。文帝乃召公孙臣,拜为博士,与诸生草改历服色事。其夏,下诏曰:"异物之神见于成纪,无害于民,岁以有年。朕祈郊上帝诸神⑤,礼官议,无讳以劳朕。"有司皆曰:"古者天子夏亲郊,祀上帝于郊,故曰郊。"于是夏四月,文帝始郊见雍五畤祠,衣皆上赤⑥。

其明年赵人新垣平以望气见上[2]，言："长安东北有神气[7]，成五采，若人冠绻焉。或曰东北神明之舍，西方神明之墓也[8]。天瑞下，宜立祠上帝，以合符应。"于是作渭阳五帝庙[9]，同宇，帝一殿，面各五门，各如其帝色。祠所用及仪亦如雍五畤[10]。

夏四月，文帝亲拜霸、渭之会[11]，以郊见渭阳五帝。五帝庙南临渭，北穿蒲池沟水，权火举而祠[12]，若光辉然属天焉。于是贵平上大夫，赐累千金[3]。而使博士诸生刺《六经》中作《王制》[13]，谋议巡狩封禅事[14]。文帝出长门，若见五人于道北，遂因其直北立五帝坛，祠以五牢具。

其明年，新垣平使人持玉杯，上书阙下献之[15][4]。平言上曰："阙下有宝玉气来者[16]。"已视之，果有献玉杯者，刻曰"人主延寿[17]"。平又言"臣候日再中[18]"。居顷之，日却复中[19]。于是始更以十七年为元年[20]，令天下大酺。平言曰："周鼎亡在泗水中，今河溢通泗，臣望东北汾阴有金宝气[21]，意周鼎其出乎？兆见不迎则不至。"于是上使使治庙汾阴南，临河，欲祠出周鼎[22]。

人有上书告新垣平所言气神事皆诈也[23]。下平吏治，诛夷新垣平[24]。自是之后，文帝怠于改正朔服色神明之事[25]，而渭阳、长门五帝使祠官领，以时致礼，不往焉[26][5]。

【夹批】

① 从来术数之学，必有验而后能动人。

② 秦之为水德旧矣，而苍乃以汉为水德之始者，其意以秦为闰位，不足当五德之数也。

③ 然以河决为水德之应,则迁就诬罔矣。

④ 符瑞之兴,天若启之。

⑤ 说符瑞而归功岁与民,固自得体。

⑥ 此段于公孙臣后缀郊祀,见未失于正也。

⑦ 望气事一。

⑧ 舍生方,墓死方也。其说与秦时议论异。

⑨ 何所见而遽信之?

⑩ 详写殿制,以著其矫诬不经。

⑪ 以前年议夏亲郊,今直以故事行,不复议也。

⑫ 权火,其制如秤锤,著于林木,数步一置,盖庭燎之变也。

⑬ 备举而间出之曰刺。

⑭ 忽带入封禅,妙。

⑮ 望气事二。

⑯ 伎俩毕露,浅诞如此,宜有杀身之祸。

⑰ 微以求仙不死意尝之。

⑱ 望气事三。

⑲ 愈幻。

⑳ 段段用"于是"字,见其信之如响。

㉑ 望气事四。

㉒ 三段俱用"平言上","平又言","平言曰",更端起绪,叠出不休。盖平一见拜上大夫,而其后贵不加益,故屡以诈求售,言外终见文帝之贤。

㉓ 结穴妙。

㉔ 圣主。

㉕ 因神明之伪而并怠于改正朔等事,过矣。

㉖ 一齐结煞,好笔力。

【眉批】

〔1〕公孙臣之言,即驺衍之说也,其言未必尽谬。然一为所动,而新垣

平即得以荒诞之说希宠干进。其后，虽以诛死，而文成、五利之属已接踵于阙下矣。且文帝于贾谊所陈改正朔、易服色诸事，则谦让未遑，独于公孙臣辈信之甚笃，谓非贻谋之不善耶？

〔2〕前公孙臣之说，犹预以"黄龙见"为验，及符合而后官之。至新垣平望气，则惟其言是凭，而无从案验矣。逐步写来，得失自见。

〔3〕上大夫之贵，千金之赐，于平何功？方士之接踵而至不亦宜乎？

〔4〕新垣平以望气见，其初但作渭阳五帝祠，幻而未失其常，所以尝试上意也。至是文帝忽自见五人而凭意造幻，别立五帝坛，平于是而有以窥帝矣。于是玉杯、汾鼎，纷纷诞妄，一依于气以为之说。次序累累，岂非以著上之失耶？

〔5〕收得径净。文帝天资极高，于此可见。正与武帝末著轮台之诏对看。

今上初至雍，郊见五畤①。后常三岁一郊。是时上求神君⑴，舍之上林中蹄氏观②。神君者，长陵女子，以子死③，见神于先后宛若④。宛若祠之其室，民多往祀⑤。平原君往祠，其后子孙以尊显⑥。及今上即位，则厚礼置祠之内中。闻其言，不见其人云⑦。

是时，李少君⑧亦以祠灶、穀道、⑨却老方见上⑵，上尊之⑩。少君者，故深泽侯舍人，主方⑪。匿其年及其生长，尝自谓七十，能使物、却老⑫。其游以方遍诸侯。无妻子。人闻其能使物及不死，更馈遗之，常余金钱衣食⑬。人皆以为不治生产而饶给，又不知其何所入，愈信，争事之。李少君资好方⑭，善为巧发奇中⑮。尝从武安侯饮，坐中有九十余老人，少君乃言与其大父游射处，老人为儿时从其大父，识其处，一坐尽惊⑯。少君见上，上有故铜器，问少君⑶，少君曰："此器齐桓公十年陈于柏寝。"已而案其刻,果齐桓公器。一宫尽骇,以为少君神,数百岁人也[17]。少君言上曰:"祀灶则致物[18],致物而丹砂可化为黄金[19],黄金成以为饮食器则益寿[20],益寿而海中蓬莱仙者乃可见,见之以封禅则不死[21],黄帝是也[22][4]。臣尝游海上,见安期生,安期食臣枣,大如瓜[23]。安期生仙者,通蓬莱中,合则见人,不合则隐[24]。"于是天子始亲祠灶[25],遣方士入海求蓬莱安期生之属,而事化丹砂诸药齐[26]为黄金矣。

居久之,李少君病死,天子以为化去不死[27],而使黄锤[28]史宽舒受其方[5]。求蓬莱安期生莫能得[29],而海上燕、齐怪迂之方士多更来言神事矣[30]。

【夹批】

① 亦从郊祀引入,是一书针线。

② 提法如奇峰当面矗起,奇妙。

③ 即童死也。

④ 先后,即妯娌之称。宛若,其字也。

⑤ 逐段显著开来,文简而密。

⑥ 平原君姓王氏,武帝之外祖母也。

⑦ 此四句方正应"蹄氏观"一案。

⑧ 别起一案。

⑨ 谓辟谷、导引也。

⑩ 少君是正案。用平原引入而以一"亦"字带转,最妙。

⑪ 方药。

⑫ 使物,致鬼神也。祠灶之余文。

⑬ 妙在写得极浅鄙,又极幻忽,真笔端有舌。

⑭ 资性嗜好方术。

⑮ 能射覆中幽隐之事。

⑯ 写得若真若诈,令人于言外领之。

⑰ 拖一句便不板,此实文章诀窍。

⑱ 物谓鬼物,字法深妙。

⑲ 节节牵搭,支离得妙。

⑳ 幻诞无稽之极。

㉑ 一篇大关键语。

㉒ 又引证得奇,方士情状逼真。

㉓ 诞而妙。○臣或作巨。

㉔ 其言不即不离,所以羁縻弗绝者,全赖此种伎俩。

㉕ "亲祠灶"句特着失礼之极。

㉖ 同剂。和合药物也。

㉗ 语带调笑,深著其惑。

㉘ 才恚反。

㉙ 一求再求,写出可笑。

㉚ 妙。借"莫能"拖下"仙未至而怪迂来"矣。

【眉批】

〔1〕两个"是时",先提明其事,而后疏解之,此法乃千古文章开山手,最为悍劲。

〔2〕史公文绝少排比处,惟此段前云"是时上求神君",下接以"神君者云云";后云"是时李少君",下接以"少君者云云",一排比法也。又叙武安侯事毕云"一坐尽惊";叙齐桓公器毕云"一宫尽骇",又一排比法也。然极整齐处却正极疏宕,故奇。

〔3〕老人游射之地,铜器款识之形,固可访求默识者,其技本浅,而庸人辄靡然惑之。甚矣,其诞之足以饰诈也。

〔4〕直至此始以求仙封禅牵合为一事,前此未尝有也。史公笔力奇恣,

横七竖八说来而意义自相贯属,看其点睛处即明。

〔5〕笔意连绵飞动,令人言外如亲睹当年。"神君"之称,前后数见,各就其事尊称之,想见不根之甚。

　　明年,天子病鼎湖甚①,巫医无所不致,不愈。游水发根言上郡有巫②,病而鬼神下之③。上召置祠之甘泉。及病,使人问神君④。神君言曰:"天子无忧病。病少愈,强与我会甘泉⑤。"于是病愈,遂起幸甘泉,病良已。大赦,置酒寿宫神君⑥〔1〕。寿宫神君最贵者太一,其佐曰大禁、司命之属,皆从之⑦。弗可得见,闻其言,言与人音等⑧。时去时来,来则风肃然⑨。居室帷中,时昼言,然常以夜⑩。天子祓,然后入。因巫为主人,关饮食,所以言,行下⑪。又置寿宫、北宫〔2〕,张羽旗,设供具,以礼神君。神君所言,上使人受书其言,命之曰"画法⑫"。其所语,世俗之所知也,无绝殊者,而天子心独喜。其事秘,世莫知也⑬。

【夹批】

① 文成将军死之明年。○鼎湖,宫名。

② 游水郡人。发姓,根名。一云游水姓,发根名。

③ "病"字非狂惑而何?

④ 即病巫所凭,又一神君也。

⑤ 语多丰致。

⑥ 了"鼎湖"一案,下特就神君详记一番。

⑦ 为神君从者。

⑧ 幻得可笑,令人自思之。

⑨ 妙笔。最善形容。

⑩ 偶然昼言,而夜言则其常也。

⑪ 盖神君以天子为客而享之,则如是真弄武帝如婴儿矣!"所以言,行下",谓神君所言,天子即为行之于臣下也。

⑫ 奇名。

⑬ 他语以含蓄为妙,此却直说破而其妙愈见。

【眉批】

〔1〕《汉武纪》"置寿宫神君",无"酒"字,其言可从。今即作"置酒食于寿宫,以酬神君",亦自有致。古文如此等处须各以意会之,正不必定求画一也。

〔2〕寿宫、北宫,盖神君之别馆。多其宫观以礼重之。

天子既诛文成,后悔其蚤死,惜其方不尽①〔1〕,及见栾大,大悦。大为人长美,言多方略②,而敢为大言,处之不疑③。大言曰:"臣常往来海中,见安期、羡门之属。顾以臣为贱,不信臣。又以为康王诸侯耳,不足与方④。臣数言康王,康王又不用臣。臣之师曰'黄金可成,而河决可塞〔2〕,不死之药可得,仙人可致也⑤',然臣恐效文成⑥,则方士皆奄口,恶敢言方哉!"上曰:"文成食马肝死耳⑦。子诚能修其方,我何爱乎⑧!"大曰:"臣师非有求人,人者求之⑨。陛下必欲致之,则贵其使者⑩,令有亲属,以客礼待之,勿卑⑪,使各佩其信印,乃可使通言于神人⑫。神人尚肯耶不耶。致尊其使,然后可致也⑬。"于是上使验小方,斗棋,棋自相触击⑭。

是时,上方忧河决⑮,而黄金不就,乃拜大为五利将军⑯。居月余,得四印,佩天士将军、地士将军、大通将军印⑰。制诏御史[3]："昔禹疏九江,决四渎⑱。间者河溢皋陆,堤繇不息⑲。朕临天下二十有八年,天若遗朕士而大通焉⑳。《乾》称"蜚龙"、"鸿渐于般"[4],朕意庶几与焉。其以二千户封地士将军大为乐通侯㉑。"赐列侯甲第,僮千人。乘舆斥车马帷幄器物以充其家㉒。又以卫长公主妻之㉓,赍金万斤㉔,更命其邑曰当利公主㉕。天子亲如五利之第。使者存问供给,相属于道㉖。自大主将相以下㉗,皆置酒其家,献遗之。于是天子又刻玉印曰"天道将军㉘",使使衣羽衣,夜立白茅上,五利将军亦衣羽衣,夜立白茅上受印㉙,以示不臣也㉚。而佩"天道"者,且为天子道天神也㉛。于是五利常夜祠其家,欲以下神。神未至而百鬼集矣,然颇能使之㉜[5]。其后装治行,东入海,求其师云㉝。大见数月,佩六印,贵震天下,而海上燕、齐之间,莫不搤捥而自言有禁方,能神仙矣㉞。

入海求蓬莱者,言蓬莱不远,而不能至者,殆不见其气㉟。上乃遣望气者佐候其气云㊱。

其秋,上幸雍,且郊。或曰："五帝,太一之佐也,宜立太一而上亲郊之。"上疑未定㊲[6]。齐人公孙卿曰："今年得宝鼎,其冬辛巳朔旦冬至,与黄帝时等㊳。"卿有札书曰："黄帝得宝鼎宛朐㊴,问于鬼臾区㊵。鬼臾区对曰:'黄帝得宝鼎、神策㊶,是岁已酉朔旦冬至,得天之纪,终而复始。'于是黄帝迎日推策,后率二十岁复朔旦冬至,凡二十推,三百八十年,黄帝仙登于天㊷。"卿因所忠欲奏之。所忠视其书不经,疑其妄书㊸,谢曰："宝鼎事已决矣,尚何以为!"卿因嬖人奏之。上大悦,乃召问卿。对曰："受此书申公,申公已死㊹。"上曰:

"申公何人也?"卿曰:"申公,齐人,与安期生通⑤〔7〕,受黄帝言。无书,独有此鼎书⑥。曰'汉兴复当黄帝之时'。曰'汉之圣者在高祖之孙且曾孙也。宝鼎出而与神通,封禅。封禅七十二王,惟黄帝得上泰山封⑦'。申公曰:'汉主亦当上封,上封则能仙登天矣⑧。黄帝时万诸侯,而神灵之封居七千⑨〔8〕。天下名山八,而三在蛮夷,五在中国。中国华山、首山、太室、泰山、东莱,此五山黄帝之所常游,与神会。黄帝且战且学仙⑩。患百姓非其道者,乃断斩非鬼神者⑪。百余岁然后得与神通⑫。黄帝郊雍上帝,宿三月㉝。鬼臾区号大鸿,死葬雍,故鸿冢是也㉟。其后黄帝接万灵明廷。明廷者,甘泉也。所谓寒门者,谷口也㉟。黄帝采首山铜,铸鼎于荆山下。鼎既成,有龙垂胡髯,下迎黄帝㊱。黄帝上骑,群臣后宫从上者七十余人,龙乃上去㊲。余小臣不得上,乃悉持龙髯,龙髯拔,堕,堕黄帝之弓。百姓仰望黄帝既上天,乃抱其弓与胡髯号㊳。故后世因名其处曰鼎湖,其弓曰乌号㊴。'"于是天子曰:"嗟乎㊺〔9〕!吾诚得如黄帝,吾视去妻子如脱躧耳。"乃拜卿为郎,东使候神于太室㊶。

【夹批】

① 文成以为妄被诛,而天子乃以为惜。昏惑至此,总原于一念之贪。

② 二句是真本领。

③ 二句是其作用,写得尽情。

④ 蓬莱岂有势利神仙耶?其术亦易见矣!而武帝英主,信之不疑,即前所谓"甘心"者也。

⑤ 栾大实无伎俩,故但托"师言",而惟以其身任使者,因之诳得富贵,

可谓巧矣。

⑥ 又豫为要约，以塞祸萌。

⑦ 马肝有毒，托词忸怩之甚。

⑧ 言不吝厚赏也。

⑨ 见其甚不易求。

⑩ 所谓"敢为大言"实际处。

⑪ 三句含三意，下逐段分应。

⑫ 反照前"以臣为贱"句。

⑬ 言神人肯则已，若不肯则更加尊其使，此所以月余佩四印，有加无已也。

⑭ 方士动人本领。

⑮ 点睛法。

⑯ 使者贵矣。

⑰ 各佩其信印矣。

⑱ 从河决起寻个冠冕题目，益见大之巧于说。

⑲ 言治堤之徭役也。句古甚。

⑳ 解"天士""大通"二号，恍惚可笑。

㉑ 按《侯表》，乐通无其地，亦只取乐于通仙之意。

㉒ 分尚方、乘舆、服御以赐之。"斥"谓舍己所有也。

㉓ 有亲属矣。

㉔ 谓遣嫁之资。

㉕ 栾大食邑在当利，故以卫长公主之名从之。

㉖ 以客礼待之矣。

㉗ 大主帝之姑，归窦氏。

㉘ "道"字作引导解。

㉙ 做作极矣。千古读之，无不失笑。

㉚ 致尊其使矣。

㉛ 又拖一句作注，妙甚。

㉜ 与"斗棋"一段遥应作章法。

㉝ 盖世荣华,只为此一句耳。收得淡,然而其妙愈见。大之狂,帝之惑,俱跃然矣。

㉞ 收笔与少君段应。

㉟ 既不见其气,又何从知其不远? 语荒唐入妙。

㊱ 令善望气者佐之,占候也。

㊲ 前云"神君最贵者太一",兹更以五帝为太一之佐,盖太一即太极也,五帝即五行也。理本寻常,但以鬼道附会之,则可嗤耳。

㊳ 另起一头,以黄帝作话柄,以宝鼎作证明。

㊴ 地名。

㊵ 黄帝时良史。

㊶ 既得鼎,又得神人书策,如谶纬之属。

㊷ 冬至迎日,因以策书推算将来,每二十年,即复遇朔旦冬至。二十推应四百年,合是岁己酉前二十年计之,故但云三百八十年。

㊸ 以所忠之疑其妄,反映武帝之反信其真。

㊹ 妙无从考较矣。然申公仙者,何为死耶? 扭捏可笑。

㊺ 武帝求安期久矣,故方士辄以"与安期通"为言。憨甚。

㊻ 鼎书即前札书也,下文连缀二"曰"字。及申公"曰"字,又于书外附会之也。

㊼ 忽然又穿到封禅去,妙绝章法。

㊽ 随口说成一片,无端无绪,令人自入其玄中。

㊾ 言封内山川为神灵所守者。

㊿ 以武帝方大征匈奴也。

51 杜塞后门,方士恶技。

52 又纡其期以难之。

53 此句顾"幸雍"近事。

54 此借一二近似地名以实其说。

55 接会百神于明廷,其地即今甘泉。而又谓谷口为寒门。寒者,幽隐之义，百神之所从出入也。

(56) 说得如见。

(57) 妙有斡旋，正是索解不得。

(58) 与今市儿谈新闻何异？然竟为千古口实。甚矣，人之好怪也！

(59) 又引证。

(60) 节奏。

(61) 应许多“与神通”。

【眉批】

〔1〕“惜其方不尽”句直从下“子诚能修其方”句倒撰出来。夫栾大之方非文成之方也，而武帝悦栾大，直谓之能修文成之方，于是知其每饭不忘文成也。其为栾大所罔，不亦宜乎！

〔2〕李少君言求仙，忽阑入封禅，可谓诞矣。栾大之求仙，又忽阑入“河决可塞”，其诞愈甚。盖少君进说之时，方议封禅；栾大进说之时，方忧河决。于是小人巧舌依附，各视所急而中之。史公特写个榜样，以为万世炯戒。

〔3〕汉法：非军功不侯，非出征不加将军号。今以一方士佩五将军印，且封侯，其名又多不典，何处索解？妙！载制词一首而其义约略尽见，真千古绝高手笔。

〔4〕“《乾》称‘蜚龙’”二句，隐寓上仙之旨，微妙之甚。盖“蜚龙”者，升天之义。渐般者，阶梯之象。“庶几旦夕遇之”，言得栾大而仙人可冀也。自来无人会得此旨。

〔5〕无数做作，却并不见其通言于神人也。故特插“使鬼”一小段与前“斗棋”作应，总见其小技诳人处。

〔6〕郊社之礼，乃天子绝大之事，而小人至欲以矫诬荒诞之说立坛，令天子亲郊，无忌惮极矣。然武帝于方士之言无不如石投水，独于亲郊太一一事疑而稍绌之，盖犹有君人之道焉。

〔7〕申公“受黄帝言”，见其亲承衣钵。又云“无书独有此鼎书”，见其大

可宝贵也。作态绝妙。

〔8〕自"黄帝时万诸侯"以下,皆杂举黄帝故事以歆动武帝,其中且注且证,左牵右曳,绝似《考工》、《尔雅》诸书。史公借荒诞之说以发其奇横之文,正是极得意处。此段归结到鼎上,自作一大节机轴。

〔9〕公孙卿半日谬悠之谈,娓娓如见。武帝听到出神处特下"嗟乎"一叹,真千古传神之笔。

自得宝鼎,上与公卿诸生议封禅①。封禅用希旷绝,莫知其仪礼②,而群儒采封禅《尚书》、《周官》、《王制》之望祀射牛事③〔1〕。齐人丁公年九十余④,曰:"封禅者,合不死之名也。秦皇帝不得上封,陛下必欲上,稍上即无风雨,遂上封矣⑤。"上于是乃令诸儒习射牛⑥,草封禅仪。数年,至且行。天子既闻公孙卿及方士之言⑦,黄帝以上封禅,皆致怪物与神通⑧,欲放黄帝以上接神仙人蓬莱士⑨,高世比德于九皇⑩,而颇采儒术以文之⑪。群儒既已不能辨明封禅事⑫,又牵拘于《诗》《书》古文而不能骋⑬。上为封禅祠器示群儒⑭,群儒或曰"不与古同⑮",徐偃又曰"太常诸生行礼不如鲁善⑯",周霸属⑰图封禅事⑱,于是上绌偃、霸,而尽罢诸儒不用⑲。

三月,遂东幸缑氏⑳,礼登中岳太室㉑。从官在山下闻若有言"万岁"云㉒。问上,上不言;问下,下不言㉓。于是以三百户封太室奉祀㉔,命曰崇高邑㉕。东上泰山,泰山之草木叶未生,乃令人上石立之泰山巅㉖〔3〕。

上遂东巡海上,行礼祠八神。齐人之上疏言神怪奇方者以万数㉗,然无验者。乃益发船㉘,令言海中神山者数千人求蓬莱神人。公孙卿持节[29]常先行候名山，至东莱[30]，言夜见大人，长数丈，就之则不见。见其迹甚大，类禽兽云[31]。群臣有言见一老父牵狗[32]，言"吾欲见巨公"[4]，已忽不见。上即见大迹，未信，及群臣有言老父，则大以为仙人也[33]。宿留海上，予方士传车[34]及间使求仙人以千数[35]。

公孙卿曰："仙人可见，而上往常遽，以故不见[36]。今陛下可为观，如缑城[37]，置脯枣，神人宜可致也[38]。且仙人好楼居[39]。"[5]于是上令长安则作蜚廉桂观，甘泉则作益延寿观[40]，使卿持节设具而候神人[41]。乃作通天茎台[42]，置祠具其下，将招来仙神人之属。于是甘泉更置前殿，始广诸宫室[43]。夏，有芝生殿房内中。天子为塞河，兴通天台[44]，若见有光云[45]，乃下诏："甘泉房中生芝九茎，赦天下，毋有复作[46]。"

十一月乙酉，柏梁灾[47]。十二月甲午朔，上亲禅高里，祠后土。临勃海，将以望祀蓬莱之属，冀至殊廷焉[48]。

上还，以柏梁灾故，朝受计甘泉[49][6]。公孙卿曰："黄帝就青灵台，十二日烧，黄帝乃治明廷[50]。明廷，甘泉也。"方士多言古帝王有都甘泉者[51]。其后天子又朝诸侯甘泉，甘泉作诸侯邸。勇之[52]乃曰："越俗，有火灾，复起屋必以大，用胜服之[53]。"于是作建章宫[54]，度为千门万户。前殿度高未央[55]，其东则凤阙，高二十余丈。其西则唐[56]中，数十里虎圈[57]。其北治大池，渐台高二十余丈[58]，命曰太液池，中有蓬莱、方丈、瀛洲、壶梁，象海中神山龟鱼之属。其南有玉堂、璧门、大鸟之属[59]。乃立神明台、井幹楼，度五十丈[60]，辇道相属焉。

今上封禅[61]，其后十二岁而还[62]，遍于五岳、四渎矣[7]。

而方士之候祠神人，入海求蓬莱，终无有验㊲。而公孙卿之候神者，犹以大人之迹为解，无有效㊴。天子益怠厌方士之怪迂语矣，然羁縻不绝，冀遇其真㊶。自此之后，方士言神祠者弥众，然其效可睹矣㊷。

【夹批】

① 引脉好。见封禅事皆从方士悠谬之谈造始也。

② 用事希少，旷世绝无举行者，故其礼不传。

③ 伏拘牵古文句，十八字作一句读。

④ 忽嵌入一段。

⑤ 提出主脑，若无此则将以武帝封禅真欲与七十二君争烈耶？言渐上，苟不遇风雨，则便可上封，令其尝试之也。

⑥ 遥接。

⑦ 又忽嵌入一段断制议论，奇妙极矣。

⑧ 此等皆武帝心坎中语，代为曲曲写出。

⑨ 名目不伦不类，正妙于如此。

⑩ 九皇或作人皇氏兄弟九人解，亦不必拘。

⑪ "以文之"道破，妙甚。

⑫ 痛惜语。

⑬ 采古书之说，而学陋才浅，不能畅达其旨归。

⑭ 一事。

⑮ 此正所谓"牵于古文而不能骋"之实。

⑯ 二事。

⑰ 三事。

⑱ 图者，未决之谓。

⑲ 妙有作略，与始皇绌诸生正同。

⑳ 方接入"且行"事。

㉑ 直以意行之。

㉒ 二字甚活,而后世则愈说得逼真。

㉓ 缀得好。

㉔ 以三百户之赋供祠祭之用。

㉕ 别为三百户邑名。

㉖ 一书中结穴只此三语。○秦人往往立石刻,颂功德。汉武刻石而无文,意者即以此为增封之义耶?

㉗ 封禅事毕矣,只要候神人至而乘龙上仙耳。故以下求神愈急。

㉘ "无验者,乃益发船"二句连书,见其昏瞀之至。

㉙ 仍归结到公孙卿。

㉚ 即候气。

㉛ 明明有迹,而人不可就视;明明是人,而迹又类禽兽。一语而再三幻如此。

㉜ 诞甚,却可味。

㉝ 明是责备廷臣之语。举朝若狂,王谁与为善哉?

㉞ 有乘传公行者。

㉟ 又有微行密访者。

㊱ 又别起一头,明明说性急不得。

㊲ 中岳在缑氏县故欲仿之。

㊳ "宜"字含糊得妙。

㊴ 加一句,暗暗引入土木之功宜侈大。

㊵ 《通考》作益寿、延寿二观,此盖串字法。

㊶ 又一结。

㊷ 即金茎承露台。

㊸ 是此段正旨。

㊹ 兴通天台与塞河何与? 本诏书而附会之也。

㊺ 愈恍惚。

㊻ 盖谓神贶已彰,不待他求矣,故暂止兴作。

㊼ 即通天台。

㊽ 此二句亦帝意中事。后以柏梁灾亟还，故未果也。〇殊廷者，仙人之馆。

㊾ 柏梁既灾，故姑就甘泉设朝，受天下上计吏之书也。

㊿ 帝所深慕者黄帝，故处处借作入港话头。

(51) 此句追叙法，盖前曾有此说。

(52) 越巫名，见前。

(53) 既曰越俗，则岂足为天子效法哉？

(54) 复作。

(55) 连用数“度”字，皆就营建之始随事纪之。

(56) 唐、塘通。

(57) 盖为养虎之圈于回塘中，其大数十里。

(58) 池中作台名渐台。

(59) 不得遇其真者，姑且作其伪者，此方士欲兴土木之根也。盖聊藉此慰帝渴想之情耳。

(60) 遂弄成一神仙世界，不必他求矣。

(61) 结穴封禅。

(62) 结穴诸神祠。

(63) 结穴候神人、求蓬莱。

(64) 结穴许多幻迹。

(65) 三句结穴，痴肠无数贪念。〇渺然不尽，故妙。

(66) 拖一笔，从上两个“无有验”、“无有效”虚掉一句，趣甚。

【眉批】

〔1〕“射牛”见《国语》。天子射牛，示亲杀也。

〔2〕读此段要识得史公笔径之奇绝处。每于一段文字中间，破开嵌入一段，使精神彼此贯注，从古无此妙文也。如“群儒采望祀射牛事”句，本当直接“于是乃令诸儒习射牛草封禅仪”也，乃于中嵌入齐人丁公一段说话，

可知封禅仍是求仙。又"至且行"三字,本直接"东幸缑氏"句也,乃又于此中插入一段自己议论,道出武帝隐衷及诸儒迂陋,不能以古谊匡君为可惜。嗟乎,此《封禅书》之所由作欤!耳食之人从无见此者,可叹也!

〔3〕汉武假封禅之名以求仙,史纪其事者冠之曰《封禅书》。然只东上泰山立石一事了却封禅公案矣。

〔4〕秦皇遇神人,称之为"祖龙"。武帝遇神人,称之为"巨公"。其言虽诞,然自饶古致,可想见汉人笔舌之妙。

〔5〕方士伎俩将穷,必别设一难,以遁其情。公孙卿候神,至此茫无着脚。武帝虽昏惑,而斩断英果。惧大诛之将至也,则又引之以土木之功,民穷财殚,至死不悟。千古而下,读之愤叹!史公曲曲传之,岂非良史之梼杌哉?

〔6〕土木之功,前特以"仙人好楼居"引其端,未几以"芝房之瑞"而止。已而柏梁毁于火,天之警帝也章章矣。乃方士又捏造青灵台一段公案,而以复治明廷启之。至越巫则直以越俗"厌胜"之法为言,而后土木大兴。看其逢君之恶,亦从渐渐生发下来。《易》不云乎,"其所由来者渐矣"。为人上者,盍留意于斯焉?

〔7〕此是一篇大文结束,看其语不多,而缜密周匝,仍有余力,以见其奇伟之气,迥非韩、苏所能仿佛其万一也。

太史公曰[1]:余从巡祭天地诸神名山川而封禅焉①。入寿宫侍祠神语②,究观方士祠官之意③,于是退而论次自古以来用事于鬼神者,具见其表里④。后有君子,得以览焉。若至俎豆珪币之详,献酬之礼,则有司存⑤。

【夹批】

① 抽一总笔作冠冕。

② 即转入琐细处。

③ 八字中含一篇大文,真奇笔。

④ 通篇无一处不关会。

⑤ 名为《封禅书》,而叙武帝封禅事极简略,故补此句。

【眉批】

〔1〕赞语不作褒刺,以褒刺之旨具见书中也。

【总评】

《封禅书》,千古奇文,而读者不能明其中之逐段自成结构,只是通长看去。又因其文甚长,眼光不定,遂如入迷楼者,只知千门万户,复道交通,终不能举其要领所在,未免矮人观场之诮。今特用摘截之法,单就精神团结、筋脉联贯处,细为批摘,而安枝布叶之精,斗角钩心之巧,豁然呈露。且逐段界乙,眼光易注,固读古文之一捷法也。如欲观其全局,则线装充栋,岂限上智之批寻哉?附识于此。○文中云:"三神山不远,舟欲近,风辄引之去。"读此篇者,当作如是观。此即史公自状其文也。

卷　二

河渠书

《夏书》曰^{〔1〕}：禹抑洪水十三年,过家不入门①。陆行载②车,水行载舟③,泥行蹈毳④,山行即桥⑤。以别九州,随山浚川,任土作贡。通九道,陂九泽,度九山⑥。然河菑衍溢,害中国也尤甚⑦。惟是为务。故道河自积石历龙门,南到华阴,东下砥柱,及孟津、雒汭,至于大邳⑧。于是⑨禹以为河所从来者高,水湍悍,难以行平地,数为败⑩,乃厮二渠以引其河⑪〔2〕。北载之高地,过降水,至于大陆,播为九河,同为逆河,入于勃海。九川既疏,九泽既洒,诸夏艾安,功施于三代⑫。

【夹批】

① 援引《夏书》,妙。只臁括其意,绝不剿录其成句。

② 一作乘。

③ 逐句变字,有意造古。

④ 毳,一作橇。

⑤ 桥,亦作桦。其制不可强为之说。

⑥ 亦逐句炼字。

⑦ 忽宕一笔,是史公文,至此方从洪水独抽出河来,以下皆言治河。

⑧ 引《禹贡》之文,从中插入议论,此引古妙法。

⑨ 此三十字横插入去。

⑩ 自行其意,不袭古说。

⑪ 至此又从河引出渠来。厮,分也,即《毛诗》"斧以斯之"之义。字法新妙。

⑫ 四句颂文,为一篇冒头。

【眉批】

〔1〕《河渠书》本以志秦、汉治渠之利害,乃先从大禹治水之源流说入,此自是文体宜然,非有风刺,与《封禅书》援引不同。

〔2〕此段要看其字法奇古。变化之妙,出笔自能古雅。

　　西门豹引漳水溉邺,以富魏之河内①。而韩闻秦之好兴事,欲罢之,毋令东伐②,乃使水工郑国间说秦,令凿泾水,自中山西邸瓠口为渠③,并④北山东注洛,三百余里,欲以溉田。中作而觉⑤,秦欲杀郑国。郑国曰:"始臣为间,然渠成亦秦之利也⑥。"秦以为然⑦,卒使就渠〔1〕。渠就,用注填阏之水,溉泽卤之地四万余顷,收皆亩一钟⑧。于是关中为沃野,无凶年⑨,秦以富强⑩,卒并诸侯⑪,因命曰郑国渠〔2〕。

【夹批】

① 以魏渠引出秦渠而参其中,错综入妙。

② 谋国者以兴他人之水利,苟己国旦夕之安,拙极矣。写来可叹。

③ 总挈一笔,下别详志之。

④ 步浪反。

⑤ "中"字古峭,后人往往祖之。

⑥ 三语婉而多姿如此。

⑦ 莫谓秦无人。

⑧ 六斛四斗。

⑨ 写出美利,赞叹不尽。

⑩ 反应"罢之"。

⑪ 反应"毋令东伐"。

【眉批】

〔1〕此段自言郑国渠始末,自成一篇小文。

〔2〕先言魏富河内,于秦又特著"富强"、"卒并诸侯"二语,所以深惜韩之失计也。

　　自河决瓠子后①二十余岁〔1〕,岁因以数不登,而梁、楚之地尤甚。天子既封禅巡祭山川②,其明年,旱,乾封少雨③。天子乃使汲仁、郭昌发卒数万人塞瓠子决④。于是天子已用事⑤万里沙⑥,则还自临决河⑦,沉白马玉璧于河⑧,令群臣从官自将军以下皆负薪寘决河。是时东郡烧草⑨,以故薪柴少,而下淇园之竹以为楗⑩。

　　天子既临河决,悼功之不成,乃作歌曰:"瓠子决兮将奈何⑪?皓皓旰旰兮闾殚为河⑫!殚为河兮地不得宁,功无已时兮吾山平⑬。吾山平兮巨野溢,鱼沸郁兮柏冬日⑭。延道弛兮离常流,蛟龙骋兮方远游⑮。归旧川兮神哉沛⑯,不封禅兮安知外〔2〕。为我谓河伯兮何不仁,泛滥不止兮愁吾人。齧桑⑰浮兮淮泗满,久不反兮水维缓⑱。"一曰:"河汤汤兮激潺湲,北渡污兮浚流难⑲。搴长茭兮沉美玉,河伯许兮薪不属⑳。薪不属兮卫人罪㉑,烧萧条兮噫乎何以御水!颓林竹兮楗石菑,宣房塞兮万福来。"于是卒塞瓠子,筑宫其上㉒,

名曰宣房宫。而道河北行二渠，复禹旧迹，而梁、楚之地复宁，无水灾㉔。

【夹批】

① 从田蚡案来。

② 因歌中语，故入此句。

③ 乾封者，方士荒唐之说耳。今引之若固然者，谐绝。

④ 提纲。

⑤ 亦祠祭事。

⑥ 地在华州。

⑦ 励精可想。

⑧ 与河神盟。

⑨ 卫俗火耕。

⑩ 楗者，以竹渐插决口而以次加密，使水势柔，而后下土石也。

⑪ 歌极古雅，汉时人主之才如此，况文士乎！

⑫ 言闾阎尽漂失也。

⑬ 吾山即鱼山，谓镌其石以塞河，石日剥而山欲平地。

⑭ 柏与迫同。言鱼游巨浸，如与天日相近。

⑮ 大有左徒笔意。

⑯ 呼神而吁之。沛，安也。

⑰ 地名。

⑱ 谓久成泛滥，渐若安澜矣。

⑲ 二句足上篇意，下乃详言塞河之工，而属意楗石尤切。

⑳ 言河神虽许我，而工用不集，可忧。

㉑ 即"东流烧草"一事。

㉒ 旧说解"蔺"字支离。愚谓斩竹镌石，即竹石之蔺耳。

㉓ 励精之效如此。

㉔ 缴应上文。

【眉批】

〔1〕田蚡食邑于鄃,河决南注则鄃邑无水灾,故蚡特巧说罔上,以致二十年不塞。

〔2〕"归旧川"二句,仍从《封禅书》方士"河决可塞"一语附会神功生来。又云不出巡封禅,亦安知外间水患如此,甚言封禅之为益大也。忧民之中,仍寓文过之意,妙甚。

太史公曰:余南登庐山,观禹疏九江,遂至于会稽太湟①⑴,上姑苏,望五湖,东窥洛汭大邳,迎河,行淮、泗、济、漯、洛渠;西瞻蜀之岷山及离碓;北自龙门至于朔方。曰:甚哉,水之为利害也⑵!余从负薪塞宣房,悲《瓠子》之诗而作《河渠书》②。

【夹批】

① 太湟之地不可考。"湟"字或作"湿"。

② 别有领会。

【眉批】

〔1〕太湟难晓,阙之可也。

〔2〕足遍天下,详观水势,而一语断之曰:"甚哉,水之为利害也!"善于笼括,笔力最大。

【总评】

《封禅书》极写武帝荒侈,《河渠书》极写武帝励精,然其雄才大略,正复彼此可以参看,非彼绌而此伸也。特采《瓠子》两歌,缠绵掩抑,格自沉雄。先辈谓子长所以能成《史记》者,亦以当时文章足供摭拾,谅哉言也!

平准书

汉兴[1]，接秦之弊①，丈夫从军旅，老弱转粮饷，作业剧而财匮②，自天子不能具钧驷③，而将相或乘牛车，齐民无藏盖④。于是为秦钱重难用，更令民铸钱⑤，一黄金一斤⑥，约法省禁。而不轨逐利之民，蓄积余业以稽市物⑦，物踊腾粜，米至石万钱，马一匹则百金⑧[2]。

天下已平，高祖乃令贾人不得衣丝乘车，重租税以困辱之⑨。孝惠、高后时，为天下初定，复弛商贾之律⑩，然市井之子孙亦不得仕宦为吏⑪。量吏禄，度官用，以赋于民。而山川园池市井租税之入，自天子以至于封君汤沐邑，皆各为私奉养焉，不领于天下之经费⑫。漕转山东粟，以给中都⑬官，岁不过数十万石[3]。

至孝文时，荚钱益多，轻⑭，乃更铸四铢钱⑮，其文为"半两"，令民纵得自铸钱⑯。故吴，诸侯也，以即山铸钱，富埒天子，其后卒以叛逆。邓通，大夫也，以铸钱财过王者。故吴、邓氏钱布天下，而铸钱之禁生焉⑰。

匈奴数侵盗北边，屯戍者多，边粟不足给食当食者。于是募民能输及转粟于边者拜爵⑱[4]，爵得至大庶长⑲。

孝景时，上郡以西旱，亦复修卖爵令⑳，而贱其价以招民㉑。及徒复作㉒，得输粟县官以除罪㉓。益造苑马以广用㉔，而宫室列观舆马益增修矣㉕。

至今上即位数岁，汉兴七十余年之间㉖，国家无事，非遇水旱之灾，民则人给家足，都鄙廪庾皆满，而府库余货财。京师之钱累巨万，贯朽而不可校。太仓之粟陈陈相因，充溢露积于外，至腐败不可食㉗。众庶街巷有马，阡陌之间成群，而乘字牝者傧而不得聚会㉘。守闾阎者食粱肉，为吏者长子孙㉙，居官者以为姓号㉚。故人人自爱而重犯法，先行义而后绌耻辱焉㉛。当是之时，网疏而民富，役财骄溢㉜，或至兼并豪党之徒，以武断于乡曲㉝。宗室有土公卿大夫以下，争于奢侈，室庐舆服僭于上，无限度㉞。物盛而衰，固其变也㉟〔5〕。

自是之后，严助、朱买臣等招来东瓯，事两越，江淮之间萧然烦费矣㊱。唐蒙、司马相如开路西南夷，凿山通道千余里，以广巴蜀，巴蜀之民罢焉㊲。彭吴贾灭朝鲜，置沧海之郡，则燕齐之间靡然发动。及王恢设谋马邑，匈奴绝和亲，侵扰北边，兵连而不解，天下苦其劳，而干戈日滋。行者赍，居者送，中外骚扰而相奉㊳，百姓抏弊以巧法㊴，财赂衰耗而不赡。入物者补官㊵，出货者除罪㊶，选举陵迟，廉耻相冒，武力进用，法严令具。兴利之臣自此始也㊷。

【夹批】

① 先由极弊处引起。

② 健句。

③ 马乘一。○天子驾车之骊马，毛色均一。

④ 三句极言上下匮乏。

⑤ 铸钱一。

⑥ 上"一"字作"准"字解，谓万钱准黄金一斤也。

⑦ 蓄积多,则买市物,居之以待贵也。

⑧ 马乘二。

⑨ 以前贾人饶极,故痛抑之。

⑩ 天下初定,资其物力,故稍弛之。

⑪ 此句直穿至桑弘羊、孔仅之流,所以深刺武帝之尊,用贾人儿以病民也。

⑫ 此四句正言官用吏禄之外,皆不仰给于民,所以转漕之数至约,而用亦足。

⑬ 即京师。

⑭ 汉初名榆荚钱。

⑮ 铸钱二。

⑯ 前但言"令民铸钱",今又加"纵得"二字,见其禁愈宽。

⑰ 利权归于下,其弊日多,因始立铸钱之禁。

⑱ 输者,但输之于官。转者,运于边。

⑲ 卖爵一。大庶长,二千石也,盖虚衔,非实授者。

⑳ 卖爵二。

㉑ 其流益下,势所必至。

㉒ 又於爵外加二"令"。

㉓ 赎罪一。

㉔ 马乘三。

㉕ 此句暗渡入武帝,妙。

㉖ 总叙汉兴以来,见祖宗培养元气,匪朝伊夕,而武帝耗削殆尽,痛惜之也。

㉗ 《史记》有极省处,有极不省处,各有其妙。此段形容富足,累累百十言,极不肯省,而古气洋溢喷涌,不可一世,真大手笔。

㉘ 此小段独详马乘,与起处应。

㉙ 吏世守其职。

㉚ 此足上句,正见世守之实。

㉛ 引入风俗之美，既富方谷，不其然乎？

㉜ 法网疏阔，富民因役使货贿以为豪暴也。

㉝ 数句专言富民之骄暴。

㉞ 数句言封君、卿士之奢僭，先言民而后及于上者，以上之失教已久也。

㉟ 过峡爽劲。

㊱ 财满则好大喜功，此武帝痼疾也。专言其臣，为上讳耳。

㊲ 看其逐段句法变换。

㊳ 终孝武之世极为天下烦苦者，征匈奴一事也。故以上三段陪出此段。此段前云"江、淮、巴、蜀、燕、齐"，此云"天下中外"，文甚明划，法极整齐。

㊴ 民善遁避科徭，故国计日绌。

㊵ 卖爵三。

㊶ 赎罪二。

㊷ 痛悼之言，韵致整炼。

【眉批】

〔1〕汉之计臣有平准令，所以平物力之低昂，而不使畸重、畸轻也。史迁因武帝时兴利之臣而详悉其本末，名之曰《平准书》，与《汉书·食货志》相表里。

〔2〕《平准书》笔极古峭整齐，字字不苟。

〔3〕此段言汉初事简，故取于下者甚俭，亦为武帝巧取聚敛张本。

〔4〕此纳粟拜爵之始，而实开端于有道之文帝，岂非万世所痛惜哉！然其时实有不得已者，以封国既多，天下之经费出息甚寡也。

〔5〕先极言物力富盛，因及于上下骄淫，而后继之以喜功好事之臣开边邀赏，天下骚动，财匮势绌，然后使心计之臣得投间而售其商贾之智。而前言"自爱而畏法，先行义，绌耻辱"，后言"廉耻相冒"，"法严令具"，又所以著人心世道之升降也。中间只用"物盛而衰，固其变也"八字过峡，无限感慨。

天子为伐胡[1]，盛养马①，马之来食长安者数万匹②，卒牵掌者③关中不足，乃调旁近郡④。而胡降者皆衣食县官⑤，县官不给，天子乃损膳，解舆驷⑥，出御府禁藏以赡之。

其明年，山东被水菑⑦，民多饥乏，于是天子遣使者虚郡国仓廥以振贫民⑧。犹不足⑨，又募豪富人相贷假。尚不能相救，乃徙贫民于关以西，及充朔方以南新秦中⑩，七十余万口，衣食皆仰给县官⑪。数岁，假予产业⑫，使者分部护之⑬，冠盖相望。其费以亿计，不可胜数[2]。

于是县官大空⑭，而富商大贾或蹛财役贫⑮，转毂百数，废居居邑⑯，封君皆低首仰给。冶铸煮盐，财或累万金，而不佐国家之急⑰，黎民重困。于是天子与公卿议，更钱造币以赡用⑱，而摧浮淫并兼之徒⑲[3]。是时禁苑有白鹿⑳而少府多银锡㉑。自孝文更造四铢钱㉒，至是岁四十余年，从建元㉓以来，用少，县官往往即多铜山而铸钱，民亦间盗铸钱，不可胜数。钱益多而轻，物益少而贵㉔[4]。有司言曰㉕："古者皮币，诸侯以聘享。金有三等，黄金为上，白金为中，赤金为下。今半两钱法重四铢㉖，而奸或盗摩钱里取镕㉗，钱益轻薄而物贵，则远方用币烦费不省。"乃以白鹿皮方尺㉘，缘以藻缋，为皮币，直四十万。王侯宗室朝觐聘享，必以皮币荐璧，然后得行㉙[5]。

又造银锡为白金㉚[6]。以为天用莫如龙，地用莫如马，人用莫如龟㉛，故白金三品：其一曰重八两，圜之，其文龙，名曰"白选"，直三千㉜；二曰以重差小，方之，其文马，直五百；三曰复小，椭之，其文龟，直三百。令县官销半两钱更铸三铢钱,文如其重③。盗铸诸金钱罪皆死,而吏民之盗铸白金者不可胜数㉞。于是以东郭咸阳、孔仅为大农丞㉟,领盐铁事;桑弘羊以计算用事,侍中㊱。咸阳,齐之大煮盐;孔仅,南阳大冶,皆致生累千金,故郑当时进言之㊲。弘羊,雒阳贾人子。以心计,年十三侍中㊳。故三人言利事析秋毫矣。

【夹批】

① 特详马乘,亦从伐胡起脉。

② 马既仰食。

③ 厩牧之卒。

④ 此辈又仰食于上。

⑤ 此一辈又仰食于上。

⑥ 亦应"不能具钧驷"处。

⑦ 由开边至养马,更加水灾,凡三重耗损。

⑧ 倾所蓄以济民也。

⑨ 逐层写。

⑩ 新秦中乃朔方以南建置郡名。

⑪ 此一辈又仰给于上。

⑫ 即后世开垦之意。

⑬ 虑其生变也。

⑭ 总勒一笔,"而"字大转身。

⑮ 积财利,役使贫民。

⑯ 即积货买卖,废者出货于外,居者入货于家。

⑰ 暗递入卜式之线。

⑱ 铸钱三。至此皆极详。

⑲ 意在削夺商贾。

⑳ 造币本旨。

㉑ 造白金本旨。

㉒ 将变钱法，从源流说下来。

㉓ 武帝初年。

㉔ 健句兜得住。

㉕ 插入有司之意，为天子占身分处。

㉖ 半两钱之法，其重过于四铢。

㉗ 以其质重，故奸民磨削其铜以别铸。

㉘ 以下详志钱币制度。

㉙ 此第一等重币，惟禁苑所有，利权不得不归于上矣。

㉚ 又为少府所饶。

㉛ 健笔，提得整。

㉜ 次等重币，皆以银、锡为之，欲抑铜以坏私铸也。

㉝ 笔法甚佳。谓三铢钱即以三铢为文也。

㉞ 白鹿皮虽不可得，而银、锡之饶不能禁其有也。绝倒之笔。

㉟ 至此不得不用贾人以治贾人矣。

㊱ 总握利权。为天子榷货耳。

㊲ 出自长者，可惜当时。

㊳ 法，汉初抑商贾最严，后尚不得推择为吏，今乃致位三公矣。

【眉批】

〔1〕上已详开边为致困之由，此段仍从伐胡起，而又加养马一事，针路逼清。

〔2〕言富足，累累百十言不已；今言疲困，亦累累百十言不已。笔力详赡而又疏古，班、范辈所远不及也。

〔3〕以下皆极意侵牟商贾以厚国，故先以富民之横引起。

〔4〕此段著孝武变钱法之制，至为详尽，文亦极古雅，虽讽诵之似难于上口，足以备西京之掌故，故特录之。

〔5〕此等制度，当考《食货志》以释之，不宜臆为之解。

〔6〕变钱法以握利权，其意勤矣，而利之所在，走死如骛；而上不能窒其源者，心计短于贾人也。于是卒用贾人以治贾人，而天子亦商贾矣。世变至此，可胜叹哉？

天子乃思卜式之言①〔1〕，召拜式为中郎，爵左庶长，赐田十顷，布告天下，使明知之。初，卜式者，河南人也②，以田畜为事。亲死，式有少弟，弟壮③，式脱身出分④，独取畜羊百余⑤，田宅财物尽予弟。式入山牧十余岁，羊致千余头⑥，买田宅。而其弟尽破其业⑦，式辄复分予弟者数矣⑧。是时汉方数使将击匈奴，卜式上书，愿输家之半县官助边⑨。天子使使问式："欲官乎？"式曰〔2〕："臣少牧，不习仕宦，不愿也⑩。"使问曰："家岂有冤，欲言事乎？"式曰："臣生与人无分争⑪。式邑人贫者贷之⑫，不善者教顺之⑬，所居人皆从式⑭，式何故见冤于人？无所欲言也。"〔3〕使者曰："苟如此，子何欲而然？"式曰："天子诛匈奴，愚以为贤者宜死节于边，有财者宜输委⑮，如此而匈奴可灭也⑯。"使者具其言入以闻。天子以语丞相弘。弘曰："此非人情。不轨之臣，不可以为化而乱法⑰，愿陛下勿许。"于是上久不报式，数岁，乃罢式⑱。式归，复田牧⑲。岁余，会军数出，浑邪王等降，县官费众，仓府空。其明年⑳，贫民大徙，皆仰给县官，无以尽赡。卜式持钱二十万予河南守，以给徙民㉑。河南上富人助贫人者籍㉒，天子见卜式名，识之，曰"是固前而欲输其家半助边㉓"，乃赐式外繇四百人㉔。式又尽复予县官㉕。是时富豪皆争匿财，惟式尤欲输之助费㉖。天子于是以式终长者，故尊显以风百姓㉗。

初,式不愿为郎㉘。上曰:"吾有羊上林中,欲令子牧之㉙。"式乃拜为郎,布衣屩而牧羊㉚。岁余,羊肥息。上过见其羊,善之。式曰:"非独羊也,治民亦犹是也㉛。以时起居,恶者辄斥去,毋令败群㉜。"〔4〕上以式为奇㉝,拜为缑氏令,试之,缑氏便之㉞。迁为成皋令,将漕最〔5〕。上以为式朴忠㉟,拜为齐王太傅㊱。

齐相卜式上书曰㊲:"臣闻主忧臣辱,南越反,臣愿父子与齐习船者往死之㊳。"天子下诏曰㊴:"卜式虽躬耕牧,不以为利,有余,辄助县官之用㊵。今天下不幸有急,而式奋愿父子死之,虽未战,可谓义形于内㊶。赐爵关内侯,金六十斤,田十顷㊷。"布告天下㊸,天下莫应。列侯以百数,皆莫求从军击羌、越㊹。至酎,少府省金,而列侯坐酎金失侯者百余人㊺。乃拜式为御史大夫㊻。

式既在位,见郡国多不便县官作盐铁,铁器苦恶,贾贵,或强令民卖买之。而船有算,商者少,物贵,乃因孔仅言船算事㊼。上由是不悦卜式㊽〔6〕。

【夹批】

① 前式以家财助边而不求官,为公孙弘所绌,先提明而后倒叙其事,此史家绝顶妙法,自迁创之。

② 方入卜式传,第七层。

③ 琐叙极洁。

④ 字法妙。

⑤ 胸有成算。

⑥ 坚忍戮力,实大作用人。

⑦ 先欲借弟以自显。

⑧ 难事,"数"字更难。

⑨ 陡然寻出头。

⑩ 亦与"鼎俎"、"饭牛"之对略同,非谦词也。

⑪ 安分一。

⑫ 施德二。

⑬ 化顽三。

⑭ 此语几与舜之"三年成都"争身分矣。

⑮ 居然有宰相度,然其尝上益巧矣。

⑯ 此句仍投上之所急,所以入之至深。

⑰ 弘处此真有大臣之略,与议郭解罪同意,不可看坏。

⑱ 既不报,又留不遣。

⑲ 好,是其坚忍不可及处。

⑳ 方递入第三层。

㉑ 著数绝佳。若此时再上书,则拙矣。

㉒ 式只为此耳,岂尝须臾忘仕宦哉?

㉓ 诵之成片,妙。知帝之心醉久矣。

㉔ 徭同役也。如今"免丁"之意。

㉕ 此只是应著矣,盖自然之势。

㉖ 良贾之智,人取我予。

㉗ 直倒接"乃思卜式之言"一段。

㉘ 心事毕呈。

㉙ 式之辞郎,必仍以"愿归田牧"为说,故上云云。

㉚ 意中又有成算。

㉛ 我不知此语式怀之几何时矣!今乃快然出之。

㉜ 宦情殷热,于此可见。

㉝ 二次。

㉞ 此是式真才力处。

㉟ 三次。

㊱ 官尊矣，然式意殊未餍。

㊲ 不得不又出头。

㊳ 真说得朴忠可爱，词令妙品。

㊴ 四次。

㊵ 诏书虽重后截，然必从前叙起，固知上之所感于式者深矣。

㊶ 宛转入妙。

㊷ 式志已酬。

㊸ 与前"以风百姓"应。

㊹ 绝倒。

㊺ 怒其莫求从军，故假微罪以夺其邑，然则式之结怨于众也，甚矣！

㊻ 以赀致位三公者，汉初一人而已。式志至此始毕酬。下乃欲稍自结于民，而即见疏斥。统观其得失之际，不胜感焉。

㊼ 船有重税，故民不乐为商，以致货物踊贵，式欲省之。

㊽ 直将前四次爱式一笔反照出来。

【眉批】

〔1〕卜式之为人，盖精于心计而坚忍强力之流，范蠡、白圭亚也。小用之则足以富其家，大用之则足以霸其国。许子将所谓"治世之能臣，乱世之奸雄"，正为若辈，勿轻看之。

〔2〕对使者言，句句自道身份，此即抵过一篇《自荐表》也。

〔3〕是时原有卖爵、赎罪二例，故使者枚举以问式之意，徒欲以奇节高行致位公卿，不欲以赀郎小就，故特创此异想。观下"不愿为郎"句，心事了然，然卒以酬其志，可不谓奸雄矣哉？千古富人中善用财者，吕不韦、卜式两人而已。

〔4〕语本无甚奇特，要亦前人唾余，只是言之适当其时，故妙。

〔5〕成皋，天下积粟之区，式以挽漕功第一，故云"将漕最"。最，上考也。

〔6〕卜式逢汉武之恶,始以利进,饰为朴忠,及致位三公,而又欲稍省利权,以自媚于百姓。史公特下一语曰"上由是不悦卜式",盖观其后之所不悦者,而知其前之所以悦者矣!岂非以利之言微而旨显,令读者恍然自悟?所以为良史之笔。

元封元年,卜式贬秩为太子太傅。而桑弘羊为治粟都尉,领大农,尽代仅管天下盐铁①。弘羊以诸官各自市,相与争,物故腾跃,而天下赋输或不偿其僦费②,乃请置大农部丞数十人,分部主郡国,各往往县置均输盐铁官,令远方各以其物贵时商贾所转贩者为赋,而相灌输。置平准于京师,都受天下委输③。召工官治车诸器,皆仰给大农。大农之诸官尽笼天下之货物,贵即卖之,贱则买之④。如此,富商大贾无所牟大利,则反本,而万物不得腾踊⑤。故抑天下物,名曰"平准"〔1〕。天子以为然,许之⑥。于是天子北至朔方⑦,东到太山,巡海上,并北边以归。所过赏赐,用帛百余万匹,钱金以巨万计,皆取足大农⑧〔2〕。

弘羊又请令吏得入粟补官,及罪人赎罪⑨。令民能入粟甘泉,各有差,以复终身,不告缗⑩。他郡各输急处,而诸农各致粟,山东漕益岁六百万石⑪。一岁之中,太仓、甘泉仓满⑫。边余谷诸物均输帛五百万匹。民不益赋而天下用饶⑬。于是弘羊赐爵左庶长,黄金再百斤焉⑭。

是岁小旱,上令官求雨⑮。卜式言曰:"县官当食租衣税而已⑯,今弘羊令吏坐市列肆,贩物求利。烹弘羊,天乃雨⑰。"

【夹批】

① 卜式未来而桑弘羊先用，及卜式见黜而弘羊益专，世变可观。

② 僦费即舟车廛市之税。

③ 盐、铁二物，人所不能一日无。他物则时贵时贱，但就其物贵时即征其赋，以益盐、铁之饶，则盐、铁之利均而他物之赢余亦尽归于上矣。其意如此，所谓"不加赋而用足"，千古小人所以误其君者，皆祖此意也。

④ 天子为大贾人矣。

⑤ 又伪以"重本抑末"、"平价便民"之美名文之。谁为厉阶，至今为梗，可为浩叹。

⑥ 始结"平准"题目。

⑦ 利源既饶，侈心益肆，用"于是"二字，转落有线。

⑧ 小人之效如此，千古人主所以甘心而不悟也。

⑨ 贾人至此方大贵重，万世更不能抑矣。

⑩ 以粟之多寡为免徭役之差等，并不与告缗钱之禁令。

⑪ 此敖仓也，京师漕挽所集。

⑫ 以上细分四款，而总计成数以结之。

⑬ 此千百计臣衣钵。

⑭ 暗以弘羊之宠逗起卜式，好手法。

⑮ 结语之妙，真正独绝千古。

⑯ 此县官称天子也，汉人多有此语。

⑰ 语快绝矣，出卜式之口更快。

【眉批】

〔1〕平准之法创自弘羊，然而以田牧之富输助公家，令天子终不能忘情于富民者，式启之也。史公先详卜式，后及弘羊，而以式与弘羊不相能结之。深心卓识，早寓隐忧，岂仅文章绝世哉？

〔2〕千古心计小人所以陷其君者，利也。又善其说曰"民不益赋，而天下用饶"，竟不知此利竟从何出？此语津津为杨炎、刘晏、吕惠卿之徒祖述

不休。得温公"天地生财,止有此数,不在官,则在民"一语点破,而其焰稍息。仁人之言,其利溥,学者不可不知也。

太史公曰:农工商交易之路通①,而龟贝金钱刀布之币兴焉。所从来久远,自高辛氏之前尚矣,靡得而记云。故《书》道唐、虞之际,《诗》述殷、周之世,安宁则长庠序,先本绌末,以礼义防于利。事变多故,而亦反是②。是以物盛则衰,时极而转,一质一文,终始之变也③〔1〕。《禹贡》九州,各因其土地所宜,人民所多少而纳职焉④。汤武承弊易变,使民不倦,各兢兢所以为治,而稍陵迟衰微⑤。齐桓公用管仲之谋,通轻重之权,徼山海之业,以朝诸侯,用区区之齐显成霸名。魏用李克,尽地力,为强君⑥。自是之后,天下争于战国,贵诈力而贱仁义,先富有而后推让。故庶人之富者或累巨万,而贫者或不厌糟糠。有国强者或并群小以臣诸侯,而弱国或绝祀而灭世。以至于秦,卒并海内⑦。虞夏之币,金为三品,或黄,或白,或赤。或钱,或布,或刀,或龟贝⑧〔2〕。及至秦,中一国之币为二等⑨,黄金以镒名,为上币;铜钱识曰半两,重如其文⑩,为下币。而珠玉、龟贝、银锡之属为器饰宝藏,不为币。然各随时而轻重无常。于是外攘夷狄,内兴功业⑪,海内之士力耕不足粮饷,女子纺绩不足衣服⑫。古者常竭天下之资财以奉其上,犹自以为不足也。无异故云,事势之流,相激使然,曷足怪焉⑬。

【夹批】

① 闲闲叙起,是史家文体。

② 安宁即无事。无事者,不好大喜功、自寻事做也,并不谓世运治乱。此中多少回互,须看笔锋所向处。

③ "质"、"文"二字,只借以代"安宁"、"多故"用耳。

④ 禹之于利,全非网罗天下。

⑤ 殷、周盛时与季世,即有升降不同。

⑥ 齐、魏富强,实搭克之所由开。然一则业山海,一则尽地力,犹未尝巧法诛求百姓。

⑦ 此段承上,极言其相推相激之势,而终之以秦并海内,言其利之尽归一家,自此始也。文势激宕之甚。

⑧ 以上又只就金币上胪列一番,是文章缓势。

⑨ 指秦并海内,但言秦而不及汉,手法都好。

⑩ 所铸之款式也。识,音志。

⑪ 此正言武帝,却不提出,妙。

⑫ 极言其流弊困苦之状,正如本书"烹弘羊"一语,作爰书耳。却更以宕笔淡淡收之,妙绝。

⑬ 遥应"一质一文,终始之变"意。

【眉批】

〔1〕历叙夏、商以来利源之所以渐开,利权之所以渐并,如掌上螺纹,精细可数。人但知史公之疏宕奇横处,而不知其缜密之妙有非后人所能梦见者也。

〔2〕文章最妙在相间处,一段胪陈,一番淡宕,文之为道毕矣。

越世家

范蠡事越王勾践，既苦身戮力①，与勾践深谋二十余年②，竟灭吴，报会稽之耻，北渡兵于淮以临齐、晋，号令中国，以尊周室，勾践以霸，而范蠡称上将军。还反国，范蠡以为大名之下，难以久居③，且勾践为人可与同患，难与处安，为书辞勾践曰："臣闻主忧臣劳，主辱臣死。昔者君王辱于会稽，所以不死，为此事也。今既以雪耻，臣请从会稽之诛④。"勾践曰："孤将与子分国而有之，不然，将加诛于子⑤。"范蠡曰："君行令，臣行意⑥。"乃装其轻宝珠玉，自与其私徒属⑦乘舟浮海以行，终不反。于是勾践表会稽山以为范蠡奉邑⑧[1]。

范蠡浮海出齐[2]，变姓名，自谓鸱夷子皮，耕于海畔，苦身戮力，父子治产⑨。居无几何，致产数千万⑩。齐人闻其贤，以为相。范蠡喟然叹曰："居家则致千金，居官则至卿相，此布衣之极也。久受尊名不祥⑪。"乃归相印，尽散其财，以分与知交乡党，而怀其重宝⑫，间行以去。止于陶，以为此天下之中，交易有无之路通，为生可以致富矣⑬。于是自谓陶朱公。复约要父子耕畜，废居，候时转物，逐什一之利。居无何，则致赀累巨万。天下称陶朱公⑭。

朱公居陶，生少子⑮。少子及壮，而朱公中男杀人，囚于楚。朱公曰："杀人而死，职也。然吾闻千金之子，不死于市⑯。"告其少子往视之[3]。乃装黄金千镒，置褐器中，载以一牛车，且遣其少子。朱公长男固请欲行，朱公不听。长男曰:"家有长子曰'家督[17]'。今弟有罪,大人不遣,乃遣少弟,是吾不肖[18]。"欲自杀。其母为言曰:"今遣少子,未必能生中子也,而先空亡长男,奈何?"朱公不得已而遣长子[19]。为一封书,遗故所善庄生,曰:"至则进千金于庄生所,听其所为,慎无与争事[20]。"长男既行,亦自私赍数百金。

至楚[21],庄生家负郭,披藜藿,到门,居甚贫。然长男发书进千金,如其父言[22]。庄生曰:"可疾去矣,慎无留!即弟出,勿问所以然[23]。"长男既去,不过庄生而私留。以其私赍献遗楚国贵人用事者[24]。

庄生虽居穷阎,然以廉直闻于国。自楚王以下,皆师尊之[25][4]。及朱公进金,非有意受也,欲以成事后复归之,以为信耳。故金至谓其妇曰[26]:"此朱公之金,有如病不宿诫,后复归,勿动[27]。"而朱公长男不知其意,以为殊无短长也[28]。

庄生见闲时入见楚王,言某星宿某,此则害于楚。楚王素信庄生,曰:"今为奈何?"庄生曰:"独以德为可以除之。"楚王曰:"生休矣,寡人将行之。"王乃使使者,封三钱之府[29][5]。楚贵人惊告朱公长男曰[30]:"王且赦。"曰:"何以也?"曰:"每王且赦,常封三钱之府[31]。昨暮,王使使封之。"朱公长男以为赦,弟固当出也[32]。重千金虚弃庄生,无所为也,乃复见庄生[33]。庄生惊曰:"若不去耶?"长男曰:"固未也。初为事弟,弟今议自赦,故辞生去[34]。"庄生知其意,欲复得其金,曰:"若自入室取金。"长男即自入室,取金持去[35],独自欢幸[36]。

庄生羞为儿子所卖[6],乃入见楚王曰:"臣前言某星事,王言欲以修德报之。今臣出,道路皆言陶之富人朱公之子杀人,囚楚,其家多持金钱赂王左右,故王非能恤楚国而赦㊲,乃以朱公子故也。"楚王大怒曰:"寡人虽不德耳,奈何以朱公之子故而施惠乎?"令论杀朱公子。明日,遂下赦令。朱公长男竟持其弟丧归㊳。

　　至,其母及邑人尽哀之,唯朱公独笑,曰:"吾固知必杀其弟也㊳。彼非不爱其弟,顾有所不能忍者也㊵。是少与我俱,见苦,为生难,故重弃财㊶。至如少弟者,生而见我富,乘坚驱良逐狡兔,岂知财所从来?故轻弃之,非所惜吝。前日吾所为欲遣少子,固为其能弃财故也㊷。而长者不能,故卒以杀其弟㊸。事之理也,无足悲者。吾日夜固以望其丧之来也㊹。"

　　故范蠡三徙,成名于天下㊺。非苟去而已,所止必成名㊻。卒老死于陶,故世传曰陶朱公。

【夹批】

① 早伏长男"见苦,为生难"。

② 伏欲遣少子之本领。

③ 又伏"三徙成名"。

④ 巧于立说。

⑤ 语便不情。

⑥ 六字可为忠经总持。

⑦ 致富之本,自不可少,总不便肯歇手。

⑧ 落得体面。

⑨ 仍用此四字,妙。此是明伏线索。

⑩ 何苦纷纷为?

⑪ 再伏名字。

⑫ 又不肯歇手。

⑬ 何苦复纷纷为?

⑭ 偏又受尊名。

⑮ 点清生之时,明划。

⑯ 富翁托大口气,亦肖。

⑰ 自负不小,正恐其少弟之浪费财物耳。

⑱ 自负能,肖其父。是一腔同力作苦心田中泻出。

⑲ 一片苦心,知中男之命尽矣。

⑳ 诚之未尝不极明白。

㉑ 此念虽急于为弟,然已不甚信其父之言矣。是蠢物自命跨灶心肠。

㉒ 上二句从长男眼中看出,此一"然"字从长男意中写出。

㉓ 庄生诚之又未尝不明。

㉔ 不但视庄生如无人,并亦视其父如老聩不晓事矣。

㉕ 提法精采。

㉖ 一笔随手补家中事,敏甚。

㉗ 言苟卒然不讳,亦必归之。

㉘ 笔力纵送如意。

㉙ 蹴起奇波。

㉚ 意外之喜,可以坐受私赍。一"惊"字描尽。

㉛ 数百金私赍,博得报一虚信,可怜。

㉜ 彻夜无眠,辘轳打算可知。

㉝ 顾不得面目可憎矣!

㉞ 索钱巧说,酷肖富贾人儿。

㉟ 真老辣。

㊱ 呆得可怜,此时又打算回家奚落其父,夸耀其救弟许多见识,可知。

㊲ 此是真话,不觉自己说出。

㊳ 此时独自欢幸否? 仍欲自刭否?

㊴ 竟坐以杀弟之罪,妙。

㊵ 此种膏肓,本非教诲可革。

㊶ 然朱公又每乐为其苦,且难者何也?

㊷ 问当时何不早说明,若早说明,则长男又必自负。当弃则弃,自有机宜矣。盖膏肓难砭故也。

㊸ 再言之,愈妙。

㊹ 前不得已,苦心竟说出在此。

㊺ 此一"故"字统承,能取能弃,不执一途。

㊻ 重言之,归重"名"字。

【眉批】

〔1〕陆中翰羲驭谓:吴杀子胥,赐以鸱夷而投之江。范蠡功成之后,亦取鸱夷自号,盖居安思危,借子胥以自惕也。两人才力伯仲之间,幸则为少伯,不幸则为子胥,其得免于鸱夷之沉,亦几希耳。按:此解殊妙,附录之。

〔2〕范蠡既"以为大名之下,难以久居",又云"久受尊名不祥",而终不肯一丘一壑,逸老终年。舍富而更求富,避名而别成名,是何其好劳而恶逸,知散而仍不忘聚耶?岂真其才有余,终难静息,如千里之骥,不行则病;白泽之兽,得球乃乐,故为是纷纷者耶?呜呼!吾不得而知之矣。

〔3〕此段借以发明篇首"深谋"影子耳,非闲说也。

〔4〕此段用带叙带议论笔法,开后人无限法门。韩、欧四家多摹仿之。

〔5〕从封钱府蹴起奇文,固为庄生反复之案。然即使突然下赦令,而中男得生,吾知朱公"家督"其人者,亦必向庄生索还故物,终必死其弟而后已也。若仅以为封钱府误之,则拙矣。

〔6〕庄生不过溪刻之士,矫节立名之流,难以圣贤之事期之。田光以燕太子一言之陋,搤腕自刭,以为长者为行不使人疑,况以廉直闻于国之人,无端为儿子所嗤薄,其能忍乎?且杀人者死,中男本有当死之罪,亦非庄生以私憾戮之。想庄生之为人,好示恢奇以为节侠,非可谬以情恳者,故朱公以千金一掷,勿问所为笼罩之。若可直告以情,则无事纷纷矣。

【总评】

　　以陶朱公家务终《越世家》,有味哉其言之也! 夫天下未有不能弃而可遂其欲得之情者也。当日携李连兵,夫椒再举,其一片雄心,早已吞姑苏而笼泗上矣。乃其苦心焦思,非但不敢觊于吴,而并不敢有其越;非但不敢有其国,而并不敢有其身与其子若女,此能弃之极也。弃之极,而后所取者乃百千倍于向之所失,而不啻操右券以责之偿耳。朱公长男,少有悋惜,不惟杀一弟,而并干没私赍之数百金,庸奴诚败乃公事。使越用斯人,其亡久矣。此附传之微意也。

陈涉世家

陈胜者，阳城人也，字涉。吴广者，阳夏人也，字叔①〔1〕。陈涉少时，尝与人佣耕，辍耕之垄上，怅恨久之，曰："苟富贵，无相忘②！"佣者笑而应曰："若为佣耕，何富贵也？"陈涉太息曰："嗟乎，燕雀安知鸿鹄〔2〕之志哉③！"

二世元年七月，发闾左適戍渔阳九百人，屯大泽乡。陈胜、吴广皆次当行，为屯长。会天大雨，道不通，度已失期。失期，法当斩④。陈胜、吴广乃谋曰⑤："今亡亦死，举大计亦死，等死，死国可乎⑥！"陈胜曰："天下苦秦久矣。吾闻二世少子也，不当立〔3〕。当立者，乃公子扶苏⑦。扶苏以数谏故，上使外将兵。今或闻无罪，二世杀之。百姓多闻其贤，未知其死也⑧。项燕为楚将，数有功，爱士卒，楚人怜之。或以为死，或以为亡。今诚以吾众，诈自称公子扶苏、项燕，为天下唱，宜多应者⑨。"吴广以为然。乃行卜。卜者知其指意，曰："足下事皆成，有功。然足下卜之鬼乎⑩！"陈胜、吴广喜，念鬼，曰⑪："此教我先威众耳。"乃丹书帛曰"陈胜王"，置人所罾鱼腹中〔4〕。卒买鱼烹食，得鱼腹中书，固已怪之矣⑫。又间令吴广之次近所旁丛祠中⑬，夜篝火，狐鸣呼曰"大楚兴，陈胜王"。卒皆夜惊恐。旦日，卒中往往语，皆指目陈胜⑭。

吴广素爱人⑮，士卒多为用者。将尉醉，广故数言欲亡，忿恚尉，令辱之，以激怒其众。尉果笞广，尉剑挺⑯，广起，夺而杀尉。陈胜佐之，并杀两尉。召令徒属曰："公等遇雨，皆

已失期,失期当斩。藉第令无斩,而戍死者固十六七⑰。且
壮士不死则已,死即举大名耳⑱。王侯将相,宁有种乎!"徒
属皆曰:"敬受命。"乃诈称公子扶苏、项燕,从民欲也⑲。祖
右,称大楚。为坛而盟,祭以尉首。陈胜自立为将军,吴广
为都尉⑳。攻大泽乡,收而攻蕲㉑。蕲下,乃令符离人葛婴
将兵徇蕲以东。攻铚、酂、苦、柘、谯,皆下之。行收兵。比
至陈,车六七百乘,骑千余,卒数万人。攻陈㉒,陈守令皆不
在㉓,独守丞与战谯门中。弗胜,守丞死,乃入据陈。数日,
号令召三老、豪杰与皆来会计事㉔。三老、豪杰皆曰:"将军
身披坚执锐,伐无道,诛暴秦,复立楚国之社稷,功宜为王。"
陈涉乃立为王,号为张楚㉕。当此时,诸郡县苦秦吏者,皆刑
其长吏,杀之以应陈涉㉖。

【夹批】

① 二人并提,与他处合传不同。

② 国家无事之日而有此等田间怅恨之人,大是可忧。收罗豪杰者不可
不知。

③ 怅恨太息,只是一副语。

④ 驱之于不得不反。

⑤ 合叙。

⑥ 连下四"死"字,此时固不求生也。

⑦ 数用"吾闻"、"或闻"、"或以为"等字,极肖草泽人口吻。

⑧ 亦颇有经纬,非莽夫奋不顾身之比也。

⑨ 臆度得妙。

⑩ 此令其假托鬼神,旧注非是。

⑪ 摹神。

⑫ 著此一句,便活。

⑬ 谓屯次之近旁。

⑭ 画出情景。

⑮ 上段以胜为主,此段以广为主。

⑯ 即"挺剑",倒字法。

⑰ 语不多,而宛转入情,足以感人。

⑱ 偏不云"死则已",而云"不死则已",皆自分必死之语,盖此时首难之危,固间不容发矣。

⑲ 断一句,妙。

⑳ 笔气至此少驻。

㉑ 并收一乡之豪。

㉒ 先总收一笔,则知陈胜之为王,军容如此而已。

㉓ 草草得好。

㉔ 便要称号矣。胜、广之器已满。

㉕ 言欲张大楚国,杜撰得奇。

㉖ 提起许多人,在此句内。

【眉批】

〔1〕伏此一段,为篇末陈王故人生色。

〔2〕鸿鹄是一鸟,若凤凰,然非鸿雁与黄鹄也。

〔3〕曰"不当立",曰"数有功,爱士卒",则未尝不依附于纲常勋德之间也。曰"多闻其贤",曰"楚人怜之",则未尝不深识夫人心向背而众志成城之效也。草间有如此人,宜其辍耕太息矣。

〔4〕鱼腹、狐鸣等事,看似儿戏,而人心煽惑,不可复回。正以举事之初,恐众心疑惧,聊藉此以镇定之。虽以胜、广之草泽经纬,然亦未尝真恃此也。而后世处丰豫之朝,为方士所惑,天书、玄象、白鹿、灵龟,无非假造而成者,而世主方偄然以为长生可冀,甘心不辞,是其识乃出胜、广之下矣,亦独何哉?

陈胜王凡六月[1]。已为王，王陈。其故人尝与佣耕者闻之，之陈，扣宫门，曰："吾欲见涉①。"宫门令欲缚之，自辩数，乃置②，不肯为通。陈王出，遮道而呼涉。陈王闻之，乃召见，载与俱归③。入宫，见殿屋帷帐，客曰："夥颐！涉之为王沉沉者！"楚人谓多为夥，故天下传之，夥涉为王，由陈涉始④。客出入愈益发舒，言陈王故情。或说陈王曰："客愚无知，颛妄言，轻威。"陈王斩之⑤。诸陈王故人皆自引去，由是无亲陈王者。陈王以朱房为中正，胡武为司过，主司群臣。诸将徇地，至，令之不是者，系而罪之，以苛察为忠。其所不善者，弗下吏，辄自治之。陈王信用之⑥。诸将以其故不亲附。此其所以败也。

陈胜虽已死，其所置遣侯王将相竟亡秦，由涉首事也⑦。高祖时，为陈涉置守冢三十家砀，至今血食⑧。

【夹批】

① 野率得妙。

② 言自辨多详，乃舍之。

③ 本非欲推恩旧交，其意不过与"富贵无相忘"一语照应，欲故人之震服欣羡而已。

④ 当时方言调笑之词，必有以"夥涉"二字代"王"字者，故云尔。

⑤ 盖斩一客，非斩说者也。涉器久满，遂无一可观。

⑥ 为陈王出脱，终是惋惜意多。

⑦ 发明所以立"世家"之意。

⑧ 此所以称"世家"。

【眉批】

〔1〕汉初，将相王侯多起侧微，其草野倨侮，应不减此。而独于涉传详

之，一以应"怅恨"之时而自为摹写，一以见陈涉甫得一隅之地而惟以宫殿帷帐夸耀庸奴，惜其无远大之图，故忽焉殒灭也。

【总评】

涉之佣耕陇上，与泗上亭长亦复何远？然高祖以沛公起事，至还定三秦之后，犹守项羽故封，此其器识宏远。虽复绵蕞仪成，搏髀而欢，知为皇帝之贵，而其初未尝欲妄自尊也。陈涉甫得数县之偏陲，而三老称功，居然南面。盖蹄涔之量，洄酌已盈，更无可一毫展布，则夥涉沉沉亦徒饱佣奴之饿眼耳，曷足贵乎！惟为群雄倡首，史公故特立"世家"。以余论之：陈王家且无存，何有于世？岂以庚桑畏叠，俎豆芒砀，遂为此带砺永宁之特笔乎？项羽可以"本纪"，陈涉可以"世家"，毕竟史公好奇之过也。

外戚世家

窦太后,赵之清河观津人也。吕太后时,窦姬以良家子入宫侍太后。太后出宫人以赐诸王,各五人,窦姬与在行中[1]。窦姬家在清河,欲如赵近家,请其主遣宦者吏:"必置我籍赵之伍中。"宦者忘之,误置其籍代伍中①。籍奏,诏可,当行。窦姬涕泣,怨其宦者,不欲往,相强乃肯行②。至代,代王幸窦姬③,生女嫖,后生两男④[2]。而代王王后生四男⑤。先,代王未入立为帝,而王后卒⑥。后,代王立为帝,而王后所生四男更病死⑦。孝文帝⑧立数月,公卿请立太子,而窦姬长男最长⑨,立为太子。立窦姬为皇后,女嫖为长公主。其明年,立少子武为代王,已而又徙梁,是为梁孝王。

窦皇后亲早卒,葬观津⑩[3]。于是薄太后乃诏有司,追尊窦后父为安成侯,母曰安成夫人。令清河置园邑二百家,长丞奉守,比灵文园法⑪。

窦皇后兄窦长君,弟曰窦广国,字少君⑫。少君年四五岁时,家贫,为人所略卖,其家不知其处。传十余家,至宜阳,为其主入山作炭,寒卧岸下百余人,岸崩,尽压杀卧者,少君独得脱,不死。自卜数日当为侯⑬。从其家之长安⑭,闻窦皇后新立,家在观津,姓窦氏⑮。广国去时虽小,识其县名及姓⑯,又常与其姊采桑堕,用为符信⑰,上书自陈。窦皇后言之于文帝,召见,问之,具言其故⑱,果是。又复问他何以为验?对曰:"姊去我西时,与我决于传舍中,丏沐沐我,请食饭我，乃去⑲。"于是窦后持之而泣，泣涕交横下⑳。侍御左右皆伏地泣，助皇后悲哀。乃厚赐田宅金钱，封公昆弟，家于长安。

　绛侯、灌将军等曰："吾属不死，命乃且县此两人㉑。两人所出微，不可不为择师傅、宾客㉒，又复效吕氏大事也。"于是乃选长者、士之有节行者与居。窦长君、少君由此为退让君子㉓，不敢以尊贵骄人〔4〕。

【夹批】

① 求此而得彼，因失意而致遭逢，著不得一毫人力，是以谓之命也。

② 极力反跌。

③ 文字生动。

④ 总叙法。

⑤ 夹叙法。

⑥ 命也。

⑦ 命也。

⑧ 即代王。

⑨ 分叙法。

⑩ 以此段引起下段。

⑪ 薄太后亲。

⑫ 总提两人，即卸去长君。

⑬ 以独全自负，故卜。

⑭ 主家。

⑮ 七字从少君耳中听出。

⑯ 自注。

⑰ 先著一句，后又另生他验。文法随手变化。

⑱ 先暗应"采桑堕"。

⑲ 娓娓入情,自堪进泪。

⑳ 如亲见当日姊弟相泣光景。入神之笔。

㉑ 借功臣口,反形出当时薰灼之极来。

㉒ 有大臣识见。

㉓ 收得妙。

【眉批】

〔1〕《外戚传序》拈出"命"字作全传眼目,故各篇中凡写遭逢失意处,俱隐隐有"命"字在内。

〔2〕叙次最明划,而绝无一毫支蔓,此等文必尝为之而始知其难,知其难而后服其妙也。

〔3〕《外戚传》虽为后之昆弟而立,然必以皇后为主,但文字苦无出色处。史公往往用略其大而详其细、实处虚而虚处实之法。如《窦太后传》,大节目只是生女嫖及两男,并爱立等事,以数行毕之,却就广国见后处写得浓至动人,则全篇皆极灵警,所谓射雕巧手也。

〔4〕窦氏以退让称,卫氏以军功显,此外戚中之最佼佼者,故特加意描写。今故只录此两传。

卫皇后,字子夫,生微矣。盖其家号曰卫氏①〔1〕,出平阳侯邑②。子夫为平阳主③讴者。武帝初即位,数岁无子。平阳主求诸良家子女十余人④,饰置家。武帝被霸上还,因过平阳主,主见所侍美人,上弗悦。既饮,讴者进,上望见,独悦卫子夫⑤。是日,武帝起更衣,子夫侍尚衣轩中⑥,得幸。上还坐,欢甚,赐平阳主金千斤。主因奏子夫奉送入宫。子夫上车,平阳主拊其背曰:"行矣,强饭,勉之! 即贵,无相忘⑦。"入宫岁余,竟不复幸⑧。武帝择宫人不中用者,斥出归之。卫子夫得见，涕泣请出。上怜之，复幸，遂有身，尊宠日隆。召其兄卫长君、弟青为侍中。而子夫后大幸，有宠⑨，凡生三女一男，男名据。

初，上为太子时⑩，娶长公主女为妃。立为帝，妃立为皇后，姓陈氏，无子⑪。上之得为嗣，大长公主有力焉⑫。以故陈皇后骄贵。闻卫子夫大幸，恚，几死者数矣。上愈怒。陈皇后挟妇人媚道，其事颇觉⑬，于是废陈皇后，而立卫子夫为皇后。

陈皇后母大长公主，景帝姊也⑭。数让武帝姊平阳公主⑮曰："帝非我不得立，已而弃捐吾女，壹何不自喜而倍本乎⑯！"平阳公主曰："用无子故废耳。"陈皇后求子，与医钱⑰凡九千万，然竟无子⑱。

卫子夫已立为皇后⑲，先是，卫长君死[2]，乃以卫青为将军，击胡有功⑳，封为长平侯。青三子在襁褓中，皆封为列侯。及卫皇后所谓姊卫少儿㉑，少儿生子霍去病，以军功封冠军侯㉒，号骠骑将军。青号大将军。立卫皇后子据为太子。卫氏枝属以军功起家，五人为侯㉓。

【夹批】

① 笔头轻薄之甚，然文致绝佳。

② 曹参所封之国。

③ 曹寿，一作不窋。

④ 子夫偏不在良家中，妙。

⑤ 命也。

⑥ 叙得热闹。

⑦ 写儿女情怀,绝有憨态。

⑧ 忽淡忽浓,皆命使之耳。

⑨ 加倍渲染。

⑩ 原叙法。

⑪ 命也。

⑫ 旁叙法。

⑬ 挟媚道而不能得主,此其道诬矣。正是欲加之罪,何患无辞耳。

⑭ 亦旁叙法。

⑮ 后半转折甚多,叙来只是一线穿下,故奇。

⑯ "自喜"犹云"岂不以得立为天子自幸,而乃忘我之力乎"!

⑰ 连绵生下文,情如环。

⑱ 命也。

⑲ 遥接。

⑳ 为外戚生色。

㉑ 与篇首"盖其家号曰"句相应。

㉒ 大书特书。

㉓ 不一书,皆所以深予之也。

【眉批】

〔1〕盖其家号曰卫氏,因其自号者而传之。其实生种至微,不可得而考也。后又云卫皇后所谓姊卫少儿,亦子夫自谓云云,其实支系鄙污,是姊非姊,均不可知也。马迁临文弄笔,颇著其丑,殆亦刺武帝之黩夫妇之伦而进娼优之贱乎!至其篇末,于卫、霍功名,独连书军功字样,可谓克自振拔,而不乞灵于椒房者矣。抑扬予夺,均有微词,宜王允以"谤书"目之也。

〔2〕卫长君前后只一点,然亦不肯漏略。史公文字之密如此。

齐王世家

朱虚侯年二十[1]，有气力，忿刘氏不得职。尝入侍高后燕饮①，高后令朱虚侯刘章为酒史②，章自请曰："臣将种也，请得以军法行酒③。"高后曰："可。"酒酣，章进饮歌舞。已而曰："请为太后言耕田歌④。"高后儿子畜之，笑曰："顾而父知田耳⑤！若生而为王子，安知田乎？"章曰："臣知之。"太后曰："试为我言田。"章曰："深耕概种，立苗欲疏。非其种者，锄而去之⑥。"吕后默然。顷之，诸吕有一人醉，亡酒，章追，拔剑斩之而还报曰："有亡酒一人，臣谨行法斩之⑦。"太后左右皆大惊，业已许其军法，无以罪也。因罢。自是之后，诸吕惮朱虚侯，虽大臣，皆依朱虚侯⑧，刘氏为益强。

齐厉王，其母曰纪太后[2]。太后取其弟纪氏女为厉王后。王不爱纪氏女。太后欲其家重宠⑨，令其长女纪翁主入王宫，正其后宫⑩，无令得近王，欲令爱纪氏女，王因与其姊翁主奸⑪。

齐有宦者徐甲，入事汉皇太后。皇太后有爱女曰修成君。修成君非刘氏⑫，太后怜之。修成君有女名娥，太后欲嫁之于诸侯。宦者甲乃请使齐，必令王上书请娥⑬。皇太后喜，使甲之齐。是时，齐人主父偃知甲之使齐以取后事⑭，亦因谓甲："即事成，幸言偃女愿得充王后宫⑮。"甲既至齐，风以此事⑯。纪太后大怒，曰："王有后，后宫俱备，且甲，齐贫人，急乃为宦者，入事汉，无补益，乃欲乱吾王家⑰！且主父

111

偃何为者？乃欲以女充后宫⑱！"徐甲大穷，还报皇太后曰："王已愿尚娥，然有一害，恐如燕王⑲。"燕王者，与其子昆弟奸⑳，新坐以死，亡国，故以燕感太后。太后曰："无复言嫁女齐事。"事浸寻不得闻于天子㉑。主父偃由此亦与齐有郤㉒。

主父偃方幸于天子，用事[3]，因言："齐临菑十万户，市租千金，人众殷富，巨于长安，此非天子亲弟、爱子不得王此。今齐王于亲属益疏㉓。"乃从容言："吕太后时㉔，齐欲反；吴楚时，孝王几为乱。今闻齐王与其姊乱㉕。"于是天子乃拜主父偃为齐相，且正其事。主父偃既至齐，乃急治王后宫宦者为王通于姊翁主所者，令其辞证皆引王㉖。王年少，惧大罪为吏所执诛，乃饮药自杀。绝无后。

是时，赵王惧主父偃一出废齐，恐其渐疏骨肉，乃上书言偃受金及轻重之短㉗。天子亦既囚偃㉘。公孙弘言："齐王以忧死毋后，国入汉，非诛偃无以塞天下之望。"遂诛偃㉘。

【夹批】

① 用家人礼为燕私之饮。

② 使治觥政。

③ 语有英气，然只谓借军法为酒令耳，含糊得妙。

④ 刚果杂以俳笑，使人不觉。

⑤ 亦调笑奚落之。

⑥ 冷讥热讽，吕雉褫魄。

⑦ 正与孙武斩队长一样辣手。

⑧ 以一番觥政为反正之基，奇事。

⑨ 只一点私意，酿成大祸。

⑩ 处分甚奇。

⑪ 点出"其姊"二字,便了然。

⑫ 曲而显。

⑬ 徐甲欲怙宠,又是一重公案。甲盖知纪氏女失宠,欲以皇太后之势成之。

⑭ 长句劲甚。

⑮ 主父偃欲联姻贵戚,又一重公案。

⑯ 写得有情态。

⑰ 其言亦风利近正。

⑱ 诘得好,声态俱厉。

⑲ 隐隐逗出翁主一案。小人可畏。

⑳ 注得自然,无痕迹。

㉑ 收科亦淡得有致。

㉒ 渡入后半篇。

㉓ 何不竟言削割? 而徒以亲疏言之,其意使齐王尚修成君女娥,乃益亲矣。

㉔ 加"从容言"句,所谓浸润之谮。

㉕ 三句撮其大旨,要知其言甚多,故曰"从容"。

㉖ 明是书牍,背上下其手伎俩。

㉗ 主父偃以一女之故,既废一国,亦自杀其身,真千古之至愚人也。

㉘ 少住。

㉙ 公孙弘老儒,而往往以一言诛戮人,所谓外宽而内深次骨也。

【眉批】

〔1〕朱虚侯立意甚善,而行法斩亡酒之人,作歌示非种之去,迹其所为,亦异于危行言孙者之旨矣。少年将种,负气自强,适有天幸,实非谋国之全策也。

〔2〕篇首连叙三事,事事有曲折,看其无处不写到。笔随事曲,事随笔显,真奇绝之文。○女子小人,交关于宫壸帷薄之间,岂有不贻祸于国家者

哉！纪太后，汉太后，不过以爱希恩；纪翁主，修成君，乃至以非种奸法。又加以徐甲之妄诞，主父偃之贪鄙险忮，而朱虚力创之业不祀忽诸，有国家者何可不深鉴也！

〔3〕齐之亡，亡于主父偃，而偃之怨齐，起于不得纳女后宫。偃之欲纳女后宫，原于徐甲之为修成君女画嫁齐之策。文步步用倒生出来之法。然其罪戾之端，则纪翁主启之，故先叙在前。可知此等文字，史公亦先经安排布置，有成竹于胸中而后写出，故能缩千头万绪于尺幅之中也。

萧相国世家

萧相国何者,沛①丰②人也[1]。以文无害③为沛主吏掾④。高祖为布衣时,何数以吏事护高祖。高祖为亭长,常左右之。高祖以吏繇咸阳⑤,吏皆送奉钱三,何独以五⑥。秦御史监郡者与从事,常办之⑦。何乃给泗水卒史事,第一。秦御史欲入言征何,何固请,得毋行⑧。及高祖起为沛公,何常为丞督事⑨。沛公至咸阳,诸将皆争走金帛财物之府分之,何独先入收秦丞相御史律令图书藏之⑩。沛公为汉王,以何为丞相。项王与诸侯屠烧咸阳而去。汉王所以具知天下阨塞,户口多少,强弱之处⑪,民所疾苦者⑫,以何具得秦图书也。何进言韩信⑬,汉王以信为大将军。语在淮阴侯事中。

汉王引兵东定三秦⑭,何以丞相留收巴蜀,填⑮抚谕告,使给军食。汉二年,汉王与诸侯击楚,何守关中,侍太子,治栎阳。为法令约束,立宗庙社稷宫室县邑,辄奏上⑯,可,许以从事;即不及奏上,辄以便宜施行,上来以闻。关中事计户口转漕给军⑰,汉王数失军遁去,何常兴关中卒,辄补缺。上以此专属任何关中事[2]。

汉三年,汉王与项羽相距京索之间,上数使使劳苦丞相⑱,鲍生谓丞相曰:"王暴衣露盖,数使使劳苦君者,有疑君心也⑲。为君计,莫若遣君子孙昆弟能胜兵者悉诣军所,上必益信君。"于是何从其计,汉王大悦⑳。

汉五年,既杀项羽,定天下,论功行封㉑,群臣争功,岁余功不决。高祖以萧何功最盛,封为酂侯,所食邑多。功臣皆曰:"臣等身被坚执锐,多者百余战,少者数十合,攻城略地,大小各有差。今萧何未尝有汗马之劳,徒持文墨议论②,不战,顾反居臣等上,何也?"〔3〕高祖曰:"诸君知猎乎㉓?"曰:"知之。""知猎狗乎?"曰:"知之。"高帝曰:"夫猎,追杀兽兔者,狗也;而发踪指示兽处者,人也㉔。今诸君徒能得走兽耳,功狗也㉕;至如萧何,发踪指示,功人也。且诸君独以身随我,多者两三人㉖;今萧何举宗数十人皆随我,功不可忘也㉗。"群臣皆莫敢言。

列侯毕已受封,及奏位次,皆曰:"平阳侯曹参身被七十创,攻城略地,功最多,宜第一㉘。"上已桡功臣,多封萧何,至位次未有以复难之,然心欲何第一㉙。关内侯鄂君进曰㉚:"群臣议皆误。夫曹参虽有野战略地之功,此特一时之事㉛。夫上与楚相距五岁,常失军亡众,逃身遁者数矣㉜。然萧何常从关中遣军补其处㉝,非上所诏令召,而数万众会上之乏绝者数矣。夫汉与楚相守荥阳数年,军无见粮,萧何转漕关中,给食不乏㉞。陛下虽数亡山东,萧何常全关中以待陛下,此万世之功也㉟。今虽亡曹参等百数,何缺于汉?汉得之不必待以全㊱。奈何欲以一旦之功而加万世之功哉㊲!萧何第一,曹参次之。"高祖曰:"善。"于是乃令萧何第一,赐带剑履上殿,入朝不趋㊳。

上曰:"吾闻进贤受上赏,萧何功虽高,得鄂君乃益明㊴。"〔4〕于是因鄂君故所食关内侯邑,封为安平侯㊵。是日,悉封何父子兄弟十余人,皆有食邑㊶。乃益封何二千户,以帝尝繇咸阳时何送我独赢奉钱二也^⑫。

【夹批】

① 郡名。

② 邑名。

③ 治文书平允。

④ 群吏之长。

⑤ 以吏事给役京师。

⑥ 当时有当十大钱,故以三五为数。

⑦ 御史监郡时,何才能办其职事,即下"卒史""第一"是也。

⑧ 想其心头眼底,是何局面。

⑨ 始为沛公之丞,便与即位为相,只是一事。

⑩ 此方是正叙何功第一处,是为第一段。

⑪ 即不屠烧咸阳图书,亦为要务。必叙屠烧者,见其机一失,几不可再得,所以加倍为何功出色也。

⑫ 加"民所疾苦"一句,又好。

⑬ 又是第一功,此是第二段。

⑭ 此只以"还定三秦",带叙于韩信事下。

⑮ 填、镇同。古"镇"字俱作"填"字。

⑯ 又是第一功,此为第三段。

⑰ 给饷、补卒,皆绝大重务,又是第一功。是为第四段,叙何功毕。

⑱ 疑忌第一段。

⑲ 如此危机,何全不觉,而往往有人从旁觉之,危哉!幸哉!

⑳ 叙得浅甚,故妙。

㉑ 论功独为一大节。

㉒ 语虽轻薄,然自是何定评,即赞所谓"刀笔吏"也。

㉓ 再问再对,文情娟秀。

㉔ 此言实不切萧何,归之子房则几矣。

㉕ 轻士善骂之波流耳,岂定评哉!

㉖ 不觉自道肺腑间事。

㉗ 不可忘,妙。乃己心不能忘耳,非于天下大计有所系属也。

㉘ 前既以"功狗"绌善战者,今仍为此语,乃知群臣莫敢言者,屈于辩而心未服也。

㉙ 写出一片隐情,总以吊动鲍生之策来。

㉚ 按:《表》:鄂君名千秋。

㉛ "一时"、"万世"二语,比"功狗"、"功人"高百倍。

㉜ 此等语略无回互,汉人质直如此。

㉝ 一段应前"补缺"。

㉞ 一段应前"转漕"。

㉟ 总束上二段。

㊱ 大难为平阳侯。亦文章跌宕之势,不必真有是言。

㊲ 鄂君一段,有起有跌,自成章法。

㊳ 汉立此礼,始于萧何、霍光,终于董卓、曹操,可以兴叹。

㊴ 趣甚。

㊵ 进关内为列侯,但加爵而不增食邑。

㊶ 余波。

㊷ 用"我"字,妙。是高祖意中语也。

【眉批】

〔1〕酂侯为汉元功第一。于其始,默识高祖于稠人之中处,用"常"字、"独"字、"数"字,草蛇灰线,历落叙来,而以"固请得毋行"一语表其深心高识,便为第一注脚。令人瞥然自见,初未尝特为品藻也,真正高手。

〔2〕前半叙何功累累,俱占兴亡第一筹。后半又历摹高祖畏恶猜忌之私,皆赖客计以免祸。盖汉待功臣至薄,而何以元功幸保令终,故曲为传出,以为功臣炯鉴,乃他传所无也。

〔3〕此段论萧何功,凡三项,而各不同。"发踪指示"之说,乃高祖因群

臣"未尝有汗马之劳"一语趁势岂出,以为柢栏,固非定论。即举宗数十人从军,又无卓卓可纪者,何足言功? 不过自道其悦何之真病耳。惟鄂千秋所论庶乎得之,而又不并及于收图书、举韩信之事,正见汉廷见识不过如此,卒无一人知大计者。因以益见何之不可及也。此史公妙处在无字句处见之者。

〔4〕得鄂君乃益明,妙。盖以己两言之而不得要领,鄂君明之而后私意得伸也。

汉十一年,陈豨反,高祖自将,至邯郸。未罢,淮阴侯谋反关中①,吕后用萧何计,诛淮阴侯②。语在淮阴事中。上已闻淮阴侯诛,使使拜丞相何为相国,益封五千户,令卒五百人,一都尉为相国卫③。〔1〕诸君皆贺,召平独吊④。召平者,故秦东陵侯。秦破,为布衣,贫,种瓜于长安城东,瓜美,故世俗谓之"东陵瓜",从召平以为名也⑤。召平谓相国曰⑥:"祸自此始矣⑦! 上暴露于外,而君守于中,非被矢石之事,而益君封置卫者,以今者淮阴侯新反于中,疑君心矣。夫置卫卫君,非以宠君也⑧。愿君让封勿受,悉以家私财佐军,则上心悦。"相国从其计。高帝乃大喜⑨。

汉十二年秋,黥布反,上自将击之,数使使问相国何为⑩。相国为上在军,乃拊循勉力百姓,悉以所有佐军,如陈豨时⑪。客有说相国曰:"君灭族不久矣! 夫君位为相国,功第一,可复加哉⑫? 然君初入关中,得百姓心十余年矣,皆附君,常复孳孳得民和。上所为数问君者,畏君倾动关中⑬。今君胡不多买田地,贱贳贷以自污? 上心乃安⑭。"于是相国从其计,上乃大说。

　　上罢布军归，民道遮行上书，言相国贱强买民田宅数千万[15]。上至，相国谒。上笑曰："夫相国乃利民[16]。"民所上书皆以与相国[17]，曰："君自谢民。"相国因为民请曰："长安地狭[18]，上林中多空地，弃，愿令民得入田，毋收稿为禽兽食。"上大怒，曰[19]："相国多受贾人财物，乃为民请吾苑[20]。"乃下相国廷尉，械系之。数日，王卫尉侍，前问曰[2]："相国何大罪？陛下系之暴也！"上曰："吾闻李斯相秦皇帝，有善归主，有恶自与[21]。今相国多受贾竖金，而为民请吾苑，以自媚于民[22]，故系治之。"王卫尉曰："夫职事苟有便于民而请之，真宰相事，陛下奈何乃疑相国受贾人钱乎[23]？且陛下距楚数岁，陈豨、黥布反，陛下自将而往。当是时，相国守关中，摇足则关以西非陛下有也。相国不以此时为利，今乃利贾人之金乎[24]？且秦以不闻其过亡天下，李斯之分过，又何足法哉！陛下何疑宰相之浅也。"高帝不怿[25]。是日，使人持节赦出相国。相国年老，素恭谨，入，徒跣谢。高帝曰："相国休矣！相国为民请苑，吾不许，吾不过为桀、纣主，而相国为贤相。吾故系相国，欲令百姓闻吾过也[26]。"

　　何素不与曹参相能。及何病，孝惠自临视相国病，因问曰："君即百岁后，谁可代君者？"对曰："知臣莫如主。"孝惠曰："曹参何如？"何顿首曰："帝得之矣！臣死不恨矣！"[3]

　　何置田宅必居穷处，为家不治垣屋，曰："后世贤，师吾俭；不贤，毋为势家所夺[27]。"

　　孝惠二年，相国何卒。谥为文终侯。后嗣以罪失侯者四世，绝，天子辄复求何后，封续酂侯，功臣莫得比焉[28]。

【夹批】

① 内外皆叛，所以功臣人人可疑，连叙有意。

② 一信也，何始荐之，终定计诛之？何于此不能无憾矣！

③ 来得有根，妙。一则赏其诛乱之功，一则因信而疑何也。

④ 八字陡峻。插入召平一篇小传，蛛丝马迹，妙不可言。

⑤ 百忙中偏有此逸调，奇事。

⑥ 接"独吊"句。

⑦ 此即吊词也。

⑧ 撇开益封，单就置卫拈破，晓人当如是。

⑨ 妙。

⑩ 二句相类，而何复蹈危机，画出朴忠人性质。

⑪ 用旧计不错，错在上句耳，所谓只知其一，不知其二也。

⑫ 大臣能知此一语，自然退让。

⑬ 此客有绝人之识，殆亦深于黄老之学者，非前二人之比，而名独不传，何也？

⑭ 使大臣至此，汉治之所以日下也。读之可为寒心。

⑮ 何至数千万？史家文法耳。

⑯ 写出乐甚。

⑰ 夹叙法，惟史法多有之。

⑱ 朴忠自露，妙在与"贱贳贷"相反，何之所以为何也。

⑲ 相应妙。

⑳ 此二句非高帝意也，急不择言，写出盛怒。

㉑ 如此覆辙，汉廷津津道之不置，如此治之，所以终于杂霸也。

㉒ 只此是忌怒之本。

㉓ 只此二语，还清正项。下皆探其隐而抉之。

㉔ 一语刺中帝之隐微，妙在仍引向"利"字，说得雪淡。若云"此时为变"，则痕迹显然，难为听者矣。词令妙品。

㉕ 四字真善体人情，妙在言表。

史记菁华录

㉖ 仍是李斯相业横亘胸中，反言成相国之名，余怒拂拂不可遏。

㉗ 此段与何相业无涉，特缀于篇末者，所以明前时贱买百姓田宅千万计，真穷蹙救死，雅非实事也。史公如此处甚多，要在自领。

㉘ 按酇侯之封，直至东汉之末，盖与两汉相终始，此但就武帝之时言之。

【眉批】

〔1〕高祖疑忌相国凡三段。前二段浅，故应以浅著而即解；后一著深，故应以深著而又几危。盖鲍生、召平之计，不过因韩信、黥布之反而知上心实不忘相国。迨遣子弟、出私财，若自弱焉者，帝意亦解，后之"拊循百姓"，则复犯其向之所忌而加甚焉。何生平缔造之劳，即何此日族诛之具，非客说之于前，王尉解之于后，何能保首领哉？呜呼，危矣！

〔2〕王卫尉之言，所以明萧何功者，与鄂君岂相远哉？一则以之得封侯之赏，一则不免于不怿，进言之不可以不慎如此。虽然鄂君窥帝之意向何，因而逢迎之；王尉当帝之方怒何，从而匡救之。王之优于鄂远矣，而史失其名，不亦可惜矣乎！

〔3〕临没荐相自代，又是第一功。特重此段，与前半相呼应。

太史公曰：萧相国何于秦时为刀笔吏，录录未有奇节①〔1〕。及汉兴，依日月之末光，何谨守管籥②，因民之疾奉法，顺流与之更始。淮阴、黥布等皆以诛灭，而何之勋烂焉③。位冠群臣，声施后世，与闳夭、散宜生等争烈矣④。

【夹批】

① 一语断尽，何之不如信、越等在此，胜处亦在此。

② 俱用一色字法。

③ 惟无奇之极，乃独成其奇。

④ 闳、散在周无特立之奇节，萧何事业俱汉所以存亡，似难并论。

122

【眉批】

〔1〕史迁一生好奇，故于盗魁、侠首誉之不容口。如萧何一赞，煞甚不满。至于以周、召、太公比韩，以闳、散比萧何，称量不苟毫发。愚以为究非定论也。

曹相国世家

孝惠帝元年，除诸侯相国法，更以参为齐丞相^①。参之相齐，齐七十城。天下初定，悼惠王富于春秋^②，参尽召长老诸生，问所以安集百姓，如齐故俗^③诸儒以百数，言人人殊^④，参未知所定。闻胶西有盖公，善治黄老言^{⑤〔1〕}，使人厚币请之。既见盖公，盖公为言治道贵清静而民自定^⑥。推此类具言之。参于是避正堂，舍盖公焉。其治要用黄老术^⑦，故相齐九年，齐国安集^⑧，大称贤相。

惠帝二年，萧何卒，参闻之，告舍人："趣治行，吾将入相^⑨。"居无何，使者果召参。参去，属其后相曰："以齐狱市为寄，慎勿扰也^⑩。"后相曰："治无大于此者乎？"参曰："不然。夫狱市者，所以并容也，今君扰之，奸人安所容也？吾是以先之^⑪。"

参始微时，与萧何善，及为将相有郤^⑫。至何且死，所推贤唯参。参代何为汉相国，举事无所变更，一遵萧何约束。择郡国吏，木诎于文辞，重厚长者，即召除为丞相史^⑬。吏之言文刻深，欲务声名者，辄斥去之^{⑭〔2〕}。日夜饮醇酒。卿大夫以下吏及宾客见参不事事，来者皆欲有言^⑮。至者，参辄饮以醇酒，间之^⑯，欲有所言，复饮之，醉而后去，终莫得开说，以为常^⑰。相舍后园近吏舍，吏舍日饮歌呼。从吏恶之，无如之何，乃请参游园中，闻吏醉歌呼，从吏幸相国召按之。乃反取酒张坐饮，亦歌呼相与应和。参见人之有细过，专掩

124

匿覆盖之，府中无事⑱。参子窋为中大夫，惠帝怪相国不治事，以为"岂少朕欤⑲"？乃谓窋曰："若归，试私从容问而父曰⑳：'高帝新弃群臣，帝富于春秋。君为相，日饮无所请事㉑，何以忧天下乎？'然无言吾告若也㉒。"窋既洗沐归，闲侍，自从其所谏参。参怒而答窋二百㉓，曰："趣入侍，天下事非若所当言也。"至朝时，惠帝让参曰："与窋胡治乎㉔？乃者我使谏君也。"参免冠谢曰[3]："陛下自察圣武孰与高帝？"上曰："朕乃安敢望先帝乎？"曰："陛下观臣孰与萧何贤？"上曰："君似不及也㉕。"参曰："陛下言之是也㉖。且高帝与萧何定天下，法令既明。今陛下垂拱，参等守职，遵而勿失，不亦可乎？"惠帝曰："善。君休矣！"

参为汉相国，出入三年，卒，谥懿侯。子窋代侯。百姓歌之曰："萧何为法，颛若画一。曹参代之，守而勿失。载其清净，民以宁一㉗。"

平阳侯窋，高后时为御史大夫。孝文帝立，免为侯。立二十九年，卒，谥为静侯。子奇代侯，立七年，卒，谥为简侯。子时代侯。时尚平阳公主，生子襄。时病疠，归国。立二十三年，卒，谥夷侯。子襄代侯。襄尚卫长公主，生子宗。立十六年，卒，谥为共侯。子宗代侯。征和二年中，宗坐太子死，国除。

【夹批】

① 惟王朝有相国，侯国改称丞相。

② 地广则事多，草创则法冗，年少则喜事，三句反衬参之清静，妙。

③ 主意先定。

④ 亦反衬笔。

⑤ 点睛。

⑥ 要言不烦。

⑦ 此亦人所甚难。参本以武功显,而知此,故奇。

⑧ 应"安集"字。

⑨ 此余文点染,非本传所重。

⑩ 所见者大而属意却微。"寄"字妙,犹"托"也。以已治之齐托之,顾谆谆勿失而去。

⑪ 察奸而奸无必尽之理,徒以扰良耳。此语至大,然非废弛之谓也。

⑫ 萧、曹有郤,史无明文,不知何事。吾以为必起于争功。时鄂君所论,誉萧既多而抑曹太甚,固不足以厌曹之心也。

⑬ 细列曹参相业,娓娓不倦,只是"清"、"静"二字尽之。

⑭ 深识不可及。

⑮ 此二段只就饮醇酒一节反复言之,笔墨淋漓酣恣极矣。

⑯ "来者"、"至者",语似复而景色更佳。史公往往有此。

⑰ 三字加得妙。下又就中抽出一事写之,遂觉酒痕歌韵,满目淋漓。此渲染之美法也。

⑱ 为吏舍歌呼一事作注脚耳。

⑲ 言不足于我,以为无可辅也。

⑳ 形容惠帝入神。

㉑ 请,谒也,谓白事也。

㉒ 足一语,如闻其声。

㉓ 真黄老之教,毋以过暴视之。其子若孙所以能世其清简者,得力在此痛棒也。

㉔ 犹言与窑何与而治之。

㉕ 语妙。

㉖ 参言得矣,然未许他人妄效,须分别论之。

㉗ 以一歌作结,别见奇妙。史公有意弄奇处。

【眉批】

〔1〕汉治杂伯以贵黄老之术也，而开其端者，实参始之。诸儒多以此为参病，不知暴秦之后，《诗》《书》悉烬，而诸儒陈说言人人殊，又安得以鄙儒喋喋之辞启纷扰之失哉？固不得以是訾参也。

〔2〕太公诛华士，仲尼戮闻人，千古卓识。参之斥去刻深务名诸长史，可谓默合此意矣。不再世而酷吏大兴，天下受祸，而后知参之识真不可及也。

〔3〕参所论者，非通论也，自参言之则得耳。盖何刀笔吏也，参战将也，刀笔吏常密于法，而战将则独能持重。方是时，《诗》《书》未出，风俗尚媮，学校选举之条缺焉未列，为相者方日昃不遑之际，而云垂拱、遵循，不亦悖乎！特参之才实远不及何，倘更张之，徒足以滋乱，故贵其持重焉耳，岂为相之通论哉！

　　太史公曰[1]：曹国相参攻城野战之功所以能多若此者，以与淮阴侯俱①。及信已灭，而列侯成功，唯独参擅其名②。参为汉相国，清静极言合道③。然百姓离④秦之酷后，参与休息无为，故天下俱称其美矣⑤。

【夹批】

① 因信之力而参独擅其名。

② 非薄参也，正痛惜淮阴耳。

③ 只此六字与参。

④ 与罹同。

⑤ 一"故"字寓意深远。

【眉批】

〔1〕此赞言简而意甚长，不满平阳意最为显著。

留侯世家

留侯张良者，其先韩人也①。大父开地，相韩昭侯、宣惠王、襄哀王。父平，相釐王、悼惠王②。悼惠王二十三年，平卒。卒二十岁，秦灭韩③。良年少，未宦仕韩④。韩破，良家僮三百人⑤，弟死不葬⑥，悉以家财求客刺秦王，为韩报仇⑦〔1〕。以大父、父五世相韩故⑧。良尝学礼淮阳，东见仓海君⑨。得力士，为铁椎重百二十斤⑩。秦皇帝东游，良与客狙击秦皇帝博浪沙中⑪，误中副车。秦皇帝大怒，大索天下，求贼甚急，为张良故也⑫。良乃更姓名，亡匿下邳。

良尝闲从容步游下邳圯上⑬，有一老父衣褐至良所，直堕其履圯下⑭，顾谓良曰："孺子下取履！"良愕然〔2〕，欲殴之⑮，为其老，强忍下取履。父曰："履我！"良业为取履⑯，因长跪履之。父以足受，笑而去⑰。良殊大惊，随目之。父去里所，复还，曰："孺子可教矣⑱。后五日平明，与我会此。"良因怪之，跪曰："诺。"五日平明，良往，父已先在，怒曰："与老人期，后，何也？"去，曰："后五日早会⑲。"五日鸡鸣，良往，父又先在，复怒曰："后，何也？"去，曰："后五日复早来⑳。"五日，良夜未半往。有顷，父亦来，喜曰："当如是㉑。"出一编书曰："读此则为王者师矣。后十年兴。十三年孺子见我济北，谷城山下黄石即我矣㉒。"遂去，无他言，不复见㉓。旦日，视其书，乃《太公兵法》也。良因异之，常习诵读之。

居下邳，为任侠。项伯常杀人，从良匿㉔。后十年，陈涉

128

等起兵，良亦聚少年百余人。景驹自立为楚假王，在留，良欲往从之，道遇沛公①。沛公将数千人②，略地下邳西，遂属焉。沛公拜良为厩将。良数以《太公兵法》说沛公②，沛公善之，常用其策。良为他人言，皆不省②。良曰："沛公殆天授。"故遂从之②。

汉王之国，良送至褒中③，遣良归韩[3]。良因说汉王曰："王何不烧绝所过栈道，示天下无还心③，以固项王意②？"乃使良还，行，烧绝栈道。

良至韩，韩王成以良从汉王故，项王不遣成之国，从与俱东③。良说项王曰："汉王烧绝栈道，无还心矣④。"乃以齐王田荣反书告项王。项王以此无西忧汉心，而发兵北击齐⑤。

项王竟不肯遣韩王，乃以为侯，又杀之彭城⑥。良亡，间行，归汉王⑦。汉王亦已还定三秦矣⑧，复以良为成信侯。从东击楚，至彭城，汉败而还。至下邑，汉王下马，踞鞍而问曰⑨："吾欲捐关以东等弃之，谁可与共功者⑩？"良进曰："九江王黥布，楚枭将，与项王有郤；彭越与齐王田荣反梁地。此两人可急使⑪。而汉王之将独韩信可属大事，当一面。即欲捐之，捐之此三人，则楚可破也⑫。"汉王乃遣随何说九江王布，而使人连彭越。及魏王豹反⑬，使韩信将兵击之，因举燕、代、齐、赵。然卒破楚者，此三人力也⑭。

张良多病，未尝特将也，常为画策臣，时时从汉王⑮。

【夹批】

① 一篇骨子。

② 序家世类多略，惟此独详，正以精神所注在此。

③ 系韩亡于平卒之后，句妙。

④ 著此一语，良之忠义方尽见。

⑤ 言其富。

⑥ 言其不顾家。

⑦ 全是一腔义勇做成。

⑧ 劲句。

⑨ 盖东夷之君长。

⑩ 写得生色。

⑪ 狙，猿猱之属。狙击者，言其腾跃而击如狙也。此如牛饮、蛇行等字法，旧解多谬。

⑫ 点一句，似可无，不知史公郑重处正在此。

⑬ 好提笔，最当玩味。

⑭ 叙黄石事，纤琐得妙。

⑮ 太粉饰处，颇觉情理未当。

⑯ 亦牵强。

⑰ 写得神理都活。

⑱ 此一篇英雄相视情景，真千古无两之事，须是详写。

⑲ 语句零碎，传神之极。

⑳ 稍变亦妙。

㉑ 相视莫逆，尽此三字。

㉒ 嘱付却只如此，所以异于谶纬小数也。东坡以为隐君子，是诚有见。

㉓ 若再加一语，再见一面，便不直一钱，写得妙。

㉔ 伏鸿门案。

㉕ 接得突兀。

㉖ 倒注上句法。

㉗ 明点以应还圯上一案。

㉘ 反掬一笔，妙。

㉙ 定交之始,甚正。

㉚ 韩王遣送。

㉛ 身未离韩,心已归汉矣。

㉜ 要着。

㉝ 写项王疑忌处,适成其愚耳。

㉞ 留良,适所以自误也。

㉟ 既误之于西,复牵之使北。一良胜于十万甲兵。

㊱ 瓮中之物,杀之何为?是自驱良归汉也。

㊲ 始一心事汉。

㊳ 补得便捷。

㊴ 写得悲壮。

㊵ 大英雄见头却自王发之,沛公真人杰。

㊶ 语有分别。

㊷ 重此一段。盖"急使"者,缓急可备指使而已。至天下大事,必以属诸淮阴。

㊸ 分应错综。

㊹ 先结一笔,笔力如椽。

㊺ 此一篇筋骨语,却缀于此,妙。

【眉批】

〔1〕子房为韩报仇一段,忠勇之气,便是千古大侠。所以传中离奇闪霍,所遇之人,所为之事,多在可解不可解之间。后世神僧、剑客诸传,《诸皋》、《杜阳》诸录,悉蓝本于此,自来却无人拈破。

〔2〕曰"愕然",曰"殊大惊",曰"因怪之",曰"因异之",一线穿去,意思却不同。此种章法,惟《史记》有之。

〔3〕或谓良脱身为韩报仇,卒之韩王成之死。实以良归汉之故致之,似良有负于韩矣。不知良于此时但知秦为韩仇,灭秦而复韩,则良志已遂,岂不欲择君而事,以立不朽之业?而欲其委赞韩成,槁项无就,有是理乎?且

良知沛公天授,而犹弃之归韩,心事纯洁极矣。追羽以疑忌僇成,而良又借汉以灭羽,仍是报韩之初志也。良真纯臣也哉!

汉六年正月,封功臣。良未尝有战斗功,高帝曰:"运筹策帷帐中,决胜千里外,子房功也①。"自择齐三万户。良曰:"始臣起下邳,与上会留②,此天以臣授陛下③。陛下用臣计,幸而时中。臣愿封留,足矣,不敢当三万户。"乃封张良为留侯,与萧何等俱封④。

【夹批】

① 赞语雅确,比"功狗"之语高百倍。

② 儒雅长厚之极。

③ 应前"沛公殆天授"句。

④ 顾一笔,为"未有战斗功"句作应也。

留侯性多病,即道引不食谷①,杜门不出岁余。

上欲废太子,立戚夫人子赵王如意。大臣多谏争,未能得坚决者也②。吕后恐,不知所为。人或谓吕后曰:"留侯善用计策,上信用之。"吕后乃使建成侯吕泽劫留侯,曰③:"君常为上谋臣,今上欲易太子,君安得高枕而卧乎?"留侯曰:"始上数在困急之中,幸用臣策④。今天下安定,以爱欲易太子,骨肉之间,虽臣等百余人何益⑤!"吕泽强要曰⑥:"为我画计。"留侯曰:"此难以口舌争也。顾上有不能致者,天下有四人⑦〔1〕。四人者年老矣⑧,皆以为上慢侮人,故逃匿山中,义不为汉臣。然上高此四人⑨。今公诚能无爱金玉璧帛，令太子为书，卑辞安车⑩，因使辩士固请，宜来⑪。来以为客，时时从入朝⑫。令上见之，则必异而问之。问之⑬，上知此四人贤，则一助也⑭。"于是吕后令吕泽使人奉太子书，卑辞厚礼，迎此四人。四人至，客建成侯所。

汉十二年，上从击破布军归，疾益甚，愈欲易太子⑮。留侯谏，不听，因疾不视事⑯。叔孙太傅称说引古今⑰，以死争太子[2]，上详许之⑱，犹欲易之⑲。及燕，置酒，太子侍，四人从太子，年皆八十有余，须眉皓白，衣冠甚伟⑳。上怪之，问曰："彼何为者？"四人前对，各言名姓，曰东园公、甪里先生、绮里季、夏黄公㉑。上乃大惊，曰："吾求公数岁，公辟逃我。今公何自从吾儿游乎㉒？"四人皆曰[3]："陛下轻士善骂，臣等义不受辱，故恐而亡匿。窃闻太子为人仁孝，恭敬爱士㉓，天下莫不延颈欲为太子死者㉔，故臣等来耳。"上曰："烦公幸卒调护太子㉕。"

四人为寿已毕，趋去，上目送之。召戚夫人，指示四人者㉖，曰："我欲易之，彼四人辅之，羽翼已成，难动矣。吕后真而主矣㉗！"戚夫人泣，上曰："为我楚舞，吾为若楚歌㉘。"歌曰："鸿鹄高飞，一举千里。羽翮已就，横绝四海。横绝四海，当可奈何！虽有矰缴，尚安所施？"歌数阕，戚夫人嘘唏流涕。上起去，罢酒㉙。竟不易太子者，留侯本招此四人之力也㉚。

【夹批】

① 善藏之妙，迥出恒流。

② 提一笔起案。

③ 强之使出。

④ 味此数语,子房之苦心至矣。

⑤ 见得透,胸中已有成竹。

⑥ 所谓劫也。

⑦ 转得和缓有致。

⑧ 逐句有态,当细寻之。

⑨ 再转。

⑩ 看其只在礼貌上讲究,与慢侮对针。

⑪ 又加此句,方见四人之难致。

⑫ 尤见画策时回头抵掌之态。

⑬ 每用叠句见奇。

⑭ 又淡得妙。

⑮ 写得惯乱忙迫。

⑯ 补笔周到。

⑰ 叔孙生平,幸有此日。

⑱ 详与佯同。

⑲ 更危。

⑳ 出色绘画。

㉑ 至此始借四人口自点出姓名,奇而趣。

㉒ 惊诧神情,不啻口出,真传神之笔。

㉓ 言其为守文令主。

㉔ 言其已得民心。

㉕ 己欲摇动而幸得人之调护,转乃托人调护之,妙甚。

㉖ 情景逼现。

㉗ 目中早早看定"人彘"矣。此语妙。

㉘ 项羽垓下事情,高祖此时却类之。英雄儿女之情,何必以成败异也?
读之凄绝。

㉙ 淋漓尽致。

㉚ 结归子房传,是针路一定处。

【眉批】

〔1〕先辈或云,四皓本不可致,盖良使老人伪为之。此真臆说。玩良所以谓四皓逃匿者,不过牵帝慢侮之,殆亦鲁两生之流,特以名德素闻,足以坐镇雅俗耳。使四皓见用于时,未必有补时务,而其古貌古心,良可令人敬服,亦何为必不可致哉?

〔2〕留侯虽云"难以口舌争",然使竟不一谏,非惟情理所无,亦觉文章疏脱,故必补一句。

〔3〕高祖枭雄,其欲易太子者,实疑惠帝黯弱,不克负荷之故。至戚夫人恩宠,又其余事。故四皓之语,惟明太子之得民心,而帝意遂为之立释。此中具有深识,非徒以物色动人也。

留侯乃称曰①〔1〕:"家世相韩。及韩灭,不爱万金之资,为韩报仇强秦,天下振动。今以三寸舌为帝者师,封万户,位列侯②,此布衣之极,于良足矣。愿弃人间事,欲从赤松子游耳③。"乃学辟谷,道引轻身。会高帝崩,吕后德留侯,乃强食之,曰:"人生一世间,如白驹过隙,何至自苦如此乎④?"留侯不得已,强听而食⑤。

后八年卒,谥为文成侯。子不疑代侯。

子房始所见下邳圯上父老与《太公书》者⑥,后十三年⑦,从高帝过济北,果见谷城山下黄石,取而葆祠之⑧。留侯死,并葬黄石冢⑨。每上冢伏腊,祠黄石。

【夹批】

① 自称语即可为自赞,以其确也。

② 语意却轻。

③ 有托而逃,不必实有其人。

④ 亦自娓娓可听。

⑤ 以此句加"卒"之上,似谓从其志辟谷,可无死者然。

⑥ 好结穴,诸传所无。

⑦ 细应。

⑧ 葆,宝也。立祠而宝藏此石。

⑨ 又奇。

【眉批】

〔1〕此段只详子房成功后善刀而藏之妙。其文离奇幻忽,独与他传结处迥殊。盖他传多详其世次,此自不疑外无闻,却以黄石并葬终之。子房乎? 老人乎? 一而二,二而一矣。

　　太史公曰:学者多言无鬼神,然言有物①。至如留侯所见老父予书,亦可怪矣②。高祖离困者数矣,而留侯常有功力焉。岂可谓非天乎③? 上曰:"夫运筹策帷帐之中,决胜千里外,吾不如子房。"余以为其人计魁梧奇伟④,至见其图,状貌如妇人好女⑤,盖孔子曰:"以貌取人,失之子羽。"留侯亦云。

【夹批】

① 言光景动人者。

② 不惟有人,又有书,故可怪。

③ 天即鬼神也。

④ 别出一解。

⑤ 亦以幻忽不常之笔结之。

陈丞相世家

　　陈丞相平者，阳武户牖乡人也。少时家贫，好读书，有田三十亩①，独与兄伯居(1)。伯常耕田，纵平使游学②。平为人长大美色。人或谓陈平曰："贫何食而肥若是?"其嫂嫉平之不视家生产，曰："亦食糠核耳③。有叔如此，不如无有。"伯闻之，逐其妇而弃之④。

　　及平长，可娶妻⑤，富人莫肯与者，贫者平亦耻之⑥。久之，户牖富人有张负⑦，张负女孙五嫁而夫辄死⑧，人莫敢娶。平欲得之⑨。邑中有丧，平贫，侍丧，以先往后罢为助⑩。张负既见之丧所，独视伟平，平亦以故后去⑪。负随平至其家，家乃负郭穷巷，以敝席为门，然门外多长者车辙⑫。张负归，谓其子仲曰："吾欲以女孙予陈平。"张仲曰："平贫，不事事，一县中尽笑其所为，独奈何予女乎⑬?"负曰："人固有好美如陈平而长贫贱者乎⑭?"卒与女，为平贫，乃假贷币以聘，予酒肉之资以内妇⑮。负诫其孙曰："毋以贫故，事人不谨。事兄伯如父，事嫂如母⑯。"平既娶张氏女，赍用益饶，游道日广⑰。

　　里中社，平为宰，分肉食甚均⑱。父老曰："善，陈孺子之为宰。"平曰："嗟乎，使平得宰天下，亦如是肉矣⑲!"

【夹批】

① 故亦不贫，为之映然。

② 伯乃汉初有数人物，竟不传其名，惜哉!

137

③ 固是一片俗情。然亦特著此语,为盗嫂一案隐隐拈破。

④ 加倍写法,未必果弃也。下故有"事嫂"句。

⑤ "可娶妻"三字,憨甚。

⑥ 带一分稚气,正见英雄本色。

⑦ 起案。

⑧ 盖许字人五次,非遂婚也。

⑨ 大自负处。

⑩ 古人气谊如此,亦为欲得女作注脚。

⑪ 仅十字耳,两人神情意态,一一画出。

⑫ 三句都是张负目中看出,著一"乃"字,一"然"字,又是张负心口商度,真正神笔。

⑬ 补传中所未及。

⑭ 以浅语晓其子,负意殊不仅此。

⑮ 细写入妙。

⑯ 长者之言,可以觉世。

⑰ 先作一结,亦寓深叹。

⑱ 不过屠割之事,非主宰之谓。

⑲ 前半未曾为平占一地步,故特下此一语。

【眉批】

〔1〕《淮阴侯传》先载漂母及市中年少等琐事,后一一应之。此传亦先载伯兄之贤,张负之识,以后无一笔照顾,而独以阴祸绝世为一传之结。夫阴祸固与长厚背驰者也。削此存彼,史公之于平也岂不严哉! 凡此须于无文字处会之。

孝文帝立,以为太尉勃亲以兵诛吕氏①,功多〔1〕,陈平欲让勃尊位,乃病谢。孝文帝初立,怪平病,问之②,平曰:"高

祖时,勃功不如臣平。及诛诸吕,臣功亦不如勃③。愿以右
丞相让勃④。"于是孝文帝乃以绛侯勃为右丞相,位次第一,
平徙为左丞相,位次第二。赐平金千斤,益封三千户⑤。

　　居顷之⑥,孝文皇帝既益明习国家事,朝而问右丞相勃
曰:"天下一岁决狱几何⑦?"勃谢曰:"不知。"问:"一岁钱谷
出入几何?"勃又谢"不知",汗出沾背⑧,愧不能对。于是上
亦问左丞相平⑨,平曰:"有主者。"上曰:"主者谓谁⑩?"平
曰:"陛下即问决狱,责廷尉;问钱谷,责治粟内史。"上曰:
"苟各有主者,而君所主者何事也?"平谢曰:"主臣⑪。陛下
不知其驽下,使待罪宰相。宰相者,上佐天子理阴阳,顺四
时,下育万物之宜;外镇抚四夷诸侯,内亲附百姓,使卿大夫
各得任其职焉⑫。"孝文帝乃称善。右丞相大惭⑬,出而让陈
平曰:"君独不素教我对⑭。"陈平笑曰:"君居其位,不知其任
耶⑮?且陛下即问长安中盗贼数⑯,君欲强对耶?"于是绛侯
自知其能不如平远矣⑰。居顷之⑱,绛侯谢病,请免相⑲,陈
平专为一丞相。

　　孝文帝二年,丞相陈平卒,谥为献侯。子共侯买代侯。
二年卒,子简侯恢代侯。二十三年卒,子何代侯。三十三
年,何坐略人妻,弃市,国除。始陈平曰⑳:"我多阴谋,是道
家之所禁。吾世即废,亦已矣,终不能复起,以吾多阴祸
也㉑。"然其后曾孙陈掌以卫氏亲贵戚㉒,愿得续封陈氏,然
终不得。

【夹批】
① 此文帝意中事也,倒装于此,而以陈平"欲让"接之,妙甚。

② 引之问,以得尽言。

③ 自居缔造之劳,以压其定乱之力也。"亦"字轻得妙。

④ 此时平若不让勃,文帝终亦必更置之,而平之宠衰矣。千古智人占先著处。

⑤ 美其能让也,显然可知。

⑥ 两"居顷之"相应,见勃居位之不久,总出不得陈平圈套耳。

⑦ 此二字乃天下人命所系,以之发问,最吃紧,非偶然也。

⑧ 画。

⑨ 语势婉妙。

⑩ 咄咄逼人。

⑪ "主臣"犹云惭愧,汉人发语词。

⑫ 此浮说也,所谓口给御人,实非至理。夫育万物之宜,孰大于钱谷之出入与刑狱之重繁?而徒委之各有司存,可乎?

⑬ 画。

⑭ 画出朴厚人,音声象貌都有。

⑮ 恶极。当面奚落,明明谓右相之位非所宜居也。

⑯ 言只合以主者委之。

⑰ 平自知胜勃,勃不自知不及平也。

⑱ 应。

⑲ 两"谢病",亦遥相作章法。

⑳ 借平自言,回护得妙。

㉑ 语气连绵得有韵。

㉒ 二"然"字曲曲尽意。

【眉批】

〔1〕学者不善读书,往往以太尉"功多",为陈平自己打算语,误甚。盖吕后称制时,惟平与吕氏最亲顺,及诛诸吕,其功皆出周勃。又,奉玺绶迎文帝亦勃为之。文帝之德勃也至矣!故此段"以为"二字写文帝意中语也。

陈平智士，极善先意迎合，故亟谢病，又不公为逊让，待上之问而后分别言之，以为自己地步。所谓"高祖时，勃功不如臣平"，明明自居开国元勋矣。及后又以口舌扼勃，而终去之。此亦其阴谋之一事也。史笔如镜，不待明指而见。

　　太史公曰：陈丞相平，少时本好黄帝、老子之术。方其割肉俎上之时，其意固已远矣[①]。倾侧扰攘楚魏之间，卒归高帝。常出奇计[②]，救纷纠之难，振国家之患。及吕后时，事多故矣，然平竟自脱[③]，定宗庙，以荣名终，称贤相，岂不善始善终哉！非知谋孰能当此者乎[④]？

【夹批】

① 史公每于小处着神。

② 伏智谋。

③ 有许多欣羡，亦有许多不满。

④ 合断一笔如铁。

卷　三

绛侯周勃世家

　　文帝既立，以勃为右丞相⁽¹⁾，赐金五千斤，食邑万户①。居月余，人或说勃曰："君既诛诸吕，立代王②，威震天下，而君受厚赏，处尊位以宠，久之，即祸及身矣③。"勃惧，亦自危，乃谢请归相印，上许之。岁余，丞相平卒，上复以勃为丞相。十余月④，上曰："前日吾诏列侯就国，或未能行。丞相，吾所重，其率先之⑤。"乃免相就国。

　　岁余，每河东守尉行县至绛，绛侯勃自畏恐诛，常披甲，令家人持兵以见之⑥。其后人有上书告勃欲反，下廷尉。廷尉下其事长安，逮捕勃治之⑦。勃恐，不知置辞。吏稍侵辱之⑧。勃以千金与狱吏，狱吏乃书牍背示之，曰"以公主为证⑨"。公主者，孝文帝女也⑩。勃太子胜之尚之，故狱吏教引为证⑪⁽²⁾。勃之益封受赐，尽以予薄昭。及系急，薄昭为言薄太后⑫，太后亦以为无反事。文帝朝，太后以冒絮提文帝⑬，曰："绛侯绾皇帝玺，将兵于北军，不以此时反，今居一小县，顾欲反耶⑭！"文帝既见绛侯狱辞，乃谢曰："吏事方验而出之。"于是使使持节赦绛侯，复爵邑。绛侯既出，曰："吾尝将百万军，然安知狱吏之贵乎⑮！"

【夹批】

① 此二语陈平传无之,盖宾主定体。

② 即文帝。

③ 即从"右丞相"数句,生下文情一片。平传则谓其自愧不如陈平,乃归印。此等或虚或实,各有妙处,不必泥也。

④ 前之辞位谓何,而复居之不疑? 勃之祸胎于是矣。

⑤ 心实忌之,饰词以罢其相位也。

⑥ 不学无术可悯。且使上果欲诛之,虽披甲持兵何益? 适以自招谗谤耳!

⑦ 朝廷下之廷尉,廷尉又下之长安捕送也。

⑧ 细写入妙。

⑨ 千古钱神有灵,猾吏骫法,一一描画。

⑩ 倒注法,《史记》多有。

⑪ 略住又起一事。夹叙法,又是追叙法。

⑫ 亦一狱吏行径。昭以贵戚将军而若此,宜其卒以贿败也。

⑬ 冠也。提与抵通,掷而击之也。

⑭ 惟太后数语乃公道话耳。

⑮ 应"侵辱"一段,余音袅袅,妙绝。

【眉批】

〔1〕高祖功臣中,惟勃最朴至,故帝亦以"厚重少文"称之。然智短术浅,诛诸吕、立代王之后,位极人臣而无所建白,既不能为留侯赤松之高,又不能效曲逆弥缝之密,而徒娓娓畏惧,衷甲防诛。向非文帝之宽仁,椒房之戚谊,菹醢之灾行将及矣。急流勇退,君子所以贵知几也。史公画勃之拙厚处,栩栩欲活,可谓写生。

〔2〕又遥接"以公主为证"一段。夹叙薄昭、太后二段于中,泯然无痕,真正神笔。

　　文帝之后六年,匈奴大入边。乃以宗正刘礼为将军,军霸上①;祝兹侯徐厉为将军,军棘门;以河内守亚夫为将军,军细柳②,以备胡。上自劳军。至霸上及棘门军,直驰入,将以下骑送迎③。已而之细柳军,军士吏被甲,锐兵刃,彀弓弩,持满④[1]。天子先驱至,不得入⑤。先驱曰:"天子且至。"军门都尉曰:"将军令曰⑥:'军中闻将军令,不闻天子之诏。'"居无何,上至,又不得入⑦。于是上乃使使持节诏将军⑧:"吾欲入劳军。"亚夫乃传言开壁门。壁门士吏谓从属车骑曰:"将军约:军中不得驱驰⑨。"于是天子乃按辔徐行⑩。至营,将军亚夫持兵揖曰⑪:"介胄之士不拜,请以军礼见。"天子为动,改容式车,使人称谢:"皇帝敬劳将军。"成礼而去⑫。既出军门,群臣皆惊⑬。文帝曰:"嗟乎,此真将军矣⑭!曩者霸上、棘门军若儿戏耳,其将固可袭而虏也。至于亚夫,可得而犯耶⑮!"称善者久之⑯。月余,三军皆罢,乃拜亚夫为中尉。孝文且崩时,诫太子曰:"即有缓急,周亚夫真可任将兵⑰。"文帝崩,拜亚夫为车骑将军。

　　窦太后曰:"皇后兄王信可侯也⑱。"景帝让曰:"始南皮、章武侯,先帝不侯,及臣即位,乃侯之。信未得封也⑲。"窦太后曰:"人主各以时行耳。自窦长君在时,竟不得侯⑳,死后乃封其子,彭祖顾得侯,吾甚恨之㉑。帝趣侯信也。"景帝曰:"请得与丞相议之㉒。"丞相议之,亚夫曰[2]:"高皇帝约:非刘氏不得王,非有功不得侯,不如约,天下共击之。今信虽皇后兄,无功,侯之非约也㉓。"景帝默然而止㉔。

　　其后匈奴王徐卢等五人降,景帝欲侯之以劝后㉕,丞相亚夫曰："彼背其主降陛下，陛下侯之，则何以责人臣不守节者乎㉖？"景帝曰："丞相议不可用㉗。"乃悉封徐卢等为列侯。亚夫因谢病。

景帝中三年，以病免相。顷之，景帝居禁中，召条侯㉘，赐食，独置大胾，无切肉，又不置櫡㉙，条侯心不平㉚，顾谓尚席㉛取櫡。景帝视而笑曰："此非不足君所乎㉜？"条侯免冠谢。上起，条侯因趋出。景帝以目送之曰："此怏怏者㉝，非少主臣也㉞。"〔3〕

居无何，条侯子为父买工官尚方甲楯五百被，可以葬者。取庸苦之，不予钱。庸知其盗买县官器㉟，怒而上变告子，事连污条侯㊱。书既闻上，上下吏。吏簿责条侯，条侯不对。景帝骂之曰："吾不用也！"召诣廷尉㊲。廷尉责曰："君侯欲反耶？"亚夫曰："臣所买器，乃葬器也，何谓反耶？"吏曰："君侯纵不反地上，即欲反地下耳㊳！"吏侵之益急㊴。初，吏捕条侯，条侯欲自杀㊵，夫人止之，以故不得死，遂入廷尉。因不食五日，呕血而死，国除㊶。

绝一岁，景帝乃更封绛侯勃他子坚为平曲侯㊷，续绛侯后。十九年卒，谥为共侯。子建德代侯，十三年，为太子太傅。坐酎金不善，元鼎五年，有罪国除㊸。

条侯果饿死㊹。死后，景帝乃封王信为盖侯㊺。

太史公曰：绛侯周勃始为布衣时，鄙朴人也㊻，才能不过凡庸。及从高祖定天下，在将相位，诸吕欲作乱，勃匡国家难，复之乎正。虽伊尹、周公何以加哉㊼！亚夫之用兵，持威重，执坚刃㊽，穰苴曷有加焉！足己而不学㊾，守节不逊㊿，

终以穷困,悲夫!

【夹批】

① 史公叙法有极不省处,看此三段可见。

② 条侯,周亚夫,勃少子也,故附勃传。

③ 此又极省,只用两句反映下一大段,色色都照人。

④ 作临阵之态,岂非着意妆点,见才于人主乎?

⑤ 若先驱得入,则不能令天子亲见军容矣,其理可知。

⑥ 极意作态。

⑦ 妙。

⑧ 此亦天子之诏也。天子未至则不受,至则受之,为其整肃之已见也,倔甚。

⑨ 乃至以约束吏者约束天子,倔甚。

⑩ 圣天子。

⑪ 倔甚。

⑫ 细写文帝,益见亚夫之整。

⑬ 描一笔,不可少。

⑭ 断语妙。

⑮ 观高帝晨称汉使,直驰入韩信、张耳,即卧内夺其兵符一事,亚夫实加人一等。

⑯ 余音未绝。

⑰ 圣天子留心边务,纪录人才如此。

⑱ 自此一句起案,连绵五百余字,一线穿成。其中忽合忽离,忽隐忽显,极文章之妙。

⑲ 心实欲之,托词与窦氏,妙甚。南皮、章武二侯,俱窦太后之弟。

⑳ 缕缕述来,宛似家人口角。

㉑ 说得动人,加一句,韵极。

㉒ 渐渐引下。此是景帝初让之根。

㉓ 在亚夫固为守正，然不得谓非文帝时一番刚倨之用有以驯致之。故吾谓细柳一节，亚夫以此见长，亦以此胎祸。

㉔ 渐来如画。

㉕ 此段忽离开，其实仍为前事陪笔也。

㉖ 匈奴降王得侯者甚多，此亚夫过执难通处。

㉗ 一步紧一步，此"不可用"一语，不知是为今日、为前日？截然辟开，不论是非，妙绝！传神！

㉘ 以病免相，则封建之权已不关亚夫矣。乃又特召而责之，见帝之必不肯忘情于亚夫也。

㉙ 论头奇。

㉚ 描出。

㉛ 主宴之官。

㉜ 以嬉笑为怒骂，危哉！言人欲有所为而不慊于意，犹人之欲食而不足于具也，明指阻后弟之封。

㉝ 悻直难驯貌。

㉞ 言非子孙所能制驭也。一步紧一步，而杀之意决矣。

㉟ 工官，造作之府。尚方甲楯，犹后人所云内府器物也。庸，工也。上"庸"字，以工费言。工人来取价，留难不即予也。下"庸"字，即指工人。

㊱ 上云"可以葬者"，先为条侯出罪；下云"连污条侯"，见其不过因子事染议。总以明景帝之寻衅以成于杀也。

㊲ 一步紧一步。盖条侯，大臣，恐帝复用，故吏不敢穷究其罪。帝特言此，明示吏以必杀之机也。

㊳ 深文周内，却又如戏，妙甚。

㊴ 皆自"帝不用"一语来。

㊵ 此数语只为篇首相者谓"当饿死"补出。

㊶ 强项人至此，可叹。

㊷ 此下仍入勃传。

㊸ 二句未定，宜云"元鼎五年，坐酎金不善，国除"。"有罪"二字衍。

㊹ 接法。

㊺ 以此语结条侯传,妙。明明死在王信也。

㊻ 勃终身不出此语。

㊼ 此事独用极赞,亦公道语。

㊽ 六字断定前后荣辱。

㊾ 真病。

㊿ 贬中带褒。

【眉批】

〔1〕细柳劳军,千古美谈。余谓亚夫之巧于自著其能以邀主眷耳,行军之要固不在此也。何者?当时遣三将军出屯备胡,既非临阵之时,则执兵介胄,传呼辟门,一何过倨?况军屯首重侦探,岂有天子劳军已历两寨,而亚夫尚未知之理?乃至先驱既至,犹闭壁门,都尉申辞令,天子亦遵军令,不亦甚乎!然其持重之体迥异他军,则锥处囊中,脱颖而出,亚夫之谋亦工矣!顾非文帝之贤,安能相赏于形迹之外哉?

〔2〕条侯于细柳劳军一案,赞中所谓“持威重”也。固靳封爵一案,赞中所谓“执坚忍”也。合之总是一个“不学”。幸遇文帝之宽,则为能臣;不幸遇景帝之忮刻,即为大僇。呜呼,大臣安可以不学乎!后世之寇准、夏言,均是正人,卒以是贾祸,可以鉴矣。

〔3〕为条侯计者,宜于不用其议,辄封匈奴降王。之后亟风御史请侯王信,而自赞成之。此于朝廷初无所损。且窦氏已侯,必不能禁王氏之终不侯也。乃至召食面谴,而犹然辞色怏怏。尚纵骄子置买尚方禁物,又与工人竞锱铢之利,愆出纳之期,以至身死国亡,为天下僇。夫崇伯取灾于愎直,宣尼致痛于鄙夫,如条侯者,亦何足为君子所惜哉?

伯夷列传

　　夫学者载籍极博,犹考信于六艺。《诗》《书》虽缺,然虞夏之文可知也①[1]。尧将逊位,让于虞舜。舜、禹之间,岳牧咸荐②,乃试之于位,典职数十年,功用既兴,然后授政。示天下重器,王者大统,传天下若斯之难也。而说者曰尧让天下于许由,许由不受,耻之,逃隐③。及夏之时,有卞随、务光者,此何以称焉④? 太史公曰⑤:余登箕山,其上盖有许由冢云⑥。孔子序列古之仁圣贤人⑦,如吴太伯、伯夷之伦详矣⑧。余以所闻由、光义至高,其文辞不少概见,何哉⑨?

　　孔子曰:"伯夷、叔齐,不念旧恶,怨是用希⑩。""求仁得仁,又何怨乎?"余悲伯夷之意,睹轶诗可异焉[2]。其传曰:

　　伯夷、叔齐,孤竹君之二子也⑪。父欲立叔齐。及父卒,叔齐让伯夷。伯夷曰:"父命也。"遂逃去。叔齐亦不肯立而逃之。国人立其中子。于是伯夷、叔齐闻西伯昌善养老,盍往归焉。及至,西伯卒。武王载木主,号为文王,东伐纣。伯夷、叔齐叩马而谏曰:"父死不葬,爰及干戈,可谓孝乎⑫? 以臣弑君,可谓仁乎?"左右欲兵之。太公曰:"此义人也。"扶而去之。武王已平殷乱,天下宗周,而伯夷、叔齐耻之,义不食周粟,隐于首阳山⑬,采薇而食之。及饿且死,作歌,其辞曰:"登彼西山兮,采其薇矣。以暴易暴兮,不知其非矣[3]。神农虞夏忽焉没兮,我安适归矣。於嗟徂兮,命之衰矣⑭。"遂饿死于首阳山。

由此观之，怨耶非耶⑮？

或曰："天道无亲，常与善人⑯。"若伯夷、叔齐，可谓善人者非耶⑰？积仁絜行如此而饿死！且七十子之徒，仲尼独荐颜渊为好学⑱〔4〕。然回也屡空，糟糠不厌，而卒蚤夭。天之报施善人，其何如哉⑲？盗跖日杀不辜，肝人之肉，暴戾恣睢，聚党数千人横行天下，竟以寿终。是遵何德哉？此其尤大彰明较著者也⑳。若至近世，操行不轨，专犯忌讳，而终身逸乐，富厚累世不绝。或择地而蹈之，时然后出言，行不由径，非公正不发愤㉑，而遇祸灾者，不可胜数也。余甚惑焉，倘所谓天道，是耶非耶㉒？

子曰"道不同不相为谋"，亦各从其志也〔5〕。故曰："富贵如可求，虽执鞭之士，吾亦为之。如不可求，从吾所好。""岁寒然后知松柏之后凋。"举世混浊，清士乃见。岂以其重若彼，其轻若此哉㉓？"君子疾没世而名不称焉。"贾子曰〔6〕："贪夫徇财，烈士徇名，夸者死权，众庶冯生。""同明相照，同类相求㉔。""云从龙，风从虎，圣人作而万物睹㉕。"伯夷、叔齐虽贤，得夫子而名益彰。颜渊虽笃学，附骥尾而行益显。岩穴之士，趋舍有时若此，类名堙灭而不称，悲夫㉖！闾巷之人，欲砥行立名者，非附青云之士，恶能施于后世哉？

【夹批】

①《诗》《书》六艺，皆孔子手定之文。此处已暗伏孔子矣。

②此虞、夏之文信而可知之实，所以特引此，专为一个"让"字，为伯夷之让国作案也。

③再引一辈让天下之人，是不见于虞、夏之书者，而其人则亦虞、夏间

人，故不应独缺也。

④ 似虚而难信。

⑤ 引其父之言。

⑥ 既有冢，又似实而可信。

⑦ 方明点孔子作主脑。

⑧ 言伯夷，又陪一太伯，文章离合入妙。

⑨ 以如许之人不应见遗于虞、夏之文，终作一疑案，略结。

⑩ 本意谓人之怨伯夷者希，此处只作伯夷自己怨恨之情解。

⑪ 他传皆史公自己撰述，独此只引旧传之文，所以谓"传中变体"。

⑫ 古者，天子七月而葬，诸侯五月而葬，三代之通义也。武王伐纣之时，距文王之卒十三年矣，而谏者犹云"父死不葬"，此理殆不可晓。

⑬ "让"字、"耻"字、"逃"字、"隐"字，俱是首段埋伏，一一应出。古人文律之细如此，而后世犹以离奇目之，何也？

⑭ 曰"易暴"，则固亦以纣为暴也。曰"虞、夏"而不及"商"，亦非其所归也。然则周粟既不可食而旧朝亦不足思，以死为归，更无别法，其怨深矣。

⑮ 遥接孔子一段。

⑯ 此下乃言其不得不怨之故，别是一义。

⑰ 语不说完，妙。

⑱ 寻一陪客，即伏后半之线索。

⑲ 其穷类伯夷也。试想"而饿死"句下即接"天之报施善人"句，本是一串，横插入颜渊一案，又加"仲尼独荐"四字，便令收处有根，何等惨淡经营！

⑳ 宕过一笔，不觉畅发胸中之愤。此实借酒杯浇魂礧，非传伯夷之本意矣。须分别思之。

㉑ 明指救李陵一事。

㉒ 借题发意止此。以"天道"起，以"天道"结，自成章法。

㉓ 所重者名声，所轻者富贵。

㉔ 言德同则乐相称引。

㉕ 言圣人起于世，而人皆得附之以自见。与经之本意不同。

㉖ 即由、光等推之,为万世一叹。

【眉批】

〔1〕从来高世之行,必征信于古人书籍,而古昔遗文散逸不少,故又必得古圣人称许而后可断其必传。通篇只是此意到底。"惟天道无亲"以下六行乃因一"怨"字而别发其胸中感慨,卒又以祸福之轻而名誉之重,引归传世正旨。其文如草蛇灰线,处处照应,乃知其奇而不诡于正也。

〔2〕轶诗即《采薇》之歌也。诗既轶,则亦将埋没不传矣,终赖孔子尝称之,所以独得不朽。此特插孔子于前之故也。而其文势却以孔子两称其不怨,及睹轶诗则又深似有怨者,故曰"可异"。惟其立意在彼而文势在此,所以令人目迷。得其脉则了如指掌矣。

〔3〕"不知其非",正指"天下宗周"言。举世戴之而莫知其非,是怨尽一世之人也。

〔4〕前半将许由、卞随、务光伴伯夷,惜三人之不得载于《诗》《书》,几欲泯没,而重为伯夷幸也。后半将颜渊伴伯夷,羡颜渊之独见称于孔子,其贤益显,而更为伯夷幸也。文虽万折千回,而大势截然不乱。眯目者妄诧其奇而不识其脉,则亦何奇之有?

〔5〕幸富贵而与草木同腐,甘贫贱而与日月争光,各从其志而已。以下只发此意。所引经书,当以意会,不得将宋儒训诂强合之。

〔6〕上段两下相较而择所重,此段则单就所重一边言之。"名"字说到底。

老庄申韩列传

老子者，楚苦县厉乡曲仁里人也①，姓李氏，名耳，字伯阳，谥曰聃，周守藏室之史也②。

孔子适周，将问礼于老子[1]。老子曰："子所言者，其人与骨皆已朽矣③，独其言在耳④。且君子得其时则驾⑤，不得其时则蓬累而行。吾闻之，良贾深藏若虚，君子盛德容貌若愚⑥。去子之骄气与多欲，态色与淫志，是皆无益于子之身。吾所以告子若是而已⑦。"孔子去，谓弟子曰："鸟，吾知其能飞；鱼，吾知其能游；兽，吾知其能走。走者可以为罔，游者可以为纶，飞者可以为矰。至于龙，吾不能知，其乘风云而上天⑧。吾今日见老子，其犹龙邪⑨！"

老子修道德，其学以自隐无名为务⑩。居周久之，见周之衰，乃遂去⑪。至关，关令尹喜曰："子将隐矣，强为我著书⑫。"于是老子乃著书上下篇⑬，言道德之意⑭五千余言而去，莫知其所终⑮[2]。

或曰：老莱子亦楚人也。著书十五篇，言道家之用，与孔子同时云⑯。盖老子百有六十余岁，或言二百余岁，以其修道而养寿也⑰。

自孔子死之后百二十九年，而史记周太史儋见秦献公⑱曰："始秦与周合而离，离五百岁而复合，合七十岁而霸王者出焉⑲。"或曰儋即老子，或曰非也，世莫知其然否⑳。老子，隐君子也㉑。

老子之子名宗，宗为魏将，封于段干。宗子注，注子宫，宫玄孙假，假仕于汉孝文帝。而假之子解为胶西王卬太傅，因家于齐焉㉒。

世之学老子者则绌儒学，儒学亦绌老子。"道不同不相为谋"，岂谓是邪㉓？李耳无为自化，清静自正㉔。

【夹批】

① 既注其县，又详其乡里，先写得凿凿，为后文一片迷离作反激也。

② 此为问礼作引。

③ 实是绝顶开示。

④ 为则古称先者脑后一针。

⑤ 驾车而行也。与下"蓬累而行"相对。今人多误解。

⑥ "若虚"、"若愚"，正是蓬累作用。盖孔子之来，仪文都雅，故以是砭之。

⑦ 去其无益者，则本体明而天真得矣，何容别加一语？

⑧ 得此一番赞叹，遂令千古而下不复闻訾议老子之言。吾尝恨释迦不得共孔子一堂酬对，因生无限异同，岂非缺事？

⑨ 相视而笑，莫逆于心，惟孔知老，弟子未必知也。

⑩ 不露首尾，作用具此。

⑪ 不知何处去，笔意渐玄。

⑫ 可谓多事，看"强为我"三字，妙。

⑬ 著书本为尹喜，若老子，何必有书？

⑭ "意"字深。

⑮ 一笔收过，却另起无数风云。此史公极意传神之笔。

⑯ 意谓老莱或即李耳。

⑰ 修养之名，实造端于此。

⑱ 错落离奇。

⑲ 入此四句无谓，而文势得以小展。刻苦算得出来。

⑳ 针锋簇簇，不可端倪。

㉑ 总断一句，高极。东坡论黄石公本此。

㉒ 此段历叙世次，与起处详书乡里、官谥相应，皆以整赡束离奇之法。

㉓ 语无轩轾，意自淡远。

㉔ 结得奇，即所谓道德之意也。

【眉批】

〔1〕此段莫认作贬诋仲尼，乃真是千古知己良朋，爱而切劘之雅。自圣人言之，则"温良恭俭让"也；自老子言之，则"骄气与多欲，态色与淫志"也。若谓唐突圣人，何翅说梦？

〔2〕伯夷、屈原二传及此传，皆史公变体。《伯夷传》嵌旧传于中而前后作议论；《屈平传》夹叙夹议，双管互下；此传则于"莫知所终"以下，传文既毕，别缀异闻，忽明忽晦，忽实忽虚，写来全似画龙之法：风云晦冥之中，乍露鳞爪，而其中莫非龙也。殆亦因孔子"犹龙"之喻撰成此首异文。史公之神行千古，夫岂易识耶？

太史公曰：老子所贵道，虚无，因应变化于无为①。故著书辞称微妙难识②。庄子散道德，放论，要亦归之自然③。申子卑卑④，施之于名实。韩子引绳墨，切事情，明是非，其极惨礉少恩。皆原于道德之意⑤，而老子深远矣。

【夹批】

① 此即一传文体定评。

② 推为第一。

③ 次于老子一等。

④ 申、韩总作一等。

⑤ 千古卓识,是合传本旨,何曾肯放过老子也。

【总评】

玩篇末历叙世次,则孝文朝之李假上距伯阳才七世,固与史公同朝比肩者也。子孙世系名位秩然,绝非舍卫、恒河荒远难征之比。然则青牛度谷,有托而逃,不过蒿目周衰,洁身避世,谓之"隐君子",真不易之定论矣。篇中一详乡里,一记胤嗣,去迹来踪,了如指掌,而偏要于著书隐去之后,凭空驾出许多传闻异词来,幻忽错综,令人捉摸不定。盖文章狡狯,贵称其人,所谓春蚕作茧,随遇成形,太史之书,所以无奇不备。若不得其命意之所存,几何不等于痴人说梦也?

司马穰苴列传

　　司马穰苴者，田完之苗裔也①。齐景公时，晋伐阿、甄而燕侵河上，齐师败绩，景公患之②。晏婴乃荐田穰苴，曰③："穰苴虽田氏庶孽④，然其人文能附众，武能威敌⑤〔1〕。愿君试之。"景公召穰苴，与语兵事，大说之，以为将军⑥。将兵扞燕、晋之师⑦。穰苴曰："臣素卑贱，君擢之闾伍之中⑧，加之大夫之上，士卒未附，百姓不信，人微权轻，愿得君之宠臣，国之所尊以监军〔2〕，乃可⑨。"于是景公许之，使庄贾往。穰苴既辞，与庄贾约曰："旦日日中，会于军门⑩。"穰苴先驰至军，立表下漏待贾。贾素骄贵⑪，以为将己之军而己为监，不甚急，亲戚左右送之，留饮⑫。日中而贾不至，穰苴则仆表决漏⑬〔3〕，入，行军勒兵，申明约束。约束既定⑭，夕时，庄贾乃至，穰苴曰："何后期为？"贾谢曰："不佞大夫亲戚送之，故留⑮。"穰苴曰："将受命之日则忘其家，临军约束则忘其亲，援枹鼓之急则忘其身⑯。今敌国深侵，邦内骚动，士卒暴露于境；君寝不安席，食不甘味；百姓之命，皆悬于君。何谓相送乎？"〔4〕召军正问曰："军法期而后至者云何⑰？"对曰："当斩。"庄贾惧，使人驰报景公，请救。既往，未及返⑱，于是遂斩庄贾以徇三军。三军之士皆振栗〔5〕。久之，景公遣使者持节赦贾。驰入军中⑲，穰苴曰："将在军，君令有所不受。"〔6〕问军正曰："军中不驰，今使者驰，云何？"正曰："当斩。"使者大惧，穰苴曰："君之使不可杀之。"乃斩其仆，车之左骖，马之左骖，以徇三军㉑。遣使者还报，然后行。士卒次舍、井灶饮食、问疾医药，身自拊循之㉑。悉取将军之资粮享士卒，身与士卒平分粮食，最比其羸弱者㉒。三日而后勒兵。病者皆求行，争奋出为之赴战㉓〔7〕。晋师闻之，为罢去㉔。燕师闻之，渡水而解。于是追击之，遂取所亡封内故境，而引兵归㉕。未至国，释兵旅，解约束，誓盟而后入邑㉖。景公与诸大夫郊迎劳师。成礼，然后反归寝㉗。既见穰苴，尊为大司马。田氏日以益尊于齐㉘。

　　已而大夫鲍氏、高、国之属害之，谮于景公。景公退穰苴。苴发疾而死㉙。田乞、田豹之徒，由此怨高、国等。其后及田常杀简公，尽灭高子、国子之族㉚。至常曾孙和，因自立为齐威王，用兵行威，大放穰苴之法，而诸侯朝齐㉛。齐威王使大夫追论古者《司马兵法》，而附穰苴于其中，因号曰《司马穰苴兵法》㉜〔8〕。

【夹批】

① 伏篇末案。

② 详记连兵，为苴责庄贾数言张本。

③ 晏婴此举甚高，不见本传。此史家"互见法"。

④ 玩此语，知当时支庶不获进身者多。

⑤ 无一字浪誉。

⑥ 骤贵。

⑦ 重任。

⑧ 谓闾阎之下，卒伍之俦。

⑨ 孙武杀宠妃，穰苴诛庄贾，总是一副辣手，皆以羁旅疏贱之故，不得已而出此，当原其心以论之。

⑩ 顿出杀机。夫苴则何借于庄贾之监哉？请以杀之而已。古云"愿得将军之头可以集事"，正此类也。

⑪ 素骄贵，是苴特请监军本意。

⑫ 骄贵本色。

⑬ 杀机遂决。

⑭ 于"仆表决漏"之下补此三句，见其为时甚久。

⑮ 骄贵声口。

⑯ 一番议论，能使三军之士忠愤激发，即贾亦百喙难辞，故行法而能令人心服。若孙武与吴王二妃，徒以儿戏杀人，要不可同日语矣。

⑰ 写得严毅有体。凡此等处，俱不厌其详。

⑱ 详写周匝。

⑲ 此只是文章余波相属之意，妙已非正义，须分轻重看。

⑳ 军法虽严，何尝不可通融？当面转换得妙。夫庄贾何尝不受命于君哉？

㉑ 有前一段之威烈，不可无此一段之慈仁。

㉒ 累累写成一串，史公得意笔都如此。

㉓ 与前"三军之士皆振栗"作两扇收束。

㉔ 先声夺人，妙。

㉕ 写得淋漓满志，此皆未必实然之语，而文如此始畅。

㉖ 与"立表下漏"处遥应，真经济学问人。

㉗ 渲染。

㉘ 传穰苴已完，轻轻一笔递下，乃知起处勤叙田氏之妙。史公文字，未有一笔落空者也。

㉙ 孤单之难振如此，益见监军一案，非此几败乃公事矣。

㉚ 此何足纪？聊为穰苴吐气耳。史公往往心爱其人，则临文不无过当处。

㉛ 又得一振，而《穰苴传》方收得不寂寞。

㉜ 前并不为"司马"二字作解，至此补出，奇妙绝人。

【眉批】

〔1〕史公作文,必胸有成竹,故每于叙断之语管摄全传。如"文能附众,武能威敌"八字,实穰苴一传提纲,非孟浪语。

〔2〕按监军之名始见于此。名为监军而实受将之节制,乃一时权宜之计耳。后世至以刑余统之,虽大帅元勋无不掣肘偾事,一何其昧于建置之初心也!

〔3〕表以测日景,漏以验时刻。出色画。"日中"二字,杀机可怖。

〔4〕意与项羽责宋义之辞仿佛。然彼是私憾而曲加之罪,此却说得忼慨动人,所谓"文能附众"者,良不诬矣。

〔5〕只此是请监军意。

〔6〕看此段益见杀贾之志久有成心,纵不后期,亦必求他过以诛之,总欲借以立威而已。

〔7〕穰苴之用兵,颇有雍容之度,非专尚威武者也。但以起于庶孽,奋迹戎行,倘即极意拊循,终为其下所易,故不得已借一骄贵之夫杀之,以为弹压之本。迨其后一战功成,而世家之忮害旋作,愈知其前之苦心直与淮阴"背水"异用而同工者矣。

〔8〕穰苴既为大司马,则自可称为司马穰苴。此文以兵法之名连及,乃一虚实互见之妙,正不必泥。

太史公曰:余读《司马兵法》,闳廓深远,虽三代征伐未能竟其义;如其文也,亦少褒矣①。若夫穰苴区区为小国行师,何暇及《司马兵法》之揖让乎②?世既多《司马兵法》,以故不论,著穰苴之列传焉。

【夹批】

① 贬语蕴藉。

② 其意明以揖让之义为少褒,则穰苴"何暇及"处,正是善用其法处也。是赞穰苴,非抑之也。

商君列传

孝公既用卫鞅，鞅欲变法，恐天下议己^①。卫鞅曰^{〔1〕}："疑行无名，疑事无功^②。且夫有高人之行者，固见非于世^③。有独知之虑者，必见敖于民^④。愚者闇于成事，知者见于未萌^⑤。民不可与虑始，而可与乐成^⑥。论至德者不和于俗，成大功者不谋于众^⑦。是以圣人苟可以强国，不法其故；苟可以利民，不循其礼^⑧。"孝公曰："善。"甘龙曰："不然。圣人不易民而教，知者不变法而治。因民而教，不劳而成功。缘法而治者，吏习而民安之^⑨。"卫鞅曰："龙之所言，世俗之言也。常人安于故俗，学者溺于所闻。以此两者居官守法可也，非所与论于法之外也^⑩。三代不同礼而王，五伯不同法而霸。知者作法，愚者制焉。贤者更礼，不肖者拘焉^⑪。"杜挚曰："利不百，不变法；功不十，不易器。法古无过，循礼无邪^⑫。"卫鞅曰："治世不一道，便国不法古^⑬。故汤、武不循古而王，夏、殷不易礼而亡。反古者不可非，而循礼者不足多^⑭。"^{〔2〕}孝公曰："善。"以卫鞅为左庶长，卒定变法之令。

令民为什伍，而相牧司连坐^⑮。不告奸者，腰斩；告奸者，与斩敌首同赏；匿奸者，与降敌同罚^{⑯〔3〕}。民有二男以上，不分异者倍其赋^⑰。有军功者，各以率^⑱受上爵；为私斗者，各以轻重被刑^⑲大小。僇力本业，耕织^⑳致粟帛多者，复其身^㉑。事末利及怠而贫者，举以为收孥^㉒。宗室非有军功论,不得为属籍㉓。明尊卑爵秩等级,各以差次名田宅,臣妾衣服以家次。有功者显荣,无功者虽富无所芬华㉔。

令既具,未布,恐民之不信己㉕〔4〕,乃立三丈之木于国都市南门,募民有能徙置北门者予十金㉖。民怪之,莫敢徙。复曰:"能徙者予五十金。"有一人徙之,辄予五十金,以明不欺。卒下令。令行于民。期年,秦民之国都言初令之不便者以千数。于是太子犯法㉗。卫鞅曰:"法之不行,自上犯之。"将法太子。太子,君嗣也,不可施刑,刑其傅公子虔,黥其师公孙贾。明日,秦人皆趋令㉘。行之十年,秦民大说㉙。道不拾遗,山无盗贼,家给人足。民勇于公战,怯于私斗。乡邑大治。秦民初言令不便者㉚,有来言令便者㉛。卫鞅曰:"此皆乱化之民也。"尽迁之于边城。其后民莫敢议令。

【夹批】

① 可知惟欲抵拦人言。

② 此先绝其犹豫之见。

③ 此言"人言不足恤"。

④ "敖"字借作訾謷之义。

⑤ 此言不必集思广益。

⑥ 二句颇当于理。

⑦ 此言要在独断独行。

⑧ 此四语明明自露破绽,而孝公甘心焉。溺于强国利民之说也。

⑨ 其论虽正,然亦足以长訾窳苟且之习,宜不足以服鞅。

⑩ 圣人神而化之,使民宜之,亦但神化于法之中耳。岂有离法而求治者乎?

⑪ 独不谓"损益可知:因者居其全,变者居其一二"乎?

⑫ 此亦在功利上起见，如以利，则何所不至？宜其亦不足以折鞅。

⑬ 看其辩，亦几穷矣，支吾甚赘。

⑭ 此数语则口给御人，而奸邪亦因之毕露矣。奈何甘、杜二子遂无以诘之？

⑮ 其"连坐"之法，见下三句。

⑯ 比例斩敌、降敌，则为奸细之人甚明。

⑰ 此益户富国之本。

⑱ 与律同。

⑲ 此强兵之要。

⑳ 此段申言富国之条目。

㉑ 免其一身力役。

㉒ 没入官为奴婢。

㉓ 此段申言强兵之条目，以宗室言之，其下可知。

㉔ 即军功。

㉕ 对针上"恐天下议己"。

㉖ 虽在赏处写，亦有酷烈之气。

㉗ 既云"民不便令"，不即写民，却接太子犯法，鞅总拿定"法行自近"之意以起手。

㉘ 持之者期年，决之者一日，妙。

㉙ "可与乐成"之效。

㉚ 转笔遥接"言令之不便者以千数"句。

㉛ 并言令便者亦迁之，方尽独断之勇。

【眉批】

〔1〕千古但知王半山"天变不足畏，人言不足恤，祖宗不足法"之语为万世罪人，不知开山之祖乃卫鞅，已尽发其底蕴也。半山处弱势而所任用者非其人，故祸深而其行不远。卫鞅据强国而一衷于独断，故颇有效于国，而徒以自祸其身。若其立意，则合若符节者也。

〔2〕以上廷辩之言,针锋簇竖,文势亦极可观。

〔3〕当时诸国争衡,游谈纵横之际,所最忌者以国情输敌也。秦自立告奸连坐之法,咸阳以内,重足一迹,其势益厚。职此之由,旧解以淫奔之说为奸,谬甚。

〔4〕先辈言商君之法,秦之所以兴亦秦之所以亡,身之所以荣亦身之所以僇,谅哉!夫秦之民,固邠、岐、丰、镐之旧民也,即使地气高凉,性饶劲悍,然尊君亲上,孝友乐易之风,亦渐摩甚深,卒难摇夺。至商君,以酷烈之气涤荡无余,十年之间,丧其故我。终秦之世不可复回,其祸可胜道哉?

【总评】

商君变法一事,乃三代以下一大关键。由斯以后,先王之流风余韵遂荡然一无可考,其罪固不可胜诛。然设身处地,以一羁旅之臣,岸然排父兄百官之议,任众怨,兼众劳,以卒成其破荒特创之功,非绝世之异才,不能为也。故吾以为古今言变法者数人:卫鞅,才子也;介甫,学究也;赵武灵王,雄主也;魏孝文帝,明辟也。其所见不同,而有定力则一。惟学究之害最深,以其执古方以杀人,而不知通其理也。

张仪列传

张仪者,魏人也。始尝与苏秦俱事鬼谷先生,学术,苏秦自以不及张仪①。

张仪已学而游说诸侯。尝从楚相饮,已而楚相亡璧,门下意张仪②⑴,曰:"仪贫无行,必此盗相君之璧③。"共执张仪。掠笞数百,不服,释之。其妻曰:"嘻,子毋读书游说,安得此辱乎④?"张仪谓其妻曰:"视吾舌尚在否⑤?"其妻笑曰:"舌在也。"仪曰:"足矣。"

苏秦已说赵王而得相约从亲⑵,然恐秦之攻诸侯,败约后负,念莫可使用于秦者⑥,乃使人微感张仪曰:"子始与苏秦善,今秦已当路,子何不往游,以求通子之愿⑦?"张仪于是之赵,上谒求见苏秦。苏秦乃诫门下人,不为通,又使不得去者数日。已而见之,坐之堂下,赐仆妾之食⑧。因而数让之曰:"以子之材能,乃自令困辱至此⑨。吾宁不能言而富贵子,子不足收也。"谢去之。张仪之来也,自以为故人,求益,反见辱。怒⑩,念诸侯莫可事,独秦能苦赵,乃遂入秦。

苏秦已而告其舍人曰:"张仪,天下贤士,吾殆弗如也。今吾幸先用,而能用秦柄者,独张仪可耳⑪。然贫,无因以进,吾恐其乐小利而不遂,故召辱之以激其意。子为我阴奉之⑫。"乃言赵王,发金帛车马,使人微随张仪,与同宿舍。稍稍近就之,奉以车马、金钱。所欲用为取给而弗告⑬。张仪遂得以见秦惠王。惠王以为客卿,与谋伐诸侯。苏秦之舍人乃辞去⑭。张仪曰："赖子得显,方且报德,何故去也?"舍人曰："臣非知君,知君乃苏君。苏君忧秦伐赵,败从约,以为非君莫能得秦柄,故感怒君⑮。使臣阴奉给君资,尽苏君之计谋。今君已用⑯,请归报。"张仪曰："嗟乎,此吾在术中而不悟,吾不及苏君明矣⑰!吾又新用,安能谋赵乎⑱?为吾谢苏君,苏君之时,仪何敢言⑲?且苏君在,仪宁渠能乎⑳?"张仪既相秦,为文檄,告楚相曰："始吾从若饮,我不盗而璧,若笞我。若善守汝国,我顾且盗而城㉑!"

【夹批】

① 一生履历,两人俱自估得定。

② 插此一段,小小点缀,全为"舌存"起脉,并与范睢受辱处不同。

③ 小人诬赖,不足道。然仪必有以致之。

④ 致辱在此,致荣亦在此,妇人只见目前。

⑤ 极自负语,但不可明言,然胜于明言多矣。

⑥ 苏秦能用张仪,即秦之胜仪矣。而自谓不及者,固就大结局处言之,非他人所晓。

⑦ 两辩士必无共事之理,仪之此来,毕竟为楚相一辱,急不择音之故。

⑧ 抟弄张仪,只是推堕于渊,升之于膝,使其感出意外,以示智术能笼络之而已。

⑨ 语未尝不扬之,故妙。

⑩ 写张仪入苏秦玄中,意本直致,而又能隽宕,故奇。

⑪ 略逗,说明不得,妙。

⑫ 说得大方,是明告舍人语,恰是阴告张仪语。仪能解其意,舍人不解也。

⑬ 术甚浅,只是贫窘中易感耳。思之可叹。

⑭ 凑机,妙。

⑮ 此数语恐当日未必明明说出，若说出，一毫无味矣。史公未检之笔也，不可不晓。

⑯ 只此已足。

⑰ 苏秦只要讨他这一句。

⑱ 是正答，却非真言。

⑲ 此八字方是针锋准对语。

⑳ 此又自明不及之意。

㉑ 短简古隽，绝妙古文，后人安能措手？

【眉批】

〔1〕战国时，曳裾侯门者谁非贫士，而独以盗璧疑张仪？且于"贫"字之下坐以"无行"，仪必有以取之矣。迹其一生所为。贪昧苟贱，有市人奴隶之所不屑为者，而仪无不为之，则侍饮盗璧犹常事耳。《仪传》本不足录，爱起段词理致佳，摘为小品，诚不愧雁宕一峰、峨眉片月也。

〔2〕苏秦说六国，为从约长，身相赵王，持浮说以诳富贵。彼固谓从亲之后不忧秦伐耳。若惴惴焉，虑秦兵一出而从约即解，思得一人阴握秦柄以幸旦夕无事。已得保其宠荣者，乃其隐微独苦之情而不可令六王窥破者也，故其激仪之词，"恐其乐小利而不遂"，语意浑融，惟仪心会。苟明明以败从为言，则赵王亦安用此空名无实之从亲而畀之相印哉？故吾谓"舍人辞去"数语为非当日之情事也。

【总评】

苏、张同门学术，而苏秦早自以为不及张仪。迨其后，仪以相秦善终，秦以术穷车裂。虽其人品本无低昂，而迹其成败之由，秦之不及仪也明矣。虽然，鬼谷之术，吾不知其何术，度不过揣测人情，纵横游说而已。今观《国策》所载苏秦说六国之辞，机局变化，议论精悍，绝无印板气格，所不欲明言者，连鸡不能俱栖之一耳。张仪说六国事秦，则一味恫疑虚喝，欺昧丧心，文笔溏漫，亦无好致。然则秦之术何必不胜仪？正由露颖太早，既不能为用秦之易,则不得不为用六国之难。自知傀儡场中刻木牵丝,原无实用,聊借一朝轰烈,吐引锥刺股之气耳。苏、张皆小人之尤,而张更狙诈无赖,故附辨之,即史公"毋令独蒙恶声"之旨也。

孟子荀卿列传

太史公曰：余读《孟子书》[1]，至梁惠王问"何以利吾国"，未尝不废书而叹也。曰：嗟乎？利诚乱之始也①。夫子罕言利者，常防其原也。故曰："放于利而行，多怨。"自天子至于庶人，好利之弊，何以异哉②[2]！

【夹批】

① 以大旨揳出在前，是一篇占地步处。

② 曏括《孟子》中"王曰：何以利吾国"一节文字。

【眉批】

〔1〕以孟、荀为一传之纲，重儒术也。其下乃将驺子、淳于之属连牵串入，文势既极变化，则主脑或恐不明，故特作一冒在传前，而专以孟子之言为主，正是绝大好间架。

〔2〕汉初人能为此语者，仲舒、贾谊之外，盖绝响矣。史公卓识，亦何可及哉！

孟轲，邹人也。受业子思之门人①。道既通，游事齐宣王。宣王不能用，适梁。梁惠王不果所言，则见以为迂远而阔于事情②。当是之时③，秦用商君，富国强兵；楚用吴起，战胜弱敌；齐威王、宣王用孙子、田忌之徒，而诸侯东面朝齐。天下方务于合从、连横，以攻伐为贤④。而孟轲乃述唐、虞、三代之德，是以所如者不合，退而与万章之徒序《诗》、《书》，述仲尼之意⑤。作《孟子》七篇。

其后,有驺子之属⑥。齐有三驺子⑦。其前驺忌,以鼓琴干威王,因及国政⑧,封为成侯而受相印,先孟子⑨。其次驺衍,后孟子。驺衍睹有国者益淫侈,不能尚德⑩,若《大雅》整之于身,施及黎庶矣⑪。乃深观阴阳消息⑫而作怪迂之变,《终始》《大圣》之篇十余万言⑬〔1〕。其语闳大不经,必先验小物,推而大之,至于无垠⑭。先序今以上至黄帝,学者所共术⑮,大并世盛衰⑯,因载其禨祥度制⑰,推而远之,至天地未生,窈冥不可考而原也⑱。先列中国名山大川,通谷禽兽,水土所殖,物类所珍,因而推之,及海外人之所不能睹⑲。称引天地剖判以来,五德转移⑳,治各有宜,而符应若兹㉑。以为儒者所谓中国者,于天下乃八十一分居其一分耳㉒。中国名曰赤县神州。赤县神州内,自有九州,禹之序九州是也㉓,不得为州数㉔。中国外如赤县神州者九,乃所谓九州也㉕。于是有裨海环之㉖,人民禽兽莫能相通者,如一区中者,乃为一州。如此者九,乃有大瀛海环其外㉗,天地之际焉。其术皆此类也㉘〔2〕。然要其归㉙,必止乎仁义节俭,君臣上下六亲之施始也滥耳㉚。王公大人初见其术㉛,惧然顾化㉜,其后不能行之㉝。

是以驺子重于齐。适梁,梁惠王郊迎,执宾主之礼㉞。适赵,平原君侧行襒席㉟。如燕,昭王拥彗先驱,请列弟子之座而受业,筑碣石宫,身亲往师之。其游诸侯,见尊礼如此,岂与仲尼菜色陈、蔡,孟轲困于齐、梁同乎哉㊱?故武王以仁义伐纣而王,伯夷饿不食周粟,卫灵公问陈,而孔子不答㊲,梁惠王谋欲攻赵,孟轲称大王去邠㊳。此岂有意阿世俗苟合而已哉㊲？持方枘欲内圜凿，其能入乎㊵？或曰：伊尹负鼎而勉汤以王，百里奚饭牛车下而缪公用霸㊶，作先合，然后引之大道㊷。驺衍其言虽不轨，倘亦有牛、鼎之意乎㊸〔3〕？

自驺衍与齐之稷下先生㊹，如淳于髡、慎到、环渊、接子、田骈、驺奭之徒，各著书言治乱之事，以干世主，岂可胜道哉㊺〔4〕？

【夹批】

① 史公好奇横而后儒雅。故于儒者事迹、儒雅之言，辄略而不详，意虽尊崇而文难出色也。

② 齐、梁语变，《孟子传》只此已毕。

③ 推原一段，借客形主，已是传外论断矣。

④ 此是齐、梁不用孟子之注脚耳，非作实事叙也。

⑤ 孟子所称引，要不出此。

⑥ 总挈合传之奇，莫奇于此。

⑦ 另提。

⑧ 一个极略。

⑨ 妙在借用孟子作定盘星。

⑩ 一个极详。

⑪ 此二句是驺衍著书本意。

⑫ 此二句是驺衍著书根柢。

⑬ 此三句是驺衍著书条目。《终始》、《大圣》则篇名也。

⑭ 其作用则不出乎此，下又逐段征引以实之。

⑮ 殆谓学者所共守之术。

⑯ 大概随世以为盛衰也。

⑰ 即祸福。

⑱ 已上一段，是竖览千秋。

⑲ 已上一段,是横览八极。

⑳ 此承上叙"今上黄帝"一段。

㉑ 如《封禅书》公孙卿之说"汉土德而黄龙见",即符应也。

㉒ 此承上"列中国名山大川"一段,文有详略而明是两扇格。

㉓ 荒唐之说,津津道之,正以可资谈锋耳。

㉔ 文笔简劲。

㉕ 九夷、八蛮,固已职方所掌,安所得九之数而整齐之乎?

㉖ 然则裨海外之八州,公又安从而知之?

㉗ 浩博洸洋得未曾有。

㉘ 总结上四段。

㉙ 应"《大雅》整身,施及黎庶"一段。

㉚ 以一"滥"字断尽之。

㉛ 此即惊怖之浩远。

㉜ 懼同瞿。

㉝ 即仁义节俭之旨。

㉞ 俱从"懼然顾化"中得来。

㉟ 逐句变体,错综之甚。

㊱ 回顾孟子,忽援仲尼作伴,尊孟子极矣。

㊲ 又引伊尹、孔子伴孟子,夭矫极矣。

㊳ 引古不必尽合,自妙。

㊴ 此句极为孟子占身分,便一笔扫落诸子。

㊵ 感慨之中,微带讽意,以引入下段。

㊶ 特引此义,仍合到驺衍作用,笔端幻忽极矣。

㊷ 再应"懼然顾化"及"仁义节俭"之意。

㊸ 语意新妙,不说煞更妙。

㊹ 稷下,齐人游士所集。今纪其尤著者如髡等耳。以此为下半提纲。

㊺ 笔端有眼,与孟子"不阿世苟合"不同。

【眉批】

〔1〕驺衍之书，大抵奇恣洸洋，不可方物者也。史公于他人数言隐括，独于衍之作亹亹不休，固由于好奇之心，亦以文字易于浩博，可以踞一篇之胜耳。然亦非史家之常法矣。

〔2〕东坡之论禅学也，谓辨欲穷窘，则推而堕之汪洋大海之中，令人不复知边际所在，则骇以为神奇。驺子之学大率类此。汉武帝时，文成、五利之属敢为大言，处之不疑，其胚胎固已具于此矣。史公明知其荒渺不经，而偏详写之，徘徊叹咏，殆深有感于时事而借题发泄，非偶然也。

〔3〕意与陈代枉尺直寻之旨略同，为驺子立地步，亦高。

〔4〕此处第一束。

淳于髡，齐人也[1]。博闻强记，学无所主。其谏说，慕晏婴之为人也①。然而承意观色为务②。客有见髡于梁惠王。惠王屏左右，独坐而再见之，终无言也。惠王怪之，以让客曰："子之称淳于先生，管、晏不及③。及见寡人，寡人未有得也。岂寡人不足为言耶？何故哉？"客以谓髡④。髡曰："固也。吾前见王，王志在驱逐。后复见王，王志在音声。吾是以默然⑤。"客具以报王。王大骇曰："嗟乎，淳于先生诚圣人也⑥！前淳于先生之来，人有献善马者，寡人未及视，会先生至。后先生之来，人有献讴者，未及试，亦会先生来⑦。寡人虽屏人，然私心在彼，有之⑧。"后淳于髡见，壹语连三日三夜无倦⑨。惠王欲以卿相位待之，髡因谢去⑩。于是送以安车驾驷，束帛加璧，黄金百镒。终身不仕⑪。

慎到，赵人。田骈、接子，齐人。环渊，楚人。皆学黄老道德之术，因发明序其指意⑫[2]。故慎到著十二论，环渊著上下篇，而田骈、接子皆有所论焉。

【夹批】

① 超出诸子一等，为占身分，而虚得妙。

② 先提纲。

③ 一作婴。连属名姓，亦一法。

④ 叙法简当。

⑤ 此"承意观色"之实用，亦自奇绝。然必诇探而先知之耳，恐未必有此他心通法也。

⑥ 歆动得奇，合拍得易。

⑦ 二段倒叙，在惠王口中便有许多幻忽。若先说在前，而后以"志在驱逐"二语道破之，便同嚼蜡矣。此可悟作记叙法。

⑧ 宛然如脱于口。

⑨ 故作擒纵，与前"无言"作渲染。

⑩ 髡亦诸子中之佼佼者，故叙之加详。

⑪ 髡之行藏别具《滑稽传》，此则就文设色耳，不必太拘。

⑫ 合叙三人，专就著书处总断一笔，以简笔间之。

【眉批】

〔1〕一传合叙十余人，而孟、荀以外所独详者，驺衍、淳于髡也。衍则有"先作合而后引之以大道"之美，髡则有"谏说慕晏婴"及"终身不仕"之高，故以四子为经，而诸子组织其中。读史者当先识其造意之处，而后观其剪裁之方，则不至目迷五色矣。

〔2〕详一段，简一段，叙一段，断一段，此种夹互法，史公以外未见其两。《易》曰："物相杂谓之文。"非天下之至文何足以语此？

　　驺奭者，齐诸驺子，亦颇采驺衍之术以纪文①。

　　于是齐王嘉之，自淳于髡以下，皆命曰列大夫，为开第康庄之衢②，高门大屋，尊宠之。览天下诸侯宾客，言齐能致天下贤士也③〔1〕。

【夹批】

① 前并提三驺子。二驺之后，又别间许多议论，而以奭缀于诸子之末。奇绝之文，总要识其穿破、联络所在。

② 与驺衍"见尊礼"遥应。

③ 齐之尊士，名而已矣。特着一个"言"字，褒贬灼然。

【眉批】

〔1〕此处第二束。

荀卿，赵人①。年五十，始来游学于齐。驺衍之术迂大而闳辩；奭也文具难施；淳于髡久与处，时有得善言②〔1〕。故齐人颂曰："谈天衍③，雕龙奭④，炙毂过髡⑤。"田骈之属，皆已死齐襄王时，而荀卿最为老师。齐尚修列大夫之缺，而荀卿三为祭酒焉⑥。齐人或谗荀卿，荀卿乃适楚，而春申君以为兰陵令。春申君死而荀卿废，因家兰陵⑦。李斯尝为弟子，已而相秦⑧〔2〕。荀卿嫉浊世之政，亡国乱君相属⑨，不遂大道，而营于巫祝，信机祥⑩，鄙儒小拘，如庄周等又猾稽乱俗⑪。于是推儒、墨道德之行事兴坏，序列著数万言而卒⑫。因葬兰陵⑬。

而赵亦有公孙龙，为坚白同异之辨，剧子之言；魏有李悝，尽地力之教；楚有尸子、长卢；阿之吁子焉。自孟子至于吁子，世多有其书，故不论其传云〔3〕。

盖墨翟，宋之大夫，善守御，为节用。或曰并孔子时，或

曰在其后⑭。

【夹批】

① 题曰孟、荀，以孟起，以荀收，亦金声玉振之义，非漫然为之也。

② 品诸子，俱有别致。

③ 洸洋。

④ 藻丽。

⑤ 过，平声，与"锅"近，车毂下盛脂之器，炙之而其流不尽。言其辩展转不穷也。

⑥ 就诸子较量一番，归重于荀，大义了了。

⑦ 叙荀卿独甚潦倒，同于孟子之困抑，而异于诸子之荣光。此孟、荀合题意也。

⑧ 此语偶及，非本传所重。

⑨ 明明与篇首富国强兵等语作反射。

⑩ 明明与駎衍怪迂反射。

⑪ 明明与髡、奭诸子之术反射。

⑫ 此则特举以与《孟子》七篇作两头激应，为一传间架本末。

⑬ 此下又以当时游士之著名者附见一二，不为正文。

⑭ 墨翟疑与诸子不同时，故又别附之。

【眉批】

〔1〕于荀子文中品目诸子，犹起处之引田忌、孙子辈作衬垫也。史公文绝去排偶之迹，而意象整齐不苟如此。

〔2〕错综蓬勃，笔意横绝。

〔3〕此处第三束。

孟尝君列传

初，田婴有子四十余人，其贱妾有子名文。文以五月五日生。婴告其母曰："勿举也①。"其母窃举生之。及长，其母因兄弟而见其子文于婴，田婴怒其母曰："吾令若去此子，而敢生之，何也？"[1]文顿首，因曰："君所以不举五月子者，何故②？"婴曰："五月子者，长与户齐，将不利其父母③。"文曰："人生受命于天乎？将受命于户乎？"婴默然。文曰："必受命于天，君何忧焉？必受命于户，则高其户耳，谁能至者④！"婴曰："子休矣。"

久之，文承间问其父婴曰："子之子为何⑤？"曰："为孙。""孙之孙为何⑥？"曰："为玄孙。""玄孙之孙为何？"曰："不能知也⑦。"文曰："君用事相齐，至今三王矣。齐不加广⑧，而君私家富累万金，门下不见一贤者⑨。文闻将门必有将，相门必有相⑩。今君后宫蹈绮縠而士不得短褐，仆妾余粱肉而士不厌糟糠。今君又尚厚积余藏，欲以遗所不知何人⑪[2]，而忘公家之事日损⑫，文窃怪之。"于是婴乃礼文，使主家待宾客。宾客日进，名声闻于诸侯⑬。诸侯皆使人请薛公田婴以文为太子，婴许之。婴卒，谥为靖郭君，而文果代立于薛，是为孟尝君。

孟尝君在薛，招致诸侯宾客及亡人有罪者，皆归孟尝君。孟尝君舍业厚遇之⑭，以故倾天下之士，食客数千人，无贵贱，一与文等。孟尝君待客坐语⑮，而屏风后常有侍史，主记君所与客语,问亲戚居处。客去,孟尝君已使使存问献遗其亲戚。孟尝君曾待客夜食,有一人蔽火光。客怒,以饭不等,辍食辞去。孟尝君起,自持其饭比之,客惭,自刭⑯。士以此多归孟尝君⑰。孟尝君客无所择,皆善遇之⑱。人人各自以为孟尝君亲己⑲。

【夹批】

① 以贱妾所生。不欲举之子,而独得继统,谈何容易?

② 前二段皆写孟尝卓识过人,能自振拔之实。

③ 一腔俗谛,自以"齐户"为忧,不觉以"跨灶"为幸。

④ 真滑稽之雄。

⑤ 欲求出头,更忍不住。

⑥ 好机锋。

⑦ 言至此,不觉索然。

⑧ 只带说以定门面,意不在此。

⑨ 立意好客,已见于此。

⑩ 自负语,亦以抹倒四十余兄弟。

⑪ 妙语解人颐。

⑫ 带应。

⑬ 孟尝君若不得宾客之力,安能越次为太子?故知其权略过人。

⑭ 孟尝君门下宾客最杂,即代营三窟之冯煖,犹不过狙诈狡狯之尤,况其他乎?故史公写法亦迥异。

⑮ 实写二事,以征结客之略。

⑯ 以上二事,皆所以待庸流耳。

⑰ 此中定无佳物。

⑱ 重写一遍,饱满之极。

⑲ 写得出。

【眉批】

〔1〕《战国策》载薛公田文语数篇,真得纵横之精者,乃知孟尝之机锋铦利自幼已然。观此二段可知。

〔2〕人当萧寂之时,偏多道眼。一入繁华之会,顿适迷途。今观文之说父,以为"厚积余藏,所遗不知何人",可谓明矣。然当"三窟"计成,封殖无厌,听雍门之歌而涕泗横流者,又何其戚也!夫患常生于多欲,而感每切于穷时,文之相齐,盖亦忘公家之事而便其身图者也。违心之谈,徒欲假以奸嫡位耳,岂足道哉?

【总评】

为相而结客,固将以网罗天下之英才而为国树人也。即不然,亦必绿池应教,文章枚、马之俦;东阁从游,参佐邢、温之选。于以鼓吹《风》《雅》,翊赞丝纶,不无小补云尔。田文起庶孽之中,假声援之助,挟持浮说,固非本怀,乃至号召奸人,侈张幸舍,家作逋逃之薮,身为盗贼之魁。语有之:"披其枝者伤其心,根之拨者实将落。"齐之不亡亦幸矣!岂特鸡鸣狗盗,近出门墙,为士林之耻,而裹足不前也哉!夫药笼之品,应不弃乎溲、勃之材;夹袋之名,或曲隐夫疵瑕之士。鸡鸣狗盗,处之末座,政亦何嫌?但文之立心已非,设科无择,忘公室而便身图,遂致甘为奸魁而不惜耳。故原其本而论之。

平原君列传

　　秦之围邯郸，赵使平原君求救，合从于楚[1]，约与食客门下有勇力、文武备具者二十人偕。平原君曰："使文能取胜，则善矣。文不能取胜，则歃血于华屋之下，必得定从而还①。士不外索，取于食客门下足矣②。"得十九人，余无可取者，无以满二十人③。门下有毛遂者，前自赞于平原君曰："遂闻君将合从于楚，约与食客门下二十人偕。不外索，今少一人，愿君即以遂备员而行矣④。"平原君曰："先生处胜之门下，几年于此矣⑤？"毛遂曰："三年于此矣⑥。"平原君曰："夫贤士之处世也，譬若锥之处囊中，其末立见⑦。今先生处胜之门下，三年于此矣，左右未有所称诵，胜未有所闻⑧，是先生无所有也。先生不能，先生留⑨。"毛遂曰："臣乃今日请处囊中耳⑩。使遂蚤得处囊中，乃颖脱而出，非特其末见而已⑪。"平原君竟与毛遂偕，十九人相与目笑之而未废也⑫。

　　毛遂比至楚，与十九人论议，十九人皆服。平原君与楚合从，言其利害，日出而言之，日中不决⑬。十九人谓毛遂曰："先生上⑭。"毛遂按剑历阶而上，谓平原君曰⑮："从之利害，两言而决耳⑯。今日出而言从，日中不决，何也？"楚王谓平原君曰："客何为者也？"平原君曰："是胜之舍人也。"楚王叱曰[2]："胡不下！吾乃与而君言，汝何为者也？"毛遂按剑而前曰⑰："王之所以叱遂者，以楚国之众也。今十步之内，王不得恃楚国之众也，王之命悬于遂手。吾君在前，叱者何也？且遂闻汤以七十里之地王天下⑱，文王以百里之壤而臣诸侯⑲，岂其士卒众多哉？诚能据其势而奋其威。今楚地方五千里⑳，持戟百万，此霸王之资也。以楚之强，天下弗能当。白起，小竖子耳，率数万之众，兴师以与楚战，一战而举鄢、郢，再战而烧夷陵，三战而辱王之先人㉑〔3〕。此百世之怨，而赵之所羞㉒，而王弗知恶焉。合从者为楚，非为赵也㉓。吾君在前，叱者何也㉔？"楚王曰："唯唯。诚若先生之言，谨奉社稷而以从。"毛遂曰："从定乎㉕？"楚王曰："定矣！"毛遂谓楚王之左右曰："取鸡狗马之血来。"毛遂奉铜盘而跪进之楚王，曰："王当歃血而定从，次者吾君，次者遂㉖。"遂定从于殿上㉗。毛遂左手持盘血，而右手招十九人曰："公相与歃此血于堂下。公等录录，所谓因人成事者也㉘。"

　　平原君已定从而归，归至于赵，曰："胜不敢复相士㉙。胜相士多者千人，寡者百数㉚，自以为不失天下之士，今乃于毛先生而失之也㉛。毛先生一至楚，而使赵重于九鼎大吕。毛先生以三寸之舌，强于百万之师。胜不敢复相士㉜。"遂以为上客。

【夹批】

① 欲以曹沫劫制之法行之。

② 自负门下多才，此语雄甚。

③ 数千人中仅选得十九人，乃十九人仍如无一人，则平原之门下可知矣。

④ 自有深沉缜密之气。

⑤ 驳毛遂，正所以自驳耳。

⑥ 此言可以进泪。

⑦ 论亦可人，不愧佳公子口吻。

⑧ 若以论寻常之士，如十九人之流，固亦可矣。

⑨ 连下三"先生"字，声音笑貌，纸上活现。

⑩ 其语快甚。英风逼发，更不能忍。

⑪ 中有无数屈抑之叹在。

⑫ 无以难之之故，亦犹备员之见耳。〇即此一笑，其人浅陋已著。

⑬ 但为赵起见，固难决。

⑭ 是"皆服"之后语，非姑以调之也。此时何时，犹可戏谑乎？

⑮ 但责平原君，妙。

⑯ 先出一题目。

⑰ 两"按剑"字，写得奕奕，与前文"不能取胜"意相应。此时本不恃武，然必以此先折服之，所以扬其气也。不然，便开口不得。

⑱ 方折入正议。

⑲ 略开作势。

⑳ 崄咬住楚，最善立言。

㉑ 令人惭愤汗浃。其从之也，自不待其辞之毕矣。

㉒ 只此插一"赵"字，妙。

㉓ 此所谓"两言而决"也。

㉔ 再找一句，余气勃勃。

㉕ 再扣一句，有声势。

㉖ "次者遂"三字妙，颖脱而出矣。

㉗ 殿上与堂下对看。

㉘ 报目笑之耻，然亦不必。战国之士，固难责备也。

㉙ 平原语处处肖其为人。

㉚ 只为其盛士之囊太疏阔耳。

㉛ 以《信陵列传》观之，恐所失不止一毛先生。

㉜ 啧啧连翩，文有画意。

【眉批】

〔1〕文章有一事分见,彼此各尽其奇,而彼此亦不必相顾者,必以分写为体。若一传牵合,则各不得尽其妙矣。如邯郸之围,《信陵君传》则极写侯嬴、朱亥节侠之奇;于《鲁仲连传》则极写辛桓衍帝秦之辨;于此传又极写毛遂自荐定从之策。而究之秦兵之退与诸侯未尝交锋,若仅以其事而不惟其文,则于《赵世家》大书"诸侯谋合从救赵,秦兵引还"一语足矣。《史记》之文,文也,不必以其事也。作史家不可以不知也。

〔2〕楚王叱遂,何至遂以"命悬己手"辱之?妙在两提"吾君在前"句,便见叱舍人便是辱平原,则主辱臣死之义,亦胡能更忍?古人立言周匝有体,绝不专恃一朝之气也。

〔3〕时邯郸之围方急,秦明告诸侯,有敢救赵者,已拔赵,必移兵先击之,以故诸侯观望不前。不知今日以此孤赵,他日复以此孤他国,则有任其蚕食而尽焉耳。无奈诸侯畏葸性成,惟顾目前,故不说到"发冢烧尸"极伤心无地处必不能激发。毛遂一气赶出"一战"、"再战"、"三战"等句,使楚王更无地缝可入,正与鲁连"烹醢梁王"之语同一作用。当时之风气巽懦亦可知矣。

信陵君列传

  魏公子无忌者[1]，魏昭王少子，而魏安釐王异母弟也。昭王薨，安釐王即位，封公子为信陵君①。是时，范雎亡魏相秦，以怨魏齐故，秦兵围大梁[2]，破魏华阳下军，走芒卯。魏王及公子患之②。

  公子为人，仁而下士③。士无贤不肖，皆谦而礼交之④，不敢以其富贵骄士，士以此方数千里争往归之，致食客三千人。当是时⑤，诸侯以公子贤，多客，不敢加兵谋魏十余年⑥。

  公子与魏王博，而北境传举烽⑦，言"赵寇至，且入界"。魏王释博，欲召大臣谋。公子止王曰："赵王田猎耳，非为寇也⑧。"复博如故。王恐，心不在博⑨。居顷，复从北方来传言曰："赵王猎耳⑩，非为寇也。"魏王大惊曰："公子何以知之？"公子曰："臣之客⑪有能探得赵王阴事者，赵王所为，客辄以报臣。臣以此知之。"是后魏王畏公子之贤能，不敢任公子以国政⑫。

  魏有隐士曰侯嬴⑬[3]，年七十，家贫，为大梁夷门监者⑭。公子闻之，往请，欲厚遗之，不肯受，曰："臣修身洁行数十年，终不以监门困故而受公子财⑮。"公子于是乃置酒⑯，大会宾客⑰。坐定⑱，公子从车骑，虚左，自迎夷门侯生⑲。侯生摄敝衣冠⑳，直上载公子上坐，不让㉑，欲以观公子。公子执辔愈恭㉒[4]。侯生又谓公子曰："臣有客在市屠中,愿枉车骑过之㉒。"公子引车入市,侯生下见其客朱亥,俾倪㉔,故久立与其客语,微察公子。公子颜色愈和㉕。当是时,魏将相宾客满堂,待公子举酒;市人皆观公子执辔;从骑皆窃骂侯生㉖。侯生视公子色终不变㉗,乃谢客就车。至家,公子引侯生坐上坐,遍赞宾客,宾客皆惊㉘。酒酣,公子起,为寿侯生前,侯生因谓公子曰㉙:"今日嬴之为公子亦足矣。嬴乃夷门抱关者也,而公子亲枉车骑㉚,自迎嬴于众人广坐之中,不宜有所过,今公子故过之。然嬴欲就公子之名㉛,故久立公子车骑市中,过客以观公子㉜。公子愈恭,市人皆以嬴为小人而以公子为长者,能下士也㉝。"于是罢酒,侯生遂为上客㉞。侯生谓公子曰:"臣所过屠朱亥,此子贤者㉟,世莫能知,故隐屠间耳。"公子往数请之,朱亥故不复谢。公子怪之㊱。

【夹批】

① 先点出信陵,所以然者,通篇着眼在"公子"二字,故其号只于起处带过也。

② 此句有移云接月妙手。

③ 四字纲中之纲。

④ 此句立一篇之纲,而又即为"仁而下士"之目。

⑤ 两"是时"离合入妙,索解人不得。

⑥ 此句直兜到邯郸救赵、公子留赵之时,绝大笔力。

⑦ 传,驿也。下传同,非传闻之谓。

⑧ 写得神情跃跃。

⑨ 如画一笔,反映出"如故"二字之安闲来。

⑩ 只减一字。

⑪ 特先虚写一客,为通篇起线,而公子淳朴亦因此尽见,好手笔。

⑫ 伏根有深意。

⑬ 特提法。

⑭ 老且贫,其官又卑,一笔色色提到。

⑮ 只此一行,是特写侯生人品。以后凡写侯生处,皆是出力写公子矣。

⑯ 别起一案。

⑰ 二句提清。

⑱ 先安顿他客,有法。

⑲ 古人尚左,此指车中之位言。

⑳ 生色。

㉑ 谓坐公子之上也。倒句法。

㉒ 第一节。

㉓ 此等伏法,真是神施鬼摄,自是史公妙文耳,非必其事实然也。

㉔ 同傲慢之状。

㉕ 第二节语益深。

㉖ 方写市中公子、侯生,忽从家内插一笔,从骑插一笔,市人插一笔。神妙之笔,当面飞来,又凭空抹倒。

㉗ 第三节语又变。

㉘ 赞者,通其名于宾客也。如赞叹之赞。

㉙ 着此一篇话,令"今日"不寂寞耳,绝非所重,故意借此掩却自己一片深心。智勇深沉如此。

㉚ 又借侯生自言将前段零零碎碎镕做一串,妙甚。

㉛ 浅甚,即所谓"为公子亦足矣"之实也。

㉜ 十五字作一句。

㉝ 所谓"就公子之名"也,浅甚。

㉞ 此时公子究未识得侯生。

㉟ 此事只以余波荡漾及之,文章律法不苟。

㊱ 试想此二句,亦可作得一篇。然详在彼即略在此,可悟古文之诀矣。

【眉批】

〔1〕他传多本《国策》原本旧文而删润成篇,惟此别无粉本,故信陵君是史公意中极爱慕之人。此传亦生平最用意之笔也。

〔2〕秦围大梁一事,在安釐即位之初,既不得不书,书之而无以为公子地,则不如勿书也。妙在轻着一语,云"王及公子患之",而下即陡接"仁而爱士"一段。移后之"不复敢加兵十余年"者,统结一笔,而华阳下军之败便无些子关碍矣。若出后人,必要掩过此事,则何以为良史之书哉?

〔3〕侯生一节,史公用二十分精神、二十分笔力对付得来。《史记》中如此文亦不多得也。

〔4〕侯生千古大侠,迥非朱家、郭解一流人所及。想其遁迹夷门,桑榆日薄,而一腔热血未遇真知己者酬之,其意中固久将四公子本领车轮打算,而知其无如信陵贤矣。然至白首从人而或仍归豪举,则前此自爱之谓何故,必再四试之,而知其人信可依也。然尚不遽告以真心之言,直至大事临机,而后一场轰烈,为天地间不可少之人。唐人《夷门诗》有云:"非但忼慨献奇谋,意气兼将身命酬。向风刭颈送公子,七十老人何所求。"可谓善论古者矣。

魏安釐王二十年,秦昭王已破赵长平军①,又进兵围邯郸,公子姊为赵惠文王弟平原君夫人,数遗魏王及公子书,请救于魏②〔1〕。魏王使将军晋鄙将十万众救赵③。秦王使使者告魏王曰:"吾攻赵,旦暮且下,而诸侯敢救者④,已拔赵,必移兵先击之。"魏王恐,使人止晋鄙,留军壁邺⑤,名为救赵,实持两端以观望⑥。平原君使者⑦冠盖相属于魏,让魏公子曰⑧:"胜所以自附为婚姻者,以公子之高义,为能急人之困⑨。今邯郸旦暮降秦,而魏救不至,安在公子能急人之困也⑩?且公子纵轻胜,弃之降秦,独不怜公子姊耶⑪?"

公子患之,数请魏王[2],及宾客辩士说王万端。魏王畏秦,终不听公子⑫。公子自度终不能得之于王,计不独生而令赵亡⑬,乃请宾客,约车骑百余乘,欲以客往赴秦军,与赵俱死⑭。

行过夷门,见侯生,具告所以欲死秦军状,辞决而行⑮。侯生曰:"公子勉之矣,老臣不能从⑯。"公子行数里,心不快⑰,曰:"吾所以待侯生者备矣,天下莫不闻。今吾且死,而侯生曾无一言半辞送我,我岂有所失哉?"复引车还问侯生⑱〔3〕。侯生笑曰:"臣固知公子之还也⑲。"曰:"公子喜士,名闻天下,今有难,无他端而欲赴秦军,辟若以肉投馁虎,何功之有哉?尚安事客⑳?然公子遇臣厚,公子往而臣不送㉑,以是知公子恨之复返也㉒。"公子再拜,因问㉓,侯生乃屏人间语曰㉔:"嬴闻晋鄙之兵符,常在王卧内,而如姬最幸,出入王卧内,力能窃之。嬴闻如姬父为人所杀,如姬资之三年,自王以下欲求报其父仇,莫能得。如姬为公子泣,公子使客斩其仇头,敬进如姬。如姬之欲为公子死无所辞,顾未有路耳㉕。公子诚一开口,请如姬,如姬必许诺,则得虎符,夺晋鄙军,北救赵而西却秦,此五霸之伐也㉖。"〔4〕公子从其计㉗,请如姬。如姬果盗晋鄙兵符与公子。

公子行㉘,侯生曰:"将在外,主令有所不受,以便国家。公子即合符,而晋鄙不授公子兵,而复请之,事必危矣。臣客屠者朱亥可与俱㉙。此人力士。晋鄙听,大善;不听,可使击之。"〔5〕于是公子泣㉚。侯生曰:"公子畏死耶?何泣也?"公子曰:"晋鄙嚄唶㉛宿将,往恐不听,必当杀之,是以泣耳,岂畏死哉㉜?"于是公子请朱亥。朱亥笑曰:"臣市井鼓刀屠者,而公子亲数存之,所以不报谢者,以为小礼无所用㉝。今公子有急,此乃臣效命之秋也。"遂与公子俱。公子过谢侯生,侯生曰:"臣宜从,老不能。请数公子行日,以至晋鄙军之日,北乡自刭,以送公子㉞。"公子遂行㉟。

至邺,矫魏王令代晋鄙。晋鄙合符,疑之,举手视公子曰㊱:"今吾拥十万之众,屯于境上,国之重任。今单车来代之,何如哉㊲?"欲无听㊳,朱亥袖四十斤铁椎,椎杀晋鄙㊴。公子遂将晋鄙军。勒兵下令军中曰㊵:"父子俱在军中,父归;兄弟俱在军中,兄归;独子无兄弟,归养。"得选兵八万人㊶,进兵击秦军。秦军解去,遂救邯郸,存赵㊷。赵王及平原君自迎公子于界。平原君负韊㊸矢,为公子先引㊹。赵王再拜,曰:"自古贤人,未有及公子者也。"当此之时,平原君不敢自比于人㊺。公子与侯生决,至军,侯生果北乡自刭㊻〔6〕。

魏王怒公子之盗其兵符,矫杀晋鄙,公子亦自知也。已却秦存赵㊼,使将将其军归魏,而公子独与客留赵。赵孝成王德公子之矫夺晋鄙兵而存赵,乃与平原君计以五城封公子㊽。公子闻之,意骄矜而有自功之色㊾。客有说公子曰㊿〔7〕:"物有不可忘,或有不可不忘。夫人有德于公子,公子不可忘也;公子有德于人,愿公子忘之也。且矫魏王令夺晋鄙兵以救赵,于赵则有功矣,于魏则未为忠臣也51。公子乃自骄而功之,窃为公子不取也。"于是公子立自责,似若无所容者52。赵王扫除自迎,执主人之礼,引公子就西阶。公子侧行辞让，从东阶上③，自言罪过，以负于魏，无功于赵④。赵王侍酒至暮，口不忍献五城，以公子退让也⑤。公子竟留赵。赵王以鄗⑤为公子汤沐邑，魏亦复以信陵奉公子⑤。公子留赵⑤。

公子闻赵有处士毛公，藏于博徒；薛公，藏于卖浆家⑤〔8〕。公子欲见两人，两人自匿，不肯见公子⑥。公子闻所在，乃闲步往从此两人游，甚欢⑥。平原君闻之，谓其夫人曰⑥："始吾闻夫人弟公子天下无双，今吾闻之，乃妄从博徒、卖浆者游。公子，妄人耳。"〔9〕夫人以告公子。公子乃谢夫人去⑥，曰："始吾闻平原君贤⑥，故负魏王以救赵，以称平原君⑥。平原君之游，徒豪举耳⑥，不求士也。无忌自在大梁时，常闻此两人贤⑥。至赵，恐不得见。以无忌从之游，尚恐其不我欲也。今平原君乃以为羞，其不足从游⑥！"乃装为去。夫人具以告平原君。平原君乃免冠谢，固留公子⑥。平原君门下闻之，半去平原君归公子，天下士复往归公子⑦。公子倾平原君客⑦。

公子留赵，十年不归。秦闻公子在赵，日夜出兵东伐魏。魏王患之，使使往请公子。公子恐其怒之，乃诫门下："有敢为魏王使通者，死⑦。"宾客皆背魏之赵，莫敢劝公子归。毛公、薛公两人往见公子，曰⑦："公子所以重于赵，名闻诸侯者，徒以有魏也。今秦攻魏，魏急而公子不恤，使秦破大梁而夷先王之宗庙，公子当何面目立天下乎⑦？"语未及卒⑦〔10〕，公子立变色，告车趣驾归救魏。

魏王见公子，相与泣⑦，而以上将军印授公子，公子遂将。魏安釐王三十年⑦，公子使使遍告诸侯。诸侯闻公子将，各遣将将兵救魏㊾。公子率五国之兵破秦军于河外，走蒙骜。遂乘胜逐秦军至函谷关，抑秦兵，秦兵不敢出㊿。当是时，公子威振天下㊿，诸侯之客进兵法，公子皆名之，故世俗称《魏公子兵法》㉛。

秦王患之，乃行金万斤于魏，求晋鄙客，令毁公子于魏王㉘[11]，曰："公子亡在外十年矣。今为魏将，诸侯将皆属㉚。诸侯徒闻魏公子，不闻魏王㉞。公子亦欲因此时定南面而王㉟。诸侯畏公子之威，方欲共立之㊱。"秦数使反间，伪贺公子得立为魏王未也㊲。魏王日闻其毁，不能不信㊳。后果使人代公子将。公子自知再以毁废㊴，乃谢病不朝，与宾客为长夜饮，饮醇酒，多近妇女。日夜为乐饮者四岁，竟病酒而卒㊵。其岁，魏安釐王亦薨。

秦闻公子死，使蒙骜攻魏，拔二十城，初置东郡。其后秦稍蚕食魏，十八岁而虏魏王，屠大梁㊶。

高祖始微少时，数闻公子贤㊷。及即天子位，每过大梁，常祠公子㊸。高祖十二年，从击黥布还，为公子置守冢五家，世世岁以四时奉祠公子。

【夹批】

① 倒补一笔，见其兵势之重。他人则直云围邯郸矣。

② 公子姊，则亦安釐王之姊若娣也。特归重公子，有法。

③ 先从惠王带出公子。○专叙惠王一段。

④ "而"字娟峭。

⑤ 方起案。

⑥ 妙写魏王心事。

⑦ 已卸下惠文王矣,妙手。

⑧ 已卸下安釐王矣,妙手。

⑨ 带"婚姻"句来,不提魏王,专责公子,妙手。

⑩ 文字有声韵,读之如适见其告语之状,惟史公有之。

⑪ 只以亲情责公子,方不碍魏王。

⑫ 此数语极重,故叙之不一而足。通身标的只在此。

⑬ 必至此而后出于赴秦军之策,方不孟浪。

⑭ 要看"请"字,"欲"、"以"字。盖尚欲假是以感魏王耳。

⑮ 要看"具告所以"字,亦以"请"计画于生耳。

⑯ 明谓是孟浪之行。

⑰ 激魏王而不悟,访贤士而无辞;数里踌躇,两端并郁,非专指侯生而不快也。

⑱ 只问生所以外我之故,而请计在其中。

⑲ 侯生何不早为之计,而必使其去而复还?此中英雄相视之妙,索解不得,当与黄石之期子房参看,非偶然之腾挪也。

⑳ 骂杀同赴秦军之客。

㉑ 略顾本身,其意不重。

㉒ 此"恨"字非怨恨之恨,谓心有所不足也。《史记》尝有此字。

㉓ 方是问计。

㉔ 方是深言。

㉕ 知如姬之力能窃,又知如姬之必肯窃。着着算定,方干得事。

㉖ 此数语只轻带,妙,留为公子地也。

㉗ 亦只略叙,文势不容不如此。

㉘ 此"公子行"三字与后"公子遂行"句相应。须知只是一日内事。盖盗符危事,非可稍濡也。

㉙ 看其先着久已布定,真乃异样出色事。

㉚ 写公子写得朴忠可爱,盖有侯生之英鸷,正须公子之朴忠相映成奇。

㉛ 嚄唶,音厄窄,多言也。

㉜ 看此数语,公子亦曾料到,只让侯生占一先着,便不及远矣。

㉝ 朱亥口角粗糙,又另是一种身份,各极其妙。

㉞ 读至此,令人不寒而慄。非此不足以见大侠。

㉟ 方结过一重公案。

㊱ 描写声情都肖。

㊲ 其语未毕。

㊳ 又描一句。

㊴ 此事亦至捷,少濡即败,须合“欲无听”三字作一句读之。

㊵ 此非侯生所及教也。极写公子处,为篇末兵法作案。

㊶ 总是安其心,作其气。兵不在多,心安气盛,无不克也。

㊷ 正面却不用大写,好。

㊸ 音阑。矢服。

㊹ 凡一段文字必豫于隔段隐隐伏线,如此段极写赵王、平原之敬礼公子,已为矜骄伏线矣。下略加提引而其事了然。

㊺ 借平原作衬,妙笔。

㊻ 此段了却魏国余事。

㊼ 只数笔耳,情事曲尽,无处留一点渗漏。若能详而不能简,非大手笔也。

㊽ 檃括“自迎于界”一段,再一提引,而其事尽出。

㊾ 不必实然,先作此笔,则后之自责愈见其妙。

㊿ 此客所言,大有儒者气象,亦不传其名,何也?

(51) 能言人肺腑间事。

(52) 极写公子。

(53) 极摹公子“谦让”,与上“骄矜”激射成采。

(54) 口角喁喁如绘。

(55) 借赵王口不忍献地,极写公子之让,乃“背面铺粉法”。

(56) 音皓。

㊐ 结过一重,周匝详叙。

㊘ 复一句,起案,不可少。

㊙ 二"藏"字,妙在从公子意中写出。若平原,则直云"博徒"、"卖浆者"耳。

⑳ 便高绝流辈。

㊦ 两个"公子闻",写出深心卓识。

㊥ 平原君出丑处,写来绝倒。

㊧ 叙得妙。

㊨ 亦用"始吾闻"还他,有妙致。

㊩ 归重语不妄下。

㊪ 二字断尽,信陵真具眼。

㊫ 又擱一笔,深心益著。

㊬ 语斩截而辞不待毕,传神之妙如此。

㊭ 只是固留信陵,终未知毛、薛有用。

㊮ 此等客正所谓"豪举"之资,去留固不足惜,但太令平原无色耳。

㊯ 好结笔。

㊰ 亦故作过激语,以衬下文,不必实然。

㊀ 二公所见者正大。此等客自不肯轻易食人门下。

㊁ 说得伤心,所谓晓人当如是。

㊂ 极写,与"诚门下"处激射成采。

㊃ 亦与"夺兵符"自作叫应。

㊄ 编年处皆当着眼。

㊅ 时实不可少公子耳。不然,纵无秦间,安釐王岂能忘情于公子?

㊆ 实写公子功烈,全传中只此一行。

㊇ 结句神王。

㊈ 赘一笔,既收用兵之善,兼缩好士之效,终非剩语。

㊉ 借得便是史公雕龙绣虎能事,必求其人以实之,则凿矣。

㊊ 意重于此。

㉄ 亦是实语。

㉅ 轻陪一句。

㉆ 归重一句。

㉇ 加倍法，文章更有厚味。

㉈ 亦写得好。

㉉ 此"再"字盖写未救赵时不敢任以国政，一重疑忌在前。

㉊ 英雄末路，亦自大可人意，比之托赤松子游者，更觉悲壮酣逸。

㉋ 独以魏亡系公子传末，亦他传所绝无。

㉌ 篇终着高祖一段，顿令全传生色。

㉍ 余音袅袅，不绝如缕，读之令千载下犹有余慕。奇文移情，一至于此。

【眉批】

〔1〕赵惠文王与魏安釐王，二国之主也，而为平原、信陵之兄。以当日事势言之，固以二公子为政，然国家安危大计则岂有不仰重于王者？看史公从二王卸到二公子，渐渐引下，无一毫痕迹，真叙事神品。

〔2〕以宾客赴秦军俱死，下策也。在公子，虽以救赵为仁，比之从井救人，可谓分毫不异矣。公子之贤，何遂出此？故知"数请魏王"及"宾客辩士说王万端"二语最重。

〔3〕盖侯生费如许计画，并以身命相殉，其实不过使公子代晋鄙为将耳。至后之所以破秦而存赵者，非生所能教也。公子之才足以抑秦存赵，而魏王必不肯听之者，此番扫国内之兵，宁以属之晋鄙，不肯属之公子，正前此北境举烽，探得赵王阴事一着深犯其所忌，故名为畏秦，实畏公子。此"万端"之说，所以必不能移也。使非万难之会，亦何待侯生出死力哉？

〔4〕天下有心人当其穷贱闲废之时，无事不留心采察。侯生作用极似唐之虬髯客、古押衙一流人，谓之大侠不虚也。看其两个"闻"字中包却许多机事。回思"久立车骑市中"时，直似小儿作剧，瞒却生人眼耳。

〔5〕兵符合验，国家重事。有符而逆料其不听，侯生于何处想出？此段

变局,盖晋鄙嚘喈持重,其深知魏王之疑忌公子者。在公子或默知之,而侯生未必知也。生之意不过如国手布局,更不留一毫空隙耳,故必云"听则大善,不听则击之",写出谋事审机,毫发毕具。

〔6〕或谓侯生为公子画策代将,亦可以无死。不知公子以侯生为上客,通国莫不知。窃符矫命之谋,当莫不谓其受成于生也。公子去而侯生留魏,魏王能忘情于生乎?然侯生苟畏死,则自当从公子俱至赵,今但以老为词而甘心自刭者,一以坚公子之志,一以报晋鄙之无罪而杀其躯也。否则七十老翁既报知己,又欲槁项膸下,前之英气安在哉?

〔7〕侯生之后,毛、薛之前,何可无此客?甚矣信陵之受益于客者不一而足也。

〔8〕当时四公子及文信侯之徒争相夸耀食客,各数千人,然惟信陵间得真士,而又俱不在门下食客中寻出。如侯生、毛、薛,皆未尝幸舍相从,煦濡乞活者也。因知当时所谓食客者,大都皆穷贱无聊、含垢忍耻之徒,而秦、汉之交如商山茹芝之老,圯上受书之人,不过如毛公、薛公其人,而乱离之际,老死无闻。黄鹄高飞,冥鸿何慕?风尘之外,可胜道哉?

〔9〕"始吾闻"、"今吾闻"两两写来,不知何所闻而许以"天下无双"。若今之闻,则陋甚矣,则前之闻亦苟焉耳。

〔10〕"语未及卒"以下数句,入神之笔。一面摹写公子纳谏之勇,一面公子已至魏矣,省却与赵王、平原作别许多累笔也。《左传》"屦及乎窒皇之外"数句可以争奇。

〔11〕魏公子所处之地不飞不跃,非田非天,乃天下疑忌之丛也。况负一世之高名,抱非常之将略,乃仅以一朝破敌,善刀而藏,其心则甚苦,而其遇固未为不幸也。况魏自建国以来,受侮强邻固非一日,今得公子而使乃祖愿比死者雪耻之痛得以少酬,且使大梁夷门芳流千古,岂非天下之至快耶!史公尽力揄扬,极一弹再鼓之胜,乃知执鞭欣慕,何止晏婴,此老之神交至矣。

太史公曰:吾过大梁之墟,求问其所谓夷门。夷门者,

城之东门也①。天下诸公子亦有喜士者矣②,然信陵君之接岩穴隐者,不耻下交,有以也。名冠诸侯,不虚耳。高祖每过之而令民奉祠不绝也③。

【夹批】

① 深爱其人,独神往夷门枉驾一节,倾倒至矣。

② 即公子之所谓豪举也。

③ 短音促节,咀味无穷。

【总评】

不知文者,尝谓无奇功伟烈,便不足垂之青简,照耀千秋。岂知文章予夺,都不关实事。此传以存赵起,抑秦终,然"窃符救赵",本未交兵,即逐秦至关,亦只数言带叙,其余摹情写景,按之无一端实事,乃千载读之,无不神情飞舞,推为绝世伟人。文章有神,夫岂细故哉!

范雎蔡泽列传

　　范雎者,魏人也,字叔[1]。游说诸侯,欲事魏王,家贫无以自资,乃先事魏中大夫须贾①。

　　须贾为魏昭王使于齐,范雎从。留数月,未得报。齐襄王闻雎辩口,乃使人赐雎金十斤及牛酒②。雎辞谢,不敢受。须贾知之,大怒,以为雎持魏国阴事告齐,故得此馈③。令雎受其牛酒,还其金。既归,心怒雎,以告魏相。魏相,魏之诸公子,曰魏齐④。魏齐大怒,使舍人笞击雎,折胁折齿。雎佯死,即卷以箦,置厕中⑤。宾客饮者醉,更溺雎。故僇辱以惩后,令无妄言者。雎从箦中谓守者曰:"公能出我,我必厚谢公。"守者乃请出弃箦中死人。魏齐醉曰:"可矣⑥。"范雎得出。后魏齐悔⑦,复召求之。魏人郑安平闻之[2],乃遂操⑧范雎亡,伏匿,更名姓曰张禄⑨。

　　当此时,秦昭王使谒者王稽于魏。郑安平诈为卒,侍王稽⑩。王稽问:"魏有贤人可与俱西游者乎?"郑安平曰:"臣里中有张禄先生,欲见君,言天下事⑪。其人有仇,不敢昼见。"王稽曰:"夜与俱来。"郑安平夜与张禄见王稽,语未究,王稽知范雎贤⑫,谓曰:"先生待我于三亭之南。"与私约而去。

　　王稽辞魏去,过载范雎入秦。至湖,望见车骑从西来⑬。范雎曰:"彼来者为谁?"王稽曰:"秦相穰侯,东行县邑。"范雎曰:"吾闻穰侯专秦权,恶内诸侯客⑭。此恐辱我,我宁且

198

匿车中⑮。"有顷，穰侯果至，劳王稽，因立车而语曰⑯："关东有何变？"曰："无有。"又谓王稽曰："谒君得无与诸侯客子俱来乎？无益，徒乱人国耳⑰。"王稽曰："不敢。"即别去⑱。范睢曰："吾闻穰侯，智士也⑲，其见事迟。乡者疑车中有人，忘索之。"于是范睢下车走，曰："此必悔之⑳。"行十余里，果使骑还索车中，无客乃已㉑。王稽遂与范睢入咸阳。

【夹批】

① 此时不知睢之贤而众人遇之，贾已负睢矣。

② 正使未得报，而从者乃获无端之赐，此实嫌疑之极。且襄王何自闻之耶？

③ 亦疑得近理。

④ 长句法。

⑤ 不过为他人作榜样，其目中亦全不认得范睢。

⑥ 描写有景。

⑦ 此一悔，似亦知其不久居人下者。

⑧ 字法佳。

⑨ 伏案明净。

⑩ 安平亦有心人，王稽亦然。乃后俱瓦裂涂地无可复观，何也？

⑪ 含糊得妙。此语必范睢教之。

⑫ 皆反衬魏齐等之愚妒，非浪笔也。

⑬ 特插此段，伏入秦首逐穰侯之根。

⑭ 睢固机警，然亦伤弓之鸟，分外细慎。

⑮ 知此而冒焉入秦，其胸中智计亦绝危苦矣。

⑯ 气色如画。

⑰ 疑车中有人，言为心声，跃然可想。

⑱ 匆匆得妙。

⑲ 又警。

⑳ 夹语夹叙，真是化工之笔。匆匆如见。

㉑ 心劳日拙。然非范睢安能免耶？敌手下子，只争一先耳。

【眉批】

〔1〕范睢之于魏于秦，所以仅而获免者数矣。原诸人之意，亦莫不知睢之贤也，徒以一念媢嫉以恶之之私，遂贻身后许多怨仇之气而不可复解。如篇首言睢在魏欲事魏王，而须贾、魏齐无能为之先容者，乃居人篱下，逐队随行，而邻国之君顾闻名而致馈，言外便隐隐托出二人蔽贤罪案矣。

〔2〕及其后郑安平知之，王稽知之。而穰侯以宰辅之尊，偏訑訑拒人而不肯容一外来之客，于是又一重蔽贤公案也。厥后睢既得志，辱须贾，僇魏齐，逐穰侯，害人者适以自害。后之君子苟有见于其人终不能抑之使居人下也，无宁早为援手，以自托于知人、爱人之明，毋使效彼三人，心劳日拙而卒以自祸也。

范睢既相秦，秦号曰张禄〔1〕，而魏不知，以为范睢已死久矣①。魏闻秦且东伐韩、魏。魏使须贾于秦。范睢闻之，为微行，敝衣闲步之邸见须贾②。须贾见之而惊曰："范叔，固无恙乎？"范睢曰："然。"须贾笑曰③："范叔有说于秦耶？"曰："不也。睢前日得过于魏相，故亡逃至此，安敢说乎④？"须贾曰："今叔何事？"范睢曰："臣为人庸赁。"须贾意哀之⑤。留与坐饮食，曰："范叔一寒如此哉！"乃取其一绨袍以赐之⑥。须贾因问曰："秦相张君，公知之乎⑦？吾闻幸于王，天下之事，皆决于相君。今吾事之去留在张君，孺子岂有客习于相君者哉⑧？"范睢曰："主人翁习知之⑨。惟睢亦得谒。睢请为君见于张君。"须贾曰："吾马病，车轴折，非大车驷马,吾固不出⑩。"范雎曰:"愿为君借大车驷马于主人翁⑪。"

　　范雎归,取大车驷马,为须贾御之,入秦相府。府中望见,有识者皆避匿。须贾怪之⑫。至相舍门,谓须贾曰:"待我。我为君先入通于相君⑬。"须贾待门下,持车良久,问门下曰:"范叔不出,何也?"门下曰:"无范叔。"须贾曰:"乡者与我载而入者。"门下曰:"乃吾相张君也。"须贾大惊⑭,自知见卖,乃肉袒膝行,因门下人谢罪⑮。于是范雎盛帷帐,侍者甚众,见之。须贾顿首言死罪,曰:"贾不意君能自致于青云之上,贾不敢复读天下之书,不敢复与天下之事⑯。贾有汤镬之罪⑰,请自屏于胡貉之地⑱,惟君死生之。"范雎曰:"汝罪有几?"曰:"擢贾之发以数贾之罪,尚未足⑲。"范雎曰:"汝罪有三耳⑳。昔者楚昭王时,而申包胥为楚却吴军。楚王封之以荆五千户,包胥辞不受,为丘墓之寄于荆也㉑。今雎之先人丘墓亦在魏,公前以雎为有外心于齐,而恶雎于魏齐,公之罪一也。当魏齐辱我于厕中,公不止,罪二也。更醉而溺我,公其何忍乎? 罪三矣。然公之所以得无死者㉒,以绨袍恋恋,有故人之意,故释公。"〔2〕乃谢罢㉓。入,言之昭王,罢归须贾㉔。

　　须贾辞于范雎,范雎大供具㉕,尽请诸侯使,与坐堂上,食饮甚设。而坐须贾于堂下㉖,置莝豆其前,令两黥徒夹而马食之㉗。数曰:"为我告魏王,急持魏齐头来㉘! 不然者,我且屠大梁。"须贾归以告魏齐。魏齐恐,亡走赵,匿平原君所。

【夹批】

① 凡起一段文字，其提掇筋节处，须是极有手法。

② 范叔毕竟多情之人，不然，此来别无所益于己，正为须贾耳。

③ 须贾极有奸智，只一"笑"字，已猜到八分矣。

④ 不曰"安能"，而曰"安敢"，在魏则不敢，在秦何所忌乎？此其事贾得而知之矣。

⑤ 伪也。范叔自入其玄中矣。

⑥ 赐得妙。若赍以财物，反觉平常，亦未必受。

⑦ 赐绨之后便与深言。

⑧ 苟信其"庸赁"之说，何必再问尔许事？

⑨ 睢自恺直，更忍不住，看他便一气说出。

⑩ 明明试之。贾为国事而来，顾暇骄蹇耶？

⑪ 意中事。总之更忍不住。

⑫ 伪也。

⑬ 此岂庸赁者所能？睢欺须贾，贾亦落得伪为不知。

⑭ 伪也。

⑮ 此着当赐绨时已早办下，并非意外事。

⑯ 但自言无识，不能荐拔，绝不提起魏齐一事。贼哉贾也！

⑰ 此死之罪。

⑱ 此生之罪。

⑲ 只是混说，妙。

⑳ 三罪只是一罪，此排场法。

㉑ 引申包胥之事以明己无外心，其言蔼恻从容，可以想其人品心地。

㉒ 亦复忼慨悲怆，不止答还一语。

㉓ 纵之使出。

㉔ 斥之返国。

㉕ 恰好与魏齐筵上仿佛，而贾之便宜多矣。

㉖ 虽辱之亦文甚。

㉗ 字法妙。

㉘ 但仇其相，不仇其王，以丘墓之存焉故也。

【眉批】

〔1〕此段文写声情毕现，纤悉具备。然读者皆以须贾为范雎所卖，吾独以为范雎则实为须贾所卖耳。当雎委身于贾之时，绝不闻少为之地，乃以无端疑忌，假手魏齐，酷刑荼毒，雎之不死，直一发之间耳。此处隘路相逢，贾已决无生理，乃徒以当时一日之雅，披褐过存。此时雎有何求？不过欲假此观贾之情意，是自为贾开一线之生机也。及贾微察行藏，绨袍藉手，而遂以进退维谷之身俨然得附于故人之谊，因而大车驷马，取之若寄。试雎之意既明，而请罪之辞凤构。斯时雎实为贾所弄而何暇弄贾？虽复堂前马食少泄冤怨，而较彼魏齐已不啻天宫、鬼国之别。嗟乎！一绨袍何足重轻，而竟以解不释之仇、无穷之恨？雎何负于贾？贾则实有负于雎耳。

〔2〕范雎人品心术皆高，其有功于秦亦甚大。某于评点《国策》中每亟予之。

秦昭王闻魏齐在平原君所[1]，欲为范雎必报其仇，乃佯为好书①遗平原君曰："寡人闻君之高义，愿与君为布衣之友。君幸过寡人，寡人愿与君为十日之饮②。"平原君畏秦，且以为然③，而入秦见昭王。昭王与平原君饮数日④。昭王谓平原君曰："昔周文王得吕尚以为太公，齐桓公得管夷吾以为仲父⑤。今范君亦寡人之叔父也⑥。范君之仇，在君之家，愿使人归取其头来，不然，吾不出君于关。"平原君曰："贵而为友者，为贱也；富而为交者，为贫也⑦。夫魏齐者，胜之友也，在，固不出也⑧。今又不在臣所。"昭王乃遗赵王书曰⑨："王之弟在秦，范君之仇魏齐在平原君之家。王使人疾持其头来。不然,吾举兵而伐赵⑩,又不出王之弟于关⑪。"
赵孝成王乃发卒围平原君家,急。魏齐夜亡,出见赵相虞
卿⑫。虞卿度赵王终不可说,乃解其相印,与魏齐亡。间行,
念诸侯莫可以急抵者⑬,乃复走大梁,欲因信陵君以走楚⑭。
信陵君闻之,畏秦,犹豫未肯见⑮。曰:"虞卿何如人也⑯?"
时侯嬴在旁,曰:"人固未易知,知人亦未易也⑰。夫虞卿蹑
屩担簦,一见赵王,赐白璧一双,黄金百镒;再见,拜为上卿;
三见,卒受相印,封万户侯。当此之时,天下争知之⑱。夫魏
齐穷困过虞卿,虞卿不敢重爵禄之尊,解相印,捐万户侯而
间行,急士之穷而归公子⑲。公子曰'何如人'。人固不易
知,知人亦未易也⑳!"信陵君大惭,驾如野迎㉑。魏齐闻
信陵君之初难见之,怒而自刭㉒。赵王闻之,卒取其头予秦。
秦昭王乃出平原君归赵。

【夹批】

① 秦人习气。

② 略撮书中大意耳,然亦缠绵可人。

③ 本大不以为然,以畏之,故而聊自解耳。

④ 亦自不倍其书。

⑤ 古人出口,定尔深厚,虽狙诈如秦,犹且如此。

⑥ 言所以必报仇之故。

⑦ 平原君所以致食客三千人,趋之若鹜者,正赖此一念耳。

⑧ 好肝胆。

⑨ 言外便见终无如平原君何。

⑩ 此吓赵王正旨。

⑪ 只带说,妙。言终无如平原君何。

⑫ 观魏齐患难所投,亦可见平日非无知人之鉴,乃失之于范睢,惜哉!

⑬ 此念可怜。

⑭ 秦势之重,几于天地为罗,逝将焉适矣!

⑮ 不觉出丑。

⑯ 只此一问,雪淡神情如见。

⑰ 反言以激之。

⑱ 得意时天下争知之,失意时遂以"何如人"为疑,对射不堪。

⑲ 此亦至易知者。

⑳ 侯生此语,尖利抗爽极矣。

㉑ 终周旋信陵。

㉒ 以负气死,亦尚有品。

【眉批】

〔1〕四公子结客,而其本传,在平原君殊无足观,盖莫媺于信陵君也。然唐人咏史,有"买丝绣出平原君",又"未知肝胆向谁是,令人却忆平原君",独歆慕平原君不啻口出者,何也?盖学者读太史公书固有彼此互见之妙。《信陵传》极胜,《平原传》颇卑,而其附见于《范睢传》中者,平原之肝胆可以矢天地而泣鬼神,信陵之依违几以一语而丧厥生平之雅尚。然则立于千载以下,而欲于诵诗读书之际尚论古人,又安可不参观而博览之也?唐人咏平原而不及信陵,有以也夫。

卷　四

廉颇蔺相如列传

蔺相如者,赵人也,为赵宦者令缪贤舍人^{①〔1〕}。

赵惠文王时,得楚和氏璧^②。秦昭王闻之,使人遗赵王书,愿以十五城请易<u>璧</u>^③。赵王与大将军廉颇诸大臣谋^④;欲予秦,秦城恐不可得,徒见欺;欲勿予,即患秦兵之来^⑤。计未定,求人可使报秦者,未得^⑥。宦者令缪贤曰:"臣舍人蔺相如可使。"王问:"何以知之?"对曰:"臣尝有罪,窃欲亡走燕,臣舍人相如止臣^⑦,曰:'君何以知燕王^⑧?'臣语曰:'臣尝从大王与燕王会境上,燕王私握臣手,曰愿结友,以此知之。故欲往。'相如谓臣曰:'夫赵强而燕弱,而君幸于赵王^⑨,故燕王欲结于君^⑩。今君乃亡赵走燕,燕畏赵,其势必不敢留君,而束君归赵矣。君不如肉袒伏斧锧请罪,则幸得脱矣^⑪。'臣从其计,大王亦幸赦臣。臣窃以为其人勇士,有智谋^⑫,宜可使。"

于是王召见,问蔺相如曰^{〔2〕}:"秦王以十五城请易寡人之璧,可予否?"相如曰:"秦强而赵弱,不可不许^⑬。"王曰:"取吾璧,不予我城,奈何?"相如曰:"秦以城求璧而赵不许,曲在赵;赵予璧而秦不予赵城,曲在秦。均之二策,宁许以负秦曲^⑭。"王曰:"谁可使者^⑮?"相如曰:"王必无人,臣愿奉璧往使。城入赵而璧留秦；城不入，臣请完璧归赵⑯。"赵王于是遂遣相如奉璧西入秦。

秦王坐章台见相如，相如奉璧奏秦王。秦王大喜，传以示美人及左右，左右皆呼万岁⑰。相如视秦王无意偿赵城⑱，乃前曰："璧有瑕，请指示王⑲。"王授璧，相如因持璧却立，倚柱，怒发上冲冠⑳，谓秦王曰："大王欲得璧，使人发书至赵王。赵王悉召群臣议，皆曰'秦贪，负其强，以空言求璧㉑，偿城恐不可得'，议不欲予秦璧。臣以为布衣之交，尚不相欺，况大国乎㉒？且以一璧之故，逆强秦之欢，不可。于是赵王乃斋戒五日，使臣奉璧拜送书于庭㉓。何者？严大国之威以修敬也㉔。今臣至，大王见臣列观，礼节甚倨；得璧传之美人，以戏弄臣㉕。臣观大王无意偿赵王城邑㉖，故臣复取璧。大王必欲急臣，臣头今与璧俱碎于柱矣㉗！"相如持其璧睨柱，欲以击柱㉘。秦王恐其破璧，乃辞谢固请，召有司按图，指从此以往十五都予赵㉙〔3〕。相如度秦王特以诈佯为予赵城，实不可得㉚，乃谓秦王曰："和氏璧，天下所共传宝也。赵王恐，不敢不献㉛。赵王送璧时，斋戒五日。今大王亦宜斋戒五日，设九宾于庭，臣乃敢上璧。"秦王度之，终不可强夺㉜，遂许斋五日，舍相如广成传舍。相如度秦王虽斋，决负约不偿城㉝，乃使其从者衣褐怀其璧，从径道亡归璧于赵。

秦王斋五日后，乃设九宾于庭，引赵使者蔺相如㉞。相如至谓秦王曰〔4〕："秦自缪公以来㉟二十余君，未尝有坚明约束者也。臣诚恐见欺于王而负赵，故令人持璧归，间至赵矣。且秦强而赵弱㊱，大王遣一介之使至赵，赵立奉璧来。

今以奉之强，而先割十五都予赵，赵岂敢留璧而得罪于大王乎㊲？臣知欺大王之罪当诛，臣请就汤镬⑧，惟大王与群臣熟计议之㊴。"秦王与群臣相视而嘻㊵。左右或欲引相如去[5]，秦王因曰："今杀相如，终不能得璧也，而绝秦、赵之欢㊶，不如因而厚遇之，使归赵，赵王岂以一璧之故欺秦耶㊷！"卒廷见相如，毕礼而归之㊸。

相如既归，赵王以为贤大夫使不辱于诸侯㊹，拜相如为上大夫。秦亦不以城予赵，赵亦终不予秦璧㊺。

【夹批】

① 伏廉颇"相如故贱人"之语。

② 直起案。

③ 十五城岂无地名？欺谩如镜。

④ 插廉颇，好。

⑤ 以五句约略当日谋议之端，不写入某甲口中，最得神理。

⑥ 是又一议也，不与上文连。

⑦ 此为原叙法，若入拙手，必先实叙一事在前，累笔滞机，相去远矣。

⑧ 语曲折甚多，叙得明了。

⑨ 此段见其智谋之远。

⑩ 一句一境，一境一转。

⑪ 此段见其勇决之情。

⑫ 此寺人具眼如此，相如之屈身也亦宜。

⑬ 先定"欲予""欲勿予"之议。

⑭ 诸大臣但计利害，相如提出曲直来，此便得养勇根本。两言而决，真为善谋。

⑮ 此召相如正意，却问在后。好！

⑯ 料得破，把得定，行得彻，说得快，大奇！大奇！

⑰ 闹热半日，色不在相如可知。

⑱ 相如却目光炯然，并洞见秦王肺腑。

⑲ 请指示，急智。妙。

⑳ 先须以气夺之。

㉑ 再借势直决其诈以悉破之。

㉒ 后以朴忠动之。

㉓ 先伏此笔，盖相如之意，只欲完璧归赵也。

㉔ 终乃极言敬顺以悦之。

㉕ 要他斋戒，意亦先说在前。

㉖ 方说到本意。

㉗ 并说明倚柱之故。

㉘ 光景甚妙。

㉙ 画得逼现，然十五城交割，自不应草草如此。

㉚ 此"度"字，仍从秦王传示美人及左右一片泄泄光景想来。

㉛ 言至此，相如主意久定，秦必无得璧之理矣。

㉜ 此"度"字，全在顷刻间辞气容貌之间摄伏之。故倚柱、睨柱之时，多少英气！

㉝ 此"度"字，则相如徒欲以自信其言于赵王，事虽奇特，而当日情事，恐不尽然。

㉞ 加"赵使者"三字，是胪传语，即设九宾礼之一节也。

㉟ 开口第一句，最得势得情。

㊱ 以已事为成案，妙。

㊲ 语中情理。盖前之所以必得其人而使者，只欲伸此语耳。

㊳ 先抽开一身之计，方见斩截。

㊴ 但令其计议割地事。

㊵ 写得绝倒。想此时真是哭不得笑不得。只一"嘻"字，传神极矣！或以怒解之，误也。

㊶ 转机亦捷。

㊷ 只带说，所谓强颜以自解。

㊸ 即借九宾大礼以礼相如，故加"廷见"、"毕礼"四字。

㊹ 结过一重。

㊺ 凭空蹴起，随手抹倒，正为相如脱颖耳。

【眉批】

〔1〕相如传，只"完璧"、"会渑池"二事。其末缀以柔廉颇者，直为合传地也。故文亦以和氏璧直叙起，更不细列相如他事，此自一家体制也。今人立一小传，辄牵扯支蔓不已，及细视之，又无一事着精神，盖史学之不讲也久矣。

〔2〕孟氏之言曰：诸侯之宝三，而宝珠玉者，殃必及身。赵与秦皆大国也，使以一璧之故而兴兵构怨，雌雄未知。纵使赵王抱璧以殉，亦何与社稷至计？相如而果为赵谋，宜正谢秦曰：和氏璧玩好之资，匹夫之好也。君乃捐土地以易无用之具，当不其然，寡君勿敢从命。度秦亦无以强也。今乃既予之而复诈归之，亦策士之权宜，非老成之硕画矣。

〔3〕秦王既斋戒具礼，其势固不得不予赵城，渠之意不过以为寄焉而已：今日予之，他日复命一将军出咸阳，固可还其故物也。且相如前既云"宁许秦以负秦曲"，今秦斋宿按图，而赵已怀璧私逝，玩弄大国于股掌之上，曲仍在赵不在秦也。总之，相如奉使之日，已将完璧归赵彻底算尽，故百般腾挪，总以必信其言为主。然则相如者，诚坚忍强果之士，而其于谋国之方，先儒或谓为天幸，良不诬也。

〔4〕人臣谋国，只是"致身"二字，看得明白，即智勇皆从此生，而天下无难处之事矣。玩相如完璧归赵一语，当奉使时已自分璧完而身碎，璧归赵而身不与之俱归矣。此时只身庭见，若有丝毫冀幸之情，即一字说不出。看其侃侃数言，有伦有脊，故知其明于致身之义者也。

〔5〕秦王转机甚捷，早已不复从璧起见，左右欲引相如盖犹视乎数泽也。

秦王使使者告赵王，欲与王为好会于西河外渑池^①。赵王畏秦，欲毋行。廉颇、蔺相如计曰^②："王不行，示赵弱且怯也^③。"赵王遂行，相如从。廉颇送至境^④，与王诀曰："王行，度道里会遇之礼毕，还，不过三十日^⑤。三十日不还，则请立太子为王，以绝秦望。"王许之^{⑥[1]}，遂与秦王会渑池。

秦王饮酒酣，曰："寡人窃闻赵王好音，请奏瑟^⑦。"赵王鼓瑟。秦御史前书曰："某年月日，秦王与赵王会饮，令赵王鼓瑟^⑧。"蔺相如前曰："赵王窃闻秦王善为秦声，请奏盆缻秦王，以相娱乐^⑨。"秦王怒，不许。于是相如前进缻，因跪请秦王^⑩。秦王不肯击缻^⑪。相如曰："五步之内，相如请得以颈血溅大王矣^⑫！"左右欲刃相如，相如张目叱之，左右皆靡^⑬。于是秦王不怿，为一击缻^⑭。相如顾召赵御史书曰："某年月日，秦王为赵王击缻^⑮。"秦之群臣曰："请以赵十五城为秦王寿^⑯。"蔺相如亦曰："请以秦之咸阳为赵王寿^⑰。"秦王竟酒，终不能加胜于赵^⑱。

赵亦盛设兵以待秦，秦不敢动^⑲。

既罢归国。以相如功大，拜为上卿，位在廉颇之右^⑳。

【夹批】

① 自是诈谖，若无相如，事未可知。

② 串二人有法。

③ 弱以国言，怯以人言。

④ 二人或分或合，传中巧妙处。

⑤ 此大臣作略也，独叙在廉将军口中，则廉亦岂一武夫已乎？

⑥ 先壮相如之气。

⑦ 秦人作用好笑。

⑧ 不过欲当场书一令字,为胜赵一筹计,不觉遂同婢妾诟谇伎俩。

⑨ 写成一笑,明明奚落夷人不解瑟耳。词气又缓。

⑩ 其势实壮。

⑪ 何难一击,击之则胜着又虚矣。绝倒。

⑫ 反言劫刺之事也,度亦一时猝办语,但其势实壮,真不可当。

⑬ 不可无此一笔,不然则情事不周匝。

⑭ 苦甚。比之从容鼓瑟者,愈出丑。

⑮ 以"为"字对"令"字,正复相当。

⑯ 不复成体面矣。

⑰ 咸阳,秦都也。都城可请,则秦不国矣。妙语。

⑱ 须知此语从秦王意中写出来。

⑲ 无此一着,便成儿戏。

⑳ 斗出柔廉颇一段。

【眉批】

〔1〕此合传也,廉、蔺之后,又附赵、李诸人,然以廉颇起,以廉颇结,廉固三人之纲矣。廉、赵、李皆武臣,惟相如为上卿,乃相如二事皆争胜于口舌之间,而于相如传中特将立太子以绝秦望一议,属之廉颇,则廉将军之为社稷臣,加于相如一等明矣。史公好奇而有奇识,详蔺以著其奇,右廉以见其识,千秋良史之才,岂偶然乎?

  秦伐韩,军于阏与①。王召廉颇而问曰②:"可救不?"对曰:"道远险狭,难救③。"〔1〕又召乐乘而问焉,乐乘对如廉颇言④。又召问赵奢,奢对曰:"其道远险狭⑤,譬之犹两鼠斗于穴中,将勇者胜⑥。"王乃令赵奢将,救之。

  兵去邯郸三十里,而令军中曰:"有以军事谏者死⑦。"〔2〕

秦军军武安西,秦军鼓噪勒兵,武安屋瓦尽振⑧。军中候有一人言急救武安,赵奢立斩之⑨。坚壁留二十八日不行,复益增垒⑩。秦间来入,赵奢善食而遣之⑪。间以报秦将,秦将大喜曰⑫:"夫去国三十里而军不行,乃增垒,阏与非赵地也⑬。"赵奢既已遣秦间⑭,乃卷甲而趋之,二日一夜至⑮,令善射者去阏与五十里而军⑯。军垒成,秦人闻之,悉甲而至⑰。军士许历请以军事谏,赵奢曰:"内之⑱。"许历曰[3]:"秦人不意赵师至此,其来气盛⑲,将军必厚集其阵以待之⑳,不然必败。"赵奢曰:"请受令㉑。"许历曰:"请就铁质之诛。"赵奢曰:"胥后令㉒邯郸㉓。"许历复请谏曰:"先据北山上者胜㉔,后至者败。"赵奢许诺,即发万人趋之。秦兵后至,争山不得上㉕,赵奢纵兵击之,大破秦军㉖。秦军解而走,遂解阏与之围而归㉗。

赵惠文王赐奢号为马服君,以许历为国尉。赵奢于是与廉颇、蔺相如同位㉘。

【夹批】

① 从赵地进兵伐韩。

② 插廉颇有意。

③ 持重,好。颇大将,非战将也。

④ 引二人,以颇为主,侧笔有法。

⑤ 亦同此语,妙。

⑥ 提出本领,只是养气一法。

⑦ 中有定见,只要静镇,惟恐气壹则动志也。此有大见识。

⑧ 特写一事,以见其静镇之实。此渲染法。

⑨ 为许历事作反衬。

⑩ 所谓静如处女。

⑪ 只此已足,妙在更不教以他语。

⑫ 一番大喜,气已浮动,不可制矣。

⑬ 大言妙。

⑭ 紧接善食句,捷甚。

⑮ 所谓动若脱兔。

⑯ 此句后无所应,必邀其归路而击之,所以获全胜也。

⑰ 此句顿住,下别插许历二段语。此夹叙体。

⑱ 活动得妙。

⑲ 惟此人能窥破赵奢养气作用,一语便道着,奇士。

⑳ 冲突不动。

㉑ 恭逊得妙。

㉒ 胥,待也。含糊得妙。

㉓ "邯郸"二字,似直当作"将战"二字。

㉔ 得地利,以鼓勇气,建瓴之势,易为功也。

㉕ 此句直接前"悉甲而至"句。

㉖ 只是以气胜之,无他谬巧。

㉗ 结案。

㉘ 总结如椽之笔。

【眉批】

〔1〕为将者之品,有大将,有战将,廉颇识略高深,能持重而不利于剽疾,有大将之才,而或不足于战将之用。赵奢自是战将,至其纳许历之言,而又能表章出之,亦有大将之度者矣。

〔2〕凡事特患见不破耳,赵奢"将勇者胜"一言已看定阏与之战只在养气,然而矢石所交,风云变色,謦呼所及,屋瓦皆飞,已即不摇,能保此千万人之耳目心志不溃然而散乎? 坚壁二句,疾趋两日,其心中眼中不复有丝毫利害之惑,是真有得于"持其志,而无暴其气"之旨者也。战为圣人之所

慎，岂细故哉！马服君于是乎不可及矣。

〔3〕许历一段，叙得狡狯，只是窥得破赵奢作用，历之言即奢之言也。如谓奢见不及此，则此行无历、奢遂不能集事耶？必无之理矣。

太史公曰：知死必勇[1]，非死者难也，处死者难。方蔺相如引璧睨柱，及叱秦王左右，势不过诛，然士或怯懦而不敢发。相如一奋其气，威信敌国，退而让颇，名重太山，其处智勇，可谓兼之矣[2]。

【夹批】

[1] 能知必死而直蹈之，则勇气自振，凡人不能勇者，只是冀幸不死耳。然幸生者，顾未必生，而自分必死者，终或不果死也。此赞但发明此义。

[2] 四人合传，赞止相如，史公好奇之过也。

【总评】

廉颇、蔺相如、赵奢、李牧合传，同时同国，各见其奇，与他传牵连而书者不同。故传中多作罗纹体，而叙廉颇事则加勤，叙相如事则独赡，一以为诸子之纲维，一以见恢奇之绝轨也。以余观之，则皆朝不及夕，一切苟且以图存之计焉耳。盖相如以一璧之故，一击缶之微，樽俎折冲，以犊触虎，其得免也，亦云幸矣。及其归也，不闻昌言硕画，以为善后之图，则忼慨趣汤，五步溅血，此技可长恃乎？李牧、赵奢，一将之用有余，猛虎在山，藜藿不采，秦人或稍惮焉，而朝廷大计，则非其所知。惟廉将军沉毅深远，而一生无大奇节，史公著笔颇轻。及乎晚节被谗，一不得当，而犹有思用赵人之语。夫钟仪既絷，犹鼓南音；范叔西游，无忘丘墓。廉将军于此退哉！弗可及已，而惜乎赵之不终其用也。史公嗜奇，所取者在蔺不在廉，故文之工赡者，亦在此不在彼，而余之选录则专以其人也。因廉传不采，故附论之于此，以著四子之优劣云。

屈原贾生列传

　　屈原者，名平，楚之同姓也①。为楚怀王左徒，博闻强志②，明于治乱，娴于辞令。入则与王图议国事，以出号令③；出则接遇宾客，应对诸侯④。王甚任之。

　　上官大夫与之同列，争宠而心害其能⑤〔1〕。怀王使屈原造为宪令，屈平属草稿未定。上官大夫⑥见而欲夺之⑦，屈平不与⑧，因谗之曰："王使屈平为令，众莫不知⑨，每一令出，平伐其功曰'以为非我莫能为'也⑩。"王怒而疏屈平⑪。

　　屈平嫉王听之不聪也⑫，谗谄之蔽明也⑬，邪曲之害公也⑭，方正之不容也⑮，故忧愁幽思而作《离骚》⑯。

　　《离骚》者，犹离忧也⑰〔2〕。夫天者，人之始也；父母者，人之本也。人穷则反本，故劳苦倦极，未尝不呼天也；疾痛惨怛，未尝不呼父母也⑱。屈平正道直行，竭忠尽智以事其君，谗人间之，可谓穷矣。信而见疑，忠而被谤，能无怨乎？屈平之作《离骚》，盖自怨生也⑲。《国风》好色而不淫，《小雅》怨诽而不乱。若《离骚》者，可谓兼之矣。上称帝喾，下道齐桓，中述汤、武，以刺世事，明道德之广崇，治乱之条贯，靡不毕见⑳。其文约，其辞微，其志洁，其行廉，其称文小而其指极大，举类迩而见义远㉑。其志洁，故其称物芳；其行廉，故死而不容。自疏濯淖污泥之中，蝉脱于浊秽，以浮游尘埃之外，不获世之滋垢，皭然泥而不滓者也。推此志也㉒，虽与日月争光可也。

216

屈平既绌㉒，其后秦欲伐齐，齐与楚从亲，惠王患之，乃令张仪佯去秦，厚币委质事楚[3]，曰："秦甚憎齐，齐与楚从亲，楚诚能绝齐，秦愿献商於之地六百里㉔。"楚怀王贪而信张仪，遂绝齐，使使如秦受地。张仪诈之曰："仪与王约六里，不闻六百里㉕。"楚使怒去，归告怀王，怀王怒，大兴师伐秦。秦发兵击之，大破楚师于丹、淅，斩首八万，虏楚将屈匄，遂取楚之汉中地㉖。怀王乃悉发国中兵以深入击秦，战于蓝田。魏闻之，袭楚至邓。楚兵惧，自秦归。而齐竟怒不救楚，楚大困。

明年，秦割汉中地与楚以和㉗。楚王曰："不愿得地，愿得张仪而甘心焉。"张仪闻，乃曰："以一仪而当汉中地，臣请往如楚㉘。"如楚，又因厚币用事者臣靳尚，而设诡辩于怀王之宠姬郑袖。怀王竟听郑袖，复释去张仪。是时屈平既疏㉙[4]，不复在位使于齐㉚，顾反，谏怀王曰："何不杀张仪？"怀王悔，追张仪不及㉛。

其后诸侯共击楚，大破之，杀其将唐眛㉜。

时秦昭王与楚婚㉝，欲与怀王会。怀王欲行，屈平曰："秦，虎狼之国，不可信，不如无行。"怀王稚子子兰劝王行："奈何绝秦欢㉞？"[5]怀王卒行。入武关，秦伏兵绝其后，因留怀王以求割地㉟。怀王怒，不听。亡走赵，赵不内。复之秦，竟死于秦而归葬。长子顷襄王立，以其弟子兰为令尹㊱。楚人既咎子兰以劝怀王入秦而不反也。屈平既嫉之㊲，虽放流，眷顾楚国，系心怀王，不忘欲反，冀幸君之一悟、俗之一改也㊳[6]。其存君兴国而欲反覆之，一篇之中三致意焉㊴。

然终无可奈何,故不可以反,卒以此见怀王之终不悟也⑩。人君无愚知贤不肖,莫不欲求忠以自为,举贤以自佐⑪,然亡国破家相随属,而圣君治国累世而不见者,其所谓忠者不忠,而所谓贤者不贤也⑫。怀王以不知忠臣之分,故内惑于郑袖,外欺于张仪,疏屈平而信上官大夫、令尹子兰。兵挫⑬地削,亡其六郡,身客死于秦,为天下笑,此不知人之祸也。《易》曰:"井泄不食,为我心恻,可以汲。王明,并受其福。"王之不明,岂足福哉⑭!

令尹子兰闻之大怒⑮,卒使上官大夫短屈原于顷襄王,顷襄王怒而迁之⑯。乃作《怀沙》之赋,怀石遂自投汨罗以死[7]。

屈原既死之后,楚有宋玉、唐勒、景差之徒者,皆好辞而以赋见称;然皆祖屈原之从容辞令,终莫敢直谏⑰。其后楚日以削,数十年竟为秦所灭⑱。

自屈原沉汨罗后百有余年,汉有贾生为长沙王太傅⑲,过湘水投书以吊屈原。

【夹批】

① 全传眼目。

② 总纲。

③ 跟"明于治乱"句。

④ 跟"娴于辞令"句。

⑤ 势逼而争,然其能不及,则又难与争也。一句合二意。

⑥ 靳尚。

⑦ 小人无状至此。

⑧ 亦染习气。

⑨ 切中庸主之忌。

⑩ 此三句乃注明所以"众莫不知"之故。

⑪ 只是疏而不任，未夺其位。

⑫ 就王听谗言。

⑬ 就上官行谗于王言。

⑭ 就上官害己之能言。

⑮ 就己之见疏言。

⑯ 逗住。

⑰ 顿开局势。

⑱《离骚》如此洋洋巨篇，只以"呼天呼父母"五字罩之，忠孝之志，所以千古为昭。史公眼光烁破天下如此。

⑲ 以上言《骚》之所由作，以下言《骚》之体制。

⑳ 三句"从明于治乱"来。

㉑ 六句从"娴于辞令"来。以下申言其文之洁芳悱恻，而极赞其蓄志之超。

㉒ 拈"志"字，精莹俊迈。

㉓ 遥接"王怒而疏"之案。

㉔ 如饵小儿，可悲可恨。

㉕ 如谑贩佣，更可悲恨。

㉖ 所失反不止六百里。

㉗ 知楚未可卒灭，秦之玩弄诸侯极矣。尤可悲可恨。

㉘ 如角力拳勇之夫，一交手后看破伎俩，全不以为意矣。

㉙ 引归正传。

㉚ 七字作一句读，使齐即不在位，非贬斥也，只是疏远之意。

㉛ 何故又悔，总是昏极。

㉜ 极匆匆，又未尝不明画。

㉝ 陡然复起一头。

㉞ 屈平之言亦不必极痛切，稚子之言亦不必甚锋铓，而行间字里无人

不瞥然亲见屈平之冷落无聊者,所以妙也。

㉟ 秦之不直不必言,怀王之受辱亦岂足惜?

㊱ 只须据事直书,而楚人昏惑已极。

㊲ 两句合写,妙。方见屈平之怨,直举国之公愤。

㊳ 仍入《离骚》,文理匝密,情味悠扬。

㊴ 千古善读书人语。

㊵ 语势缠绵,酷肖《骚》矣。

㊶ 特插入一段议论,只此段是史公自发感慨,不得概将前文例之。

㊷ 千古痼疾,一笔点破。

㊸ 古本作"锉"。

㊹ 引一笔即疏宕。

㊺ 遥接屈平既嫉之段,此句是篇中第一奇笔。

㊻ 始斥而放之。

㊼ 一段终屈原。

㊽ 一段并终楚,与篇首"楚之同姓也"句关合。

㊾ 此传过文,独有味外味。

【眉批】

〔1〕上官大夫虽妒屈原,而宪令之造既出王使,则即夺之,当无以冒其能也。总之,小人之一念动于恶,恣肆妄诞,必至破坏他人能事而后已,虽己亦不能自晓也。

〔2〕《离骚》开口便呼"皇考伯庸",后又"指九天以为止",是呼天呼父母之实证也。再转出"盖自怨生"句来,然则号泣于旻天、于父母,孟子以为怨慕,不与此文相表里乎? 举千秋血性文章而归之于忠孝,此传实《离骚》之弁序,不仅左徒之行状而已也。

〔3〕既以楚之存亡系于原传,则楚事不得不叙,然不得喧客夺主也。看其叙事匆匆得妙。

〔4〕此上通为一大段,只"屈平既绌"、"屈平既疏"二句始终关照,是主

句,余皆衬起本传,非正文也。

〔5〕此上又一段,是怀王入秦不反公案,前段屈平语在后,此段屈平语在前,作文中变化法。

〔6〕善读书者取其意而遗其词,今史公每插一段论断,取《离骚》读之,即处处有吻合之妙。予故曰:此《离骚》之弁序也。

〔7〕楚怀虽狂惑之主,然其始本能宠任屈平,则亦不可谓之不知人也。惟其一念之欲,自见其才而掩人之善以为己有,遂致为宵小所窥,而巧以中之。然屈大夫于此殆亦不无文人习气,矜惜己美而不肯假借,容亦有之,此正不解夫"随流"、"扬波"、"铺糟"、"啜醨"之理者也。虽然,以屈子之贤,夫岂不知? 正以狷洁之性必不能少贬耳。故自撰《渔父》辞、《怀沙》赋以明本志,史公独摘此二文以终本传,真读书论世之巨眼也。

太史公曰:余读《离骚》、《天问》、《招魂》、《哀郢》,悲其志①。适长沙,观屈原所自沉渊,未尝不垂涕想见其为人。及见贾生吊之,又怪屈原以彼其材游诸侯,何国不容,而自令若是②。读《服鸟赋》,同生死,轻去就,又爽然自失矣③。

【夹批】

① 本传前半拈出"志"字,意正如此。

② 从长沙赋中看出,即"历九州而相君"等句。

③ 即以贾破贾,知《吊屈原赋》亦有为之言也。

【总评】

屈灵均,千古洁人也。观其《离骚》、《九歌》、《九章》撰著,美人香草,触手芬菲,何处不滋兰九畹而树蕙百畹哉? 史迁之知灵均,只在于至洁中见其一片血性,而其狷介无慝之况,俱于言外见之,本作《离骚》序言,而即移为左徒传赞耳。当与庄叟《天下》篇及《史记·自序》篇参览,斯得其旨。

刺客列传

荆轲者，卫人也。其先乃齐人，徙于卫，卫人谓之庆卿。而之燕，燕人谓之荆卿①〔1〕。

荆卿好读书击剑②，以术说卫元君③，卫元君不用。其后秦伐卫，置东郡，徙卫元君之支属于野王。

荆轲尝游过榆次④，与盖聂论剑，盖聂怒而目之。荆轲出，人或言复召荆卿，盖聂曰："曩者吾与论剑，有不称者，吾目之。试往，是宜去，不敢留⑤。"使使往之主人，荆卿则已驾而去榆次矣。使者还报，盖聂曰："固去也，吾曩者目摄之⑥！"

荆轲游于邯郸，鲁勾践与荆轲博，争道，鲁勾践怒而叱之，荆轲默而逃去，遂不复会⑦。

荆轲既至燕，爱燕之狗屠及善击筑者高渐离⑧。荆轲嗜酒，日与狗屠及高渐离饮于燕市⑨，酒酣以往⑩，高渐离击筑，荆轲和而歌于市中，相乐也，已而相泣，旁若无人者⑪。荆轲虽游于酒人乎⑫，然其为人沉深好书⑬。其所游诸侯，尽与其贤豪长者相结⑭。其之燕⑮，燕之处士田光先生⑯亦善待之，知其非庸人也。

【夹批】

① 备叙履历，固见郑重，然两名兼载，正欲插"而之燕"三字耳。

② 占身分语。

③ 剑术耶？纵横之术耶？一荆卿岂足系卫之存亡？史公痛惜其无成，

故偏作尔许身份。

　　④ 此二段皆极写荆轲，摧刚为柔，又似重之，又似惜之，其妙乃在笔墨之外。

　　⑤ 盖聂盖剑客之才者，此段原为篇末击剑不中而伏，而后乃独引鲁勾践之言，正见二段同意也。

　　⑥ 写英雄心目凛凛，字法妙。

　　⑦ 士不遇知己，徒死无益，两番逃去，直与淮阴俯出胯下同意。

　　⑧ 此时方获同调。

　　⑨ 一段酣畅淋漓之极。

　　⑩ 字法沉酣可味。

　　⑪ 一生忼慨，发泄殆尽，不但乐时畅遂也。

　　⑫ 四字雅绝。

　　⑬ 复应好书，加以沉深，身分高绝。

　　⑭ 拓一笔。

　　⑮ 即收转。

　　⑯ 高抬田光，正是极予荆卿。

【眉批】

〔1〕荆卿列于《刺客传》，为燕太子丹也，不得不以燕为主。然其游历诸国，遍交贤豪，各有奇特可纪处，又不忍割弃不写，看其从齐、卫插入"而之燕"三字，以定其名，随后逆叙游卫、游榆次、游邯郸三段，因以"既至燕"一语遥接，方写燕市，淋漓兴致。又随添"所游诸侯"二句，复以"其之燕"三字收还，针路之密，极尽经营，固不得以史公藉《国策》为蓝本而专摘其刺秦王一段也。今特录前后史公叙传本文，凡《国策》所有者不复著云。

　　高渐离变名姓为人庸保①，匿作于宋子②〔1〕。久之，作苦，闻其家堂上客击筑，傍徨不能去③。每出言曰："彼有善有不善④。"从者以告其主,曰:"彼庸乃知音,窃言是非。"家丈人召使前击筑,一坐称善,赐酒⑤。而高渐离念久隐畏约无穷时⑥,乃退,出其装匣中筑与其善衣,更容貌而前。举坐客皆惊,下与抗礼,以为上客。使击筑而歌⑦,客无不流涕而去者⑧。宋子传客之,闻于秦始皇。秦始皇召见,人有识者,乃曰:"高渐离也。"秦皇帝惜其善击筑,重赦之⑨,乃矐其目。使击筑,未尝不称善⑩。稍益近之⑪,高渐离乃以铅置筑中,复进得近,举筑扑秦皇帝,不中。于是遂诛高渐离⑫,终身不复近诸侯之人。

【夹批】

① 有深志。

② 地名。

③ 忍不住露颖。寻常语令人堕泪,故奇。

④ 妙语苦心。

⑤ 以上为一节,未重击筑。

⑥ 高生当日向谁道之?而史公偏能代道其肺腑中语,妙甚。

⑦ 以上为一节,方正写击筑。

⑧ 燕市流离,久不陨此涕矣。

⑨ 祖龙颇亦不俗。

⑩ 以上为一节,是得见始皇之由。

⑪ 渐写得情。

⑫ 即扑杀此獠,高生岂不为齑粉耶?舍生之节,大为荆卿增重。

【眉批】

〔1〕荆卿之有高渐离,犹聂政之有姊嫈也。大丈夫为知己者死,一腔热

血,本不求表暴于天下,而无如荆卿之于太子丹,疏莽猜嫌,实算不得知己,七尺之躯浪付竖子,殊为可惜。故当时若不得高生一番奇烈,荆之减价良不少也。酒酺歌泣,托以千秋,岂徒然哉!

【总评】

《国策》荆轲刺秦王一篇,文章固妙绝千古,然其写荆轲处,可议实多。如聂政尚不肯轻受严仲子百金之馈,而轲则早恣享燕太子车骑美女之奉,一也。聂政恐多人语泄,独行仗剑至韩,而轲则既必待吾客与俱,又且白衣祖饯,击筑悲歌,岂不虑事机败露? 二也。聂政抉面屠肠,自灭形迹;轲乃箕踞笑骂,明道出欲生劫报太子丹之语,三也。至以虎狼之秦而欲希风曹沫,约契不渝,其愚狂无识,更不足道矣。史公想爱其文之奇,又不可妄为点窜,故特于前后自出手眼,写得荆卿沉深儒雅,迥绝恒流,并高渐离隐约精灵,双峙千古,遂使其疏莽无成处,俱藏却许多疑案,令人不忍多訾矣。此其笔力迷离,独有超解,轲得此庶几不枉此一死也。今人诵《国策》,多置史传始末,又安见古人之深意哉!

张耳陈馀列传

范阳人蒯通说范阳令曰①〔1〕:"窃闻公之将死,故吊。虽然,贺公得通而生②。"范阳令曰:"何以吊之?"对曰〔2〕:"秦法重③,足下为范阳令十年矣,杀人之父,孤人之子,断人之足,黥人之首,不可胜数④。然而慈父孝子,莫敢倳刃公之腹中者,畏秦法耳。今天下大乱,秦法不施⑤,然则慈父孝子,且倳刃公之腹中,以成其名⑥,此臣之所以吊公也。今诸侯畔秦矣⑦,武信君兵且至⑧,而君坚守范阳,少年皆争杀君,下武信君⑨。君急遣臣见武信君,可转祸为福,在今矣⑩。"范阳令乃使蒯通见武信君曰〔3〕:"足下必将战胜然后略地,攻得然后下城,臣窃以为过矣⑪。诚听臣之计,可不攻而降城,不战而略地,传檄而千里定,可乎⑫?"武信君曰:"何谓也?"蒯通曰:"今范阳令宜整顿其士卒以守战者也⑬,怯而畏死,贪而重富贵,故欲先天下降⑭。畏君以为秦所置吏,诛杀如前十城也。然今范阳少年,亦方杀其令,自以城距君⑮。君何不赍臣侯印,拜范阳令,范阳令则以城下君,少年亦不敢杀其令⑯。令范阳令乘朱轮华毂,使驱驰燕、赵郊。燕、赵郊见之,皆曰此范阳令,先下者也。即喜矣,燕、赵城可毋战而降也⑰。此臣之所谓'传檄而千里定者'也⑱。"武信君从其计,因使蒯通赐范阳令侯印。赵地闻之,不战以城下者三十余城⑲。

【夹批】

① 本名彻，以武帝讳易通。

② 蒯通明于事机，与战国倾危之士绝异，矢口吊、贺并至，善于耸动。

③ 明其前之得罪于咸阳父老子弟，法实使然，虽为作周旋语，然亦非强饰。

④ 写得满眼冤头债主，不由人不动心。

⑤ 极其明划，无一语欺范阳令。

⑥ 必傅刃而后得为慈孝，故云成其名。

⑦ 转机逼清。

⑧ 即赵王武臣。

⑨ 徒然取死，实无益于忠节。

⑩ 妙在投身相为。若空空令之降，济得甚事？

⑪ 起法与前同。

⑫ 文势葱茏郁秀，然与《史记》疏宕自别。

⑬ 更不支蔓，单刀直入。

⑭ 非骂范阳令，正见滔滔皆是。此其所以不待战而千里可定也。

⑮ 实然。刘、项起事，何尝不尔？

⑯ 说来如指上螺纹，细细可辨。

⑰ 此三句即前"怯而畏死"二句。

⑱ 极葱茏郁秀之致，写来妙绝。与其悬鼎镬以狗，何如悬华衮而招？

⑲ 从此遂复立赵国。

【眉批】

〔1〕蒯彻以相人之术讽淮阴侯，不听，佯狂为巫，尝著书二十篇。此段从彼采入，故自成一首机轴。

〔2〕如此人方可谓之排难解纷。

〔3〕《史记》文密而实奇横，《国策》文幻而实平整，笔径自然，要关天分。此段最似《国策》，若其为范阳令及武信君谋，片语之间，免却千里兵戈惨

祸，文在鲁连之上，品居王蠋之前，非战国倾危者所能及也。

赵王间出，为燕军所得^①。燕将囚之，欲与分赵地半，乃归王^②。使者往，燕辄杀之^③以求地。张耳、陈馀患之^④。有厮养卒谢其舍中曰："吾为公说燕，与赵王载归^⑤。"舍中皆笑曰："使者往十余辈辄死，若何以能得王？"乃走燕壁^⑥。燕将见之，问燕将曰："知臣何欲^⑦？"燕将曰："若欲得赵王耳。"曰："君知张耳、陈馀何如人也^⑧？"燕将曰："贤人也。"曰："知其志何欲^⑨？"曰："欲得其王耳。"赵养卒乃笑曰^{⑩〔1〕}："君未知此两人所欲也。夫武臣、张耳、陈馀^⑪杖马棰，下赵数十城，此亦各欲南面而王，岂欲为卿相终己耶^⑫？夫臣与主岂可同日而道哉^⑬？顾其势初定，未敢参^⑭分而王，且以少长先立武臣为王，以持赵心^⑮。今赵地已服，此两人亦欲分赵而王，时未可耳^⑯。今君乃囚赵王，此两人名为求赵王，实欲燕杀之，此两人分赵自立^⑰。夫以一赵尚易燕，况以两贤王^⑱左提右挈^⑲，而责杀王之罪^⑳，灭燕易矣！"燕将以为然，乃归赵王，养卒为御而归^㉑。

【夹批】

① 武臣方与馀、耳略定燕界。

② 要知求之愈急，虽尽与赵地，犹未必归也。

③ 不可向迩，妙。

④ 以两贤所患，而养卒易言之，接手入神。

⑤ 通盘算到之语。

⑥ 写得妙。若与笑者辨折一语，便不见奇。"走"字妙。

⑦ 若待燕将先问,便不奇。问燕将甚妙。

⑧ 先布此著,妙。

⑨ 然后敲紧。

⑩ 一"笑"字,从容之极。此是谢舍中时成竹也。

⑪ 三人总提,便不是真正君臣。

⑫ 岂诳燕将哉?但求王时想不到此耳。

⑬ 此等宕笔,《史记》天生妙笔。

⑭ 字法。

⑮ 目光如炬,而口齿伶俐之极。

⑯ 势以国言,时以人言。

⑰ 此三语则未必果然,然燕果杀之,则分赵自立,诚何待论?

⑱ 一也。

⑲ 二也。

⑳ 三也。

㉑ 应"载归",趣极。

【眉批】

〔1〕养卒之论事势,明透已极,盖深知武臣之不足事而见张、陈之必非人下者也。此段语张、陈固不欲人道破,然即谓此时名为求王,实欲燕杀之,则殊未必然。盖此时果欲燕之杀武臣,便当鼓行而前,决一死战,则赵王必危;乃杀十余使而未敢兴兵,正其投鼠忌器之私衷耳。但养卒归王而不闻特赏,则未必不以其道破隐情而忌之也。即谓欲杀赵王,亦未为逆诈已甚。

汉七年,高祖从平城过赵①,赵王②朝夕袒韝蔽③,自上食,礼甚卑,有子婿礼。高祖箕倨詈,甚慢易之④。赵相贯高、赵午等,年六十余,故张耳客也⑤,生平为气⑥,乃怒曰:

"吾王孱主也⑦。"说王曰:"夫天下豪杰并起,能者先立⑧。今王事高祖甚恭,而高祖无礼⑨,请为王杀之⑩。"张敖齧其指出血曰[1]:"君何言之误⑪!且先人亡国,赖高祖得复国,德流子孙,秋毫皆高祖力也⑫。愿君无复出口⑬。"贯高、赵午等十余人皆相谓曰⑭:"乃吾等非也。吾王长者,不倍德,且吾等义不辱。今怨高祖辱我王,故欲杀之,何乃污王为乎⑮?令事成归王,事败独身坐耳⑯。"

汉八年,上从东垣还,过赵⑰,贯高等乃壁人柏人,要之置厕⑱。上过欲宿,心动,问曰:"县名为何?"曰:"柏人。""柏人者,迫于人也⑲。"[2]不宿而去⑳。

汉九年,贯高怨家知其谋,乃上变告之。于是上皆并逮捕赵王、贯高等十余人,皆争自到㉑。贯高独怒骂曰:"谁令公为之㉒?今王实无谋,而并捕王。公等皆死,谁白王不反者㉓?"乃槛车胶致㉔,与王诣长安。治张敖之罪。

上乃诏赵群臣宾客有敢从王皆族,贯高与客孟舒等十余人㉕,皆自髡钳,为王家奴,从来[3]。贯高至,对狱,曰:"独吾属为之,王实不知㉖。"吏治榜笞数千,刺剟,身无可击者㉗,终不复言。吕后数言张王以鲁元公主故,不宜有此㉘。上怒曰:"使张敖据天下,岂少而女乎?"不听㉙。廷尉以贯高事辞闻,上曰:"壮士!谁知者,以私问之㉚。"中大夫泄公曰:"臣之邑子,素知之。此固赵国立名义不侵为然诺者也㉛。"上使泄公持节问之箯舆前㉜,仰视曰:"泄公耶?"泄公劳苦如平生欢,与语㉝,问张王果有计谋否?高曰:"人情宁不各爱其父母妻子乎㉞?今吾三族皆以论死,岂以王易吾亲哉㉟!

顾为王实不反,独吾等为之。"具道本指所以为者王不知状⑧。于是泄公入,具以报,上乃赦赵王〔4〕。

上贤贯高为人㊲,能立然诺㊳,使泄公具告之,曰㊴:"张王已出。"因赦贯高。贯高喜曰:"吾王审出乎㊵?"泄公曰:"然。"泄公曰㊶:"上多足下,故赦足下。"贯高曰:"所以不死一身无余者,白张王不反也㊷。今王已出,吾责已塞,死不恨矣。且人臣有篡弑之名,何面目复事上哉!纵上不杀我,我不愧于心乎㊸?"乃仰绝肮,遂死。当此之时,名闻天下㊹。

张敖已出,以尚鲁元故,封为宣平侯〔5〕。于是上贤张王诸客,以钳奴从张王入关,无不为诸侯相、郡守者㊺。及孝惠、高后、文帝、孝景时,张王客子孙皆得为二千石㊻。

【夹批】

① 自将伐匈奴,解围归。

② 耳子敖,高祖婿。

③ 袒而割牲耩蔽,所以约袖而捧盘匜也。

④ 隆准公善骂,常以此失功臣意。实是亭长恶习,不足为佳。

⑤ 始与高祖等夷可知。

⑥ 写得勃然。

⑦ 先自怒,后说王,有情景。

⑧ 玩此二语,益见平昔等夷不肯相服。

⑨ "高祖"字皆误,姑仍之。

⑩ 不济。

⑪ 张敖固好人,然误处不小。

⑫ 语甚郑重。

⑬ 稚甚,误甚。

⑭ 此何事而同事者多于十人,蓄谋者余于一岁,岂有不败之理?

⑮ 语气极忼慨。

⑯ 真有定力。

⑰ 又过一年。

⑱ 此语极古奥,遂多谬解,盖伏刺客于柏人县之要路馆驿以待之。置,驿舍也。

⑲ 趣甚,警甚。

⑳ 有天命。

㉑ 无此衬不出贯高。

㉒ 如闻其声。

㉓ 提出题目。

㉔ 胶,固也,乃防护严密之意。

㉕ 疑此句"与"字当作"之"字,盖贯高首为怨家所告,亦当逮治,何待髡钳从王,孟舒等自是贯高之客耳。

㉖ 久要不忘,是真侠士。

㉗ 总言酷刑。

㉘ 忽插此段文章,所以得疏宕也。

㉙ 吕后不能回而囚能回之,益见贯高义烈动人。

㉚ 真主启口,培植名节不少。

㉛ 泄公亦难得,方治反狱时,亲友惟恐波及,谁肯为之游扬者?亦可见端友之从其类也。

㉜ 写得惨苦激昂,令人泪落。

㉝ 所谓"以私问"也。以下俱是友朋私语。

㉞ 可泣鬼神,可感金石,不得以其叛人而少之。

㉟ 透甚。

㊱ 一语所该甚多,古健绝伦。

㊲ 难得高祖。

㊳ 品题无溢美。

㊴ 郑重妙,盖下八个字乃鸜括大旨,其言甚多。

㊵ 生动。

㊶ 特加一"泄公曰",以致其郑重之意,妙绝。

㊷ 特照定前"十余人争自刭"句。

㊸ 无此不成忼慨。

㊹ 史公极得意语。

㊺ 高祖鼓舞一世处其奇。

㊻ 人历四朝,则其子孙之所以不失富贵者,不关张王事矣,乃犹冠以张王客,史公好奇如此。

【眉批】

〔1〕张敖固无反谋,然而人臣之义,将则必诛。贯高谋叛激于礼貌之微,罪固当死。敖为人臣而隐忍保奸,借使其事竟成,敖得不俨然南面乎?为敖者力能诛高则诛之,不能则告之高祖,方是纯白心事,为人臣者所以不可不知《春秋》之义也。

〔2〕高祖赐娄敬姓刘而云"娄者乃刘也"。于柏人心动则云"柏人者,迫于人也"。粗糙杜撰可哂,亦可爱。小处传神,三毫欲活矣。

〔3〕贯高固叛人,然身为张耳故客,其视高祖等夷耳。天下初定,逐鹿未忘,老骥雄心,不能忍辱,与他人作逆者殊科。况其立节张敖,亦是跖犬吠尧常理,不当概以叛目之。

〔4〕汉法至重,韩信、彭越开国元功,皆以莫须有之狱并至参夷。贯高亲谋弑逆,其客亦均为党援,乃以能立然诺之故,嗟赏宽赦,富贵蝉联。高祖固有过人之度,而张敖所以保全者,亦不无阴持其重之势。篇中始载吕后之数言,终指鲁元之故,亦言外微旨,非漫然之事也。

〔5〕张敖知贯高谋,不早发觉,得免死幸矣,乃犹爵以列侯,非法也,故特以尚鲁元故冠之。

太史公曰:张耳、陈馀世传所称贤者;其宾客厮役,莫非天下俊杰^①，所居国无不取卿相者^②。然张耳、陈馀始居约时^③，相然信以死，岂顾问哉？及据国争权，卒相灭亡^④。何乡者相慕用之诚，后相倍之戾也^⑤！岂非以势利交哉？名誉虽高，宾客虽盛^⑥，所由殆与太伯、延陵季子异矣^⑦。

【夹批】

① 一语直贯全传始末。

② 以客之故。

③ 无利则好。

④ 利至则争。

⑤ "诚"字、"戾"字，天地悬隔，对看得妙。

⑥ 收得完足。

⑦ 蓄意深远。

【总评】

张、陈初起之时，秦募购之，耳以千金，馀以五百。及其后馀死泜水之南，耳王常山之北，一不能保其首领，一且利及苗裔。然则乡评月旦，久判低昂；而敌国征求，因分贵贱。馀之见杀，殆不必耳能杀之，尽人而能杀之也。考巨鹿之围，张敖以子赴父之难，亦且按甲徘徊，似未可以不救深责陈馀。张耳于陈馀解绶之际，引佩不辞，致成大隙，耳亦稍负馀矣。虽然，信陵之兵符未窃，原欲赴邯郸俱亡；魏其之触网无辞，义不令仲孺独死。此中耿耿，馀或者未之前闻。向使赵果烬于章邯，不知馀何以处此？末特附一"不侵然诺"之贯高，未必不为彼"刎颈交"痛下一札也。

淮阴侯列传

淮阴侯韩信者,淮阴人也[1]。始为布衣时,贫无行,不得推择为吏,又不能治生商贾①,常从人寄食饮,人多厌之者②。常数从其下乡南昌亭长寄食,数月,亭长妻患之③,乃晨炊蓐食④。食时信往,不为具食。信亦知其意,怒,竟绝去⑤。

信钓于城下⑥,诸母漂,有一母见信饥⑦,饭信,竟漂⑧数十日。信喜,谓漂母曰:"吾必有以重报母⑨。"母怒曰⑩:"大丈夫不能自食,吾哀王孙而进食,岂望报乎?"

淮阴屠中少年有侮信者⑪,曰:"若虽长大,好带刀剑,中情怯耳⑫。"众辱之⑬曰:"信能死,刺我;不能死,出我袴下⑭。"于是信孰视之⑮,俛出袴下,蒲伏。一市人皆笑信,以为怯。

及项梁渡淮,信仗剑从之,居戏⑯下,无所知名⑰[2]。项梁败,又属项羽,羽以为郎中。数以策干项羽⑱,羽不用。

汉王之入蜀,信亡楚归汉⑲,未得知名,为连敖。坐法当斩⑳,其辈十三人皆已斩,次至信㉑,信乃仰视,适见滕公,曰:"上不欲就天下乎? 何为斩壮士㉒!"滕公奇其言,壮其貌㉓,释而不斩。与语,大悦之。言于上,上拜以为治粟都尉,上未之奇也㉔。

信数与萧何语,何奇之㉕。至南郑,诸将行道亡者数十人㉖。信度何等已数言上㉗,上不我用,即亡。何闻信亡,不及以闻⑧,自追之。人有言上曰:"丞相何亡。"上大怒,如失左右手⑳。居一二日,何来谒上,上且怒且喜㉚,骂何曰:"若亡,何也?"何曰:"臣不敢亡也㉛,臣追亡者。"上曰:"若所追者谁?"何曰:"韩信也。"上复骂曰:"诸将亡者以十数㉜,公无所追;追信,诈也㉝。"何曰:"诸将易得耳。至如信者,国士无双㉞。王必欲长王汉中,无所事信;必欲争天下,非信无所与计事者㉟。顾王策安所决耳。"王曰:"吾亦欲东耳,安能郁郁久居此乎㊱?"何曰:"王计必欲东,能用信,信即留;不能用,信终亡耳㊲。"王曰:"吾为公㊳以为将。"何曰:"虽为将,信必不留。"王曰:"以为大将㊴。"何曰:"幸甚。"于是王欲召信拜之。何曰:"王素慢无礼,今拜大将如呼小儿耳,此乃信所以去也㊵。王必欲拜之,择良日,斋戒,设坛场,具礼,乃可耳㊶。"王许之。诸将皆喜㊷,人人各自以为得大将。至拜大将,乃信也,一军皆惊。

【夹批】

① 此一行虚写,却将下数实事罗括于此。

② 汉初将相中第一人,其落魄无悯,亦居第一。细写将来,涕笑交集。

③ 可与戛羹嫂同传。

④ 蓐食者,亟食耳。不知作床蓐,谬解。

⑤ 盖久知之,至是则不得不怒耳。可怜。

⑥ 岂是谋食耶?

⑦ 此一"见"字深甚,非一"见"可了也。

⑧ 终漂之事。

⑨ 前怒今喜,其可怜一也。前绝去,今图报,其无悯一也。

⑩ 以一怒激扬其委顿之气,胜于援枹而鼓之,大非凡品。

⑪ 前一段极写无惨,此一段深明沉毅,意各有在,不可一例看去。

⑫ 恶讪往往然。

⑬ 加"众辱之",方成其为侮。

⑭ 彼直以拚命为勇。

⑮ 一片沉毅,在"孰视"二字,非复向日为一饥饱轻喜轻怒故态矣。须参,须参。

⑯ 麾同。

⑰ 既已出头,却复连连跌踬如此。

⑱ 早伏登坛日之语。

⑲ 亦计无复之,未必先有择木之意。

⑳ 临末又遭一大踬,成就之艰如此。

㉑ 写成险绝。

㉒ 淮阴传开首第一语。

㉓ 滕公,夏侯婴,其知信又在萧何前。

㉔ 顿住,为下一段领头。

㉕ 先伏一笔。

㉖ 以入蜀无东归望,故亡去。

㉗ "等"字该滕公在内。

㉘ 作意妙。

㉙ 二语不接,写得妙。盖如失左右手,是爱惜之极,并非怒也。

㉚ 传神。

㉛ 作意。

㉜ 活画出视信无奇来。

㉝ "诈"之一字,则诚有之。

㉞ 荐语简当可味,下即疾转与汉王商国事,妙笔。

㉟ 著"计事"二字,已非一将之用矣。

㊱ 隆准公神情态色,跃然可见。

㊲ 看此数语,则何之追信,实有预谋可知。

㊳ "吾为公"妙,是不知信语,又是责成保任语。

㊴ 亦爽甚。

㊵ 又提亡去为言,前谋益可见。

㊶ 何自有大臣识略,非刀笔吏所及。

㊷ 此文外形容语,不必果然。

【眉批】

〔1〕淮阴侯乃史公所痛惜者,观其起处详写贫时落魄景况,遂与《孟子》"将降大任"一节一样摇曳,其意中固以汉初第一人目之。淮阴虽为列侯,未尝之国,勒居私第,奉朝请而已。盖因其为淮阴人,故以邑名表之,益见谋叛之为冤狱。

〔2〕或谓以淮阴之才,岂无良禽择木之智? 当项梁未起时,六国纷纷复立,信既可依涉、广辈以免饥寒;即沛公入关,约法三章,秦民额手之时,亦可弃羽事汉矣。而信皆不出此,至庱下无成,连敖坐法,机缘稍格,便已无身,得毋其自谋者固拙乎? 余以为信之工于谋天下,而拙于谋身者,在成功身退之后,而不在未遇之前。盖未遇之前,落魄无憀,动而获咎,是有天焉,非人之所可为也。至于后车因废,私第闲居,不为赤松游,亦可效平阳饮耳,乃犹羞伍绛、灌,夸将多多,卒至长乐钟前,受诛儿女,一身瓦裂,三族诛夷,谓非自谋之至拙者乎? 嗟乎! 盖亦有天焉,信亦无如之何矣。

信与张耳以兵数万①,欲东下井陉击赵②〔1〕。赵王、成安君陈馀闻汉且袭之也③,聚兵井陉口④,号称二十万⑤。广武君李左车说成安君曰:"闻汉将韩信涉西河⑥,虏魏王,禽夏说,新喋血阏与,今乃辅以张耳,议欲下赵,此乘胜而去国远斗,其锋不可当⑦。臣闻千里馈粮,士有饥色;樵苏后爨,师不宿饱⑧。今井陉之道,车不得方轨,骑不得成列,行数百里,其势粮食必在其后,愿足下假臣奇兵三万人,从间路绝其辎重⑨；足下深沟高垒，坚营勿与战⑩。彼前不得斗，退不得还⑪，吾奇兵绝其后，使野无所掠⑫，不至十日，而两将之头，可致于戏下⑬。愿君留意臣之计。否，必为二子所禽矣⑭。"成安君，儒者也，常称义兵不用诈谋奇计⑮，曰："吾闻兵法，十则围之，倍则战之。今韩信兵号数万，其实不过数千⑯。能千里而袭我，亦以罢极⑰。今如此避而不击⑱，后有大者，何以加之！则诸侯谓吾怯而轻来伐我⑲。"不听广武君策⑳。广武君策不用〔2〕。

　　韩信使人间视，知其不用，还报，则大喜，乃敢引兵遂下㉑。未至井陉口三十里，止舍。夜半传发㉒，选轻骑二千人，人持一赤帜㉓，从间道萆山而望赵军，诫曰："赵见我走，必空壁逐我，若疾入赵壁，拔赵帜，立汉赤帜㉔。"令其裨将传飧㉕，曰："今日破赵会食㉕。"诸将皆莫信，详应曰："诺。"谓军吏曰："赵已先据便地为壁㉖，且彼未见吾大将旗鼓，未肯击前行，恐吾至阻险而还㉗。"信乃使万人先行，出，背水阵，赵军望见而大笑㉘。平旦㉙，信建大将之旗鼓，鼓行出井陉口㉚，赵开壁击之，大战良久㉛〔3〕。于是信、张耳佯弃鼓旗，走水上军。水上军开入之，复疾战。赵果空壁争汉鼓旗㉜，逐韩信、张耳。韩信、张耳已入水上军，军皆殊死战，不可败㉝。信所出奇兵二千骑㉞，共候赵空壁逐利，则驰入赵壁，皆拔赵旗，立汉赤帜二千㉟。赵军已不胜㊱，不能得信等，遂还归壁，壁皆汉赤帜而大惊㊲，以为汉已得赵王将矣㊳。兵遂乱，遁走，赵将虽斩之，不能禁也。于是汉兵夹击，大破虏赵军㊴，斩成安君泜水上，禽赵王歇。

信乃令军中毋杀广武君⑩,有能生得者购千金。于是有缚广武君而致戏下者,信乃解其缚,东向坐,西向对,师事之⑪。

诸将效首虏,休毕贺,因问信曰:"兵法右倍山陵⑫,前左水泽⑬,今者将军令臣等反背水阵,曰'破赵会食',臣等不服,然竟以胜,此何术也⑭?"信曰:"此在兵法,顾诸君不察耳⑮。兵法不曰'陷之死地而后生,置之亡地而后存'?且信非得素拊循士大夫也⑯,此所谓'驱市人而战之',其势非置之死地,使人人自为战;今予之生地,皆走,宁尚可得而用之乎⑰!"〔4〕诸将皆服,曰:"善。非臣所及也。"

【夹批】

① 点兵数,要着。

② 点战地,要着。

③ 并提出二人,为起讫眼目。

④ 聚而不肯分,已拙。

⑤ 陈馀以兵多,不肯用奇计,故必先点出两边兵数。

⑥ 明谓馀非信、耳敌手,非漫数前功也。

⑦ 只此一句,韩信作用俱见。

⑧ 造语整秀不凡,此四句言远征常理。下复以井陉道险作一层,深明兵法,而指画极了了。

⑨ 此一路抄出其后。

⑩ 此一军坚垒其前。

⑪ 分承明画之极。

⑫ 又有锢之之法。

⑬ 此殆谓彼军必内叛也,作用神密,未可明言耳。

⑭ 再点此句,应"锋不可当"数语。

⑮ 迂缓得妙,要之此直大言欺人,意中只是恃其兵多,且以逸待劳耳。

⑯ 兵岂在多？迂论可笑！

⑰ 不知惟其远来,故士必致死,盖退一步,即无生望也。

⑱ 大言得妙。

⑲ 不顾目前,却算后日,迂状可掬。

⑳ 一句凡三写,连绵而下,所以深惜之也。当着眼。

㉑ 正极写广武君处。"大喜"、"乃敢",则信之来实懂懂矣。

㉒ 细写号令,绝大笔力。

㉓ 第一令却先算结末一着,奇幻之至。

㉔ 写得如聚米排沙,一一清出。

㉕ 第三令并在战后,益奇。然传飨出战,亦疾速都起矣。

㉖ 此必引其空壁来逐之故,欲以客而据主之垒,兵不得不奇。

㉗ 见难而退,行师之常,成安所及知者也。故不见大将旗鼓,必不空壁来逐,疑信、耳不在行间故也。

㉘ 笑得儒气。

㉙ 与"夜半"应。

㉚ 致师之法。

㉛ 分作三段看,凡三写大战,盖此日之事至危,成败之机,间不容发,无非以见背水一军之死而致生之妙也。

㉜ 必至之理。

㉝ 盖亦战苦云深,非常鏖战矣。

㉞ 叙得明净,《左》、《国》所无。

㉟ 煞出"二千"字,有力。

㊱ 写得从容,此所以不能胜人也。

㊲ 一句写目中之乱。

㊳ 一句写意中之乱。

㊴ 收得如疾风卷箨。

㊵ 信于此真有国士之风。

㊶ 此一句急写于效首虏之前,极写韩信。

㊷ 倍与背同。

㊸ 左与阻同。

㊹ 此即前所谓"赵已据便地为壁者"也,信以便地先为赵据,故出奇以劫之,诸将终未解此。

㊺ 当面指破,为章句泥儒说法,正与成安君所引兵法对着。

㊻ 此转自有深意。

㊼ 韩信用之固妙,然而泥其说以取败者亦多矣。不可不知。

【眉批】

〔1〕井陉之战,至危之劫着也。先下一个"欲"字,及间视不用左车之策,又下"乃敢"二字,此皆文中绝大关目。盖韩信天授智勇,老于行间,必不肯犯险尝试,以冀幸于万一。若左车之策果用,信必不来送死。左车虽智,终让韩侯一着,而信能折节师事之,此信之所以愈不可及也。

〔2〕左车之策果用,必不使敌人得知,所以为信知者,馀方以大言恫喝、创虚声以折之之故耳。

〔3〕出井陉以决一日之雌雄,必无一战不克而需再举之理。成安君固非韩信敌手,而兵之懈与奋,亦诚有天渊相去者。盖赵兵空壁逐利,前有幸功之乐,后无致死之忧,则见利而进,知难而退而已。汉兵则不然,力战则各救其生,一退则俱无噍类,所以一曰"大战良久",再曰"复疾战",三曰"皆殊死战",彼懈我奋,一以当千,又何十则围而倍则战之有? 此左车所以早有成禽之虑也。

〔4〕岳忠武论兵曰:"运用之妙,存乎一心。"夫心之精微,口不能言也,况于书乎? 汉王尝以十万之兵夹潍水阵,为楚所蹙,潍水为之不流。此与置之死地者何异? 而败衄至此! 使泥韩信之言,其不至颠踬舆尸载胥及溺者几何矣。此总难为死守训诂者言也。

齐人蒯通知天下权在韩信，欲为奇策而感动之^①，以相人说韩信曰："仆尝受相人之术^②。"韩信曰："先生相人何如^③?"对曰："贵贱在于骨法，忧喜在于容色^④，成败在于决断^⑤。以此参之^⑥，万不失一。"韩信曰："善。先生相寡人何如?"对曰："愿少间^⑦。"信曰："左右去矣。"通曰："相君之面，不过封侯，又危不安^⑧。相君之背，贵乃不可言^⑨。"韩信曰："何谓也^⑩?"蒯通曰^[1]："天下初发难也^⑪，俊雄豪杰连号一呼^⑫，天下之士云合雾集，鱼鳞杂遝，熛至风起。当此之时，忧在亡秦而已^⑬。今楚、汉分争，使天下无罪之人肝脑涂地，父子暴骸骨于中野，不可胜数^⑭。楚人起彭城，转斗逐北^⑮，至于荥阳，乘利席卷，威震天下^⑯。然兵困于京、索之间，迫西山而不能进者，三年于此矣^⑰。汉王将数十万之众^⑱，距巩、雒，阻山河之险，一日数战^⑲，无尺寸之功，折北不救，败荥阳，伤成皋^⑳，遂走宛、叶之间^㉑，此所谓智勇俱困者也。夫锐气挫于险塞，而粮食竭于内府^㉒，百姓罢极怨望，容容无所倚^㉓。以臣料之，其势非天下之贤圣，固不能息天下之祸^㉔。当今两主之命，县于足下：足下为汉，则汉胜；与楚，则楚胜^{㉕[2]}。臣愿披腹心，输肝胆，效愚计，恐足下不能用也^㉖。诚能听臣之计，莫若两利而俱存之，三分天下，鼎足而居，其势莫敢先动^㉗。夫以足下之贤圣，有甲兵之众^㉘，据强齐，从燕、赵，出空虚之地而制其后^㉙，因民之欲，西向为百姓请命，则天下风走而响应矣，孰敢不听^㉚！割大弱强，以立诸侯；诸侯已立，天下服听而归德于齐^㉛。案齐之故^㉜，有胶、泗之地^㉝，怀诸侯之德^㉞，深拱揖让，则天下之君王相率而朝于齐矣^㉟。盖闻‘天与弗取，反受其咎；时至不行，反受其殃^㊱。’愿足下熟虑之。”

韩信曰："汉王遇我甚厚^㊲，载我以其车，衣我以其衣，食我以其食。吾闻之，‘乘人之车者，载人之患；衣人之衣者，怀人之忧；食人之食者，死人之事^㊳。’吾岂可乡利倍义乎^㊴？"蒯生曰："足下自以为善汉王^㊵，欲建万世之业，臣窃以为误矣。始常山王、成安君为布衣时，相与为刎颈之交^㊶，后争张黡、陈泽之事，二人相怨。常山王背项王^㊷，奉项婴头而窜，逃归于汉王。汉王借兵而东下，杀成安君泜水之南，头足异处，卒为天下笑^㊸。此二人相与，天下至欢也。然而卒相禽者，何也？患生于多欲，而人心难测也^㊹。今足下欲行忠信以交于汉王，必不能固于二君之相与也，而事多大于张黡、陈泽^㊺，故臣以为足下必汉王之不危己，亦误矣^㊻。大夫种、范蠡存亡越，霸勾践^㊼，立功成名而身死亡，野兽已尽而猎狗烹^㊽。夫以交友言之，则不如张耳之与成安君也^㊾；以忠信言之，则不过大夫种、范蠡之于勾践也^㊿。此二人者，足以观矣^[51]。愿足下深虑之^[52]。且臣闻‘勇略震主者身危，而功盖天下者不赏，’^{[53]〔3〕}。臣请言大王功略：足下涉西河，虏魏王，禽夏说，引兵下井陉，诛成安君，徇赵，胁燕，定齐，南摧楚人之兵二十万，东杀龙且，西乡以报^[54]，此所谓功无二于天下，而略不世出者也^[55]。今足下戴震主之威，挟不赏之功^[56]。归楚，楚人不信；归汉，汉人震恐。足下将持是安归乎^[57]？夫势在人臣之位而有震主之威，名高天下，窃为足下危之^[58]。"韩信谢曰："先生且休矣，吾将念之^[59]。"

　　后数日,蒯通复说曰:"夫听者,事之候也;计者,事之机也[50]。听过计失而能久安者,鲜矣。听不失一二者,不可乱以言;计不失本末者,不可纷以辞[51]。夫随厮养之役者,失万乘之权;守儋石之禄者,阙卿相之位[52]。故知者决之断也,疑者事之害也,审毫厘之小计,遗天下之大数[53],智诚知之,决[54]不敢行者,百事之祸也[55]。故曰'猛虎之犹豫,不若蜂虿之致螫;骐骥之跼躅,不如驽马之安步;孟贲之狐疑,不如庸夫之必至也;虽有舜、禹之智,吟而不言,不如喑聋之指麾也[56]',此言贵能行之[57]。夫功者难成而易败,时者难得而易失也。时乎、时乎不再来[58],愿足下详察之!"[4]韩信犹豫不忍倍汉[59],又自以为功多,汉终不夺我齐[70],遂谢蒯通。蒯通说不听,已佯狂为巫。

【夹批】

① 蒯通大有远识,此段大文字,绝非苟且侥幸之图。

② 借端入港,并非真会相人。

③ 先问其术之所主。

④ 以二句作陪,方不觉。

⑤ 主意在此。

⑥ 参之甚深。

⑦ 以说话代叙事。

⑧ 奇语巧舌,千古无两。

⑨ 背,反也。劝其反汉,为此隐语。

⑩ 怪其非相人常法。

⑪ 以下绝不复提相法。

⑫ "连",一作"建"。

⑬ 此段即"秦失其鹿,天下共逐之"语而少变之,见信与刘何必便有君臣之定分也。妙。

⑭ 此段即下所云"天下之祸"也,祸惨如此,欲信起而定之,原非仅为富贵起见,更妙。

⑮ 方分二扇,此言楚人已困,不足以定天下之祸。

⑯ 势似强。

⑰ 楚所以困于京、索之间者,信扼之也。便见制楚之权者在信。

⑱ 此言汉王多败,亦不足以定天下之祸。

⑲ 势本弱。

⑳ 汉所以伤败不支者,信不救也。又见制汉之权者亦在信。

㉑ "葉",古本作"棄"。

㉒ 总承上二段,言楚、汉俱困。

㉓ 此仍应到"使天下无罪之人"数句。

㉔ 一句直冲到信,好笔力,好局段。

㉕ 束上数段,语劲而简,一字增减不得。

㉖ 先作摇曳,亦知一时难决。

㉗ 前后凡用无数波澜,而主意只一口喝出于此,贾太傅《治安策》绝类此文。

㉘ 此又三分鼎足后作用。

㉙ 有余力。

㉚ 应归定"天下之祸"句,较正题目。

㉛ 此却与郦生建策立六国相似。若果行此,未免树兵矣。

㉜ 旧境。

㉝ 收胶东、泗上以益封。

㉞ 倒句法,言诸侯怀德。

㉟ 说到揖让,仍照定"息祸"言之,亦未免言之太易,盖歆动之极矣。

㊱ 此本策士常谈,然以语韩信,则最确。

㊲ 信之暗于事机,在汉王术中而不悟如此。

㊳ 其言如古箴铭，朴至可味。

㊴ 公之向利久矣，安能使隆准忘情乎？

㊵ 写得怪诧可掬，“自以为”三字妙甚，言自见为善，而他人殊未见为善也。

㊶ 引张耳、陈馀一案，只破他“遇我甚厚”语。

㊷ 馀、耳之事，隙始于馀不救耳，然耳实先负馀，观蒯生述来，更自曲直了然。

㊸ 不但笑馀，亦兼笑耳，只是笑其好之不终也。

㊹ 此亦通概言之，即通之说信背汉，何尝不是人心难测？但不早为计，则我不负人者，人终负我，故必争先一着耳。

㊺ 妙语透极。

㊻ 应还“误”字，格律甚紧。

㊼ 种、蠡一死一隐，文盖大概言之，古文如此者甚多。

㊽ 韵语。此数语找足功臣，特于交友外添出，有意。

㊾ 一层恃爱。

㊿ 一层尽忠。

(51) 二人统指张、陈，文、范。

(52) 虑深，比前熟虑又切。

(53) 韩信自负功多，故汉终不负我，不知信之危，正以其功多也。特枚举其功言之，可谓说之极工者。

(54) 总承十句。

(55) 此非赞其能事，正是穷其祸根。

(56) “戴”字、“挟”字、“持”字，正如身有赘疣，象有齿，犀有角，皆身之害也。

(57) 说到此处，不由人不毛骨寒竖。

(58) “危”字比“深虑”又切。

(59) 心已动矣，而不能决，天夺之鉴。

(60) 不容蹉过之谓候，少纵即逝之谓机。

⑥ 此二语宽一步言,除非听之多失旨,而计之非万全,或可纷乱于中而不决。今我所陈,则本末灿然,一一无失者也。

⑥ 此段细微之事,以譬其驽马恋栈之愚。

⑥ 申明"厮养"、"儋石"二句意。

⑥ 信非不知,只是犹豫顾惜耳。

⑥ 此语是顶门一针。

⑥ 三排之后,忽引长一笔,妙绝文情。

⑥ 单缴"弗敢行者"句。

⑥ 词毕矣,独提一"时"字,歌吟而警之,态色声情,俱臻绝品。

⑥ 此是正意。

⑦ 此是不信彻言之意。

【眉批】

〔1〕蒯通之论,盖长于论人事而暗于决天时,智于见目前而愚于见日后者也。张子房一见沛公,即云沛公殆天授,彼则可谓豪杰矣。若信智勇有余而实无君人之度。且使果如通言,三分天下,两利俱存,则天下何时而定于一乎?目前之肝胆涂地,或得暂休;异时之暴骨枕骸,竟无宁息。汉之为汉,固未可知;而韩之为韩,恐亦难长恃也。然其"危而不安"之语则切矣。

〔2〕韩信下齐之后,汉王方困于成皋,且夕望救而信乃拥兵观望,遣使请为假王以镇之。汉王怒骂,良、平蹑足而有"宁能禁信自王"之语,汉王之忌信至矣。此时主为汉王,臣为齐王。楚锋方锐而汉以两王分居,臣主之分安在?信犹自谓不敢向利背义,恐亦难以欺天下之豪杰也。迨骑虎之势既成,而顾以推食解衣之私,谓为厚遇。虎狼入阱,投肉饲饥;事机可乘,挥戈恐后者也。而信终不悟,岂非天夺其鉴乎?故通之为信谋者,直所以救信于死也。引陈馀、文种以为言,宁犹曰从容图利而已哉?危哉信,警哉通矣!

〔3〕此以下专就功高不赏言之,在韩信固为万金良药,若以概诸古今

功臣则非也。人臣但患不善居功耳，岂曰功高必不利于身乎？洵如通言，则扶危定倾之际，为人臣者必将留不尽之力以自为，如明末左宁南拥重兵而养寇以自重，其罪有不可胜诛者。果善于居功，如诸葛武侯、郭汾阳，岂患功高而祸至哉！史公赞中，但以学道让谦为信所少，盖有识之言也。

〔4〕成、败之间，间不容发，信果不欲倍汉亦无所用其犹豫。犹豫者，心已动之词也。纵不倍汉，已非纯臣矣。惜哉！

韩王信卢绾列传

卢绾者，丰人也，与高祖同里[1]。卢绾亲与高祖太上皇相爱①，及生男，高祖、卢绾同日生，里中持羊酒贺两家。及高祖、卢绾壮，俱学书，又相爱也②。里中嘉两家亲相爱，生子同日，壮又相爱③，复贺两家羊酒④。高祖为布衣时，有吏事辟匿，卢绾常随出入上下⑤。及高祖初起沛，卢绾以客从，入汉中，为将军，常侍中。从东击项籍，以太尉常从，出入卧内，衣被饮食赏赐，群臣莫敢望。虽萧、曹等，特以事见礼⑥，至其亲幸，莫及卢绾。绾封为长安侯。长安，故咸阳也⑦。

汉五年冬，以破项籍⑧乃使卢绾别将，与刘贾击临江王共尉，破之。七月还，从击燕王臧荼，臧荼降。高祖已定天下⑨，诸侯非刘氏而王者七人。欲王卢绾，为群臣觖望。及虏臧荼，乃下诏诸将相列侯，择群臣有功者以为燕王。群臣知上欲王卢绾，皆言曰："太尉长安侯卢绾，常从平定天下⑩，功最多，可王燕。"诏许之。汉五年八月，乃立卢绾为燕王。诸侯王得幸，莫如燕王⑪[2]。

汉十一年秋，陈豨反代地，高祖如邯郸击豨兵⑫，燕王绾亦击其东北。当是时，陈豨使王黄求救匈奴。燕王绾亦使其臣张胜于匈奴，言豨等军破⑬。张胜至胡，故燕王臧荼子衍出亡在胡，见张胜曰："公所以重于燕者，以习胡事也⑭。燕所以久存者，以诸侯数反，兵连不决也⑮。今公为燕欲急灭豨等，豨等已尽，次亦至燕，公等亦且为虏矣⑯。公何不令燕且缓陈豨而与胡和，事宽，得长王燕；即有汉急，可以安国⑰。"张胜以为然，乃私令匈奴助豨等击燕⑱。燕王绾疑张胜与胡反，上书请族张胜。胜还，具道所以为者。燕王寤，乃诈论他人，脱胜家属，使得为匈奴间⑲，而阴使范齐之陈豨所，欲令久亡，连兵勿决。

　　汉十二年，东击黥布，豨常将兵居代，汉使樊哙击斩豨。其裨将降，言燕王绾使范齐通计谋于豨所⑳。高祖使使召卢绾㉑，绾称病。上又使辟阳侯审食其、御史大夫赵尧往迎燕王，因验问左右。绾愈恐，闭匿㉒。谓其幸臣曰："非刘氏而王，独我与长沙耳。往年春，汉族淮阴；夏，诛彭越，皆吕后计。今上病，属任吕后㉓。吕后妇人，专欲以事诛异姓王者及大功臣㉔。"乃遂称病不行。其左右皆亡匿。语颇泄，辟阳侯闻之，归具报上，上益怒㉕。又得匈奴降者，降者言张胜亡在匈奴，为燕使。于是上曰："卢绾果反矣！"使樊哙击燕。燕王绾悉将其宫人家属骑数千居长城下，候伺，幸上病愈，自入谢㉖。四月，高祖崩，卢绾遂将其众亡入匈奴，匈奴以为东胡卢王㉗。绾为蛮夷所侵夺，常思复归㉘。居岁余，死胡中。

　　高后时，卢绾妻子亡降汉，会高后病，不能见，舍燕邸，为欲置酒见之㉙。高后竟崩，不得见㉚。卢绾妻亦病死。

　　孝景中六年，卢绾孙他之，以东胡王降，封为亚谷侯[3]。

【夹批】
① 一路写亲厚殊绝，笔墨复沓，而各极变态，文之最秾至葱茏者。
② 多一"也"字，便饶姿态。

③ 偏能总束一番。

④ 倒前句,虽小处必变化。

⑤ "常随出入上下"、"常侍中"、"常出入卧内"一意,而文亦三变。

⑥ 举第一等功臣,以见优礼之绝等。

⑦ 独此封注一句,盖咸阳秦之故都,以之为封,盛大莫与京矣。

⑧ 先云五年冬,下乃云七月、八月等事,盖汉以冬十月为岁首,然亦可以征改朔而不改时也。

⑨ 原叙法。

⑩ 卢绾初无特建之功,何以得与信、越等并?妙即"常从"二字,囊括一生宠遇。

⑪ 又攒一笔。

⑫ 豨王代,在燕之西南。

⑬ 本所以绝其声援。

⑭ 只从张胜切己处说入,可见小人之情,原非为主也。

⑮ 无据之谈。

⑯ 又说到张胜切肤之危。

⑰ 此虽非人臣所当言,然为燕谋,固亦忠矣。

⑱ 以避嫌疑,亦妙。

⑲ 后终得归身于胡,未必非胜开之,此著未可深诋。至陈豨反贼而与之相通,则谬甚矣。

⑳ 此处绾已有当诛之罪。

㉑ 看高祖之意,终未肯废绾。然绾至此殊已危迫,使归身于汉,恐终亦未能瓦全也。

㉒ 绾无能反之资,只是惧死,使高祖能谅其隐,徙之关内,列为彻侯,虽至今存可也。

㉓ 所见固是。

㉔ 即称病亡匿,可侥幸久存耶?谋之不臧,甚矣。

㉕ 相负如此,不得不怒。

㉖ 前迎之不至，此时未必果有此意，然写得妙。

㉗ 东胡王也，因其姓加之。

㉘ 余音袅袅。

㉙ 写得终有家人妇子之意，真是好笔。

㉚ 其情不得遂，转益终穷。

【眉批】

〔1〕汉异姓王至被恩宠者卢绾，至忠谨无过者吴芮，其他所诛灭，虽未必尽当其罪，然亦实有以自取也。绾之恩遇，又非芮所敢望，则苟其纯白乃心，恭顺守节，当亦未必遂有败亡之祸。无如信、越之死，皆出牝鸡，遂听寒心，闻风股慄，不得不为三窟自全之计，卒使布衣昆弟之欢，变而为走越亡胡之势。绾诚孤恩，汉亦负义，此无他，吕雉有以驱之而小人复以谋身之私智煽之也。为人臣者，尚鉴之哉！

〔2〕从来边鄙要害之地，不以王异姓，此人主自守边之义也。燕王绾亦以亲幸殊绝之故，托以独当一面耳。然人臣无外交，而况与匈奴阴相往来，即使不反，亦非中国之体，况卒至于反耶！

〔3〕有起处许多稠叠恩宠，即不得不生出结处许多宛转余情，令人读之而望古遥集。君臣离合死生之际，有呜咽感欷而不能已者，传中之绝唱也。

郦生陆贾列传

郦生食其者，陈留高阳人也①[1]。好读书，家贫落魄，无以为衣食业，为里监门吏②。然县中贤豪不敢役，县中皆谓之狂生③。

及陈胜、项梁等起，诸将徇地过高阳者数十人④，郦生闻其将皆握龊好苛礼自用，不能听大度之言，郦生乃深自藏匿。后闻沛公将兵略地陈留郊⑤，沛公麾下骑士，适郦生里中子也，沛公时时问邑中贤士豪杰⑥，骑士归，郦生见谓之曰："吾闻沛公慢而易人⑦，多大略⑧，此真吾所愿从游⑨，莫为我先。若见沛公，谓曰：'臣里中有郦生⑩，年六十余，长八尺，人皆谓之狂生，生自谓我非狂生⑪'。"骑士曰："沛公不好儒，诸客冠儒冠来者，沛公辄解其冠，溲溺其中⑫。与人言，常大骂⑬。未可以儒生说也⑭。"郦生曰："第言之。"骑士从容言如郦生所诫者⑮。

沛公至高阳传舍⑯，使人召郦生。郦生至，入谒，沛公方踞床使两女子洗足，而见郦生⑰。郦生入，则长揖不拜⑱[2]，曰："足下欲助秦攻诸侯乎⑲？且欲率诸侯破秦也？"沛公骂曰："竖儒⑳！夫天下同苦秦久矣，故诸侯相率而攻秦，何谓助秦攻诸侯乎㉑？"郦生曰："必聚徒合义兵诛无道秦，不宜倨见长者㉒。"于是沛公辍洗起，摄衣延郦生上坐，谢之㉓。郦生因言六国纵横时㉔。沛公喜，赐郦生食，问曰："计将安出㉕？"郦生曰："足下起纠合之众，收散乱之兵，不满万人，欲

254

以径入强秦,此所谓探虎口者也㉖。夫陈留,天下之冲,四通五达之郊也㉗,今其城又多积粟。臣善其令,请得使之,令下足下㉘。即不听,足下举兵攻之,臣为内应㉙。"于是遣郦生行,沛公引兵随之,遂下陈留。号郦食其为广野君㉚。

【夹批】

① 连载地名,便伏下线索,如此等处,皆不草草。

② 不能谋生而独为里监门,欲以阴识天下之豪杰耳。

③ 郦生一生负气,起境便与人不同。

④ 已至其里,而未闻采访贤士。郦生自问之,与后对看。

⑤ 但在陈留郊,不但未入其里,亦尚未入其邑。此一段妙文,纯在空中撮出,不然,即直从高阳传舍写起矣。

⑥ 写得不同。此"问"字与郦生问诸将对看,空中妙文。

⑦ 与"好苛礼"反。

⑧ 与"自用"反。

⑨ 亦与"深匿"反。

⑩ 自荐语,奇妙绝人。

⑪ 正在拉杂得妙,宛然画个小影,恰与"慢而易人,多大略"七字合拍也。

⑫ 自有一辈溺器在,岂真不好儒哉!

⑬ 先逗一骂取致。

⑭ 郦生明自谓非狂生,而骑士眼孔固难与深言也。

⑮ 省而亮。

⑯ 叙次地名,皆有线索。

⑰ 写景处,所以发明沛公之大度与郦生之负气,并非闲笔。

⑱ 肮脏落拓有气。

⑲ 问得奇。

⑳ 快甚,总是率真大度。

㉑ 摸不着头路,不得不骂,却非慢也。

㉒ 负气肮脏,口角如画。

㉓ 以上只是沛公、郦生作合之始事。

㉔ 礨括得妙,称其为人,如此足矣。

㉕ 六国合纵连横,俱是说客本领,盖生业已将游说自任,故沛公直问"计将安出",言何处起手也。

㉖ "入"字、"探"字妙,写得孟浪之极。

㉗ 自为陈留人,亦只从近地展布,与强秦探口特特相反。

㉘ 此俱是为监门时留心打算停当。

㉙ 两存其计,妙。盖郦生于此,原无奇特,只如此了之。虚者既实,实者乃反虚也。

㉚ 略写已足。

【眉批】

〔1〕前半幅未曾写郦生一毫实事,只曲描英雄相与之初,始如霄壤,继如针芥,而高祖、郦生神情俱活。如欲写郦生自荐,却先写沛公时时问骑士,则沛公之精神不为生掩也。既有沛公问骑士,又写骑士未肯荐郦生,则郦生之精神不为沛公掩也。至于长揖不拜、辍洗起迎,宛然见当时交接之景,盖颊上三毫,传神远矣。

〔2〕郦生以游说为己任,然生平亦无甚奇特功名,说下陈留而成名,说下田齐为韩信所卖而身膏鼎镬矣。所差强人意者而公不为若更言一语,负气到底,不枉此"高阳一酒徒"耳。故史公全传,只是描其肮脏。

　　陆贾者,楚人也[1]。以客从高祖定天下①,名为有口辨士,居左右,常使诸侯②。

　　及高祖时,中国初定,尉佗平南越,因王之③。高祖使陆贾赐尉佗印，为南越王④。陆生至，尉佗魋结箕踞见陆生⑤。陆生因进说佗曰："足下中国人，亲戚昆弟坟墓在真定⑥。今足下反天性，弃冠带⑦，欲以区区之越，与天子抗衡为敌国，祸且及身矣⑧。且夫秦失其政⑨，诸侯豪杰并起，惟汉王先入关，据咸阳⑩。项羽倍约，自立为西楚霸王，诸侯皆属，可谓至强⑪。然汉王起巴蜀，鞭笞天下，劫略诸侯，遂诛项羽灭之⑫。五年之间，海内平定，此非人力，天之所建也⑬。天子闻君王王南越，不助天下诛暴逆，将相欲移兵而诛王，天子怜百姓新劳苦，故且休之⑭，遣臣授王印，剖符通使。君王宜郊迎，北面称臣⑮。乃欲以新造未集之越，屈强于此⑯。汉诚闻之，掘烧王先人冢，夷灭宗族⑰，使一偏将将十万众临越，则越杀王降汉如反覆手耳⑱。"

于是尉佗乃蹶然起坐，谢陆生曰："居蛮夷中久，殊失礼仪⑲。"[2]因问陆生曰："我孰与萧何、曹参、韩信贤⑳？"陆生曰："王似贤㉑。"复曰："我孰与皇帝贤㉒？"陆生曰："皇帝起丰沛㉓，讨暴秦，诛强楚，为天下兴利除害，继五帝三皇之业，统理中国。中国之人以亿计，地方万里，居天下之膏腴，人众车舆，万物殷富，政由一家，自天地剖判，未始有也㉔。今王众不过数十万，皆蛮夷，崎岖山海间㉕，譬若汉一郡，王何乃比于汉？"尉佗大笑曰㉖："吾不起中国，故王此；使我居中国，何渠不若汉㉗？"乃大悦陆生㉘，留与饮数月。曰："越中无足与语，至生来，令我日闻所不闻㉙。"赐陆生橐中装直千金，他送亦千金㉚。陆生卒拜尉佗为越王，令称臣奉汉约。归报，高祖大悦，拜贾为太中大夫。

陆生时时前说称《诗》《书》㉛。高帝骂之曰:“乃公居马上而得之,安事《诗》《书》㉜!”陆生曰:“居马上得之,宁可以马上治之乎㉝?且汤武逆取而以顺守之,文武并用,长久之术也㉞。昔者吴王夫差、智伯极武而亡;秦任刑法不变,卒灭赵氏㉟。乡使秦已并天下,行仁义,法先圣,陛下安得而有之?”高帝不怿而有惭色,乃谓陆生曰:“试为我著秦所以失天下,吾所以得之者何,及古成败之国㊱。”陆生乃粗述存亡之征,凡著十二篇㊲。每奏一篇,高祖未尝不称善㊳,左右呼万岁㊴〔3〕,号其书曰《新语》㊵。

孝惠帝时,吕太后用事,欲王诸吕,畏大臣有口者㊶,陆生自度不能争之,乃病免家居,以好畤田地善,可以家焉㊷。有五男,乃出所使越得橐中装卖千金,分其子,子二百金,令为生产㊸。陆生常安车驷马,从歌舞鼓琴瑟侍者十人,宝剑直百金㊹,谓其子曰:“与汝约:过汝,汝给吾人马酒食,极欲,十日而更。所死家,得宝剑车骑侍从者㊺。一岁中往来过他客,率不过再三过,数见不鲜,无久慁公为也㊻。”

吕太后时,王诸吕〔4〕。诸吕擅权,欲劫少主,危刘氏。右丞相陈平患之,力不能争,恐祸及己㊼,常燕居深念。陆生往请,直入坐,而陈丞相方深念,不时见陆生㊽。陆生曰:“何念之深也?”陈平曰:“生揣我何念㊾?”陆生曰:“足下位为上相,食三万户侯,可谓极富贵无欲矣。然有忧念,不过患诸吕、少主耳。”陈平曰:“然。为之奈何?”陆生曰:“天下安,注意相;天下危,注意将㊿。将相和调,则士务附(51);士务附,天下虽有变,即权不分。为社稷计,在两君掌握耳。臣常欲谓太尉绛侯，绛侯与我戏，易吾言㉜。君何不交欢太尉，深相结？"为陈平画吕氏数事。陈平用其计，乃以五百金为绛侯寿，厚具乐饮㉝。太尉亦报如之〔5〕。此两人深相结，则吕氏谋益衰㊴。

陈平乃以奴婢百人，车马五十乘，钱五百万，遗陆生为饮食费㊶。陆生以此游汉廷公卿间，名声籍甚㊷。

及诛诸吕，立孝文帝，陆生颇有力焉㊸。孝文帝即位，欲使人之南越。陈丞相等乃言陆生为太中大夫往使尉佗，令尉佗去黄屋称制，令比诸侯，皆如意旨㊹。语在《南越》语中。陆生竟以寿终㊺。

【夹批】

① 先下断案语，与他传特别。

② 囊括未即位以前事，甚简妙，以其不足书也。

③ 事在中国未定前，追书之，不必太明晰也。

④ 不暇讨，姑以虚名羁縻之。

⑤ 初写得尉佗如鹿豕不可狎，方显得陆生辨捷出。

⑥ 开口妙，即此一语，已箝住尉佗矣。

⑦ 此只责其自弃于汉。

⑧ 此三句方为利害关头提纲。

⑨ 看其逐节布置，井井有法。

⑩ 先言其理至顺，此意轻。

⑪ 正对"区区越"句。

⑫ 次言其力至强，此意重。

⑬ 又统言获助于天，晓倔强人不可少此意。

⑭ 尉佗霸有南越，在汉未有天下之前，非汉人所得而讨其罪者。"不助

天下诛暴逆"句,极有体,不然,必不足服佗之心。

⑮ 此正意,亦只略道之,盖本无臣主之分故也。

⑯ 四字妙不可易。

⑰ 方发明"祸且及身",语语切骨,真好辨口。

⑱ 不言汉诛之,却言"越杀王降汉",令其内顾自生疑忌。妙!妙!

⑲ 便只是认中国人,不更辨他语,屈强而有意思。

⑳ 本不服汉天子语,却问得有次序。

㉑ 奖一句,妙。

㉒ 咄咄逼人。

㉓ 以下六句,正言高祖之贤,然却折不倒尉佗之盛气,故略言便止。下乃全以强弱形势夺之。

㉔ 只是一个中国之大,累累说成一串。

㉕ 只是鄙其蛮夷,便当不起。

㉖ "大笑",妙,是服是不服?

㉗ 倔强有意,英风凛然,正复大洒落。

㉘ 玩其意并不肯服陆生,却又大悦之,妙人,解人。

㉙ 顾盼非常。

㉚ 陆生此等处甚不满人意,史公写来转成高旷。文能荣人,信哉!

㉛ 起得波峭。

㉜ 此一语下作两面破之。

㉝ 接口甚捷,自是滑稽之雄。

㉞ 策士习气,不足深辨。若真谓汤、武逆取,则害道不小。

㉟ 谓灭亡于赵高之手。一云秦伯翳后,与赵同出。如此,则马上伎俩,通无用处。更破得尽致。

㊱ 亦错落有奇致。

㊲ 标题疏莽,正自雅称。

㊳ 自具《诗》《书》种子。

㊴ 太装点。

㊵ 即闻所未闻意。

㊶ “有口”二字，即从篇首用来，而陆生即闭口而退，写来有深意。

㊷ 以“家居”二字领全段。“可以家”，又找足家居之地。妙笔。

㊸ 纤悉明画。

㊹ 三句即陆生自己资货也，为“所死家”一句伏脉。

㊺ 常来过从如此，若卒于某男之家，即以车马宝剑侍者与之。

㊻ 此句素无确解，愚谓句中明有“他客”二字，盖在其子则十日而更，若过他家，则一年中不过二三来往，不欲数见不鲜也。

㊼ 是陈平隐衷。

㊽ 入坐而平若无见，此正写深念之景入神处。或谬以“不时见”为不亟出，则“直入坐”三字既无着落，而“何念之深”一问，亦无来由。

㊾ 有景有态。

㊿ 此数语绝大见识，遂为千古不朽名论。生于歌舞饮乐时，知其熟筹而静俟之者久矣。

(51) “务”一作“豫”。

(52) 周勃何为戏侮陆生？盖勃少文，而陆生时时称说《诗》《书》。勃之易贾，即高祖‘马上得之’之见耳。又着此句，方见陆生大可意处。

(53) 结欢之具，不过如是，知两人于吕后朝，一向冷淡。

(54) 以断语结，甚奇。

(55) 接归陆生本传，恰与“好畤”、“家居”一副笔墨，故妙。

(56) 此时仍家居未尝在位。

(57) 即前所画计也，略缴已足。

(58) 后之使越，实文帝一书有以柔之，非贾特建之绩，故云“如意旨”，最得体。

(59) 好结，有深意。

【眉批】

〔1〕考《汉书》，陆贾初从高祖时，尝奉使九江王，以家乡在楚，即降楚，

不复思汉。识昧于择君,而情溺于怀土,初无豪杰之略。乃其后卒得拔身还汉,终享荣名,从容寿考,颇能以智谋自盖前愆。太史公于其初之孟浪,则讳而不录;于其终之佚乐,则书之不啻口出,虚实错互,烂然成美篇焉。真良史家法也。

〔2〕尉佗英爽阔达,殊有君人之度,汉廷诸臣,诚无出其右者。且其言曰"越中无足与语",得一陆贾,遂谓"日闻所未闻",亦可知南越臣寮俱极琐贱,则以佗之气局,诚得良、平辈为之辅,胜于项而埒于刘,诚何待论?此时实以新造之国,难以争衡;又以坟墓在汉,故姑示逊以胥后效耳。虽有奉约之虚名,仍不改帝制如故,汉固不得过而问之也。陆生拏定中国坟墓以动其天性,指出"新造未集",以见其病根,真直透肯綮之论。佗内识其意而绝不与辨,解人哉:此所以悦之深也。

〔3〕凡言呼万岁者,皆庆幸之意,因高祖善陆生之说,则其将偃武修文与民休息也,故幸而祝之。左右将顺之美,不可忽过。

〔4〕以欲王诸吕起,以诸吕擅政接,中间藏过六七年事务,却以家居饮乐迷离掩之,云开月现,别是一天。陆生固奇,而非此奇文,亦安能写出?

〔5〕陈平、周勃尝佐高祖定天下,协恭之谊,当素讲矣,何至此时待陆生画策而始和调耶?盖高祖遗命,萧、曹之后可相者,即推平、勃,而平于王诸吕之际,颇失于阿谀吕后。勃必疑其心意,不肯与之共事矣。勃既疑平,平亦患勃,将来之祸有不可言者。陆生窥见此隙而亟为调之,实智谋之殊绝,而安刘之功不在周勃之下。乃有而不尸,卒以乐死,生之晚节,真过人远矣。

【总评】

郦、陆两生,皆以舌佐命,然郦以负气鼎烹,陆以委蛇寿考。史公合而传之,于郦则详其始见之时,一腔英伟;于陆则详其病免之后,无限高超。意盖以人生斯世,隐、见无常,险、夷难必,能合两生之始末而并有之,庶可无憾矣。不然,则汉廷臣子寿终者多,独大书于鼎烹者之传后,此何意哉?

刘敬叔孙通列传

汉二年,汉王从五诸侯入彭城①,叔孙通降汉王②〔1〕,汉王败而西,因竟从汉。

叔孙通儒服,汉王憎之,乃变其服,服短衣,楚制,汉王喜③。

叔孙通之降汉,从儒生弟子百余人,然通无所言进,专言诸故群盗壮士进之④。弟子皆窃骂曰⑤:"事先生数岁,幸得从降汉。今不能进臣等,专言大猾,何也?"叔孙通闻之,乃谓曰:"汉王方蒙矢石争天下,诸生宁能斗乎⑥?故先言斩将搴旗之士。诸生且待我,我不忘矣⑦。"汉王拜叔孙通为博士,号稷嗣君⑧。

汉五年,已并天下,诸侯共尊汉王为皇帝于定陶,叔孙通就其仪号⑨。高帝悉去秦苛仪法,为简易⑩。群臣饮酒争功,醉或妄呼,拔剑击柱,高祖患之⑪。叔孙通知上益厌之也⑫,说上曰:"夫儒者难与进取,可与守成⑬。臣愿征鲁诸生,与臣弟子共起朝仪⑭。"高帝曰:"得无难乎?"叔孙通曰:"五帝异乐,三王不同礼。礼者,因时世人情为之节文者也。故夏、殷、周之礼,所因损益可知者,谓不相复也⑮。臣愿颇采古礼与秦仪杂就之⑯。"上曰:"可试为之,令易知,度吾所能行为之⑰。"

于是叔孙通使征鲁儒生三十余人。鲁有两生不肯行⑱〔2〕,曰:"公所事者且十主,皆面谀以得亲贵⑲。今天下初定,死者未葬,伤者未起,又欲起礼乐。礼乐所由起,积德百年而后可兴也㉑。吾不忍为公所为。公所为不合古,吾不行。公往矣,无污我㉑!"叔孙通笑曰㉒:"若真鄙儒也! 不知时变㉓。"

遂与所征三十人西,及上左右为学者㉔,与其弟子百余人为绵蕝野外。习之㉕月余,叔孙通曰:"上可试观㉖。"上既观,使行礼,曰:"吾能为此。"乃令群臣习肄,会十月㉗。

汉七年,长乐宫成,诸侯群臣皆朝十月[3]。仪㉘:先平明,谒者治礼,引以次入殿门㉙,廷中陈车骑步卒卫宫,设兵张旗志㉚。传言"趋"。殿下郎中侠㉛陛,陛数百人。功臣列侯诸将军军吏以次陈西方,东向㉜;文官丞相以下,陈东方,西向。大行设九宾,胪句传。于是皇帝辇出房,百官执职传警,引诸侯王以下至吏六百石以次奉贺㉝。自诸侯王以下,莫不振恐肃敬㉞。至礼毕,复置法酒㉟。诸侯坐殿上皆伏抑首,以尊卑次起上寿。觞九行,谒者言"罢酒"。御史执法,举不如仪者辄引去㊱。竟朝置酒,无敢讙哗失礼者㊲。于是高帝曰:"吾乃今日知为皇帝之贵也㊳。"乃拜叔孙通为太常,赐金五百斤。

叔孙通因进曰:"诸弟子儒生随臣久矣,与臣共为仪,愿陛下官之㊴。"高帝悉以为郎。叔孙通出,皆以五百斤金赐诸生㊵。诸生乃皆喜曰:"叔孙生诚圣人也,知当世之要务㊶。"

【夹批】

① 袭楚之时。

② 叔孙之降,盖不一而足矣,下特云"因竟从汉",反著前此从人之皆不

终也。

③ 先从细处,写一希世样子在前。

④ 此是一段大章法,乃希世度务中之近乎理者。

⑤ 前窃骂,后大喜,鄙陋可叹。极丑之事,而津津写出,观其弟子而知其先生,极不满叔孙生处。

⑥ 度务之言。

⑦ 市道口角,直说愈妙。

⑧ 取嗣音稷下之义。

⑨ 伏一笔,正见其希世煞费苦心在。

⑩ 可见已不尽用叔孙所就。

⑪ 悉与后对看。

⑫ 必插此六字,笔端有眼。

⑬ 度务之言。

⑭ 重在"鲁诸生",因以弟子附入,巧便处。

⑮ 其言不必甚谬,自通言之,则希世之吻如画,以上下文势相凑而成也。此则妄甚。

⑯ 此千古礼乐兴亡一大关目,须着眼。

⑰ 古朝廷礼,天子皆有仪;自汉以下,下有仪上无仪矣,皆此言启之。

⑱ 真高世之士,而世或以訾訾拘滞之人,非也。

⑲ 可见礼乐非此人所能识。

⑳ 叔孙所就者,苟且之朝仪,原说不得礼乐。两生责之,亦似过当,然其言则粹然无疵。

㉑ 连下五句,如见其掉头挥手咄咄不屑之状,传神妙手。

㉒ 强颜。

㉓ 含糊得妙,当以不甚解解之。

㉔ 不偏徇其弟子,亦希世手段。

㉕ 以茅置蕝为朝会之位。

㉖ 应"试为之"语。

㉗ 令习之,以就元日大会。盖汉初以十月为岁首也。隶亦肄也,音异。

㉘ 一段朝仪。

㉙ 写汉官威仪,亦甚肃穆,要是史公笔力之整赡耳。

㉚ 帜同。

㉛ 夹同。

㉜ 此仪盖至今仍之。

㉝ 朝事毕。

㉞ 写情一句。

㉟ 一段宴酒。

㊱ 宴事毕。

㊲ 分顶二段,甚明画。

㊳ 以此一语结礼乐。是嘲是笑,是赞是叹,任人自领。

㊴ 看其委蛇之致,处处如画。

㊵ 正与东汉桓荣自言稽古之力,意思相反。

㊶ 一官一金,遂市圣人之名,而"知要务"句却妙。

【眉批】

〔1〕叔孙通,古之乡愿也。忠信廉洁,时复似之,而坏人心术,乱败经常,固已不浅。汉世以此子为儒宗,治之杂霸,不亦宜乎。王莽鼓其穿窬之才,盗窃神器而举世恬然,不以为耻。凡以希世之余风,中乎隐微深痼之间,而胚胎日坏也。余尝有文极论之,姑约其旨于此。

〔2〕先辈多病史迁轻名节而进奸雄,如田横之二客、鲁之两生,皆超轶绝尘之士,而史并失其名,殊可惜也。礼乐之事,固难仓卒,然使贾谊、仲舒之流,亦必粗可复古。今观其言曰,"所事且十主,皆面谀以取亲贵",则正夫子所谓"人而不仁,如礼乐何"哉!两生不可谓不知礼乐之本者也。

〔3〕古者君臣之礼,相去不甚悬绝。立见群臣,郊劳宴享,伯父、伯舅之称,敬慎有加。至于拜上者骄,下堂者替,而积重之势,不得不矫枉而过正

焉。至于汉初，颇阔略简易，一革亡秦苛习，正可参酌古礼而求其中。乃叔孙通徒以高帝之难之，而遂痛绳其下，而不复拘其主，是朝仪法酒皆为臣设而君不与焉。君为臣纲，君无礼而何以责其臣，于此叔孙希世之罪，万世莫能逭也。

季布栾布列传

季布者,楚人也。为气任侠,有名于楚[①][1]。项籍使将兵[②],数窘汉王。及项羽灭,高祖购求布千金,敢有舍匿,罪及三族。季布匿濮阳周氏[③]。周氏曰:"汉购将军急,迹且至臣家。将军能听臣,臣敢献计;即不能,愿先自刭[④]。"季布许之。乃髡钳季布,衣褐衣,置广柳车中,并与其家僮数十人,之鲁朱家所卖之。朱家心知是季布[⑤],乃买而置之田,诫其子曰:"田事听此奴,必与同食[⑥]。"朱家乃乘轺车之洛阳[⑦],见汝阴侯滕公。滕公留朱家饮数日[⑧]。因谓滕公曰[⑨]:"季布何大罪,而上求之急也[⑩]?"滕公曰:"布数为项王窘上,上怨之,故必欲得之。"朱家曰:"君视季布何如人也[⑪]?"曰:"贤者也。"朱家曰:"臣各为其主用,季布为项籍用,职耳[⑫]。项氏臣可尽诛耶[⑬]?今上始得天下,独以己之私怨求一人,何示天下之不广也[⑭]!且以季布之贤,而汉求之急如此,此不北走胡即南走越耳[⑮]。夫忌壮士以资敌国,此伍子胥所以鞭荆平王之墓也[⑯]。君何不从容为上言耶?"汝阴侯滕公心知朱家大侠[⑰],意季布匿其所[⑱],乃许曰:"诺。"待间,果言如朱家指,上乃赦季布。当是时,诸侯皆多季布能摧刚为柔,朱家亦以此名闻当世[⑲][2]。季布召见,谢,上拜为郎中。

孝惠时,为中郎将。单于尝为书嫚吕后,不逊,吕后大怒,召诸将议之[⑳]。上将军樊哙曰:"臣愿得十万众,横行匈奴中。"诸将皆阿吕后意[㉑],曰:"然。"季布曰:"樊哙可斩也㉒！夫高帝将兵四十余万众，困于平城，今哙奈何以十万众横行匈奴中？面欺㉓！且秦以事于胡，陈胜等起。于今创痍未瘳，哙又面谀，欲摇动天下㉔。"〔3〕是时殿上皆恐㉕，太后罢朝，遂不复议击匈奴事㉖。

季布为河东守〔4〕，孝文时，人有言其贤者，孝文召，欲以为御史大夫。复有言其勇，使酒难近㉗。至，留邸一月，见罢。季布因进曰："臣无功窃宠，待罪河东。陛下无故召臣，此人必有以臣欺陛下者；今臣至，无所受事，罢去，此人必有以毁臣者㉘。夫陛下以一人之誉而召臣，一人之毁而去臣，臣恐天下有识闻之，有以窥陛下也㉙。"上默然惭，良久曰："河东，吾股肱郡，故特召君耳㉚。"布辞之官。

楚人曹丘生，辨士，数招权顾金钱。事贵人赵同等，与窦长君善㉛。季布闻之，寄书谏窦长君曰："吾闻曹丘生非长者，勿与通㉜。"及曹丘生归，欲得书请季布㉝。窦长君曰："季将军不说足下，足下无往。"固请书，遂行。使人先发书，季布果大怒，待曹丘㉞。曹丘至，即揖季布曰〔5〕："楚人谚曰：'得黄金百斤，不如得季布一诺。'足下何以得此声于梁、楚间哉㉟？且仆楚人，足下亦楚人也㊱。仆游扬足下之名于天下，顾不重耶？何足下距仆之深也㊲！"季布乃大悦，引入㊳，留数月，为上客，厚送之㊴。季布名所以益闻者，曹丘扬之也㊵。

季布弟季心，气盖关中，遇人恭谨㊶，为任侠，方数千里，士皆争为之死。尝杀人，亡之吴，从袁丝匿。长事袁丝，弟畜灌夫、籍福之属㊷。尝为中司马，中尉郅都不敢不加礼㊸。

少年多时时窃籍其名以行。当是时,季心以勇,布以诺,著
闻关中^㊹。

季布母弟丁公,为楚将^㊺〔6〕。丁公为项羽逐窘高祖彭城
西,短兵接^㊻,高祖急顾丁公曰:"两贤岂相厄哉^㊼!"于是丁
公引兵而还,汉王遂解去。及项王灭,丁公谒见高祖^㊽。高
祖以丁公徇军中,曰:"丁公为项王臣不忠。使项王失天下
者,乃丁公也。"遂斩丁公,曰:"使后世为人臣者,无效
丁公。"^㊾〔7〕

【夹批】

① 八字一篇之纲,直贯至末。

② 另提法,非接"有名"句也。

③ 任侠者以气类相感,写周氏、朱家,皆极生动。

④ 先自到,亦不能活季布,直激之耳。

⑤ 周氏自知不如朱家权力能脱季布之难,故嫁与之,正其能用朱家处。
两个心知对照,眉宇烁烁。

⑥ 只九个字,处分极妙。

⑦ 辎车,贾人之车,盖微行至京师。

⑧ 朱家又能用滕公。

⑨ 看其缓急中程,好作用。

⑩ 开口有致。

⑪ 接口又别,俱有针路,盖早伏"忌壮士、资敌国"一意。

⑫ 此一层正理开释。

⑬ 即用一层劫制,言外便有许多壮士在。

⑭ 又用一层正理开释。

⑮ 然后说出主意,纯用劫制之法。盖不如此,即老生常谈,不足为侠。

⑯ 此语不无过火,然大侠口谈,却不得以寻常律之。

⑰ 应前心知。

⑱ 滕公亦侠，朱家不投他人而独投滕公，固亦气类相感耳。

⑲ 双收整赡。

⑳ 书有"以所有易所无"之语，盖犬羊挑衅之端。吕后以私愤欲用兵，故季布折之为是。

㉑ 着此五字，反衬季布刚直。

㉒ 语势斩截，是负气人。

㉓ 面欺、面谀，平分直下，文有似板而实横者，此类是也。

㉔ 所以便谓"可斩"，戆而颇工。

㉕ 反映布之负气。

㉖ 一人折之，而举朝莫敢抗，其气如此。

㉗ 毁语亦恰当。

㉘ 此段又说得宛曲条畅，与樊哙语不同，岂更事久而粗豪渐化耶？

㉙ 岩岩大臣之言，深达治体，非复侠气之常。

㉚ 饰词，亦妩媚有致。

㉛ 历举其生平，所以深病季布之卒为所中也。

㉜ 始则戒人，而终不能自禁。

㉝ 早被渠看破病根。

㉞ 季布早入其掌握中，不复以为意。

㉟ 只此一片谀唇，令人不复自持。然季布于此煞是可笑。

㊱ 又引而亲之。

㊲ 又拓而远之。

㊳ 何遽大悦？

㊴ 亦复说出一串，与前相应。

㊵ 不必然也。姑以缩住篇首"有名于楚"故耳。

㊶ 二语相反，而联笔写出，乃见侠处。

㊷ 以吴中豪杰联贯出之，妙有云烟之气。

㊸ 又以酷吏见惮，为负气写照。

㊹ 双收极见笔力。

㊺ 曰弟、曰母弟,得联络之巧,非漫然附见者。

㊻ 简语危情。

㊼ 急中妙语,妙在不甚可解,故奇耳。

㊽ 可斩在此一谒,俨然卖主求荣之意,亦特与布之逃匿相对。

㊾ 语颇矫强,而意甚畅。

【眉批】

〔1〕季布传史公赞中独反覆叹息于始之为奴朱家,自重其死处,故起一段亦极意描写,比《游侠传》尤觉有精神,而特以能"摧刚为柔"先下一句断语,然既将其柔处写得奄奄欲尽,势必再将其刚处特一振刷之,方显得始之贬损,大有深意。故接手便将廷折樊哙语写得毛发欲竖,此相救之法也。不然,吕太后朝平,勃辈皆无恙,岂不容参一议耶? 此等处俱要于书缝中识得。

〔2〕先辈或谓朱家脱季布,布显达后不闻有以报之,为布病,不知此数人皆大侠,可以寻常报施论哉!

〔3〕折樊哙不足为季布生色,只是形其刚,论已详于前。

〔4〕布传凡列三段,段段皆虚,无一实事在丙,只起处"摧刚为柔",是其实事。然读之生气勃勃,愈见史公点染之妙。

〔5〕战国时多游士,皆拱揖于君公之廷,取卿相如探怀而得也。汉兴,四海为一,此辈无着落处,遂有曹丘生一辈人出。观其求书荐引,纳贿招权,宛然近世抽丰客矣。乃知此风实始于此,此亦可以观世变也。嗣此而梁园词客、陈豨后车,接迹于千古矣。

〔6〕传末附季心、丁公二人,以季心正陪布之勇,以丁公反映布之忠,皆是极写季布处。

〔7〕高祖名为大度,而恩仇之际,实不能忘。如季布、雍齿初实欲诛之,以屈于公义而止。又如戛羹小怨,而终不忘情于丘嫂,他可知矣。丁公短兵急接之时,窘迫可知,虽以谩词幸免,而怒之者实深,故因其来谒而斩之,

其本心未必果责其不忠于项王也。不然,何以不并诛项伯乎?

　　栾布者,梁人也。始梁王彭越为家人时,尝与布游①。穷困,赁佣于齐,为酒人保②。数岁,彭越去之巨野中为盗,而布为人所略卖,为奴于燕。为其家主报仇,燕将臧荼举以为都尉③。臧荼后为燕王,以布为将。及臧荼反,汉击燕,虏布。梁王彭越闻之,乃言上请赎布,以为梁大夫④。

　　使于齐,未还,汉召彭越,责以谋反⑤,夷三族。已而枭彭越头于雒阳下,诏曰:“有敢收视者,辄捕之⑥。”布从齐还,奏事彭越头下,祠而哭之⑦。吏捕布以闻。上召布骂曰:“若与彭越反耶?吾禁人勿收,若独祠而哭之,与越反明矣⑧。趣烹之。”方提趣汤⑨,布顾曰:“愿一言而死。”上曰:“何言?”布曰:“方上之困于彭城,败荥阳、成皋间,项王所以不能遂西,徒以彭王居梁地,与汉合从苦楚也⑩。当是之时,彭王一顾,与楚则汉破,与汉而楚破⑪。且垓下之会,微彭王,项氏不亡。天下已定,彭王剖符受封,亦欲传之万世⑫。今陛下一征兵于梁,彭王病不行,而陛下疑以为反。反形未见,以苛小案诛灭之,臣恐功臣人人自危也⑬。今彭王已死,臣生不如死,请就烹⑭。”[1]于是上乃释布罪,拜为都尉⑮。

　　孝文时为燕相,至将军。布乃称曰:“穷困不能辱身下志,非人也;富贵不能快意,非贤也⑯。”于是尝有德者厚报之,有怨者必以法灭之⑰。吴军反时,以军功封俞侯,复为燕相。燕、齐之间皆为栾布立社,号曰栾公社⑱。景帝中五年薨,子贲嗣⑲,为太常,牺牲不如令,国除。

【夹批】

① 栾布一生大节,在哭越一案,故传即托始于越。

② 极叙辛苦,为保为奴,亦暗与季将军广柳车相映。凡合传多有闲中衬射之妙。

③ 以上历叙穷约,简而能详,两行中有无数事,他人无此笔力。

④ 遥遥相赴,写得情深。

⑤ 不直云谋反,而但言汉召而责之,句中有眼。

⑥ 特着此诏,明布之非不知而误冒于死。

⑦ 奇景烈迹。

⑧ 亦即强责以罪声口。

⑨ 写危急之中,跃跃欲活。

⑩ 此句妙。盖彭居梁地与汉合从,本属友邦,原非臣主。

⑪ 一"则"字,一"而"字,一虚一实,易一字耳。奇笔。

⑫ 凄壮之词。

⑬ 此皆彭王所欲吐而不及吐之语,代为畅言,可谓知己矣。

⑭ 只此一笔,自明心迹。

⑮ 私忌夺于公理。

⑯ 史公意亦只是发舒穷阨之气耳,语似忼慨,然不可训。

⑰ 益不可训。

⑱ 有德于民可知,却写得简甚。

⑲ 季布不详其卒,栾布并及其嗣。用"世家"体,亦变体。

【眉批】

〔1〕蒯通以韩信之党被责,但以桀犬吠尧自明其心。栾布以彭越之党就刑,独畅言越之功烈,深明越之心事;及其自言,则又不过君亡与亡,绝无梗避。盖一则辨士之雄,一则忠臣之义。通志在于免戮,故其词逊;布本不欲求生,故其语激,不可同日而论也。

太史公曰⁽¹⁾：以项羽之气，而季布以勇显于楚^①，身屡典军搴旗者数矣，可谓壮士。然被刑戮，为人奴而不死，何其下也^②！彼必自负其材，故受辱而不羞，欲有所用其未足也。故终为汉名将，贤者诚重其死^③。夫婢妾贱人感慨而自杀者，非能勇也，其计画无复之耳。栾布哭彭越，趣汤如归者，彼诚知所处，不自重其死^④。虽往古烈士，何以加哉！

【夹批】

① 见其以勇显之难，方是真勇。

② 此赞全就幽辱处写自己一腔郁结，所谓借他人酒杯，浇自己块垒，故独宛曲尽情。

③ 为"有所用其未足"一句在胸中，便幻出一篇充满文字。

④ 特特合传之意。

【眉批】

〔1〕季布传娓娓附以数大段，栾布只得哭故主一节，前后皆以简括语备载始末，盖前传虽纡徐而虚，后传虽简促而实，此中相生之妙，当意会而不可言传也。

【总评】

季布传始末不详，特深感其为奴不死一节，深服其"摧刚为柔"一念，便将自己一腔蓬勃俱要发泄出来。只是赞中"欲有所用其未足也"一句，为一篇《报任安书》骨子，既有用所未足之言，不得不于其归汉之后，出力渲染，以见其未足之实。然细玩赦布之后，高祖朝既无可见，吕后朝只是折樊哙用兵匈奴一语，文帝朝只是恐以毁誉窥上一语。至曹丘面谀，变怒为悦，益复出丑。总之无一实事可书，而缅缅数百言，读去却甚丰茂，此以虚为实之妙也。栾布传彻始彻终，无事不载，然如吴楚之军功、燕相之惠泽，俱引而不发，此以实为虚之妙也。此皆古人精意所在，故摘出之。

卷　五

张释之冯唐列传

　　张廷尉释之者，堵阳人也，字季。有兄仲同居①。以赀为骑郎，事孝文帝，十岁不得调，无所知名[1]。释之曰："久宦减仲之产，不遂。"欲自免归②。中郎将袁盎知其贤，惜其去，乃请徙释之补谒者③。释之既朝毕，因前言便宜事。文帝曰："卑之，无甚高论④，令今可施行也⑤。"于是释之言秦、汉之间事⑥，秦所以失而汉所以兴者久之⑦。文帝称善⑧，乃拜释之为谒者仆射⑨。

　　释之从行，登虎圈，上问上林尉诸禽兽簿⑩。十余问，尉左右视，尽不能对⑪。虎圈啬夫从旁代尉对上所问禽兽簿甚悉⑫。欲以观其能口对响应无穷者⑬。文帝曰："吏不当若是耶？尉无赖⑭！"乃诏释之拜啬夫为上林令⑮。释之久之前曰："陛下以绛侯周勃何如人也⑯？"上曰："长者也。"又复问："东阳侯张相如何人也？"上复曰："长者。"释之曰："夫绛侯、东阳侯称为长者，此两人言事，曾不能出口⑰，岂敩此啬夫谍谍利口捷给哉[2]！且秦以任刀笔之吏⑱，吏争以亟疾苛察相高，然其弊徒文具耳，无恻隐之实，以故不闻其过。陵迟而至于二世，天下土崩。今陛下以啬夫口辩而超迁之，臣恐天下随风靡靡，争为口辩，而无其实⑲。且下之化上，疾于景响,举错不可不审也⑳。"文帝曰:"善。"乃止不拜啬夫。

上就车,召释之参乘㊶,徐行,问释之秦之敝。具以质言㊷。至宫,上拜释之为公车令。

顷之,太子与梁王共车入朝,不下司马门,于是释之追止太子、梁王无得入殿门。遂劾不下公门不敬,奏之。薄太后闻之,文帝免冠谢曰:"教儿子不谨㊸。"薄太后乃使使承诏赦太子、梁王,然后得入。文帝由是奇释之㊹,拜为中大夫。

顷之,至中郎将。从行至霸陵㉕〔3〕,居北临厕。是时慎夫人从㉖,上指示慎夫人新丰道,曰:"此走邯郸道也。"使慎夫人鼓瑟,上自倚瑟而歌㉗,意惨凄悲怀㉘,顾谓群臣曰〔4〕:"嗟乎! 以北山石为椁,用纻絮斮陈,蔂漆其间,岂可动哉!"左右皆曰:"善。"释之前进曰:"使其中有可欲者,虽锢南山犹有郄;使其中无可欲者,虽无石椁,又何戚焉㉙?"文帝称善。其后拜释之为廷尉㉚。

顷之,上行出中渭桥,有一人从桥下走出,乘舆马惊。于是使骑捕,属之廷尉㉛。释之治问。曰:"县人来,闻跸,匿桥下。久之,以为行已过,即出,见乘舆车骑,即走耳㉜。"廷尉奏当㉝:"一人犯跸,当罚金。"文帝怒曰㉞:"此人亲惊吾马,吾马赖柔和,令他马,固不败伤我乎㉟? 而廷尉乃当之罚金㊱!"释之曰:"法者天子所与天下公共也。今法如此而更重之,是法不信于民也㊲。且方其时,上使立诛之则已㊳〔5〕。今既下廷尉,廷尉,天下之平也。一倾而天下用法皆为轻重,民安所错其手足㊴? 惟陛下察之。"良久㊵,上曰:"廷尉当是也。"

其后有人盗高庙坐前玉环[41]，捕得，文帝怒[42]，下廷尉治。释之案律盗宗庙服御物者为奏[43]，奏当弃市。上大怒曰："人之无道，乃盗先帝庙器！吾属廷尉者，欲致族之，而君以法奏之，非吾所以共承宗庙意也[44]。"释之免冠顿首谢曰[45]："法如是，足也[46]。且罪等，然以顺逆为差[47]。今盗宗庙器而族之，有如万分之一[48]，假令愚民取长陵一抔土[49]，陛下何以加其法乎？"[6]久之，文帝与太后言之，乃许廷尉当[50]。是时，中尉条侯周亚夫与梁相山都侯王恬开见释之持议平，乃结为亲友。张廷尉由此天下称之[51]。

后文帝崩，景帝立，释之恐，称病。欲免去[52]，惧大诛至；欲见谢，则未知何如[53]。用王生计，卒见谢，景帝不过也[54]。王生者，善为黄老言，处士也[55]。尝召居廷中，三公九卿尽会立，王生老人[56]曰："吾袜解。"顾谓张廷尉："为我结袜[57]。"释之跪而结之。既已，人或谓王生曰："独奈何廷辱张廷尉，使跪结袜？"王生曰："吾老且贱，自度终无益于张廷尉。张廷尉方今天下名臣，吾故聊辱廷尉[58]，使跪结袜，欲以重之[59]。"诸公闻之，贤王生而重张廷尉。张廷尉事景帝岁余，为淮南王相，犹尚以前过也[60]。久之，释之卒。其子曰张挚，字长公，官至大夫，免。以不能取容当世，故终身不仕[61]。

【夹批】

① 初叙得落落不自得，与后对看。

② 以文帝之贤，而犹是释之也。当其未遇时会，则一无可见。人之表见，固有时数耶？

③ 始请未授，且召见之，见文帝慎重官材处。

④ 二句戒抑之词。

⑤ 此句导其降格陈言。

⑥ 则前之所言为三代以上可知。

⑦ 秦、汉事亦多，又注此句，则其言愈约。

⑧ 此篇数用"久之"字，有意。

⑨ 盖谒者令，乃是官之长。

⑩ 因观虎圈，遂稽各禽兽簿籍。

⑪ 实无赖。

⑫ 长句法。

⑬ 此后又著许多问，写出两下神情俱活。

⑭ 亦不见得是，断语又高甚。

⑮ 令又在尉之上，故为超迁。有思致。

⑯ 发问妙。从"久之"二字算出。

⑰ 援此二人作喻，只取易见，其本意不在此，须分别观之。

⑱ 以下方是移风易俗大主见，然已离却来龙矣。盖如谓上林尉不能对者，为有恻隐之实，此固三尺童子所不许也。

⑲ 拜一啬夫有何奇？正恐相煽成风耳。此诚至论。

⑳ 此又统言之，不止尚口一节。

㉑ 圣主。

㉒ 闻"陵迟"、"土崩"之语，默动于中，故又详问而令其极言之。

㉓ 细书此节，见西京家法之严如此，而释之风力，借以益显。

㉔ 文帝赏释之旧矣。至是始云奇之，见脱颖而出，实在此处。

㉕ 汉帝立一年为陵。霸陵即文帝山陵，以近霸水名之。

㉖ 邯郸人。

㉗ 因怀生离，旋念死别；因念死别，遂计无穷。绵绵延延，相引而下。

㉘ 写得最入情。

㉙ 数语大得黄老之精，透极达极。

㉚ 后半篇提纲。

㉛ 重顿。

㉜ 只是案牍供词，琐屑明净而简古。汉人文字，虽小处绝异于人。

㉝ "当"字，与律相符之谓，遂以为成案字目。

㉞ 两怒。特以"怒"字写释之执法不畏人主。

㉟ 三"马"字如贯珠。

㊱ 语不完，妙。盖语不完而神情跃如。若更足一句，神情反减矣。此文章三昧也。

㊲ 法律名言，万世不敝。

㊳ 欲文势抑扬，以尽其意，不免大留语病。

㊴ 许大关系，妙在至确。

㊵ 屡用"良久"、"久之"，其味深长。

㊶ 两事连写，无一毫排比气。

㊷ 此先伏一"怒"字，为"大怒"张本。

㊸ 即"廷尉奏当"、"释之案律"二句亦必换过，古人真不草草。

㊹ 其言与前又不同，看他怒是怒，大怒是大怒，各有身分。

㊺ 亦加五字。

㊻ 意与前同，而持论益奇。

㊼ 此"顺逆为差"，真得法家精意。

㊽ 词气斟酌，恭顺之至。

㊾ 意谓发掘陵寝也，而语妙可味。

㊿ 慎重如此，得敬慎宗庙意。

○51 此数语极浓郁，中有极感慨在内。盖释之以入赀为郎，回翔十年，无所知名，至是已脱颖而出，然必得勋旧大臣延结，而后天下称之也。

○52 以劾不下公门故。

○53 二"欲"字写意中打算如画。

○54 如此补写王生小传，匪夷所思。

○55 提笔。

○56 加"老人"字，妩媚弄笔。

(57) 此处似黄石公待子房事。

(58) 此处又似侯生待信陵君事。

(59) 意殊浅陋，盖黄老之皮毛耳。太史好奇，故必写之。

(60) 与“景帝不过也”句首尾回抱，妙。

(61) 有此子，大为张廷尉壮色。

【眉批】

〔1〕昔人入赀为宦，宦乃益贫；今人不宦则已，宦则倍获，什伯而取偿焉。读此传及司马长卿传，良足以见汉世之轻薄赀郎，犹有忠厚之意也。

〔2〕利口者，变乱是非之谓。虎圈啬夫以禽兽簿为职掌，奏对详明，洵为才吏，岂得以利口斥之？周勃不能对刑名钱谷，犹谓“别有主者”，上林尉岂得藉口于彼辈耶？按张释之始进，即言秦所以失、汉所以兴者，以此当上意。后参乘徐行，又问秦之敝，具以质言。盖其胸中独有一腔革薄从忠、矫枉过正之旨，故于不肯拜啬夫处，借事发挥，痛言秦之敝，尚文无实，恻隐消亡，诚救时之笃论，而不惜以一夫之进退系天下之盛衰也。须深观其立意，不当泥其言词。

〔3〕汉承秦后，陵寝盛极前古。文帝感释之之言，后遂成薄葬之令，其所利益于当时者多矣。文义与雍门鼓瑟相似，而此更衷之以正也。

〔4〕预忧发冢之祸，欲为石椁以锢之，痴想亦哀思。

〔5〕先正谓廷尉争犯跸事，至云“方其时，上使立诛之则已”，启人主凭怒妄杀之端，若律之以宰我战栗之言，释之自有余愧。但渠意徒欲归重廷尉故云然，盖使上以意诛杀，则非廷尉所与闻；不然，则有法在，不容挠矣。此与将在外君命有所不受同意，不觉言之太烈，斯轻重失宜耳。勿以辞害意可也。

〔6〕罪等以顺逆为差，谓如两人所犯之罪相等，又当揆其情。盗宗庙器物者，尚无得罪于神灵，其情顺。盗长陵抔土者，直敢震惊乎体魄，其情逆。故同一盗，而又当原情以差等重轻，此制律之精意也。虽然，论情于方制律之时则可，若律既画一而又参之以情，则舞文之吏，可以意为轻者，亦可以

意为重，而奇请他比，将不胜言，此条例之所以日繁也。论法者尚慎旃哉！

冯唐者，其大父赵人，父徙代①。汉兴，徙安陵[1]。唐以孝著②，为中郎署长，事文帝。文帝辇过，问唐曰："父老③何自为郎？家安在？"唐具以实对。文帝曰："吾居代时，吾尚食监高祛数为我言赵将李齐之贤④，战于巨鹿下。今吾每饭，意未尝不在巨鹿也。父知之乎⑤？"唐对曰："尚不如廉颇、李牧之为将也⑥。"上曰："何以？"唐曰："臣大父在赵时⑦，为官卒将，善李牧。臣父故为代相⑧，善赵将李齐，知其为人也⑨。"上既闻廉颇、李牧为人，良说，而搏髀曰⑩："嗟乎！吾独不得廉颇、李牧时为吾将，吾岂忧匈奴哉⑪！"唐曰："主臣⑫！陛下虽得廉颇、李牧，弗能用也。"上怒，起入禁中。良久，召唐让曰⑬："公奈何众辱我，独无间处乎⑭？"唐谢曰："鄙人不知忌讳。"当是之时，匈奴新大入朝那，杀北地都尉卬⑮。上以胡寇为意，乃卒复问唐曰："公何以知吾不能用廉颇、李牧也⑯？"唐对曰[2]："臣闻上古王者之遣将也⑰，跪而推毂，曰：阃以内者，寡人制之；阃以外者，将军制之。军功爵赏皆决于外⑱，归而奏之。此非虚言也。臣大父言⑲，李牧为赵将居边，军市之租⑳，皆自用飨士，赏赐决于外，不从中扰也㉑。委任而责成功，故李牧乃得尽其智能，遣选车千三百乘，彀骑万三千，百金之士十万，是以北逐单于，破东胡，灭澹林，西抑强秦，南支韩、魏。当是之时，赵几霸㉒。其后会赵王迁立，其母倡也㉓。王迁立，乃用郭开谗，卒诛李牧，令颜聚代之。是以兵破士北，为秦所禽灭。今臣窃闻魏尚为云中守㉔[3]，其军市租尽以飨士卒，私养钱，五日一椎牛，飨宾客军吏舍人㉕,是以匈奴远避,不近云中之塞。虏曾一入,尚率车骑击之,所杀甚众㉖。夫士卒尽家人子,起田中从军,安知尺籍伍符?终日力战,斩首捕虏,上功莫府。一言不相应,文吏以法绳之㉗。其赏不行而吏奉法必用㉘。臣愚,以为陛下法太明,赏太轻,罚太重。且云中守魏尚㉙坐上功首虏差六级,陛下下之吏,削其爵,罚作之㉚。由此言之,陛下虽得廉颇、李牧,弗能用也㉛。臣诚愚,触忌讳,死罪,死罪!"[4]文帝悦。是日㉜,令冯唐持节赦魏尚㉝,复以为云中守,而拜唐为车骑都尉,主中尉及郡国车士㉞。

七年,景帝立,以唐为楚相,免。武帝立,求贤良,举冯唐。唐时年九十余,不能复为官㉟,乃以唐子冯遂为郎,遂字王孙,亦奇士,与余善㊱。

【夹批】

① 叙起无一闲字,入他手则"安陵人"三字足矣。须思。

② 唐每言必称先人,故必伏此笔,最有味。

③ 呼起妙,以"父老"起,以年九十余举贤良收,皆有线脉。

④ 闲闲漫语,而代、赵已事,恰与冯公祖父关照,无不入扣。

⑤ 语意深婉,便知胸中有忧匈奴一事。

⑥ 引入闲而紧。

⑦ 言必称先,忠孝之意可掬。

⑧ 必字字应还,故妙。

⑨ 此亦约举其词,当时必更详悉,所以文帝深悦。

⑩ 描写深婉。

⑪ 凡史公描写太息神情处,必有远致。

⑫ 惶惧之意,以其言直,故以此二字先之。

⑬　正是圣主。

⑭　其言如家人，妙。

⑮　凡叙事必当补者，插入问答中，要有健笔。

⑯　一步一深惋。

⑰　此段洋洋洒洒文字，抵过一篇极妙奏疏。

⑱　归重此句。

⑲　一转斡入大父言，妙，妙，如闻其声。

⑳　凡久屯之军，即有军市，百货所集，税亦随之。

㉑　此句意同前，而专言赏赐，是陪笔。

㉒　详写李牧战功。所以极为歆动处，定不可少。

㉓　憾迁之听谗，而并微其所出，与齐威王叱嗟"而母婢也"相似，折笔生
姿，不可以为闲句。

㉔　是冯唐陈言根柢，却转得极便。

㉕　军租为公费，又别出私钱，以备宴会。极言魏尚之贤。

㉖　以上言魏尚已事，至此略顿住不说完，别插一段议论，文情超轶绝尘
至矣。

㉗　冒功诚不可纵，妙在说得极辛苦入情，令人愤惋。

㉘　二语参差相匹，言大将之赏有不行，而文吏之法则必用，极偏枯可
憾也。

㉙　遥接"所杀甚众"句。

㉚　方实语正面，回视前文，千岩万壑矣。

㉛　只用一句应，文有余味。

㉜　二字妙。

㉝　即使冯唐，又妙，见文帝从谏之勇。

㉞　结完唐传，然特详著其官，言外有余惜。

㉟　有余惜，亦复有余慕。

㊱　特与张释之子相配，成章法。

【眉批】

〔1〕冯唐传只论将一段,卓绝千古,遂为立传。而当其白首郎署以前,无可表见,特将大父与父两次迁徙写出,一种蔼然忠孝家风,便令人咀玩不已,文章之神妙,良非宋子京一流漫然删润自谓简核者所能梦见也。

〔2〕古人偶然酬对之文,机局灵警,照应精严,虽使后人执管为之,推敲尽日,有不能及者,如武侯隆中之对。淮阴登坛之语,及冯公此段议论,摘来便是绝妙古文。晋、唐以下,嗣音寡矣。文推两汉,岂虚语哉!登坛语即淮阴本传"请言项王之为人"云云。

〔3〕汉初文法最苛,功臣列侯所以鲜得自完。冯公此论,虽为魏尚言之,实救时之良药也。至景、武之间,网益密矣。史公备引之,而再言其有味,盖所感者深矣。

〔4〕观冯公论将之言,殊有大臣识略,而不竟其用。篇末累累缀言,绝有慨想深情。

　　太史公曰[1]:张季之言长者,守法不阿意①;冯公之论将率②,有味哉!有味哉③!语曰:"不知其人,视其友。"二君之所称诵,可著廊庙④。《书》曰:"不偏不党,王道荡荡;不党不偏,王道便便。"张季、冯公近之矣。

【夹批】

① 二语各指一事,而意重在前句。

② 同帅。

③ 赞语亦妙而不尽。

④ 独指周勃、东阳、魏尚一事,取其相配也。

【眉批】

〔1〕赞语不十分著意,徒取立心之公合叹之,亦有自悼之微情焉。

【总评】

何以云"张冯列传"？子长有自悼之微情也。曰：汉初文法虽严，而上下之情易达，往往有触禁抵网之余，局外数言，转圜立见。故萧何入狱，王卫尉得以陈言；雍齿见仇，张留侯为之阴释。下至壶关三老，得明太子之冤；鲁国朱家，亦解逋臣之厄。诚以当局者难为说，而纳牖者易为功也。方史迁为李陵进说之时，与冯唐称魏尚何异？乃一言未察，刑祸随之，而迁可为陵明心迹，谁复为迁颂隐情？此无他，顾忌既多，偏陂顿极，而市道之交，转相惩戒，而莫之非也。故于赞中特撮出释之称"长者"。冯唐之论将率，叹其称诵朋友，为王道公平，可谓极慨想之深情，尽揄扬之能事者矣。

扁鹊仓公列传

扁鹊者,勃海郡郑人也,姓秦氏,名越人。少时为人舍长①。舍客长桑君过,扁鹊独奇之②,常谨遇之。长桑君亦知扁鹊非常人也。出入十余年③,乃呼扁鹊私坐,闲与语曰[1]:"我有禁方,年老④,欲传与公,公毋泄。"扁鹊曰:"敬诺。"乃出其怀中药予扁鹊:"饮是以上池之水⑤,三十日当知物矣⑥。"乃悉取其禁方书尽与扁鹊。忽然不见,殆非人也⑦。扁鹊以其言饮药三十日,视见垣一方人⑧。以此视病,尽见五脏症结,特以诊脉为名耳⑨。为医或在齐,或在赵⑩。在赵者名扁鹊⑪。

当晋昭公时,诸大夫强而公族弱⑫,赵简子为大夫,专国事⑬。简子疾,五日不知人,大夫皆惧,于是召扁鹊。扁鹊入视病[2],出,董安于问扁鹊,扁鹊曰:"血脉治也,而何怪⑭!昔秦穆公尝如此,七日而寤⑮。寤之日,告公孙支与子舆曰:'我之帝所甚乐,吾所以久者,适有所学也⑯。帝告我晋国且大乱,五世不安,其后将霸,未老而死⑰。霸者之子且令而国男女无别⑱。'公孙支书而藏之,秦策于是出。夫献公之乱,文公之霸,而襄公败秦师于殽而归纵淫,此子之所闻。今主君之病与之同,不出三日必闲,闲必有言也⑲。"

居二日半⑳,简子寤,语诸大夫曰:"我之帝所甚乐㉑,与百神游于钧天,广乐九奏万舞,不类三代之乐,其声动心㉒。有一熊欲援我,帝命我射之,中熊,熊死㉓。有罴来,我又射

288

之,中罢,罢死。帝甚喜,赐我二笥,皆有副。吾见儿在帝侧,帝属我一翟犬,曰:'及而子之壮也以赐之。'帝告我'晋国且世衰㉔,七世而亡。嬴姓将大㉕败周人于范魁之西,而亦不能有也㉖。'"董安于受言,书而藏之。以扁鹊言告简子,简子赐扁鹊田四万亩㉗。

其后扁鹊过虢,虢太子死,扁鹊至虢公门下㉘,问中庶子喜方者曰:"太子何病,国中治穰㉙过于众事?"[3]中庶子曰:"太子病血气不时,交错而不得泄,暴发于外,则为中害㉚。精神不能止邪气,邪气畜积而不得泄,是以阳缓而阴急,故暴蹷而死㉛。"扁鹊曰:"其死何如时?"曰:"鸡鸣至今。"曰:"收乎?"曰:"未也,其死未能半日也。"言:"臣齐勃海秦越人也,家在于郑,未尝得望精光侍谒于前也㉜。闻太子不幸而死,臣能生之㉝。"中庶子曰:"先生得毋诞之乎?何以言太子可生也!臣闻上古之时㉞,医有俞跗,治病不以汤液醴洒㉟,镵石挢引,案杌毒熨㊱,一拨见病之应㊲,因五脏之输,乃割皮解肌,诀脉结筋,搦髓脑,揲荒爪幕,湔浣肠胃,漱涤五藏,练精易形[4]。先生之方能若是,则太子可生也㊳;不能若是,而欲生之,曾不可以告咳婴之儿。"终日㊴,扁鹊仰天叹曰:"夫子之为方也,若以管窥天,以郄视文。越人之为方也,不待切脉,望色听声写形㊵。言病之所在。闻病之阳,论得其阴;闻病之阴,论得其阳㊶。病应见于大表,不出千里,决者至众,不可曲止也㊷。子以吾言为不诚,试入诊太子,当闻其耳鸣而鼻张,循其两股以至于阴,当尚温也㊸。"[5]

中庶子闻扁鹊言,目眩然而不瞚,舌挢然而不下㊹,乃以扁鹊言入报虢君。虢君闻之大惊，出见扁鹊于中阙，曰："窃闻高义之日久矣，然未尝得拜谒于前也㊺。先生过小国，幸而举之，偏国寡臣幸甚。有先生则活，无先生则弃捐填沟壑，长终而不得反㊻。"言未卒，因嘘唏服臆，魂精泄横，流涕长潸，忽忽承睫，悲不能自止，容貌变更㊼。扁鹊曰〔6〕："若太子病，所谓'尸蹶'者也。夫以阳入阴中，动胃缠缘，中经维络㊽，别下于三焦、膀胱㊾，是以阳脉下遂，阴脉上争，会气闭而不通，阴上而阳内行，下内鼓而不起，上外绝而不为使，上有绝阳之络，下有破阴之纽㊿，破阴绝阳，色废脉乱，故形静如死状。太子未死也[51]。夫以阳入阴支兰藏者生[52]，以阴入阳支兰藏者死[53]。凡此数事，皆五藏蹶中之时暴作也。良工取之[54]，拙者疑殆。"〔7〕扁鹊乃使弟子子扬厉针砥石，以取外三阳五会[55]，有间，太子苏。乃使子豹为五分之熨，以八减之齐[56]和煮之，以更熨两胁下〔8〕。太子起坐，更适阴阳[57]，但服汤二旬而复故。故天下尽以扁鹊为能生死人[58]，扁鹊曰："越人非能生死人也，此自当生者，越人能使之起耳[59]。"

扁鹊过齐，齐桓侯客之[60]。入朝见，曰："君有疾在腠理[61]，不治将深。"桓侯曰："寡人无疾。"扁鹊出，桓侯谓左右曰："医之好利也，欲以不疾者为功[62]。"〔9〕后五日，扁鹊复见曰："君有疾在血脉，不治恐深。"桓侯曰："寡人无疾。"扁鹊出，桓侯不悦[63]。后五日。扁鹊复见曰："君有疾在肠胃间，不治将深。"桓侯不应。扁鹊出，桓侯不悦。后五日，扁鹊复见，望见桓侯而退走。桓侯使人问其故，扁鹊曰："疾之居腠理也，汤熨之所及也；在血脉，针石之所及也；其在肠胃，酒醪之所及也；其在骨髓，虽司命无奈之何(64)。今在骨髓，臣是以无请也。”后五日，桓侯体病，使人召扁鹊，扁鹊已逃去，桓侯遂死。

使圣人豫知微，能使良医得蚤从事，则疾可已，身可活也(65)。人之所病，病疾多；而医之所病，病道少[10]。故病有六不治(66)，骄恣不论于理，一不治也；轻身重财，二不治也(67)；衣食不能适，三不治也；阴阳并，藏气不定，四不治也；形羸不能服药，五不治也；信巫不信医，六不治也，有此一者，则重难治也。

扁鹊名闻天下，过邯郸，闻贵妇人，即为带下医(68)；过雒阳，闻周人爱老人，即为耳目痹医；来入咸阳，闻秦人爱小儿，即为小儿医，随俗为变。秦太医令李醯自知伎不如扁鹊也，使人刺杀之(69)。至今天下言脉者，由扁鹊也。

【夹批】

① 守舍以待馆客。

② 神人。

③ 写两人相视莫逆处，不用幻僻语，而已入神。

④ 加此二句，更有情。

⑤ 此等事入唐人手，便成小说；入汉人手，便成文章。

⑥ 语深而雅。

⑦ 何等幻，又何等雅！

⑧ 隔墙见物。

⑨ 总挈灵奇，语益轻俊。

⑩ 二句总括始末。

⑪ 始点明。

⑫ 闲句亦不苟。

⑬ 此句俱从强弱句生来。

⑭ 一句答完,铿然有韵。

⑮ 此段幻极,不可以常理致诘。

⑯ 章法呼应,自成一篇小文字。《左氏》、《国策》俱无此丰韵,真乃妙迹如生。

⑰ 说得整致而不见堆垛,故佳。

⑱ 语妙。若仅云败乱宣淫,则无味矣。

⑲ 虚虚实实,却在个中。

⑳ 应不出三日。

㉑ 章法。

㉒ 无端梦呓,却说得如此兴会,又在医士传中见之,真乃异样文章。

㉓ 不必有征应,而文与事皆可喜。

㉔ 章法。

㉕ 此所谓晋国者,通赵而言之。嬴姓指秦。

㉖ 此则赵亡之谶,旧注皆误。指秦二世而亡,亦可。

㉗ 扁鹊名医,而首段顾类卜筮者,言亦奇。

㉘ 于赵、齐之外,别插虢事。按虞、虢之灭,在晋献公时,至赵简子世,虢亡久矣,此必有误也。

㉙ "襄"通。盖襄祷求生是新死未收时事。

㉚ 有此数语,上方倒插"喜方者"三字,此文密处。

㉛ 论亦明白,故扁鹊闻言,即知其病之状。

㉜ 从容之中,自具惊人意态,写来入神。

㉝ 凿然妙。

㉞ 又应喜方本领。

㉟ 饮散之属。

㊱ 针砭之属。

㊲ 正是洞见症结处。

㊳ 可见自知艺薄，亦非谓太子必不可生也。

㊴ 词气未毕，转有风神。

㊵ 此六字至精。

㊶ 正应"阳缓阴急"之说，非空言也。

㊷ 言病应至近，非若千里之遥远难征，不可以偏曲之见泥也。

㊸ 可谓知病之所在，先与一个左证。

㊹ 只此等数句，似褚少孙累墨耳。

㊺ 亦与"未尝得望精光"二句相应。

㊻ 语势连绵，写得哀迫之情如画。

㊼ 此等笔墨，褚少孙固不能为，史迁亦不甚似，疑古史旧文，史迁所据入者。

㊽ 动于胃而脉纠结。

㊾ 是阳入阴之正义。

㊿ 分晰下坠上争之状，精奥辨达，得未曾有。

(51) 此即死状，先提在此，下乃点破。

(52) 支，直节；兰，横节，胆脏也。

(53) 故知其不死，只在阴阳、顺逆中辨之。

(54) "取"字有庖丁解牛之妙。

(55) 取者，引之使出，不陷入于阴中也。

(56) 剂同。

(57) 四字冒二句之汤药在内。

(58) 谓生已死之人。

(59) 拈破真谛，医工所不肯道。

(60) 当赵简子之时，齐亦无桓侯，此皆传写之误。

(61) 皮肉交会处。

(62) 非桓侯愎傲，实此辈良多，故误之耳。

(63) 变化亦入情。

(64) 吾知此时，桓侯犹以为危言劫之，故漠然尚不以为意。

⑥⑤ 此语通乎治术，寓意甚深，不仅为医药言之。

⑥⑥ 此承"人之所病，病疾多"而晰举之。

⑥⑦ 特以此终桓侯病事，意重"骄恣不论于理"，及"轻身重财"，故举以为不治之首，而下遂类言之，亦讽谏之旨也。

⑥⑧ 市名耶？渔利耶？此中颇开后人方便之门，此其所以终不离乎方术家伎俩也。

⑥⑨ 此一祸也，岂不从争名争利得来？

【眉批】

〔1〕每见俗士贱工传授一书，辄万种离奇，并珍之秘笈，勿授匪人之语，每作恶竟日。今观史公写长桑授书扁鹊及黄石授书子房之文，亦何尝不极怪奇？然其笔径之古雅，则迥绝人间世也。后世善摹怪笔而能雅者，昌黎而外，明有李于鳞耳，东坡即不免于褒。

〔2〕扁鹊纵能洞见五脏症结，然安能知简子梦中事？颇涉荒怪。妙在援秦穆公往事作一榜样而聊以"间必有言也"一语微示其端，则镜花水月，实处皆空。又妙在两番梦呓，有应有不应，离离奇奇，可赏可愕，但觉兴会淋漓，而不暇致诘其所以然之故，真千年绝调也。

〔3〕扁鹊治虢太子一事，当是实录。故叙其问答之详，病症之源流，疗治之方略，以至前有中庶子之辨析，后有生死人之传闻，无不如掌上螺纹，细细写出。他若简子梦游之荒怪，相侯讳疾之余文，皆借作一篇结构，所以助文章之波澜。当别具只眼以分别观也。

〔4〕皆神医刮剖疗治手段，其言古雅，当以意会，不必求甚解也。

〔5〕越人论病，只宗主阴、阳二字，便是超绝一世之解。详味其理，即可通于《太极图说》及《箕畴》律历之文也。勿仅以方伎待之。

〔6〕医经陈语，每苦于数见不鲜，又闷眩难解，经太史笔转成精莹奥衍之文，即岂但市肆券籍点缀而成妙文哉！

〔7〕虢太子之死而致生之者也。齐桓侯之生而致死之者也。致生者，越人之功；致死者，非越人之咎。两事连写，警醒愦愦多矣。

〔8〕熨法古有之，今但有灸。

〔9〕尝闻疾自内而达者，在本而难治；疾自外而感者，在标而易攻。今扁鹊视桓侯之疾，由外而入于内，而当其感于腠理、血脉，不觉其患苦之形，何也？恐亦寓言十九，非如虢太子之实事成文也欤！

〔10〕旧注以下所病，作疗病解，固谬，而董浔阳以为下所病言所短，借上句病字言之，亦未彻。愚谓句中既有疾字，则二病字并非正言，犹云人之所患患在疾病多，而医之所患患在治病之道少耳。

太仓公者，齐太仓长①，临菑人也②，姓淳于氏，名意。少而喜医方术。高后八年，更受师同郡元里公乘阳庆③。庆年七十余，无子，使意尽去其故方，更悉以禁方予之④〔1〕。传黄帝、扁鹊之脉书，五色诊病，知人生死，决嫌疑，定可治，及药论，甚精。受之三年，为人治病，决死生多验。然左右行游诸侯，不以家为家⑤，或不为人治病，病家多怨之者⑥。

文帝四年中，人上书言意，以刑罪当传西之长安。意有五女，随而泣⑦。意怒，骂曰："生子不生男，缓急无可使者！"于是少女缇萦伤父之言，乃随父西。上书曰："妾父为吏，齐中称其廉平⑧，今坐法当刑。妾切痛死者不可复生而刑者不可复续⑨，虽欲改过自新，其道莫由，终不可得⑩。妾愿入身为官婢，以赎父刑罪，使得改行自新也。"书闻，上悲其意，此岁中亦除肉刑法⑪。

意家居，诏召问所为治病生死验者几何人，主名为谁⑫？诏问故太仓长臣意〔2〕："方伎所长⑬，及所能治病者？有其书无有？皆安受学？受学几何岁？尝有所验，何县里人也？何病？医药已，其病之状皆何如？具悉而对。"臣意对曰⑭〔3〕："自意少时，喜医药⑮，医药方试之多不验者⑯。至高后八年，得见师临菑元里公乘阳庆⑰，庆年七十余，意得见事之〔4〕。谓意曰：'尽去而方书，非是也⑱。庆有古先道遗传黄帝、扁鹊之脉书⑲，五色诊病，知人生死，决嫌疑，定可治，及药论书，甚精。我家给富，心爱公，欲尽以我禁方书悉教公。'臣意即曰：'幸甚，非意之所敢望也。'臣意即避席再拜谒，受其《脉书》上下经⑳、《五色诊》、《奇咳术》、《揆度阴阳外变》、《药论》、《石神》、《接阴阳禁书》，受读解验之，可一年所。明岁即验之，有验㉑，然尚未精也。要事之三年所，即尝已为人治，诊病决死生，有验，精良㉒。今庆已死十年所，臣意年尽三年，年三十九岁也㉓。"

（以后备列医案，无甚峻洁，俱不复录。）

【夹批】

① 官名。

② 里名。

③ 官名，人名。

④ 若不尽去其故方，亦不足传也。此有英雄作用，非苟然者。

⑤ 写得落拓有趣味，方术家高手多如此。

⑥ 告言刑罪之由。

⑦ 此自为缇萦附传，不复关仓公事。

⑧ 此文可以单传，特于意传见耳。

⑨ 哀恻忼慨。

⑩ 缠绵沉痛。

⑪ 文帝真圣主，后世有以一女子上书感当宁者乎？

⑫ 先挈其大旨，再叙诏书。

⑬ 汉文尔雅,繁而不杀,无不可爱。

⑭ 竟用制策体,成一篇妙文。

⑮ 奇甚。

⑯ 从方伎所长说入。

⑰ 答"安受学"。

⑱ 补前文语,尤妙。

⑲ 答有其书。

⑳ 以下七种皆当时所受之书,今或传或不传,不必强为之说也。

㉑ 旋读旋解旋试验。

㉒ 不但验之而术且精良。

㉓ 时文帝后三年,言尽今年,则为三十九岁,古人论齿必终年,乃谓增一岁也。

【眉批】

〔1〕淳于意当时自有其诏问奏对之书,太史因取而删润之,以为列传,此亦古文家一体也。然此等文字,全在自出手眼,删润得妙,便有点铁成金之誉。若宋子京辈徒知减字换字,则大非作手也。

〔2〕仓公即名医,然以天子而鳃鳃诏问,极其琐屑,殊觉无谓。意者当时史公既立天官、卜筮等传,欲为医方立传,而不得其详,故请诏存问,俾其更端陈奏以为立传之据。既见其奏书古雅,因即裁剪成文,而复取春秋时之扁鹊以附益其前耶? 先辈未有论及者,特附鄙见于此,以俟智者折衷焉。

〔3〕奏对中能如此宛转、古雅,奇绝千古。

〔4〕自此以下,详答"受学几何岁"及"尝有所验"之总旨。

魏其武安侯列传

魏其侯窦婴者,孝文后从兄子也[1]。父世观津人。喜宾客①。孝文时,婴为吴相,病免②。孝景初即位,为詹事。

梁孝王者,孝景弟也,其母窦太后爱之③。梁孝王朝,因昆弟燕饮④[2]。是时上未立太子,酒酣,从容言曰:"千秋之后传梁王⑤。"太后欢。窦婴引卮酒进上曰⑥:"天下者,高祖天下,父子相传,此汉之约也,上何以得擅传梁王⑦!"太后由此憎窦婴。窦婴亦薄其官,因病免⑧。太后除窦婴门籍,不得入朝请。

孝景三年,吴、楚反,上察宗室诸窦,毋如窦婴贤⑨,乃召婴。婴入见,固辞谢病不足任⑩。太后亦惭。于是上曰:"天下方有急⑪,王孙宁可以让耶⑫?"乃拜婴为大将军,赐金千斤。窦婴乃言袁盎、栾布诸名将在家者进之⑬,所赐金陈之廊庑下,军吏过,辄令裁取为用,金无入家者⑭。窦婴守荥阳,监齐、赵兵。七国兵已尽破,封婴为魏其侯⑮。诸游士宾客争归魏其侯⑯。孝景时每朝议大事,条侯、魏其侯,诸列侯莫敢与亢礼⑰。

孝景四年,立栗太子⑱,使魏其侯为太子傅。孝景七年,栗太子废,魏其数争不能得⑲。魏其谢病⑳,屏居蓝田南山之下数月,诸宾客辩士说之,莫能来㉑。梁人高遂乃说魏其曰:"能富贵将军者,上也;能亲将军者,太后也㉒。今将军傅太子,太子废而不能争;争不能得,又弗能死㉓。自引谢病,

298

拥赵女，屏闲处而不朝㉔。相提而论㉕，是自明扬主上之过。有如两宫螫将军，则妻子毋类矣㉖。"[3]魏其侯然之，乃遂起，朝请如故㉗。

桃侯免相，窦太后数言魏其侯。孝景帝曰："太后岂以为臣有爱，不相魏其？魏其者，沾沾自喜耳㉘，多易。难以为相持重。"遂不用，用建陵侯卫绾为丞相[4]。

【夹批】

① 一篇骨子，陡插于此，奇甚。

② 豫伏薄其官。

③ 即孝文后。

④ 昆弟燕饮者，盖用家人礼，故婴亦得侍宴。

⑤ 原只作闲话头，然此一段，已伏诸窦无如婴贤之根本。

⑥ 妙如罚之者然。

⑦ 其辞正而少回护，魏其生平大略可见。

⑧ 写不肯依毗宫闱处，极有身分。

⑨ 起自宸衷独断，有身分。

⑩ 久屈而气不衰，有身分。

⑪ 以天下委之，并非出于私恩。

⑫ 与"薄其官"相呼应。

⑬ 甫得进位，即推贤进能，大有身分。

⑭ 魏其不必果以军功进，特于虚处设色，所以极写魏其也。

⑮ 三句骤括，明明谓婴之得侯以奋迹戎行，与武安绝殊也。

⑯ 带住宾客，有针线。

⑰ 魏其之盛，至此为极。又特引一贤侯作伴，则盛处皆觉可思。

⑱ 栗姬之子，以母姓名之。

⑲ 亦必为占身分。

⑳ 至此凡三以病免，皆极写其恬退以致惜。

㉑ 又带宾客。

㉒ 主意只如此，初无异论。

㉓ 此四句并非责望魏其仗节死义，只作亲贵陪客。味之自晓。

㉔ 此三句是其不能自亲引过正旨。

㉕ 双承入妙。

㉖ 只如患失俗情。要之，魏其本沾沾自喜，故为所动。

㉗ 此后魏其蹉跌便多。

㉘ 景帝言条侯"怏怏"、魏其"沾沾自喜"，皆中切二人之病。

【眉批】

〔1〕叙魏其事，须看其段段与武安针锋相对，豫为占地步处。

〔2〕田蚡借太后之势以得侯，魏其诎太后之私以去位，此一大异也。田蚡贵幸镇抚，多宾客之谋；魏其赐环投身，赴国家之难，此二大异也，田蚡居丞相之位，不肯诎于其兄；魏其受大将之权，必先进乎其友，此三大异也。田蚡之狗马玩好，遍征郡国，而未厌其心；魏其之赐金千斤，尽陈廊庑而不私于己，此四大异也。魏其以强谏谢病，宾客说之莫来；田蚡以怙势见疏，人主麾之不去，此五大异也。凡此之类，皆史公著意推毂魏其，以深致痛惜之情，而田蚡之不值一钱，亦俱于反照处见之矣。

〔3〕魏其，贤侯也。惟勘不破势利关头，因而忽为所动，而不能自持。又欲矫激为高，而或过于正，此正景帝所谓"多易"者。

〔4〕写魏其、武安或合或分处经纬之妙，全在宾上历然，当细辨之。

武安侯田蚡者，孝景后同母弟也，生长陵，魏其已为大将军后①，方盛，蚡为诸郎，未贵，往来侍酒魏其，跪起如子侄②。及孝景晚节，蚡益贵幸，为太中大夫。蚡辩有口③，学《槃盂》诸书，王太后贤之。孝景崩，即日太子立，称制，所镇抚多有田蚡宾客计策④。蚡弟田胜。皆以太后弟，孝景后三年封蚡为武安侯，胜为周阳侯⑤。

武安侯新欲用事为相，卑下宾客，进名士家居者贵之，欲以倾魏其诸将相⑥〔1〕。建元元年⑦，丞相绾病免，上议置丞相、太尉。籍福说武安侯曰⑧："魏其贵久矣，天下士素归之。今将军初兴，未如魏其，即上以将军为丞相，必让魏其。魏其为丞相⑨，将军必为太尉。太尉、丞相，尊等耳⑩，又有让贤名。"武安侯乃微言太后风上⑪，于是乃以魏其侯为丞相，武安侯为太尉。籍福贺魏其侯，因吊曰⑫："君侯资性喜善疾恶，方今善人誉君侯⑬，故至丞相；然君侯且疾恶，恶人众，亦且毁君侯⑭。君侯能兼容，则幸久；不能，今以毁去矣。"魏其不听。

魏其、武安俱好儒术⑮，推毂赵绾为御史大夫，王臧为郎中令。迎鲁申公，欲设明堂，令列侯就国，除关，以礼为服制，以兴太平⑯。举适诸窦宗室毋节行者，除其属籍⑰。时诸外家为列侯，列侯多尚公主，皆不欲就国，以故毁日至窦太后⑱。太后好黄老之言，而魏其、武安、赵绾、王臧等⑲务隆推儒术，贬道家言，是以窦太后滋不悦魏其等。及建元二年，御史大夫赵绾请无奏事东宫⑳。窦太后大怒，乃罢逐赵绾、王臧等，而免丞相、太尉，以柏至侯许昌为丞相，武强侯庄青翟为御史大夫㉑。魏其、武安由此以侯家居㉒。

武安侯虽不任职㉓，以王太后故，亲幸，数言事多效，天下吏士趋势利者㉔，皆去魏其归武安。武安日益横㉕。建元六年，窦太后崩，丞相昌、御史大夫青翟坐丧事不办，免。以武安侯蚡为丞相，以大司农韩安国为御史大夫。天下士郡国诸侯愈益附武安㉖〔2〕。

武安者，貌寝，生贵甚㉗。又以为诸侯王多长，上初即位，富于春秋，蚡以肺腑为京师相，非痛折节以礼诎之，天下不肃㉘。当是时㉙，丞相入奏事，坐语移日，所言皆听。荐人或起家至二千石，权移主上。上乃曰："君除吏已尽未？吾亦欲除吏㉚。"尝请考工地益宅，上怒曰："君何不遂取武库！"是后乃退。尝召客饮，坐其兄盖侯南乡，自坐东乡，以为汉相尊，不可以兄故私挠。武安由此滋骄㉛，治宅甲诸第。田园极膏腴，而市买郡县器物相属于道。前堂罗钟鼓，立曲旃；后房妇女以百数㉜。诸侯奉金玉狗马玩好，不可胜数㉝。

魏其失窦太后，益疏不用，无势，诸客稍稍自引而怠傲㉞，惟灌将军独不失故。魏其日默默不得志，而独厚遇灌将军〔3〕。

【夹批】

① 即从魏其串入。

② 特先写其底里，为后之骄贵伏案，令人不堪。

③ 此语直至东朝辨灌夫事处应出。

④ 此非写田蚡之功，正著其揽权之渐。

⑤ 徒以椒房之故得侯。与魏其监齐、赵兵破七国对看。

⑥ 同一好客进贤，用两"欲"字写其心事，遂与进盎、布等大别。

⑦ 孝武朝。

⑧ 籍福亦铮铮佼佼者，不惟善作调人，兼亦深明世故。

⑨ 其意似为魏其地，若作教武安博让贤名，未是。

⑩ 晓人当如是。

⑪ 不能明言于上，而惟于私昵巧发，盖写田蚡笔笔轻薄。

⑫ 此番有大见识，其意正与景帝"多易"之语相发。

⑬ 自谓也，却不露出，益见其人品之高。

⑭ 此明指田蚡。或以善人指蚡，恶人他属者，不得其立言之微旨者也。

⑮ 合叙一段。

⑯ "兴太平"一段是陪，然必魏其之谋，武安顺之而已。

⑰ 此句是主，应上文"疾恶，恶人众"语。

⑱ 明应"毁"字。

⑲ 总叙，笔力甚大。

⑳ 此东宫指太后，以武帝尚幼，时太后称制决事。

㉑ 罢太尉官，别置御史大夫。

㉒ 二人同退。

㉓ 独接武安，笔力矫健之甚。

㉔ 只添一二字，尽出其丑。

㉕ 以上是总纲。

㉖ 再言之，加郡国诸侯，而蚡之阴事已伏于此。

㉗ 忽另提起，似闲笔而文致大佳。

㉘ 小人怙势肺腑，写得可畏可恨。

㉙ 上虚写一段，此实征一段。

㉚ 妙语。武帝何如主，而可令其蓄怒此乎？蚡之幸免诛戮，实仗太后卵翼之，余无一能可知也。

㉛ 接"是后乃退"句，却更举其骄蹇，乃见小人之侈肆无状，无所往而不然者也。

㉜ 历举其罪状，前后皆有照应。

㉝ 此句暗绾淮南王在内。

㉞ 重提魏其失势，接入灌夫，中有无数头绪，一齐绾结在内，非寻常过渡之法。

【眉批】

〔1〕合传曲直，了然易辨，然吾不能不责备于魏其也。魏其以外戚名臣，喜士好客。当吴、楚告警之际，少著军功，及嗣君初政之年，循资爱立。一有不合，抑亦可以止矣，乃屡欲出没于炎凉之队，饱尝夫势利之情，反已难堪。责人太甚，又与使酒尚气之灌夫共事，则未有不载胥及溺者矣。盖窦、田一传，事绪虽多，约而论之，不过为势利所驱而已。史公写来纤悉具备，而前后线索，亦只在势利着眼，所以明其所争者甚微，而为祸最烈。使后世沾沾，多易之人失其所与，而自贻伊戚者读之，而早知所以自戢也。

〔2〕魏其传有三事：谏传梁王之失言也，监兵讨吴、楚也，谏废太子也。武安传亦有三事：凤太后以相魏其因以自重也，荐人除吏也，请考工地益宅也。君子小人，心事天渊，此皆其自己本传，至其他两人串合处，则不烦言而明矣。故当分看合看，以尽其理。

〔3〕此传三人皆有疵病，婴之病在多易而大节殊可观。夫之病在使气而任侠亦可尚。至田蚡之病，实不过怙势恣骄，纨袴小儿习气。使两人善于驯扰之而不犯其犬牙蝎尾之毒，蚡固不必有害人之心者也。史公惟痛恶田蚡，故叙三人疵病处，婴与夫皆用好丑夹叙之法，而蚡则用加倍渲染之法，遂使蚡之恶一望无尽。彼二人之病，隐跃难知，此皆笔墨褒贬之妙。然吾以为灌夫之病，不能胜其贤也。

灌将军夫者，颍阴人也。夫父张孟，尝为颍阴侯婴舍人，得幸，因进之至二千石，故蒙灌氏姓为灌孟。吴、楚反时，颍阴侯灌何为将军，属太尉，请灌孟为校尉。夫以千人与父俱①。灌孟年老，颍阴侯强请之，郁郁不得意，故战常陷坚，遂死吴军中②。军法，父子俱从军，有死事，得与丧归。灌夫不肯随丧归③，奋曰："愿取吴王若将军头，以报父之仇④。"于是灌夫被甲持戟⑤，募军中壮士所善愿从者数十人。及出壁门，莫敢前。独二人及从奴十数骑⑥驰入吴军，至吴将麾下，所杀伤数十人。不得前，复驰还，走入汉壁⑦，皆亡其奴，独与一骑归⑧。夫身中大创十余，适有万金良药，故得无死。夫创少瘳，又复请将军曰⑨："吾益知吴壁中曲折，请复往。"将军壮义之，恐亡夫，乃言太尉，太尉乃固止之⑩。吴已破，灌夫以此名闻天下⑪〔1〕。

颍阴侯言之上，上以夫为中郎将。数月坐法去。后家居长安，长安中诸公莫弗称之⑫。孝景时，至代相。孝景崩，今上初即位，以为淮阳天下交，劲兵处，故徙夫为淮阳太守⑬。建元元年，入为太仆。二年，与长乐卫尉窦甫饮，轻重不得，夫醉搏甫⑭。甫，窦太后昆弟也。上恐太后诛夫，徙为燕相⑮。数岁，坐法去官，家居长安。

灌夫为人刚直使酒，不好面谀。贵戚诸有势在己之右，不欲加礼，必陵之；诸士在己之左，愈贫贱，尤益敬，与钧。稠人广众，荐宠下辈。士亦以此多之⑯〔2〕。

夫不喜文学，好任侠⑰，已然诺。诸所与交通，无非豪桀大猾⑱。家累数千万，食客日数十百人⑲。陂池田园，宗族宾客为权利，横于颍川⑳。颍川儿乃歌之曰："颍水清，灌氏宁；颍水浊，灌氏族㉑。"〔3〕

灌夫家居虽富，然失势，卿相侍中宾客益衰，及魏其侯失势㉒，亦欲倚灌夫引绳批根生平慕之后弃之者㉓。灌夫亦倚魏其而通列侯宗室为名高㉔。两人相为引重，其游如父子然，相得欢甚，无厌，恨相知晚也㉕。

灌夫有服，过丞相。丞相从容曰〔4〕："吾欲与仲孺过魏其侯，会仲孺有服㉖。"灌夫曰："将军乃肯幸临贶魏其侯，夫安敢以服为解^㉗？请语魏其侯帐具,将军旦日早临。"武安许诺^㉘。灌夫具语魏其侯如所谓武安侯^㉙。魏其与其夫人益市牛酒,夜洒扫,早帐具^㉚至旦。平明,令门下候伺。至日中,丞相不来^㉛。魏其谓灌夫曰:"丞相岂忘之哉^㉜?"灌夫不怿曰:"夫以服请,宜往^㉝。"乃驾,自往迎丞相。丞相特前戏语灌夫,殊无意往^㉞。及夫至门,丞相尚卧^㉟。于是夫人见曰:"将军昨日幸许过魏其,魏其夫妻治具,自旦至今,未敢尝食。"武安愕谢曰:"吾昨日醉,忽忘与仲孺言。"乃驾往^㊱,又徐行^㊲,灌夫愈益怒。及饮酒酣,夫起舞属丞相,丞相不起,夫从坐上语侵之^㊳。魏其乃扶灌夫去,谢丞相。丞相卒饮至夜,尽欢而去^㊴。

丞相尝使籍福请魏其城南田^{㊵〔5〕}。魏其大望曰:"老仆虽弃,将军虽贵,宁可以势夺乎^㊶?"不许。灌夫闻,怒,骂籍福^㊷。籍福恶两人有郄,乃谩自好谢丞相曰^㊸:"魏其老且死,易忍,且待之。"已而武安闻魏其、灌夫实怒不予田^㊹,亦怒曰:"魏其子尝杀人,蚡活之^㊺。蚡事魏其无所不可,何爱数顷田^㊻?且灌夫何与也^㊼?吾不敢复求田。"武安由此大怨灌夫、魏其^㊽。

【夹批】

① 细密。

② 以老不欲出而郁郁不自得,则宜其缩胸逡懦矣。乃反以陷坚趋死,是其负气忼慨可知。夫固绰有父风者也。

③ 出色矫拔。

④ 忠孝之气,勃窣而横起。

⑤ 先写"披甲持戟",则下一段俱是直前无滞之景,不及转瞩之情矣。写生妙手。

⑥ 真奇绝之事。

⑦ 写得灌将军矫如游龙,便是项王巨鹿一战身分。

⑧ 若尽亡其骑,转似儿戏,正妙在"独与一骑归"耳。

⑨ 便知其非偶然愤怒之气,方是忠孝本领。

⑩ 写将军、太尉交爱,夫之忠勇愈著。

⑪ 全传出色在此,故不惜极扬之。

⑫ 再提"名闻天下"公案一笔。

⑬ 仍从"名闻天下"处得来。

⑭ 先写一小小使酒样子于此。

⑮ 使酒人却能使大臣、人主交爱如此,故妙。

⑯ 总写生平处,能使瑕瑜不相掩,而令人读之,毕竟多爱其瑜而恕其瑕。此则笔妙使然也。

⑰ 夫之得祸,正坐不学无术耳。

⑱ 一写宾客之豪。

⑲ 再写宾客之多。

⑳ 三写宾客之横。

㉑ 引此岂无意哉!夫之得祸有由,岂惟田蚡能杀之?

㉒ 两失势,相应成局。

㉓ 魏其假灌夫以形他人之薄,一团私意。

㉔ 灌夫又假魏其以交通权贵,一发无谓,真知进而不知退,知存而不知亡者。

㉕ 偏写得恁地浓至。

㉖ 此盖逆料其必以服为辞,故意虚讨好,实无意行也。

㉗ 何说此?乃与刚直负气处大不同,真不足取。

㉘ 一发多事。骄蹇小人之前,出此势利语。武安盖有以窥其微而薄之矣。

㉙ 健句。

㉚ 一团势利俗肠,然不得谓非灌夫误之。

㉛ 琐事写得入情如许。

㉜ 大扫兴。

㉝ 更多事。

㉞ 小人口吻,肺腑皆见。

㉟ 过意形容。

㊱ 此自小人常态,武安于此原不足多责。

㊲ 此"徐行"从灌夫眼中看出。

㊳ 忽慢忽恭,无一而可。

㊴ 此句极写得奸雄性情出,虽百世可知也。

㊵ 渐逼,妙。

㊶ 仍从势利起见。

㊷ 骂得不当。

㊸ 盖自谓未往请也。

㊹ 错杂妙。

㊺ 可知前所以请,实有挟而求。

㊻ 小人声口如绘。

㊼ 实是。

㊽ 凡用多少曲折,写成此句。

【眉批】

〔1〕灌夫图报父仇,冒死不顾,其中直无一毫打算,而其终身处己待人处,亦不用一毫打算,此皆取死之道也。然死于竹田蚡,诚不若死于走吴壁矣。惜哉!

〔2〕夫不好面谀,似矣。而在己之右者,必欲陵之,此何理也?夫此处正与酷吏作用同符,矫枉过正,自祸厥躯,良不足法。

〔3〕极写灌夫家居之暴横,三提宾客,所以力为灌夫出脱也。

〔4〕失势而不肯引退,喜与贵人游,则其受薄于人,必至之理也;以失势之人,又不忍受人轻薄,而乐与之争,必败之势也。既不能摧刚为柔,乐观时变;又往往色厉内荏,不脱俗情,必穷之术也。读史公此传而悟所以处世之方,惟当责魏其、灌夫,而何暇责武安矣!

〔5〕小人有小人之才,看武安自灌夫出"将军乃肯幸临贶魏其"云云数语,早已窥破两人底里,以后全不为意矣。许往而高卧,命驾而徐行,起舞而不答,请田而无忌,种种揶揄,视同几肉,而两人曾不悟也,可不哀乎?

元光四年春,丞相言灌夫家在颍川,横甚,民苦之。请案。上曰:"此丞相事,何请?"灌夫亦持丞相阴事,为奸利,受淮南王金与语言①。宾客居间,遂止俱解。

夏,丞相取燕王女为夫人,有太后诏②,召列侯宗室皆往贺,魏其侯过灌夫,欲与俱③。夫谢曰:"夫数以酒失得过丞相,丞相今者又与夫有郤④。"魏其曰:"事已解。"强与俱⑤〔1〕。饮酒酣,武安起为寿,坐皆避席伏。已魏其侯为寿,独故人避席耳,余半膝席⑥。灌夫不悦⑦〔2〕。起行酒,至武安,武安膝席曰:"不能满觞⑧。"夫怒,因嘻笑曰⑨:"将军,贵人也,属之!"时武安不肯。行酒次至临汝侯。临汝侯方与程不识耳语⑩,又不避席。夫无所发怒,乃骂临汝侯曰⑪:"生平毁程不识不直一钱⑫,今日长者为寿,乃效女儿呫嗫耳语!"武安谓灌夫曰:"程、李俱东西宫卫尉,今众辱程将军,仲孺独不为李将军地乎⑬?"灌夫曰:"今日斩头陷胸,何知程、李乎⑭?"坐乃起更衣,稍稍去⑮。魏其侯去,麾灌夫出。武安遂怒曰⑯:"此吾骄灌夫罪⑰!"乃令骑留灌夫⑱。灌夫欲出不得。籍福起为谢,案灌夫项令谢。夫愈怒,不肯谢⑲。武安

乃麾骑缚夫置传舍㉑,召长史曰:"今日召宗室,有诏。"劾灌
夫骂坐不敬,系居室㉑。遂按其前事㉒,遣吏分曹逐捕诸灌
氏支属,皆得弃市罪。

魏其侯大愧㉓,为资使宾客请,莫能解㉔。武安吏皆为
耳目,诸灌氏皆亡匿,夫系,遂不得告言武安阴事㉕。

魏其锐身为救灌夫㉖〔3〕。夫人谏魏其曰:"灌将军得罪
丞相,与太后家忤㉗,宁可救耶?"魏其侯曰:"侯自我得之,自
我捐之,无所恨。且终不令灌仲孺独死,婴独生㉘。"乃匿其
家,窃出上书。立召入㉙,具言灌夫醉饱事不足诛。上然之,
赐魏其食,曰:"东朝廷辨之㉚。"

魏其之东朝,盛推灌夫之善,言其醉饱得过,乃丞相以
他事诬罪之㉛。武安又盛毁灌夫所为横恣,罪逆不道㉜。魏
其度不可奈何,因言丞相短㉝。武安曰:"天下幸而安乐无
事,蚡得为肺腑,所好音乐狗马田宅。蚡所爱倡优巧匠之
属,不如魏其、灌夫日夜招聚天下豪桀壮士与论议,腹诽而
心谤,不仰视天而俯画地,辟倪两宫间,幸天下有变,而欲有
大功㉞。臣乃不如魏其等所为㉟。"〔4〕于是上问朝臣㊱:"两人
孰是?"御史大夫韩安国曰㊲:"魏其言灌夫父死事,身荷戟驰
入不测之吴军,身被数十创,名冠三军,此天下壮士,非有大
恶,争杯酒,不足引他过以诛也。魏其言是也㊳。丞相亦言
灌夫通奸猾,侵细民,家累巨万,横恣颍川,凌轹宗室,侵犯
骨肉㊴,此所谓'枝大于本,胫大于股,不折必披',丞相言亦
是。惟明主裁之。"〔5〕主爵都尉汲黯是魏其。内史郑当时是
魏其,后不敢坚对。余皆莫敢对㊵。上怒内史曰:"公平生数

言魏其、武安长短，今日廷论，局趣效辕下驹，吾并斩若属矣㊶！"〔6〕即罢起，入，上食太后㊷。太后亦已使人候伺，具以告太后。太后怒，不食，曰："今我在也，而人皆藉吾弟，令我百岁后，皆鱼肉之矣㊸！且帝宁能为石人耶㊹？此特帝在，即录录；设百岁后，是属宁有可信者乎？"上谢曰："俱宗室外家，故廷辨之㊺，不然，此一狱吏所决耳。"是时郎中令石建为上分别言两人事㊻〔7〕。

武安已罢朝，出止车门。召韩御史大夫载㊼。怒曰："与长孺共一老秃翁，何为首鼠两端㊽？"韩御史良久㊾谓丞相曰："君何不自喜㊿？夫魏其毁君，君当免冠解印绶归，曰'臣以肺腑幸得待罪，固非其任，魏其言皆是'。如此，上必多君有让，不废君。魏其必内愧，杜门龁舌自杀51。今人毁君，君亦毁之，譬如贾竖女子争言，何其无大体也52。"武安谢罪曰："争时急，不知出此。"

于是53上使御史簿责魏其所言灌夫，颇不仇，欺谩。劾系都司空54。

孝景时，魏其常受遗诏，曰："事有不便，以便宜论上。"及系，灌夫罪至族，事日急，诸公莫敢复明言于上55。魏其乃使昆弟子上书言之，幸得复召见。书奏上，而案尚书，大行无遗诏。诏书独藏魏其家，家丞封。乃劾魏其矫先帝诏，罪当弃市56〔8〕。五年十月，悉论灌夫及家属。魏其良久乃闻，闻即恚，病痱，不食欲死57。或闻上无意杀魏其，魏其复食，治病58，议定不死矣。乃有蜚语为恶言闻上59，故以十二月晦论弃市渭城60。

其春^㉛,武安侯病,专呼服谢罪。使巫视鬼者视之,见魏其、灌夫共守,欲杀之。竟死。子恬嗣。

元朔三年,武安侯坐衣襜褕入宫,不敬。国除。

淮南王安谋反觉,治。王前朝,武安侯为太尉,时迎王至霸上^㉜,谓王曰:"上未有太子,大王最贤,高祖孙,即宫车晏驾,非大王立当谁哉^㉝?"淮南王大喜,厚遗金财物。上自魏其时不直武安,特为太后故耳。及闻淮南王金事,上曰:"使武安侯在者,族矣!"

【夹批】

① 先伏此一段,则下文之怒,发之不嫌其暴;下文之质辨,出之各有其因。而淮南语言一事,直贯至传末,此刻意经营处。

② 偏是太后诏,此下半篇眼目,俱以太后作主。

③ 更属多事之极。

④ 灌夫此处,自知未尝不明。

⑤ 何所见而为此,欲借此求亲厚耶?多事之极。

⑥ 此段写势利之态,令人作恶,真叙事神品。

⑦ 伏一笔,凡叙事必隐隐隆隆而起。

⑧ 实轻之也,然颇蕴藉。

⑨ 一怒一笑,活画欲发不得发之状。

⑩ 亦轻之故,不时见夫,及至前,则又不膝席。

⑪ 悖甚。

⑫ 盖临汝侯生平尝有此毁,夫盖讦其私而刺之,故谓之"骂临汝侯",并非骂程不识也。

⑬ 放过临汝反拈不识,又从不识扯个李广,小人风云转变,暗激出许多对头。妙。

⑭ 醉语哗嘈,直是索解不得。

⑮ 搅散一场良会,不得不恨。

⑯ 此三句一气读,其事甚疾。

⑰ 语坐客罪己,故巧甚。

⑱ 横甚。

⑲ 描细。

⑳ 横极。

㉑ 随口撰出一个弃市罪名,小人之智何捷也。

㉒ 既有宾客居间一段,则此事约举之而已明矣。

㉓ "大愧"写得入情。

㉔ 加一笔,见武安焰焰之势,不可向迩。

㉕ 瞻前顾后。缜密乃尔。

㉖ 此段写魏其身分极高。

㉗ 特点太后,有眼。

㉘ 数语慷慨,可泣鬼神。

㉙ 特写上注意魏其之殷,俱是反映太后,无一闲笔。

㉚ 不直武安可知。

㉛ 此处明暗之妙,乃史公极用意处。

㉜ 已上先暗举一段。

㉝ 此非自寻对头,盖势已不容更止。

㉞ 俱是莫须有之事,说来隐隐跃跃,巧极险极。

㉟ 仍用含糊语收之,妙。

㊱ 上意可知。

㊲ 借韩口中明宣出两人之言来,法奇而妙。

㊳ 先是魏其言,则意中自然左袒魏其。

㊴ 此数语实无大恶在内,早已放过"幸变"、"辟倪"等语,其立说正而巧,当细思之,益人神智不浅。

㊵ 以汲黯之贤,而犹不敢坚对,深写武安势盛。总之一太后主之耳。

㊶ 上意愈益可知。

㊷ 便着意写太后。

㊸ 妇人偏执口气，绝不论理之曲直，写得如画。

㊹ 先说己，后说帝，妙有分寸。

㊺ 言外明明有窦太后在，正与“藉吾弟”句对针。

㊻ 上接“怒内史”一案，不明载其语云何，要亦袒魏其者。

㊼ 写得气势焰焰。

㊽ 言皆垂死之人，不足顾惜，盖怒之甚也。

㊾ 思所以对者，写得好。

㊿ 接口奇妙。

(51) 此数语可以倾魏其，亦可以安魏其。倾之者武安未屈，而太后已怒，况以此激之乎？安之者魏其本为灌夫，魏其言是，则灌夫不死，彼沾沾自喜之性，未必内愧自裁也。大抵安国意终为魏其。

(52) 此却说得蕴藉有致，使奸雄心服。安国良善为说词。

(53) 遥接“太后怒，不食”一段。

(54) 初未见魏其所言不仇处，明借以塞太后之怒。然欺谩之罪，不过失侯，系都司空狱，则不得复见上，不得已而思及此，然魏其竟自取死，可谓非数耶？

(55) 仍为灌夫起见，不负初心，言见魏其不令灌夫独死，一片肝胆。

(56) 案者谁，劾者谁，皆田蚡使之也。不待蜚语恶言而始知鬼蜮之技矣。

(57) 此时绝粒而死，贤于后死数日多矣。

(58) 总是沾沾、多易，策立不定之病。

(59) 写得甚暧昧，蚡恶甚于秦丑缪。

(60) 加“故以”字，见上始终不肯杀魏其。

(61) 特写得速于影响，语虽稍涉荒唐，而劝戒正复不少。

(62) 此即灌夫所欲告之阴事，夫系不得告，而史公代为书之，以告天下后世，快绝，严绝。

(63) 武安前言魏其、灌夫指天画地，“幸天下有变，而欲有大功”，恰可谓自道其情矣。

【眉批】

〔1〕前武安本无意过魏其,而灌夫多事,强为撮合,遂为结怨之始。今灌夫本不欲过武安,而魏其又多事,强拉之往,而竟成贾祸之媒。此两人相牵相负处,正复相当。大抵皆有婞直之容,而中无坚忍之志,以此处世,无一而可。惜哉,一念之浮,决裂遂至于此也!

〔2〕发怒于杯酒之间,而宾客居间者,遂莫能挽,要见田蚡积怒于灌夫,向之罢手,徒以阴事恐为所告,故姑忍以俟之耳。两人不知自投陷阱,观其先系灌夫,又分曹捕灌氏支属,而后以大罪劾之,所以绝其告密之门,则不杀之而不已者矣。蚡固奸人之雄,岂二子所能及耶!

〔3〕叙烦重之事,而笔径轻清,情、词两活,此非细故也。全要得避就之妙。如东朝一辨,言甚多矣,然先将魏其、武安之言虚叙一番,此是点清主脑法。然后用田蚡自己口中借表出魏其所言丞相之短,借韩安国口中代宣出田、窦二人所言灌夫长短,俱是一番话作两番叙法。惟田蚡言灌、窦二人恶处,安国口中芟去不提,即从蚡口正叙出来,此中皆有苦心经营之妙,要须识得。

〔4〕武安之言,便佞旖旎,句句作自己投首,因而以危法中人,前朝严分宜情状绝与此类,方知小人自有衣钵。

〔5〕韩安国平叙两人是非,虽似首鼠两端,然前明云"非有大恶"、"不足引他过以诛",后仅举"横恣"、"凌轹"数句,正所谓"他过"。而田蚡所诬,指天画地,暧昧大恶,早已撇开,此正是老吏断狱能手,不得少之。

〔6〕只是骂朝臣,绝不提魏其。而魏其之援手者已绝矣。

〔7〕特赘石建一言,亦有深意。是狱也,强直之汲、郑是之,谨厚之石建分别之,而优于儒,以循吏称之。韩安国顾阴为之地,而不敢明言。汉人之风气略见,而武安之恣横益明,盖传外传也。

〔8〕从来大行皇帝遗诏,尚书藏其副,而受赐者录其真。魏其以贵戚贤侯勋业烂焉,便宜论上之旨,理所宜有,但诏书既系家丞封识,则必受赐于孝景临幸或曲宴燕朝之时,尚书别无副本,宜也。小人巧发害人,无所不至,而魏其之计实疏,即使复得召见,然不能借助于朝,又岂能转圜于便殿?

但以交情笃而奋不顾身言之可耳。若谓魏其非矫诏,灌、窦可完,则未可信也。

太史公曰^{〔1〕}:魏其、武安皆以外戚重,灌夫用一时决策而名显,魏其之举以吴、楚,武安之贵在日月之际^①。然魏其诚不知时变,灌夫无术而不逊^②,两人相翼,乃成祸乱^③。武安负贵而好权,杯酒责望,陷彼两贤。呜呼哀哉!迁怒及人,命亦不延^④。众庶不载,竟被恶言^⑤。呜呼哀哉!祸所从来矣^⑥。

【夹批】
① 轻薄之甚。
② 断语凿然,铢两悉称。
③ 卓识具眼。
④ 指两人索命一段。
⑤ 指淮南事觉一段。
⑥ 以上后半恩仇。

【眉批】
〔1〕此赞字字称量过,毫发不苟。末段叹惋深长,独异诸篇,咀之无极。

【总评】
君子读此传而深叹夫与人之不可以不慎也。灌夫之为人,惟有挺矛驰壁,奋不顾身,图报父仇,一朝轰烈,谓之壮士,绰有英风而已。洎乎失势家居,批根矫枉,已非明哲保身,况复宾客厮徒,田园恣横,其视田蚡伯仲间耳。魏其感其岁寒柯叶,不改故常,遂视为左右手,而与之并驱,并激于炎凉之场，即无田蚡，亦自致杀身之祸。夫鼓刀养母，聂政原无宜死之方；露版荐贤，孔融岂有当诛之罪。而睚眦严仲，以百金贸厥头颅；轻肆祢衡，为数语覆其巢卵。盖意气之场，相靡相拥，瓦裂而不可复收，往往而然。此"因不失其亲"之语，圣门所以惓惓也。嗟乎！颍川歌起，灌族久危，而厉鬼得朋，田侯顿灭，恩怨之于人甚矣哉！然君子于此则以为蚡不足道矣。

李将军列传

　　李将军广者，陇西成纪人也[1]。其先曰李信，秦时为将，逐得燕太子丹者也①。故槐里，徙成纪。广家世世受射②。孝文帝十四年，匈奴大入萧关③，而广以良家子从军击胡，用善骑射，杀首虏多，为汉中郎④。广从弟李蔡亦为郎⑤，皆为武骑常侍，秩八百石。尝从行，有所冲陷折关及格猛兽⑥，而文帝曰："惜乎子不遇时，如令子当高帝时，万户侯岂足道哉⑦！"[2]

　　及孝景初立，广为陇西都尉，徙为骑郎将⑧。吴、楚军时，广为骁骑都尉，从太尉亚夫击吴、楚军，取旗，显功名昌邑下⑨。以梁王授广将军印⑩，还赏不行。徙为上谷太守⑪，匈奴日以合战。典属国公孙昆邪为上泣曰⑫："李广才气，天下无双，自负其能，数与虏敌战，恐亡之⑬。"于是乃徙为上郡太守。后广转为边郡太守，徙上郡。尝为陇西、北地、雁门、代郡、云中太守，皆以力战为名⑭。

　　匈奴大入上郡，天子使中贵人从广勒习兵击匈奴⑮。中贵人将骑数十，纵⑯，见匈奴三人，与战。三人还射，伤中贵人，杀其骑且尽。中贵人走广。广曰："是必射雕者也⑰。"广乃遂从百骑往驰三人⑱。三人亡马步行，行数十里。广令其骑张左右翼，而广身自射彼三人者，杀其二人，生得一人⑲，果匈奴射雕者也。已搏之上马，望匈奴有数千骑⑳，见广，以为诱骑，皆惊，上山陈。广之百骑皆大恐，欲驰还走。广

318

曰㉑："吾去大军数十里，今如此以百骑走，匈奴追射我立尽。今我留，匈奴必以我为大军诱之，必不敢击我㉒。"广令诸骑曰："前㉓！"前未到匈奴陈二里所，止㉔，令曰："皆下马解鞍！"其骑曰："虏多且近，即有急，奈何？"广曰："彼虏以我为走，今皆解鞍以示不走，用坚其意㉕。"于是胡骑遂不敢击。

有白马将出护其兵㉖，李广上马与十余骑奔射杀胡白马将㉗，而复还至其骑中，解鞍，令士皆纵马卧。是时会暮㉘，胡兵终怪之，不敢击。夜半时，胡兵亦以为汉有伏军于旁㉙，欲夜取之，胡皆引兵而去。平旦，李广乃归其大军㉚。大军不知广所之，故弗从㉛〔3〕。

【夹批】

① 世为名将，缀信于前，缀陵于后，亦一章法。

② 提出一传眼目，以射为线道。

③ 广以匈奴起，以匈奴终。

④ 善射一。

⑤ 缀一陪客，为篇末感慨伏脉，绝非浪笔。

⑥ 又虚写一段，骊括殊有远神。

⑦ 以天子爱之，而复以"不遇时"为慨。初见之似不情，细味之亦具远识。

⑧ 细详官阀，处处有感慨之意。

⑨ 于不甚可扬处，着力扬一笔。

⑩ 广不自重处。

⑪ 处之极边，实左迁之。为贤者讳，而叙来无迹。

⑫ 写出爱才入骨。

⑬ 此数语是广一生知己，"才气无双"、"自负其能"，一扬一抑。

⑭ 此处凡六迁,俱在北边,故总叙于此,以力战约之。

⑮ 重提在上郡时一事为写生。此亦以名将故重之也。

⑯ "纵"字以一字为一句,言纵解之使驰逐远出也。

⑰ 是习边事者之言,射雕乃匈奴至精之骑,别勒为部。

⑱ 以百余骑逐三人,不足为武,此自以射雕者形容广之善射,以百余骑作下数千骑引子,看去乃见其笔法之妙。

⑲ 善射二。

⑳ 此处方为百骑正写。

㉑ 以胆兼略,非侥幸可比。

㉒ 以上是其略。

㉓ 已下是其胆。

㉔ 细写军令,奇而法,整而暇。

㉕ 拿得定,做得彻。

㉖ 复缀此一段,勇决愈见。

㉗ 善射三。

㉘ 逐时写出,如身在行间目击之者。

㉙ 广之意固尔。

㉚ 暇甚。

㉛ 注一笔,亦见李出之轻易。

【眉批】

〔1〕广之胜人处只是"才气无双"四字尽之。然才气既胜,则未有肯引绳切墨而轨于法之正者,则其一生数奇,亦才气累之也。篇中首载公孙昆邪一语,褒贬皆具。史公虽深爱李广,而卒亦未尝不并著其短,所以为良史之才,他人不能及也。

〔2〕文帝"惜乎子不遇时"之言,非谓高帝时尚武而今偃武修文也。文帝时匈奴无岁不扰,岂得不倚重名将? 帝意正以广才气跞跎,大有黥、彭、樊、灌之风,当肇造区宇之时,大者王,小者侯,取之如探策矣。今天下已

定,虽勒兵陷阵,要必束之于簿书文法之中,鳃鳃纪律,良非广之所堪也。故叹惜之。此实文帝有鉴别人才处,广之一生数奇,早为所决矣。

〔3〕史公甚爱李广,而独不满于卫青。青传之"会有天幸",此语亦颇不厌人意。至如广之任情孤往,败处每多于胜处,然略其败而详其出奇制胜之勇,令人读之,满腔都是奇特意思,则文字生色不少。如射雕一段,精神更自烁烁可爱。

居久之,孝景崩,武帝立,左右以为广名将也①,于是广以上郡太守为未央卫尉,而程不识亦为长乐卫尉②。程不识故与李广俱以边太守将军屯。及出击胡,而广行无部伍行阵,就善水草屯,舍止,人人自便,不击刁斗以自卫,莫府省约文书籍事③,然亦远斥候,未尝遇害④。程不识正部曲行伍营陈,击刁斗,士吏治军簿至明,军不得休息,然亦未尝遇害⑤〔1〕。不识曰:"李广军极简易,然虏卒犯之,无以禁也;而其士卒亦佚乐,咸乐为之死。我军虽烦扰,然虏亦不得犯我⑥。"是时汉边郡李广、程不识皆为名将,然匈奴畏李广之略⑦,士卒亦多乐从李广而苦程不识。程不识孝景时以数直谏为大中大夫。为人廉,谨于文法⑧。

后汉以马邑城诱单于⑨,使大军伏马邑旁谷,而广为骁骑将军,领属护军将军。是时单于觉之去,汉军皆无功⑩。

其后四岁,广以卫尉为将军⑪,出雁门击匈奴。匈奴兵多,破败广军,生得广〔2〕。单于素闻广贤,令曰:"得李广,必生致之。"胡骑得广,广时伤病,置广两马间,络而盛卧广⑫。行十余里,广佯死,睨其旁有一胡儿骑善马,广暂腾而上胡儿马,因推堕儿,取其弓⑬,鞭马南驰数十里,复得其余军,因引而入塞⑭。匈奴捕者骑数百追之,广行取胡儿弓射杀追骑,以故得脱⑮。于是至汉,汉下广吏⑯。吏当广所失亡多,为虏所生得,当斩,赎为庶人。

【夹批】

① 忽插"左右"一语,见广无特达之知。

② 又拈一陪客,此处爱广惜广意俱见,全在两两形击。

③ 军行无纪律至此,鲜有不败者。广于此诚不可训,疑亦言之太过。

④ 要亦适有天幸。

⑤ 程才固不如李,而语语对写,却不肯一字排仗,非史公不能。

⑥ 特载不识之语,所以明军法之正,即为程不识附小传,非与李广也。

⑦ 看其归到李广轻重不失之妙。

⑧ 并详程不识之究竟,是附传意。

⑨ 此王恢之失策,别有传,此特以广在行间无功而带及之。

⑩ 广之数奇,亦在其中。

⑪ 叙广官阀进退兼衔俱详悉。

⑫ 败军之余,身且为虏,有何足纪,而史公偏写得十分英矫奇特,盖文之能荣辱人也如此。

⑬ 伏弓巧甚。

⑭ 壮满可想。

⑮ 善射四。

⑯ 数奇至此。

【眉批】

〔1〕广惟有勇略又能爱人,于兵法仁信智勇严五者,实有其四,惟少一严耳。然其远斥候以防患,法亦未尝不密也。但说到无部伍行阵,省文书籍事,此大乱之道,恐不能一日聚处,疑亦言之过甚。先辈谓载程不识以形

击之，愚谓要是文字生色耳，未必简易至此极也。

〔2〕此段云“破败广军”，后云“汉兵死者大半”，则广之麾下失亡不可胜计，而广才以善射自完，律以常法，殊难为广占地步矣。但其败后之勇决奇变，殊胜于他人之奏凯策勋者百倍，史公必不肯以成败论英雄，是其一生独得之妙，故出力敷写如此。

顷之，家居数岁，广家与故颍阴侯孙屏野居蓝田南山中①射猎②。尝夜从一骑出，从人田间饮。还至霸陵亭，霸陵尉醉，呵止广。广骑曰：“故李将军③。”尉曰：“今将军尚不得夜行，何乃故也④！”止广宿亭下。居无何，匈奴入杀辽西太守，败韩将军，韩将军后徙右北平。于是天子乃召拜广为右北平太守⑤。广即请霸陵尉与俱，至军而斩之⑥。

广居右北平，匈奴闻之，号曰“汉之飞将军”〔1〕，避之，数岁不敢入右北平⑦。

广出猎，见草中石，以为虎而射之⑧，中石没镞，视之石也⑨。因复更射之，终不能复入石矣⑩。广所居郡，闻有虎，尝自射之⑪。及居右北平射虎，虎腾伤广，广亦竟射杀之⑫。

广廉。得赏赐，辄分其麾下，饮食与士共之。终广之身，为二千石四十余年，家无余财，终不言家产事⑬。

广为人长，猨臂，其善射亦天性也⑭。虽其子孙他人学者，莫能及广⑮。广讷口少言⑯，与人居则画地为军阵，射阔狭以饮，专以射为戏竟死⑰。

广之将兵，乏绝之处，见水，士卒不尽饮，广不近水；士卒不尽食，广不尝食⑱。宽缓不苟⑲，士以此爱乐为用。其射，见敌急，非在数十步之内，度不中，不发，发即应弦而倒⑳。用此，其将兵数困辱，其射猛兽亦为所伤云㉑〔2〕。

居顷之，石建卒，于是上召广代建为郎中令㉒。

【夹批】

① 野蕊疏花，点缀入妙。

② 亦不脱善射。

③ 四字惨淡。

④ 醉嚣倨侮如画。

⑤ 广以偾军之将，能使天子屡思而召之，岂偶然哉！非盖世之才，何以致此？

⑥ 广琐琐处亦不为之讳。

⑦ 广之战功不足纪，每就不战处写出精神。

⑧ 善射五。

⑨ 非漫写奇事，实亦其才气为之。

⑩ 惟不能复入，乃益见其射之奇。

⑪ 善射六。

⑫ 善射七。

⑬ 一段又特书其廉，而爱士之节亦并见。

⑭ 又就善射出色虚写一段，精神百倍。

⑮ 与篇首"世世受射"对。

⑯ 插此五字，妙在不伦。因益见射之专。

⑰ 竟死，犹终世也。言毕生以射为事。

⑱ 复写爱人。

⑲ 复写简易。

⑳ 缕缕写善射，而其语愈出而愈精彩。

㉑ 因必待其近而后发，故猝不及制，亦得伤败。

㉒ 此段直接前"数岁不敢入右北平"句。看他中间琐琐嵌入四段，俱是虚景，盖实事动辄无功，故特以虚间写之。

【眉批】

〔1〕"飞将军"三字疑亦从络盛两马间腾身忽上驰入塞内之事而得，实慑于其一身之勇，非叹服其御众之能也。

〔2〕云芟其繁复以类相从，则此传之零零碎碎处当删当窜者多矣。须熟读此等段落，方悟其理。

元朔六年，广复为后将军，从大将军军出定襄，击匈奴。诸将多中首虏率，以功为侯者①，而广军无功②。后三岁，广以郎中令将四千骑出右北平，博望侯张骞将万骑与广俱，异道。行可数百里，匈奴左贤王将四万骑围广③，广军士皆恐，广乃使其子敢往驰之〔1〕。敢独与数十骑驰，直贯胡骑，出其左右④而还，告广曰："胡虏易与耳。"军士乃安。广为圜阵外向，胡急击之，矢下如雨。汉兵死者过半，汉矢且尽。广乃令士持满毋发⑤，而广身自以大黄射其裨将，杀数人⑥，胡虏益懈。会日暮，吏士皆无人色⑦，而广意气自如，益治军。军中自是服其勇也⑧。明日，复力战，而博望侯军亦至，匈奴军乃解去。汉军罢⑨，弗能追。是时广军几没，罢归。汉法，博望侯留迟后期，当死，赎为庶人。广军功自如，无赏⑩。

初，广之从弟李蔡与广俱事孝文帝⑪。景帝时，蔡积功劳至二千石⑫。孝武帝时，至代相。以元朔五年，为轻车将军，从大将军击右贤王，有功中率⑬，封为乐安侯。元狩二年中，代公孙弘为丞相。蔡为人在下中，名声出广下甚远⑭。然广不得爵邑，官不过九卿，而蔡为列侯，位至三公⑮。诸广之军吏及士卒，或取封侯。广尝与望气王朔燕语，曰⑯〔2〕："自汉击匈奴而广未尝不在其中⑰，而诸部校尉以下，才能不及中人⑱。然以击胡军功取侯者数十人,而广不为后人,然无尺寸之功以得封邑者,何也⑲?岂吾相不当侯耶?且固命也⑳?"朔曰:"将军自念,岂尝有所恨乎㉑?"广曰:"吾尝为陇西守,羌尝反,吾诱而降,降者八百余人,吾诈而同日杀之。至今大恨独此耳㉒。"朔曰:"祸莫大于杀已降,此乃将军所以不得侯者也。"

【夹批】

① 相形一句,益难堪。

② 数奇如此。

③ 又是一番败衄,而广益见精神,真乃奇事。

④ 二句两意。直贯者,入其中;出左右者,绕其外。其视四万人直如无物。

⑤ 即"度不中不发"之教。

⑥ 大黄即连弩,一发可殪数人。善射八。

⑦ 借他人以形广之勇。

⑧ 军中服其勇,亦匪自今日,至是乃益著耳。

⑨ 此张骞之军。

⑩ 数奇如此。

⑪ 遥应篇首。

⑫ 历举仕途顺适,咄咄逼人。

⑬ 与律同,所获首虏合格也。

⑭ 著意轻薄李蔡,言外如闻叹息之声。

⑮ 重说一遍,徘徊感怆,叙事中夹有议论,绝非他传常格。

⑯ 写出忼慨不自聊光景。

⑰ 有慨乎其言之。

⑱ 史公既为之言,而广又自言,其情良有不能自已者。

⑲ 此与项王既败,喋喋自称语,情实相似。

⑳ 说相说命,英气索然,写无聊如画。

㉑ 朔固术者,却与言阴骘之理,亦有高识。

㉒ 武安杜邮之刿,亦以杀降为恨,但此处史公只是惜广之深,反覆推言,以明其才本过人耳,并不重诛降,意当从其前后神理求之。

【眉批】

〔1〕此段广之勇烈及其遇之艰危,皆大略与其孙陵相似,皆以别将失道,独与虏遇,皆以少敌众。而广之终得拔身还汉者,卒以救军之来也。史公写此极详,盖亦有所感云。○附入李敢又奇,盖见陇西家风,世优才气,而陵卒颓其家声,故篇末亦不复少为之地也。

〔2〕广之将兵,败衄既多,其所以不得侯者,似亦无难共晓,而广独鳃鳃于才能不为人后,不当困踬,自疑自惜。王朔别援阴祸以解之。予谓此可备一说,而终非定论。广才气有余而纪律不整,如虎豹虽雄豪绝世,然羁縻于文物之中,有如立仗之马、驾辇之牛者,此岂可以焜煌霍搋之奇论哉?

　　后二岁,大将军、骠骑将军大出击匈奴,广数自请行。天子以为老,弗许;良久乃许之,以为前将军①。是岁,元狩四年也②。

　　广既从大将军青击匈奴,既出塞,青捕虏知单于所居,乃自以精兵走之③,而令广并于右将军军,出东道。东道少回远,而大军行水草少,其势不屯行④。广自请曰⑤:"臣部为前将军,今大将军乃徙令臣出东道⑥,且臣结发而与匈奴战,今乃一得当单于⑦,臣愿居前,先死单于⑧。"大将军青亦阴受上诫,以为李广老,数奇,毋令当单于,恐不得所欲⑨〔1〕。而是时公孙敖新失侯,为中将军从大将军,大将军亦欲使敖与俱当单于,故徙前将军广⑩。广时知之,固自辞于大将军⑪。大将军不听,令长史封书与广之幕府,曰:"急诣部,如书⑫。"广不谢大将军而起行,意甚愠怒而就部。引兵与右将军食其合军出东道,军亡导,或失道,后大将军⑬。大将军与单于接战,单于遁走,弗能得而还⑭。南绝幕,遇前将军、右将军⑮。广已见大将军,还入军⑯。大将军使长史持糒醪遗广,因问广、食其失道状⑰,青欲上书报天子军曲折⑱。广未对,大将军使长史急责广之幕府对簿[2]。广曰:"诸校尉无罪,乃我自失道。吾今自上簿⑲。"

至幕府,广谓其麾下曰:"广结发与匈奴大小七十余战,今幸从大将军出接单于兵,而大将军又徙广部行回远,而又迷失道⑳,岂非天哉㉑!且广年六十余矣,终不能复对刀笔之吏!"遂引刀自刭㉒[3]。广军士大夫一军皆哭。百姓闻之,知与不知,无老壮皆为垂涕㉓。而右将军独下吏㉔,当死,赎为庶人。

【夹批】

① 始以老绌之,既复用为前部,实绐之也。

② 此番为广之结局,特倒点年分,郑重有法。

③ 贪功之心如揭。

④ 数语写得极明划,便足为李将军功罪铁案,真良史之笔。

⑤ 再自请,妙。

⑥ 不可晓,故不得不请。

⑦ 词厉气蹙,想见愤踊。

⑧ 其言不利,青益不肯。

⑨ 补写此数句,正是前"自请行"、"良久乃许"注脚,文法明暗入妙。

⑩ 前从上诚,足以徙广矣,必又将卫青私公孙敖之意再写一层,恶青而惜广也。

⑪ 两"自请",又"固自辞"。

⑫ 以军令勒之,恶甚。

⑬ 既回远又亡导,谓非青有意杀之,可乎?

⑭ 却又仍不能得所欲,岂数奇者误之哉?

⑮ 军还始遇。

⑯ 余怒犹勃勃,不出一语,妙。

⑰ 先用慰劳,后用激厉。广负气宿将,必不能堪。

⑱ 此亦长史述青之言。

⑲ 慷慨愤踊

⑳ 其言深婉,非一见可尽晓,其含意甚远也。

㉑ 归之于天,总为两"又"字,一叹。

㉒ 负气到老,死乃贤于生。

㉓ 广廉而爱人,又以名将数奇,死非其罪,此哭要有无数痛惜在内。

㉔ 赵食其。

【眉批】

〔1〕广历事三朝,文帝以为不遇时,武帝之时边功日竞,而天子复以年老数奇少之。要之二君皆不可谓不知广者。文帝以为跅弛之士多见长于草昧之初,武帝以为数蹶之才难与共功名之会也。前朝戚元戎继光为一代名将,临阵之际,裨将以下必视其体貌充畅者遣之,以为功名之事,不可与福薄者共之,恐或因以偾大事。此虽偶然之论,盖亦未可废也。

〔2〕卫青不必有害广之意,而史公写得隐隐跃跃,使人不能释然,要是恶青之深耳。

〔3〕广一生蹭蹬,至白首之年,自请出塞,其意实以卫青福将,欲藉之以成大功,不意反为所卖。观其"幸从大将军"、"又徙广部"等语,饮恨无穷,真乃一字一涕。

广子三人①，曰当户、椒、敢为郎。天子与韩嫣戏，嫣少不逊，当户击嫣②，嫣走。于是天子以为勇[1]。当户早死，拜椒为代郡太守，皆先广死。当户有遗腹子名陵③。广死军时，敢从骠骑将军。

广死明年，李蔡以丞相坐侵孝景园墙地，当下吏治，蔡亦自杀，不对狱，国除④。

李敢以校尉从骠骑将军击胡左贤王，力战，夺左贤王鼓旗，斩首多，赐爵关内侯，食邑二百户⑤，代广为郎中令。顷之，怨大将军青之恨其父，乃击伤大将军，大将军匿讳之⑥[2]。居无何，敢从上雍，至甘泉宫猎。骠骑将军去病与青有亲，射杀敢。去病时方贵幸，上讳云鹿触杀之。居岁余，去病死⑦。而敢有女为太子中人，爱幸；敢男禹有宠于太子，然好利，李氏陵迟衰微矣⑧。

李陵既壮，选为建章监，监诸骑[3]。善射，爱士卒⑨。天子以为李氏世将，而使将八百骑。常深入匈奴二千余里，过居延视地形，无所见虏而还⑩。拜为骑都尉，将丹阳楚人五千人，教射酒泉、张掖以屯卫胡。

数岁，天汉二年秋，贰师将军李广利将三万骑击匈奴右贤王于祁连天山⑪，而使陵将其射士步兵五千人出居延北可千余里，欲以分匈奴兵⑫，毋令专走贰师也。陵既至期还，而单于以兵八万围击陵军。陵军五千人⑬，兵矢既尽，士死者过半，而所杀伤匈奴亦万余人。且引且战，连斗八日⑭，还未到居延百余里，匈奴遮狭绝道，陵食乏而救兵不到⑮，虏急击招降陵。陵曰："无面目报陛下。"遂降匈奴⑯。其兵尽没，余亡散得归汉者四百余人。

　　单于既得陵，素闻其家声^⑰，及战又壮，乃以其女妻陵而贵之。汉闻，族陵母妻子。自是之后，李氏名败而陇西之士居门下者皆用为耻焉^⑱。

【夹批】

① 以下附传。

② 又一个负气人。

③ 各伏一笔，叙事有组织之妙。

④ 汉丞相坐法多自裁，常事也。但此处亦影动多负气男子。

⑤ 于李蔡之下，复接李敢从骠骑之功，彼失一侯，此得一侯，聊为广吐气，妙。

⑥ 击韩嫣于天子之前，壮士也。然击伤卫青，斯尤壮矣。

⑦ 特缀此语，若敢为厉者然，冷得妙。

⑧ 责备李氏处，正其极推李广处。

⑨ 五字绰有祖风。

⑩ 此时便已英略盖世。

⑪ 匈奴谓天为祁连，祁连山即天山，合称之者，传写之误也。

⑫ 此"欲"字乃武帝隐衷，恐贰师之不能成奇功也。极平常语，却有针线在。

⑬ 特再点清五千人，妙。

⑭ 数语写得极详匝，亦极精神。先辈谓其匆匆，非也。

⑮ 谁实陷之？

⑯ 此处却绝不下一曲笔，所以为高。

⑰ 句中赫然有李广在。

⑱ 收得凛然有余响，责备李氏处正极推尊李氏。

【眉批】

〔1〕此下悉将广子若孙官位事功、性情生平，纤悉零碎一一写出，尽于二百余字之中；又妙在人人负气，往往屈阨，皆影影与李将军吊动，此所谓神情见于笔墨之表者也。

〔2〕卫青隐匿击伤，毋亦心亏理屈，且慑于其气而不敢校耶？且果讳之，则彼去病者又乌敢取诸天子之旁而弯弓报怨，谁实主之乎？青本人奴，霍亦奸种，一时遭际，妄诞至此，君子是以知孝武之失刑也。

〔3〕子长以李陵得祸，而陵传亦斁括事迹，不复细为描摹，正以陵之所以然者，本末已具于任少卿一书也。古人动笔，早信其文之必传，若东涂西抹，彼此复沓，义之所不肯出也。后人不识此意，或谓陵传匆匆，正持大体；或谓临文不讳，良史独裁，皆非定论。

太史公曰[1]："《传》曰："其身正，不令而行；其身不正，虽令不从。"其李将军之谓也。余睹李将军，悛悛如鄙人，口不能道辞。及死之日，天下知与不知，皆为尽哀。彼其忠实心诚信于士大夫也[1]？谚曰："桃李不言，下自成蹊。"此言虽小，可以喻大也。

【夹批】

① 比本传更写得壮浪。

【眉批】

〔1〕本传皆摹写李将军才气，而赞又极叹其忠诚，文固有彼此互见之法，盖当于未尽处渲染，不当于精透处画添也。

匈奴列传

单于有太子名冒顿①[1]。后有所爱阏氏，生少子，而单于欲废冒顿而立少子，乃使冒顿质于月氏②。冒顿既质于月氏，而头曼急击月氏③。月氏欲杀冒顿，冒顿盗其善马，骑之亡归④。头曼以为壮，令将万骑⑤。冒顿乃作为鸣镝，习勒其骑射⑥，令曰："鸣镝所射而不悉射者，斩之。"行猎鸟兽⑦，有不射鸣镝所射者，辄斩之。已而冒顿以鸣镝自射其善马⑧。左右或不敢射者，冒顿立斩不射善马者。居顷之，复以鸣镝自射其爱妻，左右或颇恐，不敢射⑨，冒顿又复斩之。居顷之，冒顿出猎，以鸣镝射单于善马，左右皆射之。于是冒顿知其左右皆可用。从其父单于头曼猎，以鸣镝射头曼，其左右亦皆随鸣镝而射杀单于头曼，遂尽诛其后母与弟及大臣不听从者，冒顿自立为单于。

冒顿既立，是时东胡强盛[2]，闻冒顿弑父自立，乃使使谓冒顿，欲得头曼时有千里马。冒顿问群臣，群臣皆曰："千里马，匈奴宝马也，勿与。"冒顿曰："奈何与人邻国而爱一马乎？"遂与之千里马⑩。居顷之，东胡以为冒顿畏之⑪，乃使使谓冒顿欲得单于一阏氏⑫。冒顿复问左右，左右皆怒曰："东胡无道，乃求阏氏。请击之。"冒顿曰："奈何与人邻国爱一女子乎？"遂取所爱阏氏予东胡⑬。东胡王愈益骄，西侵。与匈奴间，中有弃地⑭，莫居，千余里，各居其边为瓯脱。东胡使使谓冒顿曰："匈奴所与我界瓯脱外弃地，匈奴非能至也,吾欲有之⑮。"冒顿问群臣,群臣或曰:"此弃地,予之亦可,勿予亦可。"于是冒顿大怒曰:"地者,国之本也⑯,奈何予之!"诸言予之者,皆斩之。冒顿上马,令国中有后者斩⑰,遂东袭击东胡。东胡初轻冒顿,不为备⑱。及冒顿以兵至,击大破灭东胡王,而虏其民人及畜产⑲〔3〕。既归,西击走月氏,南并楼烦、白羊河南王。侵燕、代,悉复收秦所使蒙恬所夺匈奴地者⑳,与汉关故河南塞㉑,至朝那、肤施㉒,遂侵燕、代。是时汉兵与项羽相距,中国罢于兵革,以故冒顿得自强㉓,控弦之士三十余万。

自淳维以至头曼千有余岁㉔〔4〕,时大时小,别散分离,尚矣,其世传不可得而次云。然至冒顿而匈奴最强大,尽服从北夷㉕,而南与中国为敌国,其世传国官号乃可得而记云㉖。

置左右贤王,左右谷蠡王,左右大将,左右大都尉,左右大当户,左右骨都侯。匈奴谓贤曰"屠耆",故常以太子为左屠耆王㉗。自如左右贤以下至当户,大者万骑,小者数千,凡二十四长,立号曰"万骑㉘"。诸大臣皆世官。呼衍氏、兰氏,其后有须卜氏,此三姓其贵种也。诸左方王将居东方㉙,直上谷以往者,东接秽貉、朝鲜;右方王将居西方,直上郡以西,接月氏、氐、羌㉚;而单于之庭直代、云中,各有分地,逐水草移徙。而左右贤王、左右谷蠡王最为大国,左右骨都侯辅政。诸二十四长亦各自置千长、百长、什长、裨小王、相、将、都尉、当户、且㉛渠之属㉜。

岁正月,诸长小会单于庭,祠。五月,大会龙城,祭其先、天地、鬼神。秋,马肥,大会蹛林,课校人畜计㉝〔5〕。其法，拔刃尺者死，坐盗者没入其家；有罪小者轧^㉞，大者死。狱久者不过十日，一国之囚，不过数人^㉟。而单于朝出营，拜日之始生，夕拜月^㊱。其坐，长左而北向。日上戊己^㊲。其送死，有棺椁金银衣裘，而无封树丧服；近幸臣妾从死者，多至数千^㊳百人。举事而候星月，月盛壮则攻战，月亏则退兵^㊴。其攻战，斩首虏赐一卮酒，而所得卤获因以予之，得人以为奴婢。故其战，人人自为趣利^㊵，善为诱兵以冒敌^㊶。故其见敌则逐利，如鸟之集；其困败，则瓦解云散矣^㊷。战而扶舆死者，尽得死者家财。

　　后北服浑庾、屈射、丁灵、鬲昆、薪犁之国^㊸，于是匈奴贵人大臣皆服，以冒顿单于为贤^㊹。

【夹批】

① 音墨突。

② 音肉支。

③ 欲藉手杀之。

④ 非久下人者可知。

⑤ 反假之为逆之具。

⑥ 蓄志甚远，而大有作略。

⑦ 逐层叙来如画。

⑧ 枭雄之姿，殊乃可爱。

⑨ 叙法俱变动。

⑩ 妙在绝不露圭角，藏之九渊之识也。

⑪ 逐处停蓄。

⑫ 如此寻衅，底里已为人窥破。

⑬ 加"所爱"二字，见其志远大，绝不在区区色欲玩好上着眼。

⑭ 伏笔。

⑮ 此处偏作逊词,文势起落入妙。

⑯ 大学问,与《孟子》"诸侯之宝"章合吻,然非真语。

⑰ 具有处女、脱兔之奇。

⑱ 前两番忍辱,只为此耳。

⑲ 匈奴本行国,故只以人民畜产为重,而地则空之而已。乃知前"地者,国之本"一句,实驾言也。

⑳ 长句亦劲。

㉑ 以周时河南旧塞为交关境。

㉒ 皆长安边邑。

㉓ 补笔,好理方周匝,不但为中国占身分也。

㉔ 总束之。文笔力宏大,又有疏宕之气,故奇。

㉕ 总前文作一句。

㉖ 收上即以提下。

㉗ 官号杂引汉、胡之语,盖即事著撰,非屑屑求合也。如屠耆王即贤王,推此可见"谷蠡"、"骨都"皆胡语。

㉘ 已上通举官号。

㉙ 官号凡称左者,皆居东,凡称右者,皆居西。

㉚ 其郡之大可知。然此皆以近中国一面言,其北则不能知也。

㉛ 音疽。

㉜ 已上又详官制。

㉝ 一国之政,除祠祭外,惟课校人畜以为富强之资而已。

㉞ 轧,只作鞭笞解。

㉟ 中国安能及此?

㊱ 亦有古礼朝日夕月之义。

㊲ 然则亦有历法也。

㊳ 应作十。

㊴ 亦觉爽利。

㊵ 实良法，然中国必不可行。

㊶ 冒，欺也。

㊷ 画出情状宛然。

㊸ 前已叙东西南三路并吞，此复补出北路一面来，文密如此。

㊹ 作一大结穴。

【眉批】

〔1〕冒顿弑父作逆，犬羊之俗，不足复道，然其作用，一何妙哉！观其蓄志行弑，却绝不嗫嚅呫哔，托意腹心，惟以勒兵之中严明斩断，则大事就而举国无敢摇动者，无他，积威约之渐也。岳忠武之论兵曰："顾方略何如耳！"霍冠军亦有"运用存乎一心"之论。冒顿之方略运用，何尝从成法得来？才过孙、吴远矣。肇造朔廷，千古常劲，岂偶然哉！

〔2〕既闻杀父，何不以此为问罪之名？顾别寻他衅，非冒顿敌手可知。

〔3〕冒顿不惟志灭东胡，并欲借东胡以摧诸国。以篡国新造之时，而蓄锐养精，开创大业，先须想其坚忍之志，而终乃观其迅疾之情。

〔4〕按淳维自夏后氏立国至冒顿时，已二千余年矣。而一朝振兴，南抗中国，固古今来夷夏一大关会也。观《诗》、《书》所载，仅有攘斥挞伐之词，及汉以来，方有和亲款塞之说，则冒顿之为匈奴第一代开疆鼻祖可知。然其开疆始祖而即以杀父诛母鱼肉昆弟为务，是则礼教亲厚之意总不足以系属之，亦明甚矣。奈何汉启和亲之门，唐、宋以下，世世有加，始如奉骄子，后且若事严父，可胜叹哉！吾读此传，而知孝武之功，良亦何可少也！故摘其要者，以见大凡，而余则略之。

〔5〕匈奴本无城郭都邑，惟逐水草课人畜为富强，故其法简善可行。若明季闯、献二贼，驱乌合之众，横行天下，战则克，攻则破，亦不过得其"人人自为趋利"一法及乌集、瓦解行径耳。及据城奸位，则坐困而立摧矣。故匈奴之强，亦第可强于匈奴，非其法之果善也。

卫霍列传

元狩四年春,上令大将军青、骠骑将军去病将各五万骑①〔1〕,步兵转者踵军数十万②,而敢力战深入之士皆属骠骑③。骠骑始为出定襄,当单于④。捕虏言单于东,乃更令骠骑出代郡,令大将军出定襄,郎中令为前将军,太仆为左将军⑤,主爵赵食其为右将军,平阳侯襄为后将军,皆属大将军。兵即度幕⑥,人马凡五万骑⑦,与骠骑等咸击匈奴单于⑧〔2〕。赵信⑨为单于谋曰:"汉兵既度幕,人马罢,匈奴可坐收虏耳。"乃悉远北其辎重,皆以精兵待幕北。而适值大将军军出塞千余里,见单于兵陈而待⑩,于是大将军令武刚车自环为营,而纵五千骑往当单于。匈奴亦纵可万骑。会日且入⑪,大风起,沙砾击面,两军不相见⑫,汉益纵左右翼绕单于,单于视汉兵多,而士马尚强,战而匈奴不利⑬,薄暮,单于遂乘六羸,壮骑可数百,直冒汉围西北驰去⑭。时已昏,汉、匈奴相纷拿,杀伤大当。汉军左校捕虏言单于未昏而去⑮,汉军因发轻骑夜追之,大将军军因随其后。匈奴兵亦散走⑯。迟明,行二百余里,不得单于⑰,颇捕斩首虏万余级⑱,遂至寘颜山赵信城,得匈奴积粟食军。军留一日而还,悉烧其城余粟以归⑲。

大将军之与单于会也⑳,而前将军广、右将军食其军别从东道,或失道,后击单于。大将军引还过幕南,乃得前将军、右将军。大将军欲使使归报㉑,令长史簿责前将军广,广自杀。右将军至，下吏，赎为庶人。大将军军入塞，凡斩捕首虏万九千级[22]。

是时匈奴众失单于十余日[23]，右谷蠡王闻之，自立为单于。单于后得其众，右王乃去单于之号。

骠骑将军亦将五万骑[24]，车重与大将军军等[25]，而无裨将。悉以李敢等为大校，当裨将，出代、右北平千余里，直左方兵，所斩捕功已多大将军[26]。军既还，天子曰："骠骑将军去病率师，躬将所获荤粥之士，约轻赍，绝大幕[27]，涉获章渠[28]，以诛比车耆[3]，转击左大将，斩获旗鼓，历涉离侯[29]。济弓闾，获屯头王、韩王等三人，将军、相国、当户、都尉八十三人，封狼居胥山，禅于姑衍，登临翰海[30]。执卤获丑七万有四百四十三级[31]，师率减什三，取食于敌，逴行殊远而粮不绝[32]，以五千八百户益封骠骑将军[33]。"[4] 右北平太守路博德[34]属骠骑将军会与城，不失期，从至梼余山，斩首捕虏二千七百级，以千六百户封博德为符离侯。北地都尉邢山从骠骑将军[35]获王，以千二百户封山为义阳侯。故归义因淳王复陆支、楼专王伊即靬[36]，皆从骠骑将军有功，以千三百户封复陆支为壮侯，以千八百户封伊即靬为众利侯。从骠侯破奴、昌武侯安稽从骠骑有功，益封各三百户。校尉敢得旗鼓，为关内侯，食邑二百户。校尉自为爵大庶长。军吏卒为官，赏赐甚多[37]。而大将军不得益封，军吏卒皆无封侯者[38][5]。

两军之出塞[39]，塞阅官及私马凡十四万匹，而复入塞者不满三万匹[40]。乃益置大司马位，大将军、骠骑将军皆为大司马。定令，令骠骑将军秩禄与大将军等[41]。自是之后，大将军青日退，而骠骑日益贵。举大将军故人门下多去事骠骑㊷，辄得官爵，惟任安不肯。

　　骠骑将军为人㊸少言不泄，有气敢任。天子尝欲教之孙吴兵法，对曰："顾方略何如耳，不至学古兵法。"天子为治第，令骠骑视之，对曰："匈奴未灭，无以家为也。"由此上益重爱之。然少而侍中㊹，贵，不省士。其从军，天子为遣太官赍数十乘，既还，重车余弃粱肉，而士有饥者。其在塞外，卒乏粮，或不能自振，而骠骑尚穿域蹋鞠，事多此类㊺。大将军为人仁善退让，以和柔自媚于上㊻，然天下未有称也[6]。

【夹批】

① 总提。

② 转输粮糒辎重者。

③ 务欲令去病成不世之功，当时非明有此令，乃史公特笔也。

④ 不令大将军当单于，而委曲徙部，务令去病成不世之功。

⑤ 李广、公孙贺不书名，亦偶然。或谓讳之不必。

⑥ 一往深入。

⑦ 重提明画。

⑧ 穿笔。

⑨ 汉将亡降匈奴者。

⑩ 始固欲去病当单于，而大将军偏又当之。用"适值"二字，妙。盖出于武帝意外也。

⑪ 一路逐节详写，精神百倍。

⑫ 此时已苦战良久。

⑬ 应"士马罢"句。

⑭ 第二节单于夜遁。

⑮ 第三节余兵蹂躏。

⑯ 第四节乘胜穷追。

⑰ 第五节深入奏凯。

⑱ 先束一笔，写追亡逐北之雄。

⑲ 直写至此，功簿明晰，铢两不遗。

⑳ 另提以补二将失道一案，盖前专写大将军战功，既不暇夹叙，而于事又不宜漏，故复出一段。

㉑ 此语又为青出脱，与李将军传不同。

㉒ 再总束一句，合写出塞战功，明画之至。

㉓ 写至此，亦写大将军一战之奇也，并非赘笔。

㉔ 又重提，更明画。

㉕ 亦穿一笔。

㉖ 只用一笔叙过，前极详，此极略，而悉于诏书中叙出，虚实变化，巧妙绝人，亦开后人无限法门也。

㉗ 谓轻骑度沙漠。

㉘ 涉水得王章渠。

㉙ 三字山名。

㉚ 三句言其绝远。

㉛ 至此方注明"所斩虏功已多大将军"句。

㉜ 古雅可诵。

㉝ 骠骑至此凡五益封矣。

㉞ 以下历叙裨将封赏，愈觉炙手可热。

㉟ 段段点从骠骑，妙。

㊱ 此二人匈奴降王。

㊲ 又虚拢一笔。

㊳ 此处骠骑甚详，大将军极略，相对看各极其妙。

㊴ 此传外只眼，史公自作特笔，更不关两人之事。

㊵ 顿令前文战功烜赫，脑后一针，妙不可言。

㊶ 并为大司马，又别定功令，班其禄秩，孝武着意抬举如此。

㊷ 二句附见，亦传外传也。

㊸ 以下分置品题，不满骠骑之意固多，然亦终不肯过许卫青。是史公一片之心痛惜李广处。

㊹ 此段痛贬，正与李将军传仁爱士卒处一一对看。

㊺ 如此为将，鲜不覆败者，而骠骑竟成大功，即前所云适有天幸也。史公文字彼此互相发明，非偶尔着笔。

㊻ 青为人实然，原非过抑。

【眉批】

〔1〕以卫将军、李广相提而论，则抑卫而右李。以霍骠骑与卫青相提而论，则右卫而贬霍。史公笔补造化，卓识超空，迥非班、范所得梦见也。此段为汉击匈奴末后一着。

〔2〕大将军深入穷追，战功最烈，又且因粮于敌，使幕南积聚一空，又且单于跳身苟免，使其众不知所在，汉威已极，此平城以后第一吐气之功也。乃孝武以亲幸骠骑之故，务欲其腾踔而驾青之上。因令其徙部代郡，独当单于，又悉配以敢战深入之士，迨单于适与青值，绝幕穷追，而骠骑反得以斩级搴旗之功，从容而收其利，因而菀枯势异，显晦顿殊，此亦绌伸之际，不得其平之极致也。史公偏于青之一战，胪次极其详尽，使千古以下，犹若身在行间，闻鼓鼙而搏髀者。于去病之功，悉削之不书，而惟以诏书代叙事，则炙手之势，偏引重于王言，而裹革之忠，自铭劳于幕府，其轻其重，文人代握其权矣。不但写景之工，开却唐人许多沙场佳句也。

〔3〕比车耆皆匈奴王号。

〔4〕"师率减什三"以下三句，叙去病方略，最明净健举，谓简练精卒十之七，不携斗粮，但掠食匈奴积聚，而孤军深入，未尝乏绝也。旧解谓师率减什三，指汉军失亡之数少，恐与上下文势不贯，不必从。

〔5〕叙功之状繁而不杀，正史公笔力大处，若入后人手，必有许多芟除归并之法，不古甚矣。然史公他文亦颇有可省处，惟此诏备载得体，一字不

可去,须味之。

〔6〕骠骑方略殊壮,而不恤士卒;卫青仁善退让,而节概鲜闻,二人贵极一时,功冠西汉,而品则如此,则汉之风尚可知矣。为二人传,故不得不叙述平生,然叙于菀枯分势之后,则深有意焉,不仅以简笔了之。

【总评】

卫、霍一传,叙伐胡功烈屡矣。莫奇于元狩四年之役,两军分出,彼此各叙,而虚实详略,一一对针,极尽笔力之奇,无一毫零赘也。杨升庵云:自"日且入"至"行二百余里"写得如画。唐诗"胡沙猎猎吹人面,汉虏相逢不相见",又"月黑雁飞高,单于夜遁逃。欲将轻骑逐,大雪满弓刀",皆用此事,实千秋之绝调也。

司马相如列传

司马相如者，蜀郡成都人也，字长卿[1]。少时好读书，学击剑，故其亲名之曰犬子①。相如既学，慕蔺相如之为人，更名相如②。以赀为郎，事孝景帝，为武骑常侍，非其好也③。会景帝不好辞赋④，是时梁孝王来朝，从游说之士齐人邹阳、淮阴枚乘⑤、吴庄忌夫子之徒，相如见而说之。因病免，客游梁。梁孝王令与诸生同舍，相如得与诸生游士居数岁，乃著《子虚》之赋⑥[2]。

会梁孝王卒，相如归，而家贫，无以自业。素与临邛令王吉相善，吉曰：“长卿久宦游不遂，而来过我⑦。”于是相如往舍都亭。临邛令缪为恭敬，日往朝相如⑧。相如初尚见之，后称病，使从者谢吉，吉愈益谨肃⑨。临邛中多富人⑩，而卓王孙家僮八百人，程郑亦数百人，二人乃相谓曰⑪：“令有贵客，为具召之。”并召令。令既至，卓氏客以百数，至日中，谒司马长卿，长卿谢病不能往⑫，临邛令不敢尝食，自往迎相如。相如不得已，强往，一坐尽倾⑬。酒酣，临邛令前奏琴曰：“窃闻长卿好之，愿以自娱。”相如辞谢，为鼓一再行⑭。是时卓王孙有女文君新寡，好音，故相如缪与令相重，而以琴心挑之⑮[3]。相如之临邛，从车骑，雍容闲雅甚都⑯；及饮卓氏，弄琴，文君窃从户窥之，心悦而好之，恐不得当也⑰。既罢，相如乃使重赐文君侍者通殷勤⑱。文君夜亡奔相如⑲，相如乃与驰归成都。家居徒四壁立。卓王孙大怒曰：

"女至不材，我不忍杀，不分一钱也㉑。"人或谓王孙，王孙终不听。文君久之不乐，曰㉑："长卿第俱如临邛，从昆弟假贷，犹足为生，何至自苦如此！"相如与俱之临邛，尽卖其车骑，买一酒舍酤酒，而令文君当垆。相如身自著犊鼻裈，与保庸杂作，涤器于市中㉒。卓王孙闻而耻之，为杜门不出㉓。昆弟诸公更谓王孙曰："有一男两女，所不足者非财也㉔。今文君已失身于司马长卿，长卿故倦游，虽贫，其人材足依也㉕，且又令客，独奈何相辱如此！"卓王孙不得已㉖，分予文君僮百人，钱百万，及其嫁时衣被财物。文君乃与相如归成都，买田宅为富人。

居久之，蜀人杨得意为狗监，侍上。上读《子虚赋》而善之，曰："吾独不得与此人同时哉㉗！"得意曰："臣邑人司马相如，自言为此赋。"上惊，乃召问相如㉘。相如曰："有是。然此乃诸侯之事，未足观也，请为天子游猎赋㉙。"赋成奏之，上许，令尚书给笔札[4]。相如以"子虚"，虚言也，为楚称㉚；"乌有先生"者，乌有此事也，为齐难；"无是公者"，无是人也，明天子之义。故空藉此三人为辞，以推天子诸侯之苑囿。其卒章归之于节俭，因以风谏[5]。奏之天子，天子大说。

【夹批】

① 岂以读书、击剑为贱伎而被以恶名耶？小处不甚了了，故妙。

② 慕之而生平无一相似，故奇。

③ 与篇首"好"字反应。

④ 二句亦倒装法。

⑤ 自是词人气类。

⑥ 可见古人作一传文,必有许多耳濡目染之助。

⑦ 此平日久要之言,淡而有情味,不知史公如何摹得出来。

⑧ 胸中有一段事在。

⑨ 从此以下悉是相如之谋,直叙得妙。

⑩ 陡接妙。

⑪ 富人眼热,不觉堕计。

⑫ 作态本极可厌,以有琴心一韵事,则涎脸皆佳。

⑬ 富人筵中,岂有韵客? 倾者,为令而倾,非为相如而倾也。

⑭ 极意作态,憨、韵俱有。

⑮ 倒转前"缪为恭敬"句,可知此番作用,本出相如主谋。

⑯ 前既以琴心感文君,又补此句,不过以车骑动富人也,笔极周匝。

⑰ 写文君心曲,妙。

⑱ 至此即不复用缪态矣。

⑲ 真乃雄鸷女子,非可妄訾。

⑳ 以如许之事,而乃名节不足论,惟以分钱为斤斤,真富人语,笑柄不小。

㉑ 苦境实难捱,非自咎其相从之孟浪也。玩"久之"二字,甚妙。

㉒ 藏过一段计谋,只以实笔写出,而千古以下,无不知其为诡诈,故奇。

㉓ 又中计。

㉔ 先说破就里,此子善说富人。

㉕ 此非富人所知,故只轻带,急归重"令客",妙。

㉖ 富人出手不易。

㉗ 倒应"景帝不好词赋"。

㉘ 千古第一遭逢。

㉙ 即后半篇无是公所云。

㉚ 开千古文人滑稽之祖。

【眉批】

〔1〕司马相如迎合孝武之意,开边病民,以遂自己昼锦题桥之乐,其人

殊不足取，但为词人之魁杰。而前半叙文君事绝为神品，则真未可废也。

〔2〕舍官而作游客，是击剑读书之胚胎。

〔3〕以相如之才，且又令客，车骑雍容，亦久为富人所属目，则以令为蹇修，文君不患不归相如矣。而乃必挑以琴心，奔于亡命，何哉？盖相如、文君，千古之佳俪也，使以令为媒，以势相合，以利相随，则亦贾儿贩妇之常径耳。何以见两人之自具锦心、自留青眼乎？彼挑此奔，所以明此段风流绝不缘势利作合耳。君王后之识法章，红拂之识李药师，皆是一腔雄警心事，虽不得为正，而亦胡可浪訾？史公娓娓写之，固欲传其奇耳，岂以著其丑哉！具只眼者，须别有识以处此。

〔4〕相如文、赋皆可单行，附于传，恐读之不能终篇也。若史公之传相如则止此而已，故删录之。

〔5〕已上撮《子虚赋》大旨于前。

淮南列传

淮南王削地之后，其为反谋益甚。诸使道从长安来。为妄妖言，言上无男，汉不治，即喜；即言汉廷治，有男，王怒，以为妄言，非也①。

王日夜与伍被、左吴等案舆地图②[1]，部署兵所从入。王曰："上无太子，宫车即晏驾，廷臣必征胶东王。不，即常山王。诸部并争，吾可以无备乎③！且吾高祖孙，亲行仁义④，陛下遇我厚，吾能忍之；万世之后，吾宁能北面事竖子乎？"

王坐东宫，召伍被与谋，曰："将军上⑤。"被怅然曰："上宽赦大王⑥，王复安得此亡国之语乎？臣闻子胥谏吴王，吴王不用，乃曰：'臣今见麋鹿游姑苏之台也。'今臣亦见宫中生荆棘，露沾衣也⑦。"王怒，系伍被父母，囚之三月。复召曰："将军许寡人乎？"被曰[2]："不，直来为大王画耳⑧！臣闻聪者听于无声⑨，明者见于未形，故圣人万举万全⑩。昔文王一动而功显于千世，列为三代，此所谓因天心以动作者也⑪，故海内不期而随。此千岁之可见者。夫百年之秦，近世之吴、楚，亦足以喻国家之存亡矣⑫。臣不敢避子胥之诛⑬，愿大王毋为吴王之听⑭。昔秦绝先王之道⑮，杀术士，燔《诗》《书》，弃礼义，尚诈力，任刑罚，转负海之粟，致之西河⑯。当是之时，男子疾耕不足于糟糠，女子纺绩不足于盖形⑰。遣蒙恬筑长城，东西数千里，暴兵露师，常数十万，死者不可胜数，僵尸千里，流血顷亩，百姓力竭，欲为乱者十家而五^⑱。又使徐福入海求神异物，还为伪辞曰：'臣见海中大神言曰^⑲："汝西皇之使耶？"臣答曰："然。""汝何求？"曰："愿请延年益寿药。"神曰："汝秦王之礼薄，得观而不得取^⑳。"即从臣东南至蓬莱山，见芝成宫阙^㉑。有使者铜色而龙形，光上照天^㉒。于是臣再拜问曰："宜何资以献？"海神曰："以令名男子若振女^㉓，与百工之事，即得之矣^㉔。"'秦皇帝大悦，遣振男女三千人，资之五谷种种百工而行。徐福得平原广泽，止王不来^㉕。于是百姓悲痛相思，欲为乱者十家而六。又使尉佗逾五岭，攻百越。尉佗知中国劳极，止王不来^㉖。使人上书，求女无夫家者三万人，以为士卒衣补。秦皇帝可其万五千人。于是百姓离心瓦解，欲为乱者十家而七^㉗。客谓高皇帝曰：'时可矣^㉘！'高皇帝曰：'待之。圣人当起东南间^㉙。'不一年，陈胜、吴广发矣。高皇始于丰沛，一倡天下不期而响应者，不可胜数也。此所谓蹈瑕候间^㉚，因秦之亡而动者也。百姓愿之，若旱之望雨，故起于行陈之中而立为天子，功高三王，德传无穷。今大王见高皇帝得天下之易也^㉛，独不观近世之吴、楚乎^{㉜〔3〕}？夫吴王赐号为刘氏祭酒，复不朝，王四郡之众，地方数千里，内铸销铜以为钱，东煮海水以为盐，上取江陵木以为船^㉝，一船之载当中国数十两车，国富民众。行珠玉金帛赂诸侯宗室大臣，独窦氏不与^㉞。计定谋成，举兵而西。破于大梁，败于狐父，奔走而东，至于丹徒，越人禽之，身死绝祀，为天下笑^㉟。夫以吴、越之众不能成功者何？诚逆天道而不知时也^㊱。方今大王之兵众不能十分吴、楚之一,天下安宁有万倍于秦之时,愿大王从臣之计^㊲。大王不从臣之计,今见大王事必不成而语先泄也^㊳。臣闻微子过故国而悲,于是作《麦秀》之歌^㊴,是痛纣之不用王子比干也。故《孟子》曰:'纣贵为天子,死曾不若匹夫。'是纣先自绝于天下久矣,非死之日而天下去之^㊵。今臣亦窃悲大王弃千乘之君,必且赐绝命之书,为群臣先死于东宫也^㊶。"于是王气怨结而不扬,涕满匡而横流,即起,历阶而去^[4]。

【夹批】

① 描画愚骏人入骨,真妙笔。

② 此处明插伍被,而后文多伍被美词,可见前是考竟之辞,后乃伍被文致之语。

③ 词亦蕴藉。

④ 以行仁义而必欲奸天位,小人有所为而为之,往往有此口吻。

⑤ 欲与促膝深谈。

⑥ 赐几杖事在前。

⑦ 伍被诚见及此,何故终不能自持? 故未可信。

⑧ 又顺其势而隐夺之。

⑨ 被言直是一篇《王命论》,好体制。

⑩ 所谓来谋者谋万全也。此是正答。

⑪ 已上似论冒。

⑫ "千岁"、"百年"、"近世",累累说下,若入后人手,不排则冗矣。

⑬ 仍跟前说,亦密。

⑭ 已上似提段。

⑮ 以下三段,承"百年之秦"言之。

⑯ 东南挽漕以给西北。

⑰ 此句中已含欲为乱者十之三四矣。古文以明暗互见为变化者其多。

⑱ 五六七三段,极整齐,又极排宕。

⑲ 凡欲动人之听者,必杂以恢宏曼衍之辞,此最得纵横遗习。

⑳ 蓬莱仙子竟似货药马医,可笑极矣。

㉑ 若并不得观,则望遂绝矣。饵得妙。

㉒ 幻绝。《封禅书》所未见。

㉓ 即童男女,振与侲同。

㉔ 试问神仙何所资于人间百工之事?愚弄至此而不悟,盖其蔽之者深矣。

㉕ 即今之日本国。

㉖ 中国鼎沸,偏是化外之人得恣其欲。

㉗ 先是力竭,继是悲思,终于瓦解,层次井然。

㉘ 陡接。

㉙ 但以首难者为圣人,非质言也。

㉚ 四字立论之本。

㉛ 勘破隐衷,妙。

㉜ 折落近世之吴、楚,其语犹夷恣肆而秩然整齐。

㉝ 言畔者本领绝大,而非时终不能成功。

㉞ 以窦婴为将击吴、楚故。

㉟ 写得前如屯云之集,后如落叶之扫,令人索然意消。

㊱ "逆天"是正论,但就时势上说,已失之矣。

㊲ 略用一顿,即疾转,好笔力。

㊳ 此中大有钤束之妙。

㊴ 亦暗与"宫中生荆棘,露沾衣"语遥作关会。

㊵ 櫽括"闻诛一夫纣矣"之意而不袭其辞。

㊶ 直以独夫纣指斥王,可谓犯颜敢谏之至矣。卒为画侥幸之计何也?

【眉批】

〔1〕淮南既禽,词连伍被,上以被雅词多称引汉之美,欲宽赦之,为张汤

所争,而并及于戮,则可见伍被谏淮南前后言语,并得上闻矣。此等言语,所谓秘谋间说也。谁为籍纪者?殆伍被对簿汉廷自述其始终条对之详,以规兔脱耳。迹其征引往事,具见巅末,"逆天而不知时"一语,亦卓识不磨。然其知之既明,何故又依违隐忍,而卒为画侥幸之谋以自取族诛之惨?是猩猩嗜酒,其贪昧冥顽,反甚于不知其势而妄图之者矣。被之人与言俱不足取,而文义斐然,理畅而气古,比于莽大夫之《剧秦美新》,不啻驾之倍蓰,故录之。

〔2〕人臣无将,将则必诛。为人臣子,位忝亲藩,乃不思维城巩固之忠,而出于觊觎非分之计,其心之逆,固已难逭。伍被但为计算成败、而绝不与较论是非,便非纯臣之节矣。其终与之同陷于大戮也,不亦宜乎?

〔3〕汉高祖以匹夫得天下,而其子孙往往效尤。明高祖亦以匹夫得天下,而文皇靖难,喋血家门,因而逆藩作逆者亦接踵而起。原其意,皆见前人得之之易也。然亦何不并观于前人覆败之酷乎?伍被引高帝之易,折入吴、楚,此实有功世道不浅。

〔4〕楚灵王闻子革诵《祈招》之诗,馈不食,寝不寐,卒不能自克,以及于难。淮南王闻伍被之言,气怨结而涕满匡,可谓深感矣,而卒亦终不免于叛逆者,甚矣邪心之难格也!故孟子论大人以格君心之非为主。

【总评】

君子读伍被折淮南反谋之言,而叹见几之宜审,赴义之不可以不决也。夫被而非智者则已,被诚智者,则宫中麋鹿,已成为沼之忧;故国黍禾,业陨沾襟之涕。持之过急,势不过诛;狃之既深,气将见夺。天下岂有父母絷于王宫,密画需之半载,而犹不虞泄机谋于道路,启猜衅于汉廷者哉?淮南之亡,翘足可待。乃被犹依违两可,卒为首谋者,不过刀锯当前,冀赊旦夕之死;事幸可成,则依日月之末光。固堪化家为国。即不成,亦欲借此两番苦口,为兔脱之缘耳。见几不审,赴义不决,卒倾庙社,并陷身家,于乎惜哉!

卷　六

汲郑列传

汲黯字长孺,濮阳人也①〔1〕。其先有宠于古之卫君②。至黯七世,世为卿大夫。黯以父任③,孝景时为太子洗马,以庄见惮④。孝景帝崩,太子即位,黯为谒者。东越相攻,上使黯往视之⑤。不至,至吴而还,报曰:"越人相攻,固其俗然,不足以辱天子之使⑥。"河内失火,延烧千余家,上使黯往视之,还报曰:"家人失火,屋比延烧,不足忧也⑦。臣过河南,河南贫,人伤水旱万余家,或父子相食,臣谨以便宜持节发河南仓粟以振贫民。臣请归节,伏矫诏之罪⑧。"上贤而释之⑨,迁为荥阳令。

黯耻为令,病归田里。上闻,乃召拜为中大夫⑩。以数切谏,不得久留内,迁为东海太守。黯学黄老之言,治官理民,好清静,择丞史而任之〔2〕。其治,责大指而已,不苛小⑪。黯多病,卧闺阁内不出。岁余,东海大治。称之⑫。上闻,召以为主爵都尉,列于九卿。治务在无为而已,弘大体,不拘文法⑬。

黯为人性倨,少礼,面折,不能容人之过。合己者善待之,不合己者不能忍见⑭,士亦以此不附焉⑮。然好学,游侠⑯,任气节,内行修洁,好直谏,数犯主之颜色,常慕傅柏、袁盎之为人也⑰。善灌夫、郑当时及宗正刘弃⑱。亦以数直谏，不得久居位⑲。

当是时，太后弟武安侯蚡为丞相⑳，中二千石来拜谒，蚡不为礼。然黯见蚡未尝拜，常揖之㉑。天子方招文学儒者，上曰吾欲云云㉒，黯对曰："陛下内多欲而外施仁义，奈何欲效唐、虞之治乎㉓!"〔3〕上默然怒，变色而罢朝。公卿皆为黯惧㉔。上退谓左右曰："甚矣，汲黯之戆也㉕!"群臣或数黯，黯曰："天子置公卿辅弼之臣，宁令从谀承意，陷主于不义乎？且已在其位，纵爱身，奈辱朝廷何㉖!"

黯多病，病且满三月，上常赐告者数，终不愈㉗。最后病，庄助为请告。上曰："汲黯何如人哉㉘?"助曰："使黯任职居官，无以逾人。然至其辅少主㉙，守城深坚㉚，招之不来，麾之不去㉛，虽自谓贲、育亦不能夺之矣㉜。"上曰："然。古有社稷之臣，至如黯，近之矣㉝。"

大将军青侍中㉞，上踞厕而视之。丞相弘燕见，上或时不冠。至如黯见，上不冠不见也㉟。上尝坐武帐中㊱，黯前奏事，上不冠，望见黯，避帐中，使人可其奏。其见敬礼如此。

张汤方以更定律令为廷尉，黯数质责汤于上前，曰㊲："公为正卿，上不能褒先帝之功业，下不能抑天下之邪心，安国富民，使囹圄空虚，二者无一焉㊳。非苦就行，放析就功，何乃取高皇帝约束纷更之为㊴？公以此无种矣㊵。"〔4〕黯时与汤论议，汤辩常在文深小苛，黯伉厉守高不能屈，忿发骂曰㊶："天下谓刀笔吏不可以为公卿，果然。必汤也，令天下重足而立,侧目而视矣!"

是时,汉方征匈奴,招怀四夷。黯务少事㊷,承上间,常言与胡和亲,无起兵。上方向儒术,尊公孙弘。及事益多,吏民巧弄。上分别文法,汤等数奏决谳以幸㊸。而黯常毁儒,面触弘等徒怀诈饰智以阿人主取容,而刀笔吏专深文巧诋,陷人于罪㊹,使不得反其真,以胜为功㊺。上愈益贵弘、汤㊻,弘、汤深心疾黯,惟天子亦不说也,欲诛之以事㊼。弘为丞相,乃上言曰:"右内史界部中多贵人宗室,难治,非素重臣不能任㊽,请徙黯为右内史。"为右内史数岁,官事不废㊾。

大将军青既益尊,姊为皇后,然黯与亢礼。人或说黯曰:"自天子欲群臣下大将军,大将军尊重益贵,君不可以不拜。"黯曰:"夫以大将军有揖客,反不重耶㊿?"大将军闻,愈贤黯,数请问国家朝廷所疑,遇黯过于平生[51]。

淮南王谋反,惮黯,曰:"好直谏,守节死义,难惑以非[52]。至如说丞相弘,如发蒙振落耳。"

天子既数征匈奴有功,黯之言益不用。

始黯列为九卿,而公孙弘、张汤为小吏。及弘、汤稍益贵,与黯同位[53],黯又非毁弘、汤等。已而弘至丞相,封为侯;汤至御史大夫[54];故黯时丞相史皆与黯同列[55],或尊用过之[56]。黯褊心不能无少望[57],见上,前言曰:"陛下用群臣如积薪耳,后来者居上[58]。"上默然有间[59]。黯罢,上曰:"人果不可以无学,观黯之言也日益甚[60]。"

居无何,匈奴浑邪王率众来降,汉发车二万乘。县官无钱,从民贳马。民或匿马,马不具。上怒,欲斩长安令㉠。黯曰:"长安令无罪,独斩黯,民乃肯出马㉢。且匈奴畔其主而降汉㉣,汉徐以县次传之㉤,何至令天下骚动,罢敝中国而以事夷狄之人乎!"[5]上嘿然㉥。及浑邪至,贾人与市者,坐当死者五百余人㉦。黯请间,见高门曰:"夫匈奴攻当路塞,绝和亲㉧,中国兴兵诛之,死伤者不可胜计㉨,而费以巨万百数。臣愚以为陛下得胡人,皆以为奴婢以赐从军死事者家;所卤获,因予之㉩,以谢天下之苦,塞百姓之心㉰。今纵不能,浑邪率数万之众来降,虚府库赏赐,发良民侍养,譬若奉骄子㉱[6]。愚民安知市买长安中物而文吏绳以为阑出财物于边关乎㉲?陛下纵不能得匈奴之资以谢天下,又以微文杀无知者五百余人,是所谓庇其叶而伤其枝者也,臣窃为陛下不取也㉳。"上嘿然,不许㉴,曰:"吾久不闻汲黯之言,今又复妄发矣。"后数月,黯坐小法,会赦免官。于是黯隐于田园。

　　居数年,会更五铢钱,民多盗铸钱,楚地尤甚。上以为淮阳楚地之郊,乃召拜黯为淮阳太守㉵。黯伏谢不受印,诏数强予,然后奉诏[7]。诏召见黯㉶,黯为上泣曰:"臣自以为填沟壑,不复见陛下,不意陛下复收用之。臣常有狗马病,力不能任郡事。臣愿为中郎,出入禁闼,补过拾遗,臣之愿也㉷。"上曰:"君薄淮阳耶?吾今召君矣㉸。顾淮阳吏民不相得,吾徒得君之重,卧而治之。"黯既辞行,过大行李息,曰㉹:"黯弃居郡,不得与朝廷议也。然御史大夫张汤㉺,智足以拒谏,诈足以饰非,务巧佞之语,辩数之辞,非肯正为天下言,专阿主意。主意所不欲,因而毁之;主意所欲,因而誉之。好兴事，舞文法，内怀诈以御主心，外挟贼吏以为威重。公列九卿，不早言之，公与之俱受其僇矣。"息畏汤，终不敢言。黯居郡如故治，淮阳政清③。后张汤果败，上闻黯与息言，抵息罪。令黯以诸侯相秩居淮阳。七岁而卒②。

卒后，上以黯故，官其弟汲仁至九卿，子汲偃至诸侯相。黯姑姊子司马安亦少与黯为太子洗马。安文深巧善宦③，官四至九卿，以河南太守卒。昆弟以安故，同时至二千石者十人。濮阳段宏③始事盖侯信，信任宏，宏亦再至九卿。然卫人仕者皆严惮汲黯，出其下⑤〔8〕。

【夹批】

① 卫地，为下句引。

② 无意著此语，亦为戆直者反面衬映。

③ 门荫中有此人，故奇。

④ 武帝为太子时，知黯已久。

⑤ 两使黯往视，实非其任，而黯不辞，意固欲相机寻事，出其囊中之颖也。

⑥ 出使半道，废命而还，虽曰持大体，然亦见汉法宽厚，迥非后世所及。

⑦ 两"不足"字，皆为朝廷占地步。然何不于奉命之时言之？故知寻事见才，是其本意。

⑧ 数语简尽，足抵一篇奏疏，黯非一味率直者也。

⑨ 武帝大过人。

⑩ 毕竟于为太子时知之有素，故惓惓如此。

⑪ 此等自是大臣宰相局量，史公以为学黄老所致，此西汉人习气，须分别论之。

⑫ 此岂谈清净者所能为。

⑬ 即以治郡者治天下,古大臣原无两副本领。

⑭ 此段总叙其性情,须相笔尖转动之处,袅袅如游丝欲坠。

⑮ 此亦以是一层。

⑯ 篇中用"然"字转处,俱健绝。

⑰ 宕笔多姿。

⑱ 数人皆有一节类黯耳。

⑲ 此"亦以"又一层。

⑳ 此段证实性倨少礼。

㉑ 具画意。

㉒ 写生手。

㉓ 此段证实直谏犯颜。

㉔ 点染法。

㉕ 一字定评。

㉖ 借点语特为"戆"字作注脚,盖武帝"戆"字之评,褒贬双合,非直少黯也。

㉗ 此段写上之爱黯。

㉘ 中有主见,问以决之,玩下"然"字,悠然神往。

㉙ 此一事。

㉚ 此又一事。

㉛ 总承上二句。

㉜ 数语皆信于其未然,可谓知己矣。

㉝ 武帝朝多才,独以"社稷臣"许黯,可思。

㉞ 此段写上之敬黯。

㉟ 总写一笔。

㊱ 又撮一事以实之,零星入妙。

㊲ 此段证实面折不能容人之过。

㊳ 其言甚正,其识甚伟,足令老奸心死。

㊴ 诘得无致辩处。

㊵ 毒骂妙。然小人不敢仇，非至诚动物者不能。

㊶ 意匠经营，化工肖物，千载而下，如闻其声。

㊷ 此真武帝朝清凉散。如果相黯，为四海造福远矣。

㊸ 前后只归重律令一事。

㊹ 檃括处亦极精彩。

㊺ 妙语可入典谟。

㊻ 不情得妙，不如此，不足见黯之积诚动物。

㊼ 写弘意中事狠甚。

㊽ 以誉之为陷之，千古小人害君子，多用此术。

㊾ 只如此妙。

㊿ 善为大将军地。

(51) 此岂武夫所能，青于此稍有大臣之度。

(52) 直谏守节之臣，能令逆臣忌惮，故奇，岂必赳赳武夫而后为公侯干城哉！

(53) 逐步写来，咄咄逼人，与李广传同一机局。

(54) 此为三公，正位极人臣矣。

(55) 又加撊一笔。

(56) 益妙。

(57) 善写人肺腑间事。

(58) 巧中带戆，非黯不能道。

(59) 画得尽致。

(60) 学为谐媚耶？评得不情而有态。

(61) 怒得无理。

(62) 激得更无理，故妙。

(63) 妙得《春秋》之旨。

(64) 其持大体犹前也。

(65) 数写"嘿然"，俱妙。

(66) 汉法，擅以中国货物阑出关外通互市者，弃市。

⑥⑦ 其罪如此。

⑥⑧ 其为中国患又如彼。

⑥⑨ 处分妙绝。

⑦⓪ 大义正法,不复有道及者。

⑦① 说得短气,又说得伤心。

⑦② 仍是痛诋刀笔吏口吻。

⑦③ 还回上意而收之,章法极不草草。

⑦④ "嘿然"者,深动心于黯之论,因自咎而不许论诛互市之人也。

⑦⑤ 黯,名臣也,小过免之,过矣。至遇盘根错节,则终思利器。武帝之用人,不亦末乎?

⑦⑥ 写得侘傺,而文清刚。

⑦⑦ 姜桂之性愈辣,葵藿之心不移。老臣心地,以安社稷为悦者,如赵鼎过岭出涕,同一副本领也,不得以前耻为令意例看之。

⑦⑧ 帝虽不情,然其待黯亦未尝不厚。

⑦⑨ 老臣去国如此,所以为社稷臣。

⑧⓪ 畅发张汤巧佞之隐,真如燃犀照渚,百怪惶惑。汤纵不能害黯,黯则必将诛汤。如有明严相之于椒山,其势固不两立。此帝之所以必欲出黯于外也。

⑧① 写出行所无事,简而妙。

⑧② 帝之重黯极矣,然终不乐近之,惟其多欲故也。

⑧③ 与黯相反,激射得奇。

⑧④ 特点"濮阳"字,与篇首应。

⑧⑤ 总一句收得有味外味。

【眉批】

〔1〕汲长孺,武帝朝第一直臣而不相;李将军,武帝朝第一名将而不得侯。史公盖深惜之,故两传皆用零零碎碎写法,须眉毕著,性情皆活。然黯之为人,几于至诚动物,忌之者不能伤,骄之者不能折,爱之者不能私,短之

者不能损,危言危行,如蹈康庄,真西汉第一流人物也。

〔2〕切直人能以清静无为之本领,所以为贤。若刻礉以济其直,则不惟病国,亦必祸身矣。然吾谓黯之贤,诚为体,清静为用,此正仲弓所谓"居敬行简"者也。子长雄于文,而乐言黄老,其见地固不无少偏者,须论世者自得之。

〔3〕武帝"多欲"一著乃其隐微深痼之病,其四十余年之间,开边榷货,封禅求仙,无数敝政,皆此二字为之根。忽然被黯一言指破,实乃惭悚不遑,故但怒其戆而不能罪。至于徘徊顾叹,终不得不以"社稷臣"目之。史公于面折犯颜之下,特写一段帝之爱,一段帝之敬,煞有深意存焉。

〔4〕黯一生与张汤牴牾,篇中凡三叙责汤之言,其意前后相足,不甚歧异,大概以刀笔吏深文周内,纷改旧章为恨。按秦法创于商鞅,重于李斯。汉悉除去苛法,萧何定为二十二篇,曹参守之不失,盖民之去汤火而濯清凉者,历高、惠、文、景四朝而始有胜残去杀之意。自汤一出而纷纷舞乱,嗣是而苍鹰、屠伯鼓牙而兴,糜烂其民,又甚于亡秦之世,则皆汤作之俑也。作俑无后,天理固宜。"无种"之言,岂为过哉?然汤子安世竟以名德见称,高官显爵,赫奕有加。所谓天道,是耶非耶?史公于黯责汤之言,再三写之,繁而不杀,其所感者深矣。杀运既开,虽圣人复起,未如之何。存黯之论,所以为万世计也。

〔5〕以上争律令,此二段争边功,黯之深心大识,一生只惓惓此二事。然汉廷群在梦熟时,虽振臂疾呼,无益也。

〔6〕"譬若奉骄子"一语,自汉以来,直至赵宋,无不如此。千秋短气之事,发端者,刘敬也;摘破者,汲长孺也。是古今一大关捩也。

〔7〕黯传毕矣。治淮阳不过"如故"二字尽之,史公偏于受诏之时、去国之际,极力写出其一腔忠诚恻怛之意,蓬勃忼慨,生气凛然。其意中固以黯为第一流人物,须以第一副笔墨写之。或谓实政少而文章不能生色者,岂非妄哉!

〔8〕篇首既云"濮阳人",又云"其先有宠于古之卫君",至篇末遂牵连卫人仕宦者,而以"皆严惮汲黯,出其下"结之。史公作文,虽闲句冷字,无一

处无着落如此。

郑当时者，字庄，陈人也。其先郑君尝为项籍将[1]；籍死，已而属汉。高祖令诸故项籍臣名籍，郑君独不奉诏。诏尽拜名籍者为大夫，而逐郑君[2]。郑君死孝文时。

郑庄以任侠自喜，脱张羽于厄[3]，声闻梁、楚之间[1]。孝景时，为太子舍人。每五日洗沐，常置驿马长安诸郊，存诸故人，请谢宾客，夜以继日，至其明旦，常恐不遍[4]。庄好黄老之言[5]，其慕长者如恐不见。年少官薄，然其游知交皆其大父行，天下有名之士也[6]。武帝立，庄稍迁为鲁中尉、济南太守、江都相，至九卿为右内史[7]。以武安侯魏其时议，贬秩为詹事[8]，迁为大农令。

庄为大吏，诫门下："客至，无贵贱，无留门者。"执宾主之礼，以其贵下人。庄廉，又不治其产业，仰奉赐以给诸公[9]。然其馈遗人，不过算器食[10]。每朝，候上之间，说未尝不言天下之长者[11]。其推毂士及官属丞史[12]，诚有味其言之也[13]，常引以为贤于己[14]。未尝名吏，与官属言，若恐伤之[15]。闻人之善言，进之上，惟恐后。山东士诸公以此翕然称郑庄。

郑庄使视决河，自请治行五日[16]。上曰："吾闻'郑庄，行千里不赍粮[17]'，请治行者何也？"然郑庄在朝，常趋和承意，不敢甚引当否[18]。及晚节，汉征匈奴，招四夷，天下费多，财用益匮。庄任人宾客为大农僦人，多逋负。司马安为淮阳太守，发其事，庄以此陷罪，赎为庶人[2]。顷之，守长史。上以为老，以庄为汝南太守。数岁，以官卒[19]。

郑庄、汲黯始列为九卿，廉，内行修洁。此两人中废，家贫，宾客益落^⑳。及居郡，卒后家无余资财^㉑。庄兄弟子孙以庄故^㉒，至二千石六七人焉。

【夹批】

① 黯与当时为人相似处甚少，各引其先一人，又各与本人不类，俱文章罗纹之妙。

② 郑君古之节烈士，而史公不著其名，不为立传，所以为轻节义而重奸雄。

③ 实写一士于前。

④ 此事亦后世所难行，庄之好客，自是任侠自喜故态。

⑤ 特插此语，为与汲黯同也。

⑥ 极写得士之盛。

⑦ 综叙生平历任官阀，别是一格，可为权式。

⑧ 此当时骨鲠处，却写得极略，以全传不重此也。

⑨ 尤难在此。

⑩ 以竹器贮食物，俭之至也。

⑪ 总只一意变化出来。

⑫ 两头二"言"字虚写。

⑬ 神往语，奇绝，有至味。

⑭ 即有味中䌷绎出来。

⑮ 已上极写好客之诚。

⑯ 此段只引证"翕然称"之实。

⑰ 此言其结客之多，到处有逢迎也。"庄"、"粮"叶韵，盖是时传颂之语。

⑱ 此与黯相反处，然廷议独与黯同，是《魏其侯传》中偏不详写。古人作法，须看全局，不肯草草如此。

⑲ 以太守而卒,与黯同。

⑳ 合写二人相同处,发明合传之意,大有感慨。

㉑ 只用一句带出质语来。

㉒ 又一关锁。

【眉批】

〔1〕郑当时传只极写其爱士好客,然通体皆用虚写,独以脱张羽于厄一事起,以任人宾客通负贳累一事终,其成其败,皆以客之故也。则当其廷议田、窦一事时,始是魏其,后不能坚对,则以窦婴、灌夫亦好客之甚者,故气类有以感之,不必实为骨鲠之论也。故于廷议受贬既甚略,而后复以"趋和承意,不敢引当否"言之,而惟极叹其爱士真切。盖古人虽临文爱赏极意处,终不肯妄许一字也如此! 千古称良史才,断非偶然。

〔2〕其废亦以宾客之故累之,一意到底。

太史公曰[1]:夫以汲、郑之贤①,有势则宾客十倍,无势则否,况众人乎! 下邽翟公有言,始翟公为廷尉,宾客阗门;及废,门外可设雀罗。翟公复为廷尉,宾客欲往,翟公乃大署其门曰:"一死一生,乃知交情。一贫一富,乃知交态。一贵一贱,交情乃见。"汲、郑亦云,悲夫!

【夹批】

① 以传外意作赞,别寓感欷。

【眉批】

〔1〕汲传不及宾客盛衰,郑传亦惟篇末"宾客益落"一语。赞语自发生平太息之意,故横插翟公之言作案实,不专为汲、郑也。

酷吏列传

孔子曰:"道之以政,齐之以刑,民免而无耻。道之以德,齐之以礼,有耻且格^①。"老氏称:"上德不德,是以有德;下德不失德,是以无德。法令滋章,盗贼多有^②。"^[1]太史公曰:信哉是言也^③!法令者治之具,而非制治清浊之源也^④。

昔天下之网尝密矣^⑤,然奸伪萌起,其极也,上下相遁^⑥,至于不振。当是之时,吏治若救火扬沸,非武健严酷,恶能胜其任而愉快乎^{⑦[2]}!言道德者,溺其职矣。故曰"听讼,吾犹人也,必也使无讼乎"。"下士闻道大笑之"。非虚言也^⑧。

汉兴,破觚而为圜,斫雕而为朴,网漏于吞舟之鱼^⑨,而吏治烝烝,不至于奸,黎民艾安。由是观之,在彼不在此^⑩。

高后时,酷吏独有侯封,刻轹宗室,侵辱功臣。吕氏已败,遂禽侯封之家。孝景时,晁错以刻深颇用术辅其资,而七国之乱,发怒于错,错卒以被戮^⑪。其后有郅都、宁成之属。

郅都者,杨人也^[3]。以郎事孝文帝^⑫。孝景时,都为中郎将,敢直谏面折大臣于朝^⑬。尝从入上林,贾姬如厕,野彘卒入厕。上目都,都不行^⑭。上欲自持兵救贾姬,都伏上前曰:"亡一姬复一姬进,天下所少宁贾姬等乎^⑮?陛下纵自轻,奈宗庙、太后何^⑯!"上还,彘亦去。太后闻之,赐都金百斤,由此重郅都。

济南瞯氏宗人三百余家，豪猾，二千石莫能制，于是景帝乃拜都为济南太守。至则族灭瞯氏首恶，余皆股栗。居岁余，郡中不拾遗，旁十余郡守畏都如大府^⑰。

都为人^⑱勇，有气力，公廉，不发私书，问遗无所受，请寄无所听。常自称曰："已倍亲而仕，身固当奉职死节官下，终不顾妻子矣^⑲。"

郅都迁为中尉，丞相条侯，至贵倨也，而都揖丞相^⑳。是时民朴，畏罪自重，而都独先严酷，致行法不避贵戚，列侯、宗室见都侧目而视，号曰"苍鹰^㉑"。

临江王征诣中尉府对簿，临江王欲得刀笔为书谢上，而都禁吏不予^㉒。魏其侯使人以间与临江王。临江王既为书谢上，因自杀^㉓。窦太后闻之，怒，以危法中都^㉔，都免归家。孝景帝乃使使持节拜都为雁门太守，而便道之官，得以便宜从事。匈奴素闻郅都节，居边，为引兵去，竟郅都死不近雁门^㉕。匈奴至为偶人象郅都，令骑驰射莫能中，见惮如此^㉖。匈奴患之。窦太后乃竟中都以汉法^㉗。景帝曰："都忠臣。"欲释之。窦太后曰："临江王独非忠臣耶？"于是遂斩郅都^㉘。

宁成者，穰人也。以郎谒者事景帝。好气^㉙，为人小吏，必陵其长吏；为人上，操下如束湿薪。猾贼任威^㉚。稍迁至济南都尉，而郅都为守^㉛。始前数都尉皆步入府，因吏谒守如县令，其畏郅都如此^㉜。及成往，直陵都出其上^㉝。都素闻其声，于是善遇，与结欢^㉞。久之，郅都死，后长安左右宗室多暴犯法，于是上召宁成为中尉^[4]，其治效郅都，其廉弗如^㉟，然宗室豪桀皆人人惴恐。

武帝即位，徙为内史。外戚多毁成之短㊱，抵罪髡钳㊲。是时九卿罪死即死，少被刑，而成极刑，自以为不复收，于是解脱，诈刻传出关归家㊳。称曰："仕不至二千石，贾不至千万，可比人乎㊴！"乃贳贷买陂田千余顷，假贫民，役使数千家㊵。数年，会赦。致产数千金，为任侠，持吏长短，出从数十骑。其使民威重于郡守㊶。

周阳由者，其父赵兼以淮南舅父侯周阳㊷，故因姓周阳氏。由以宗家任为郎㊸，事孝文及景帝。景帝时，由为郡守。武帝即位，吏治尚循谨甚㊹，然由居二千石中，最为暴酷骄恣㊺。所爱者，挠法活之；所憎者，曲法诛灭之。所居郡，必夷其豪。为守，视都尉如令。为都尉，必陵太守，夺之治㊻。与汲黯俱为忮，司马安之文恶，俱在二千石列，同车未尝敢均茵伏〔5〕。

由后为河东都尉，时与其守胜屠公争权，相告言罪。胜屠公当抵罪，义不受刑，自杀，而由弃市㊼。

自宁成、周阳由之后㊽，事益多，民巧法，大抵吏之治类多成、由等矣㊾。

【夹批】

① 引孔、老两家言起，以"德"字压倒刑法，史公卓识。

② 在史公意，以"不德"为清净无为，以"不失德"为科条详备，而老子本旨又尽然。

③ 双承孔、老之言而叹之。

④ 卓识名言。

⑤ 此指秦时言之。

⑥ 即指鹿为马之祸,亦以法严令酷致之。

⑦ 因网密而致奸多,因奸多而更立严法,其实无可奈何。史公顾若许其能靖乱者,亦反言之,以剔起汉兴之效耳。

⑧ 仍以孔子之言结之,意重无讼之道,为末世嗤笑,亦断章取义。

⑨ 此以高帝悉去秦苛法之时言之。

⑩ 可见救火扬沸,亦终不在武健严酷,寓意深远,咀嚼不尽。

⑪ 先写两个榜样在前,重禽错被戮处。

⑫ 孝文仁主,都无所见才可知。

⑬ 惨酷本领,必附义理而行。

⑭ 绘出木强情状。

⑮ 其言固正,只是觉得不近情,便成惨礉之气耳。

⑯ 立言又奸巧。

⑰ 酷吏之效如此。

⑱ 虚叙一段,足尽生平。

⑲ 清刚奉职,自是能臣;一念惨恶,遂成酷吏,顾用之何如耳。

⑳ 都似汲黯处颇多,然在黯传写来俱可慕,此传写来俱可畏,笔妙如化工肖物也。

㉑ 数句是其杀身罪状。

㉒ 都之立意,总之,入其门者,不复放一线生路而已。

㉓ 临江王罪不致死,都杀之,适以自祸,亦天道使然。

㉔ 已将杀之,却又少住,以尽其才,须看两"中法"句呼应。

㉕ 酷吏负边才如此,亦岂易得哉!

㉖ 极写其威摄人。

㉗ 所中之法不明言,盖都不必有可杀之罪,而一生实迹则无一念不足以杀其身耳。

㉘ 郅都斩。

㉙ 宁成只是"好气"二字,做成一个酷吏。

㉚ 又足四字,"好气"之所以济其恶者也。

㉛ 串郅都。

㉜ 借衬法。

㉝ 好气而敢陵人所不敢陵之人，乃见其酷。

㉞ 能使都屈，亦非漫然使气如灌夫之流。

㉟ 以串法写，详略俱有骨力。

㊱ 从中尉、内史得祸。

㊲ 宁成髡钳，髡钳不足以蔽酷吏之辜也，故再写一笔以志快，史公之意可见。

㊳ 是其猾贼作用。

㊴ 与郅都所称，相去远矣。

㊵ 又写抵罪之后一番作用，猾贼任威之技乃尽。亦是文字逐段变化妙处。

㊶ 为小吏而陵上官，奇矣。至为刑余而威重过郡守，不更异乎？成之才亦实有过人者，未可深訾也。

㊷ 周阳，地名。

㊸ 宗家者，诸侯外戚之家。“任”与“荫”同。

㊹ 先写此笔，便定由罪案。

㊺ “骄恣”字甚于“猾贼任威”，总写其恶，不但绝异于郅都之公廉，亦殊远于宁成之任侠。

㊻ 加“夺之治”三字，便非仅“好气”。好气者不为势位所诎，“夺权”则罔上行私，何所不至！此所以终及于祸也。

㊼ 周阳由弃市。

㊽ 忽总束一笔，文势极变动。

㊾ 至以群恶之罪归之，即作俑无后之叹也。

【眉批】

〔1〕西汉之初，多颂法黄、老之言，其与孔、孟之书醇驳固未暇辨也。起处所引《老子》“上德不德”云云，正所谓德其所德，而非吾所谓德者。今但

约举大旨,不必深解,即是解人。

〔2〕武帝之用酷吏也,皆以为能而任之,而酷吏又实有公廉强干之才。当武帝开边括利之际用之,亦往往有成效。故借亡秦吏治武健严酷之风而赞其胜任愉快,此明是刺讥武帝本旨。下即以"由是观之,在彼不在此",缴明尚德之意。又随引两酷吏之被诛,以为炯戒。讽谏微情,盎然可掬,此极用意文字也。

〔3〕古语云"察见渊鱼者不祥",盖天下之事每忌太尽,如郅都之为人,公廉强毅,直谏敢言,守节奉公,居边御侮,固属能臣之最。即其族灭豪宗,临江对簿,亦分所应为耳。只以一念酷烈,不近人情,遂致身膏刀锯而天下快之。君子是以有"仁可过,义不可过"之言也。郅都盖过于义者也。汲长孺及宋之包孝肃、明之海忠介,清强峻厉处固有,而宽简爱人,不务苛察,故为贤耳。

〔4〕宁成一生,只是尚气。篇中"陵上"、"操下"、"豪强惴恐"处,虽极写豪暴,然尚无糜烂其民之事也。为吏者苟当骄侈之世而力矫其狂澜,如子产惠人而犹谓"政莫如猛",成亦何可厚非? 故虽抵罪髡钳,而犹得以素封,威重于世,有以也夫!

〔5〕汲黯廷折张汤处亦类于忮,然疾恶耳,非争权也,奈何与周阳由并论? 史公往往有文外支节不大了了处。又旧注以"未尝敢均茵伏"句总承汲黯、司马安,非是,言与汲黯俱为忮害,虽以司马安之文恶,然且同列,而不敢亢礼也。

赵禹者,斄①人[1]。以佐史补中都官,用廉为令史②,事太尉亚夫。亚夫为丞相,禹为丞相史,府中皆称其廉平。然亚夫弗任,曰:"极知禹无害,然文深,不可以居大府③。"今上时,禹以刀笔吏④积劳,稍迁为御史。上以为能⑤,至太中大夫。与张汤论定诸律令⑥,作见知⑦,吏传得相监司,用法益刻,盖自此始⑧。

张汤者,杜人也。其父为长安丞,出,汤为儿守舍。还而鼠盗肉,其父怒,笞汤。汤掘窟得盗鼠及余肉,劾鼠掠治,传爰书,讯鞫论报,并取鼠与肉,具狱磔堂下^⑨。其父见之,视其文辞如老狱吏,大惊,遂使书狱^⑩。父死后,汤为长安吏,久之。

周阳侯始为诸卿时^⑪,尝系长安^⑫,汤倾身为之。及出为侯,大与汤交,遍见汤贵人。汤给事内史,为宁成掾^⑬,以汤为无害,言大府,调为茂陵尉,治方中^⑭。

武安侯为丞相,征汤为史^{〔2〕},时荐言之天子,补御史,使案事。治陈皇后蛊狱,深竟党与。于是上以为能^⑮,稍迁至太中大夫。与赵禹共定诸律令^⑯,务在深文,拘守职之吏。已而赵禹迁为中尉,徙为少府,而张汤为廷尉,两人交欢,而兄事禹^⑰。禹为人廉倨^⑱。为吏以来,舍毋食客。公卿相造请禹,禹终不报谢。务在绝知交宾客之请,孤立行一意而已。见文法辄取,亦不覆案^{〔3〕},求官属阴罪^⑲。汤为人多诈^⑳,舞智以御人。始为小吏,干没,与长安富贾田甲、鱼翁叔之属交私。及列九卿,收接天下名士大夫,己心内虽不合,然阳浮慕之^㉑。

是时上方乡文学,汤决大狱,欲附古义^㉒,乃请博士弟子治《尚书》、《春秋》补廷尉史,亭疑法^㉓。奏谳疑事,必豫先为上分别其原,上所是,受而著谳决法廷尉,絜令扬主之明^㉔。奏事即谴,汤应谢^㉕,乡上意所便,必引正、监、掾史贤者,曰:"固为臣议,如上责臣,臣弗用,愚抵于此。"罪常释。闻^㉖即奏事,上善之,曰:"臣非知为此奏,乃正、监、掾史某为之。"

其欲荐吏,扬人之善、蔽人之过如此㉗。所治㉘即上意所欲罪,予监史深祸者;即上意所欲释,与监史轻平者。所治即豪,必舞文巧诋;即下户羸弱,时口言,虽文致法,上财察㉙。于是往往释汤所言㉚〔4〕。汤至于大吏,内行修也㉛。通宾客饮食,于故人子弟为吏㉜及贫昆弟,调护之尤厚。其造请诸公,不避寒暑㉝。是以汤虽文深意忌不专平,然得此声誉。而刻深吏多为爪牙用者,依于文学之士。丞相弘数称其美㉞。及治淮南、衡山、江都反狱,皆穷根本㉟。严助及伍被,上欲释之。汤争曰:"伍被本画反谋,而助亲幸出入禁闼爪牙臣,乃交私诸侯如此,弗诛,后不可治。"于是上可论之㊱。其治狱所排大臣自为功,多此类。于是汤益尊任,迁为御史大夫。

会浑邪等降,汉大兴兵伐匈奴,山东水旱,贫民流徙,皆仰给县官,县官空虚。于是承上指㊲,请造白金及五铢钱,笼天下盐铁,排富商大贾,出告缗令,锄豪强兼并之家,舞文巧诋以辅法㊳。汤每朝奏事,语国家用㊴,日晏,天子忘食。丞相取充位,天下事皆决于汤㊵〔5〕。百姓不安其生,骚动,县官所兴,未获其利,奸吏并侵渔㊶,于是痛绳以罪。则自公卿以下,至于庶人㊷,咸指汤。汤尝病,天子至自视病,其隆贵如此㊸。

匈奴来请和亲,群臣议上前㊹。博士狄山曰:"和亲便。"上问其便,山曰:"兵者凶器,未易数动。高帝欲伐匈奴,大困平城,乃遂结和亲㊺。孝惠、高后时,天下安乐,及孝文帝欲事匈奴,北边萧然苦兵矣㊻。孝景时,吴、楚七国反,景帝往来两宫间,寒心者数月⁴⁷。吴、楚已破,竟景帝不言兵,天下富实。今自陛下举兵击匈奴,中国以空虚,边民大困贫。由此观之,不如和亲⁴⁸。"上问汤,汤曰:"此愚儒,无知⁴⁹。"[6]狄山曰:"臣固愚忠,若御史大夫汤乃诈忠⁵⁰。若汤之治淮南、江都,以深文痛诋诸侯,别疏骨肉,使藩臣不自安⁵¹。臣固知汤之为诈忠。"于是上作色曰:"吾使生居一郡,能无使虏入盗乎⁵²?"曰:"不能。"曰:"居一县?"对曰:"不能。"复曰:"居一鄣间⁵³?"山自度辩穷且下吏,曰:"能。"于是上遣山乘鄣。至月余,匈奴斩山头而去。自是以后,群臣震慴⁵⁴。

汤之客田甲,虽贾人,有贤操⁵⁵。始汤为小吏时,与钱通,及汤为大吏,甲所以责汤行义过失,亦有烈士风⁵⁶。

汤为御史大夫七岁,败⁵⁷。

河东人李文尝与汤有卻,已而为御史中丞,恚,数从中文书事有可以伤汤者,不能为地⁵⁸。汤有所爱史鲁谒居,知汤不平,使人上蜚变告文奸事,事下汤,汤治论杀文,而汤心知谒居为之⁵⁹。上问曰:"言变事踪迹安起?"汤佯惊曰:"此殆文故人怨之⁶⁰。"谒居病卧闾里主人,汤自往视疾,为谒居摩足⁶¹[7]。赵国以冶铸为业,王数讼铁官事,汤常排赵王。赵王求汤阴事。谒居尝案赵王,赵王怨之,并上书告:"汤,大臣也,史谒居有病,汤至为摩足,疑与为大奸⁶²。"事下廷尉。谒居病死⁶³,事连其弟,弟系导官⁶⁴。汤亦治他囚导官,见谒居弟,欲阴为之,而佯不省⁶⁵。谒居弟弗知,怨汤,使人上书告汤与谒居谋,共告变李文⁶⁶。事下减宣⁶⁷。宣尝与汤有卻,及得此事,穷竟其事⁶⁸,未奏也⁶⁹。会人有盗发孝文园瘗钱,丞相青翟朝,与汤约俱谢,至前,汤念独丞相以四时行园,当谢;汤无与也,不谢⑰。丞相谢,上使御史案其事,汤欲致其文丞相见知⑪,丞相患之。三长史皆害汤,欲陷之⑫〔8〕。

始长史朱买臣,会稽人也⑬。读《春秋》。庄助使人言买臣,买臣以《楚辞》与助俱幸,侍中。为太中大夫,用事;而汤乃为小吏,跪伏使买臣等前⑭。已而汤为廷尉,治淮南狱,排挤庄助,买臣固心望⑮。及汤为御史大夫,买臣以会稽守为主爵都尉,列于九卿。数年,坐法废,守长史⑯,见汤,汤坐床上,丞史遇买臣弗为礼。买臣楚士,深怨,常欲死之⑰。王朝,齐人也。以术至右内史⑱。边通,学长短⑲,刚暴强人也,官再至济南相。故皆居汤右⑳,已而失官,守长史,诎体于汤㉛。汤数行丞相事,知此三长史素贵,常凌折之㉜。以故三长史合谋曰㉝:"始汤约与君谢,已而卖君;今欲劾君以宗庙事,此欲代君耳㉞。吾知汤阴事。"使吏捕案汤左田信等㉟,曰汤且欲奏请,信辄先知之,居物致富,与汤分之㊱,及他奸事。事辞颇闻。上问汤曰:"吾所为,贾人辄先知之,益居其物,是类有以吾谋告之者㊲。"汤不谢。汤又佯惊曰:"固宜有㊳。"减宣亦奏谒居等事,天子果以汤怀诈面欺,使使八辈簿责汤。汤具自道无此,不服㊴。于是上使赵禹责汤㊵。禹至,让汤曰:"君何不知分也!君所治夷灭者几何人矣㊶?今人言君皆有状,天子重致君狱,欲令君自为计,何多以对簿为㊷?"汤乃为书谢曰:"汤无尺寸功,起刀笔吏,陛下幸致为三公,无以塞责。然谋陷汤罪者,三长史也。"遂自杀。

汤死,家产直不过五百金,皆所得奉赐,无他业㊸。昆弟诸子欲厚葬汤,汤母曰:"汤为天子大臣,被污恶言而死,何厚葬乎^⑭?"载以牛车,有棺无椁。天子闻之,曰:"非此母不能生此子。"乃尽案诛三长史^⑮。丞相青翟自杀^⑯。出田信。上惜汤,稍迁其子安世^⑰。

赵禹中废^⑱,已而为廷尉,始条侯以为禹贼深,弗任。及禹为少府,比九卿。禹酷急,至晚节,事益多,吏务为严峻,而禹治加缓,而名为平^⑲。王温舒等后起,治酷于禹^⑳。禹以老徙为燕相。数岁,乱悖有罪,免归。后汤十余年,以寿卒于家^㉑〔9〕。

义纵者,河东人也〔10〕。为少年时,尝与张次公俱攻剽为群盗^㉒。纵有姊姁,以医幸王太后。王太后问:"有子兄弟为官者乎?"姊曰:"有弟无行,不可^㉓。"太后乃告上,拜义姁弟纵为中郎,补上党郡中令。治敢行,少蕴藉^㉔,县无逋事,举为第一^㉕。迁为长陵及长安令,直法行治,不避贵戚。以捕案太后外孙修成君子仲,上以为能,迁为河内都尉。至则族灭其豪穰氏之属,河内道不拾遗^㉖。而张次公亦为郎,以勇悍从军,敢深入,有功,为岸头侯。

宁成家居^㉗,上欲以为郡守,御史大夫弘曰:"臣居山东为小吏时,宁成为济南都尉,其治如狼牧羊^㉘。成不可使治民。"上乃拜成为关都尉。岁余,关东吏隶郡国出入关者,号曰:"宁见乳虎,无值宁成之怒^㉙。"义纵自河内迁为南阳太守^㉚,闻宁成家居南阳,及纵至关^㉛,宁成侧行送迎^㉜,然纵气盛,弗为礼。至郡,遂案宁氏,尽破碎其家〔11〕。成坐有罪,及孔、暴之属皆奔亡,南阳吏民重足一迹^㉝。而平氏朱彊、杜衍、杜周为纵爪牙之吏,任用,迁为廷史⑭。军数出定襄,定襄吏民乱败⑿,于是徙纵为定襄太守。纵至,掩定襄狱中⑮重罪、轻系二百余人,及宾客、昆弟私入相视亦二百余人⑯;纵一捕鞠,曰:"为死罪解脱。"是日皆报杀四百余人。其后郡中不寒而栗,猾民佐吏为治⑰。

是时,赵禹、张汤以深刻为九卿矣⑱,然其治尚宽,辅法而行,而纵以鹰击毛挚为治,后会五铢钱白金起,民为奸,京师尤甚,乃以纵为右内史,王温舒为中尉⑲,温舒至恶,其所为不先言纵,纵必以气凌之⑳,败坏其功。其治,所诛杀甚多,然取为小治,奸益不胜㉑,直指始出矣㉒。吏之治以斩杀缚束为务,阎奉以恶用矣㉓。纵廉,其治放郅都⒀。上幸鼎湖,病久,已而卒起幸甘泉,道多不治,上怒曰:"纵以我为不复行此道乎?"嗛之㉔。至冬,杨可方受告缗,纵以为此乱民,部吏捕其可使者㉕。天子闻,使杜式治,以为废格沮事,弃纵市。后一岁,张汤亦死㉖。

【夹批】

① 音台。

② 禹稍廉平,独以文深列于酷吏。

③ 亚夫有大臣识略,正与汲黯斥张汤意同。

④ 特点出"刀笔吏"三字,妙。

⑤ 传中眼目。

⑥ 串法。

⑦ 见知者,律法名,即知而不举者,连坐之。

⑧ 禹传未毕,即入张汤,又变。

⑨ 爰书即狱词,其中备具士师讯鞠之由及论罪如律,而朝廷报可诸款

式。然后并取盗鼠赃证具狱而后磔,写得丝毫不漏,故为天生酷吏才也。

⑩ 引一小事起,见汤乃天生酷吏之才。

⑪ 即周阳由之父赵兼。

⑫ 亦从治狱中出身。

⑬ 看其步步从刀笔吏露颖,便知与士大夫出身迥别。

⑭ 督治山陵中圹室。

⑮ 此方是汤脱颖而出处,故亟下"上以为能"句。

⑯ 文有见于彼传而此不复书者,独"共定律令"事,禹传、汤传两书之,所以深著其恶也。

⑰ 先作一束。

⑱ 忽入禹传,离奇开合极文之变。

⑲ 禹之为人,与汤事事相反,徒以一念刻深,遂相得无间。特以"禹为人"、"汤为人"平提二段,以不没二人之真。

⑳ 句句与禹反,妙极。整齐又极参差,故奇。

㉑ 为小吏,娄贿不立,品如此;至为三公,却有廉名,其诈可知。尽抉肺腑,恶之至也。

㉒ "决大狱"、"附古义",美事也。惟其一诈,写得不值一文。

㉓ 亭即平,谓以经术平疑狱,如严延年以《春秋》律卫太子是也。

㉔ 絜即絜矩之义,比较旧法而附合之,即新例也。

㉕ 此段数用"即"字,皆妙。

㉖ 详写一大段,如秦宫宝镜,无隐不烛。盖汤好深文,故史公亦即以深文写之,此亦酷吏手段,非他文所有也。

㉗ 扬善蔽恶,亦美事也。惟其一诈,亦写得不值一文。

㉘ 此段专就治狱上写其诈。

㉙ "财"同"裁"。

㉚ 先见上口奏以开释之,故虽文致于法,而往往裁察见释。

㉛ 亦终不没其善。

㉜ 故人子弟为吏者饮食之,此倒句法。

㉝ 本欲写汤之得声誉，却先着造请不避寒暑，则其得之者，更不值一文。

㉞ 弘好儒术，以汤依于文学之士，故亦称美之，亦倒句法。

㉟ 汤之刻深治狱，只“陈皇后蛊狱，穷竟党与”，及此处“穷根本”二实案，余悉用虚写。

㊱ 前言上所欲释，即与轻平者，此又将欲释者争而诛之，然则汤之立意刻酷，益可见矣。

㊲ 大书“承上指”，既不恕汤，亦深讥上也。

㊳ 聚敛实弘羊、孔仅等所为，汤惟舞文巧诋以辅法，故尽写在汤案内。笔法严极。

㊴ 即承聚敛来。

㊵ 所谓天下之恶皆归焉。

㊶ 此皆桑、孔等罪案，今皆并入“皆决于汤”句。

㊷ 明明以群凶之罪，并归一人。

㊸ “天子忘食”，“天子视病”，两头以宠异结成罪案。

㊹ 独作一段，写汤排陷朝士样子。

㊺ 言既曲谨，不足以动雄略之主，而历叙累朝之事，亦绝不知忌讳。宜其言之不见听而反以贾祸也。

㊻ 文帝乃不得已而用兵，非欲事匈奴之谓。

㊼ 言以用兵而惧。

㊽ 和亲伤中国之体，本非长策。帝方欲威服四夷，何惜烦费？

㊾ 亦不达时务之谓。

㊿ “愚忠”、“诈忠”，其言甚确，但不应舍本议而捃拾他事耳。

(51) 与议和亲事何与，而自寻硬对耶？

(52) 上方任汤而山痛诋之，故欲以事诛之，亦与本议无涉。

(53) 冲边列亭障为屯戍。

(54) 此盖汤所使，非真匈奴也。所以群臣震慴。

(55) 应田甲一段，大为汤惜。

㊏ 汤传未毕,缀此句于田甲段下,有味。

㊐ 自此以后,皆汤所以致败之事,亦极曲折。

㊑ 文欲伤汤,而顾为汤所杀;然汤之败,卒以此事发端也。

㊒ 数写"心知",以著其阴险不可测揣。

㊓ 诈变将穷,数数描写,皆为后"面欺"二字伏脉。

㊔ 感其为己报复,然极暧昧,文极平常,俱用零碎写法叠成死案。

㊕ 告得不甚了了,而能中武帝之忌,故妙。

㊖ 谒居不死,汤未必败,此天亡之也。

㊗ 导官,狱名。

㊘ 汤一生善诈,今偏以诈败,可谓非天乎?

㊙ 摩足之事,固从李文起,事有原委。

㊚ 串入减宣。

㊛ 与汤穷竟他人处应。

㊜ 顿住另起。

㊝ 又诈,凡写汤事俱从心曲传出。

㊞ 即前所造见知律,欲以此诛青翟,狠甚。

㊟ 忽起案奇。

㊠ 朱买臣亦有奇特处,而史公不为立传,仅附见张汤传中,故其书法较两长史差详,班掾遂为补传,盖未得龙门去取之意也。

㊡ 害汤三长史,俱只从炎凉起见,非有他故也,自然两败俱伤。

㊢ 此念犹为感助荐举之恩。

㊣ 凡守丞相长史,皆后用效力起用之意。

㊤ 酷吏本好以气凌人,况废员乎?楚人剽悍,写得深稳。

㊥ 右内史及诸侯相,皆真二千石。

㊦ 战国纵横之学。

㊧ 二人总写。

㊨ 与买臣详略各妙。

㊩ 由王朝而下,自一人总二人,又总三人,文笔妥帖。

㊙ 遥接"三长史害汤,欲陷之"句。

㊙ 皆与庄青翟谋之言,直激之耳,未必果然。

㊙ 左,因佐证其罪者也。

㊙ 此亦贾人征贵征贱常态,遂以泄禁令陷汤,自是冤狱。且汤既贵之后,亦不闻黩货事也。三公之贵,何事不可致富,乃垂涎贾人羡余耶?

㊙ 问得猜狠之甚。

㊙ 叠写二句,狡诈如镜:"固宜有"三字,汤固欲移罪他人耳。适会减宣、赵禹两酷吏与作勃敌,遂不可收拾,天实杀之也。

㊙ 颇顽钝。

㊙ 即同定律令、素所兄事者也。果报可畏。

㊙ 妙绝。不与辨本案,只以现前果报惕之。

㊙ 赵禹至,汤固无生理矣。来俊臣鞫周兴,亦如此。

㊙ 特书此语,见与田信分利之诬。史公虽甚恶汤,然初未尝恕买臣等也。

㊙ 为天子大臣而有与贾竖分财之名,污辱极矣。此母善于为子报仇。

㊙ 武帝盖终惜汤。

㊙ 此以三长史故,非为宗庙事也。

㊙ 惟汤有后。

㊙ 又接赵禹,其传始终以一传绕出汤传之前后,文体极奇。

㊙ 褒贬处铢两不苟,笔态千曲百折,精悍特甚。

⑩ 妙句,是恕禹,即是终不恕禹。

⑩ 独禹稍平,遂以寿终。

⑩ 伏张次公,传外传也,笔有余妍。

⑩ 有识,然亦巧于荐弟。

⑩ 写得妙绝,又是一种气色。

⑩ 纵本群盗,故其一生只是盗贼器魄,一味斩杀,别无伎能。

⑩ 酷吏治效如此。

⑩ 又入宁成,极言成之暴,以托起义纵之暴,倍蓰于成来。背面铺粉之

法,最为文字生色。

⑩⑧ 其狠如此。

⑩⑨ 其见畏于人又如此。

⑩⑩ 陡接。

⑩⑪ 与他吏出入关者应。

⑩⑫ 成见纵又若羊遇狼矣。奇甚。

⑩⑬ 四字妙绝,即无所措手足之变化也。

⑩⑭ 酷吏未有不任其爪牙者。

⑩⑮ 妙在一"掩"字,残酷无复人理在此。

⑩⑯ "轻系"既与"重罪"殊科,"私入"又非见囚可比,而纵一概杀之,所以为掩也。

⑩⑰ 奸猾反有生涯,从来如此。

⑩⑱ 沉痛可味。

⑩⑲ 两凶相聚,而纵之恶愈炽。

⑫⑩ 到底盗贼器魄。

⑫① 积痼尽底提出。

⑫② 绣衣使者始出刺举奸暴。

⑫③ 阎奉从史之恶者,公然拔用,皆纵之罪案也。两"矣"字有太息之声。

⑫④ 纵之恶,人不敢问,而偶以意外取死,天也。

⑫⑤ 杨可受告缗,上所使也,而仲捕之,岂得以修成子仲为例耶?

⑫⑥ 天子方以告缗为可获利,故发怒。义纵弃市,又缀张汤,似无谓而妙。

【眉批】

〔1〕赵禹能识田仁、任安于微贱之中,亦贤大夫也。徒以文深为酷吏,须看"与张汤定律","用法益刻",自此始数句,可见以三寸管酿祸无穷,正与杀人以梃与刃者同科。史公垂戒之深意可见矣。

〔2〕古之取人,必视其所与。张汤之所与者,皆非端士也。始因赵兼定

交,继为宁成掾属,又为田蚡长史,终与赵禹交欢,天性既优于深刻,薰染俱极其倾邪,宜其为酷吏中之首恶也。

〔3〕见"文法辄取,亦不覆案",极写赵禹癖好深文处。文法者,刻鞫文致之法,以为精核而取录之,亦不复检覆律令故典以求其相合否也。惟其喜好刻深,所以尝求官属阴罪而致之于法,若张汤于上所,是即受而著谳决法附于廷尉絮令,是即近世新例之法也。即此二语,洞见禹、汤二人更定律令,纷纭繁重,大改高帝旧章,使人无所措手足矣。此二传中骨子也。

〔4〕汤立意亦要锄豪强、振贫弱,收恤故旧、荐扬属吏及弘奖经术、敦尚廉耻,皆是美事。惟一以诈行之,遂觉无往不阴邪暧昧。史公尽力雕绘,所谓虽百世可知也。

〔5〕群酷吏非无暴过于汤者,然用事之专,且久得君之深且笃,则未有及汤者也。所以烦酷之气,溢于四海,上自公卿,下及黎庶,无不被其毒。汤即煦煦于故人昆弟,亦何益矣。宛转写来,不留余力也如此。

〔6〕武帝朝有三大敝政:贵治狱之吏、信兴利之臣、启穷兵之祸是也。惟张汤一传兼有之。即如狄山所议,固不中肯綮,汤特以"愚儒无知"一语驳之。迨山自触汤而武帝自责之乘鄣耳。段后独缀"群臣震慴"一语,便见穷兵之祸,皆汤养成;而钳结众口之威,几如指鹿为马,皆文章辣手处。

〔7〕汉之诛戮大臣,多以蜚语告奸及腹诽反唇诸暧昧之法,往往不厌人心,独张汤以摩足细故,遂致杀身,而读者若犹以从容自裁未足蔽辜者,以汤之怀诈面欺,无一念不足以自贼其躯也。故汤之得幸也以诈,其致祸也亦以诈。其陷人也以诈,其终自陷也亦以诈。呜呼,山木自伐,膏火自煎,今之以智囊自负者,何不鉴于汤也?

〔8〕汤喜排陷大臣,总是一腔忮刻之念,然独庄青翟一事,窃谓汤不必有陷人之志,直苟欲自免而已。盖大臣有罪则见谢,所以明奉职无状耳。汤以御史大夫无园陵关系,因不复谢。及后上问贾人居物之谋,亦不复谢,其意总谓非己之罪而已。况一则曰"欲文致",再则曰"欲劾君";不过因三长史谋陷汤,借是以激丞相,恐未必有实迹之可寻也。且丞相即是行园之职,而瘗钱被盗,亦岂遂与长陵抔土同科?断不至连及宰相而惩咎顿加也。

总之,汤之苛刻,自是取死之道;汤之诈妄,早伏见疑之根。而买臣等以深怨图报,减宣、赵禹又以同类相戕,天道好还,巧于假手陷人者,人亦陷之。昧赵禹之言,可以自悟,而事之有无,不足更辨矣。

〔9〕禹只是文深,而责汤处尚能以夷灭人为汤罪案,则其平缓可知也。寿终于汤死十余年之后,宜哉!

〔10〕从义纵以下残恶糜烂,无复人理,回视郅都、赵禹诸人,又如祥麐威凤矣。史公用彼此形击之法,相推相效,相忮相灭,如造蛊者聚百毒于一器,恣其吞噬,劫运至此,正何必阎、吴诸公绘《焰摩变相》也。

〔11〕前宁成以髡钳抵罪,豪于闾里,其传未毕,又见义纵传中,方结成案,犹张汤传中,归结赵禹之法也。若他手则传各为起结,岂有此离奇出没之妙?

〔12〕按军数出定襄而吏民乱败,则亦由于上之扰之而不聊生耳。乃以残暴之吏,恣其贼虐,何哉?武帝之罪,上通于天矣。“为死罪解脱”句,向以此语为私人相视罪名,谬甚。纵意盖以死囚本无生理,今尽杀之,如为解脱其淹系之苦者,然此恶人口吻也。

〔13〕惟纵传历举群酷吏相并而集其成,如破碎宁成,折服王温舒,治放郅都,远过张汤、赵禹,盖萃众人之恶为一人之恶,而超轶绝伦者也。恣肆写来,笔有余怒。

王温舒者,阳陵人也。少时椎埋为奸①。已而试补县亭长,数废。为吏,以治狱至廷史。事张汤②,迁为御史。督盗贼,杀伤甚多,稍迁至广平都尉。择郡中豪敢任吏十余人,以为爪牙,皆把其阴重罪,而纵使督盗贼,快其意所欲得〔1〕。此人虽有百罪,弗法;即有避,因其事夷之,亦灭宗③。以其故齐、赵之郊,盗贼不敢近广平,广平声为道不拾遗④。上闻,迁为河内太守〔2〕。

素居广平时,皆知河内豪奸之家,及往,九月而至⑤。令郡具私马五十四,为驿自河内至长安,部吏如居广平时方略,捕郡中豪猾⑥,郡中豪猾相连坐千余家。上书请,大者至族,小者乃死,家尽没入偿臧。奏行不过二三日,得可事。论报⑦,至流血十余里⑧。河内皆怪其奏,以为神速。尽十二月⑨,郡中毋声,毋敢夜行,野无犬吠之盗⑩。其颇不得⑪,失之旁郡国,黎来⑫,会春,温舒顿足叹曰:"嗟乎,令冬月益展一月,足吾事矣⑬!"其好杀伐行威不爱人如此。天子闻之,以为能⑭,迁为中尉。其治复放河内,徙诸名祸猾吏与从事,河内则杨皆、麻戊,关中杨赣、成信等⑮,义纵为内史,惮未敢恣治⑯。及纵死,张汤败后,徙为廷尉,而尹齐为中尉。

尹齐者,东郡茌平人〔3〕。以刀笔稍迁至御史。事张汤⑰,张汤数称以为廉武,使督盗贼,所斩伐不避贵戚。迁为关内都尉,声甚于宁成。上以为能⑱,迁为中尉,吏民益凋敝。尹齐木强少文,豪恶吏伏匿,而善吏不能为治,以故事多废,抵罪⑲。上复徙温舒为中尉⑳,而杨仆以严酷为主爵都尉㉑。

杨仆者,宜阳人也㉒〔4〕。以千夫为吏。河南守案举以为能,迁为御史,使督盗贼关东。治放尹齐,以为敢挚行。稍迁至主爵都尉,列九卿。天子以为能。南越反,拜为楼船将军,有功,封为梁侯。为荀彘所缚。居久之,病死㉓。

而温舒复为中尉㉔。为人少文,居廷惛惛不辩,至于中尉则心开㉕。督盗贼,素习关中俗,知豪恶吏,豪恶吏尽复为用,为方略㉖〔5〕。吏苛察,盗贼恶少年投缿㉗购告言奸㉘,置伯格长㉙,以收司奸盗贼。温舒为人谄㉚,善事有势者;即无

势者,视之如奴。有势者,虽有奸如山,弗犯;无势者,贵戚
必侵辱。舞文巧诋下户之猾,以焄大豪㉛。其治中尉如此。
奸猾穷治,大抵尽糜烂狱中,行论无出者。其爪牙吏虎而
冠㉜,于是中尉部中中猾以下皆伏,有势者为游声誉,称治。
治数岁,其吏多以权富㉝。

温舒击东越还,议有不中意者,坐小法抵罪免。是时天
子方欲作通天台而未有人,温舒请覆中尉脱卒,得数万人
作㉞。上悦,拜为少府。徙为右内史,治如其故㉟,奸邪少
禁。坐法失官,复为右辅,行中尉事㊱,如故操㊲。

岁余,会宛军发,诏征豪吏,温舒匿其吏华成㊳,及人有
变告温舒受员骑钱,他奸利事,罪至族,自杀。其时两弟及
两婚家亦各自坐他罪而族㊴,光禄徐自为曰:"悲夫! 夫古有
三族,而王温舒罪至同时而五族乎㊵?"温舒死,家直累千金。
赃污狼藉如此。后数岁,尹齐亦以淮阳都尉病死,家直不满
五十金㊶。所诛灭淮阳甚多,及死,仇家欲烧其尸,尸亡去
归葬㊷〔6〕。

自温舒等以恶为治㊸,而郡守、都尉、诸侯二千石欲为治
者,其治大抵尽放温舒,而吏民益轻犯法,盗贼滋起㊹〔7〕。南
阳有梅免、白政,楚有殷中、杜少,齐有徐勃,燕、赵之间,有
坚卢、范生之属㊺。大群至数千人,擅自号,攻城邑,取库兵,
释死罪,缚辱郡太守、都尉,杀二千石,为檄告县趣具食㊻;小
群盗以百数,掠卤乡里者,不可胜数也㊼。于是天子始使御
史中丞、丞相长史督之㊽。犹弗能禁也,乃使㊾光禄大夫范
昆、诸辅都尉及故九卿张德等衣绣衣,持节,虎符发兵以兴

击,斩首大部或至万余级[50],及以法诛通饮食,坐连诸郡,甚者数千人。数岁,乃颇得其渠率[51]。散卒失亡,复聚党阻山川者,往往而群居,无可奈何。于是作"沉命法[52]",曰群盗起不发觉,发觉而捕不满品者,二千石以下至小吏主者皆死[53]。其后小吏畏诛,虽有盗不敢发,恐不能得,坐课累府[54],府亦使其不言[55]。故盗贼寖多,上下相为匿,以文辞避法焉[8]。

减宣者,杨人也[9]。以佐史无害给事河东守府,卫将军青使买马河东,见宣无害,言上,征为大厩丞[56]。官事办,稍迁至御史及中丞。使治主父偃及治淮南反狱,所以微文深诋,杀者甚众,称为敢决疑[57]。数废数起[58],为御史及中丞者几二十岁。王温舒免中尉[59],而宣为左内史,其治米盐,事大小皆关其手[60],自部署县名曹实物,官吏令丞不得擅摇,痛以重法绳之。居官数年,一切郡中为小治办[61],然独宣以小致大,能因力行之,难以为经[62]。中废。为右扶风,坐怨成信,信亡藏上林中,宣使郿令格杀信。吏卒格信时,射中上林苑门[63],宣下吏诋罪,以为大逆,当族,自杀[64]。而杜周任用[65]。

杜周者,南阳杜衍人。义纵为南阳守[66],以为爪牙[67],举为廷尉史。事张汤,汤数言其无害,至御史。使案边失亡,所论杀甚众。奏事中上意,任用,与减宣相编[68],更为中丞十余岁。其治与宣相放,然重迟,外宽,内深次骨[69]。宣为左内史,周为廷尉[70],其[10]治大放张汤而善候伺,上所欲挤者,因而陷之;上所欲释者,久系待问[71]而微见其冤状。客有让周曰:"君为天子决平,不循三尺法,专以人主意指为狱。狱者固如是乎[72]?"周曰:"三尺安出哉[73]?前主所是著为律,后主所是疏为令,当时为是,何古之法乎⑭?"

至周为廷尉⑮,诏狱亦益多矣。二千石系者新故相因,不减百余人⑯。郡吏大府举之廷尉,一岁至千余章。章大者连逮证案数百,小者数十人;远者数千,近者数百里⑰。会狱,吏因责如章告劾,不服,以笞掠定之⑱。于是闻有逮皆亡匿。狱久者至更数赦十有余岁而相告言,大抵尽诋以不道⑲以上。廷尉及中都官诏狱逮至六七万人,吏所增加十万余人⑳。

周中废,后为执金吾逐盗㉑,捕治桑弘羊、卫皇后昆弟子刻深,天子以为尽力无私㉒,迁为御史大夫。家两子,夹河为守㉓。其治暴酷皆甚于王温舒等矣㉔。杜周初征为廷史,有一马,且不全;及身久任事,至三公列,子孙尊官,家赀累数巨万矣㉕〔11〕。

【夹批】

① 出身与义纵略同。

② 串法妙。

③ 绦络在手,此人亦有将帅之才,但用以督盗贼,亦未为不可。用以戕民,即无人理矣。

④ "声为"妙,不必实然。

⑤ 提九月。

⑥ 此一念之恶,直包至"冬月益展一月,足吾事矣"一叹,所谓惟日不足也。

⑦ 私驿之效。

⑧ 比尽杀之语,惨酷什倍。

⑨ 缴十二月,盖三月中杀千余家。

⑩ 叠三句,酷焰犹赫。

⑪ 偶有逋亡。

⑫ 黎与比同,及也。

⑬ 汉法,立春后不许决囚,此温舒置驿之意。

⑭ 前"闻",闻其广平"道不拾遗";此"闻",闻其河内"无犬吠之盗"也。
亦遥接法。

⑮ 河内、关中皆其旧治,故徙其爪牙以为搏击之助。

⑯ 惮者,温舒惮义纵也。其文已在前,旧解作纵惮温舒。

⑰ 以下皆张汤故吏,史公所以不肯恕汤而必列于酷吏中也。班史不知
此义,别为立传,便非史识。

⑱ 虚写,各有详略之妙。

⑲ 尹齐才具不逮温舒远甚,而廉过之,便知牵尹齐只是极写温舒之恶。

⑳ 再为中尉。

㉑ 又过一传,离合有天巧。

㉒ 此段只为杨仆"为主爵都尉"小注。

㉓ 征东越时败衄,失爵。史究言之,非此时事。

㉔ 即再为中尉事,接前段。

㉕ 写出恶人性情,奇而确。

㉖ 应尹齐为中尉时"伏匿""不能为治"。

㉗ 音项。

㉘ 令人为匿名告密。铦,铜柜,可入不可出。

㉙ 即百家连坐法。

㉚ 又虚写一段,见其品之污贱,不足比数,恶之至也。

㉛ 焄大豪,谓巧为文致名作大豪也。旧解谓熏炙之,如借此惩彼之谓,
则与谄态不符。

㉜ 温舒之恶在用奸吏,而其败也亦根于此,故处处提出。

㉝ 又点爪牙之恶。

㉞ 谄上希旨故态。

㉟ 文简而变化。

㊱ 三为中尉。

㊲ 文法小变。

㊳ 终以庇吏贾祸。

㊴ 王温舒五族。

㊵ 假他人口出之,咨嗟涕洟,快耶?恨耶?写得妙绝。

㊶ 特借尹齐相形如此。

㊷ 尹齐亡尸。

㊸ 此该诸人在内。

㊹ 此又独归罪温舒,妙。

㊺ 枚举群盗,与群酷吏正略相当也。然则酷吏非惟不足以禁寇,而实为致寇之媒,酷何裨于国哉!

㊻ 写出视汉吏如儿戏,妙。

㊼ 此尤其小者,故上云百数,此云不可胜数。

㊽ 酷吏之一变。〇但督之此亦酷耳。

㊾ 二变。

㊿ 又加酷焉。

(51) 笔端有眼,杀戮无辜不可胜纪,而间一二盗魁以塞责。

(52) 三变。〇沉没其命,即连坐诛死也。

(53) 所谓沉命坐也。

(54) 千古锢弊,至今为烈。

(55) 终究无可奈何。

(56) 即从马上得来。

(57) 疑狱有矜,不闻敢决也。品目殊妙。

(58) 别是一般叙法。

(59) 串温舒。

(60) 独以苛细刻薄为治。

(61) 语有斟酌。

(62) 宣起小吏,算榷精敏,故能行其法。

(63) 此天杀宣也。

(64) 减宣族杀。

(65) 忽过一句，妙。

(66) 串义纵。

(67) 酷吏各有衣钵。

(68) “相编”字法妙，犹相次相等也。

(69) 善摹人情状。

(70) 与上段排比，而长短疏密大殊。

(71) 巧甚。

(72) 自是正论。

(73) 强词却自足以夺理。

(74) 律外有例，千古为昭，此语实发其窾。

(75) 此句递入诏狱，有飞梁架栋之妙。

(76) 此举天下多故而言之，殆非周等之故。

(77) 极意恣写，如闻叹息之声。

(78) 此句接上举之廷尉，此言廷尉会讯不容展辩也。

(79) 重写一遍，撮出诏狱所坐罪名。

(80) 又总计算一遍。

(81) 执金吾之属吏，有逐盗校尉。

(82) 处处深刻。

(83) 又添出二子之酷。

(84) 温舒至酷，而周及其子又过之，烦惨极目。

(85) 又补出其贪婪，皆深恶之辞。

【眉批】

〔1〕豪猾奸吏，持其阴罪，而纵使督奸，固亦一法，然曰“快其意所欲得”，则贯其罪勿问，则彼必竞为贼害以希上之旨，而冤抑罹祸，有不可胜言者矣。法非不善，而惨酷者行之，必不可长耳。

〔2〕温舒迁河内，久知豪猾之家，其杀气之摩厉以须者，刻不容缓矣。无奈之郡日已是深秋，则捕鞠论奏，得报行诛，度三月之中未能集事，则无以逞其残杀之威。故一到即私具驿马，从河内至京，飞驰奏请，数日得报，流血成渠，而犹恨亡走之未及并杀，因顿足浩叹。如此形容酷吏，真药叉、罗刹未足以比其凶残。

〔3〕温舒在十人中至为残恶，而尹齐、杨仆特附见温舒传中，以温舒之为中尉，适与彼相交卸也。旧说谓温舒之恶，本传不尽者，又见尹齐传中，是未知史公隐见出没、若断若联之妙者也。

〔4〕杨仆本非酷吏，而前以"严酷"二字为提，后以"治放尹齐"四字为缴本，和融无迹。史公亦着意斡旋如此。

〔5〕十人中第一无品者，其才亦远不逮宁成辈，只是一个任用猾吏而已。宜其咎连五族，而千金之产，适为屠剑之场也。

〔6〕温舒最酷，祸亦最惨。若尹齐虽不实写，而诛灭既多，幸得免死，可谓天道疏而漏矣。遂以"尸亡去归葬者"，其死有余辜，不得从容成礼以正首丘之报也。而旧注或谓尸自飞去，则岂残人酷吏，顿有飞升羽化之术耶？不经甚矣！

〔7〕独于温舒传后痛发酷暴之吏无益于治而贻害甚大，则向所谓"道不拾遗"、"野无犬吠之盗"云云者，岂不诬哉！亦当时人主尊尚酷吏，而文致其美，以自欺欺人而已。史公文字，彼此激射者，极工。

〔8〕正发明首叙"法令者，治之具，而非制治清浊之源也"。一段真诠。

〔9〕减宣大抵纤啬苛察之人，其才亦有过人者，然无大臣之度，而又济之以酷急，则其祸不可胜言矣。明梁俭庵为楚左藩伯，凡属吏日用薪菜，各有一牌，经其判断，乃许市买，谓之"食料判"。然自奉至俭，性仍和易，故遂为名臣盛节，减宣则非其人也。

〔10〕一段放减宣，而外宽稍胜；一段放张汤，而伺上更工。然则周之恶概可见矣。然上意欲诛者乃诛之，则黥刑酷杀，皆武帝有以启之也。下段遂将当时诏狱之繁，极写一段，以终酷吏十人之局。是即篇中无数"上以为能"等句之大结穴处。故《酷吏》一传，凡所以刺孝武也。此一传之大结构也。

〔11〕杜周非酷吏,直巧宦耳。张汤亦然。惟二人行径相似,故汤之后有安世,周之后有延年。班史遂将此两人别立传,盖亦不为无见。但史迁十人合传,只作一篇文字,其中结撰灵妙,固亦缺一不得。

太史公曰:自郅都、杜周十人者,此皆以酷烈为声①。然郅都伉直②,引是非,争天下大体。张汤以知阴阳③,人主与俱上下,时数辩当否,国家赖其便。赵禹时据法守正。杜周从谀,以少言为重④。自张汤死后,网密,多诋严,官事寖以耗废。九卿碌碌奉其官,救过不赡,何暇论绳墨之外乎⑤?然此十人中,其廉者足以为仪表,其污者足以为戒。方略教导,禁奸止邪,一切亦皆彬彬质有其文焉。虽惨酷,斯称其位矣。至若蜀守冯当暴挫,广汉李贞擅磔人,东郡弥仆锯项,天水骆璧推减,河东褚广妄杀,京兆无忌、冯翊殷周蝮鸷,水衡阎奉朴击卖请⑴。何足数哉!何足数哉!

【夹批】

① 总断一笔。

② 然后分别其善处。

③ 阴阳,即向背也。

④ 独提此四人,亦有微意。

⑤ 可见官事之废,实酷法有以致之。而酷法之吏,皆汤有以酿之也。史公不肯恕汤如此,而班氏独别提出之,失其旨矣。

【眉批】

〔1〕《酷吏传》后引冯当、李贞等,犹《游侠传》后引群盗之意也。酷不可无才,侠不可无守,如此取人,真堪当冰鉴之目。

游侠列传

韩子曰:"儒以文乱法,而侠以武犯禁。"二者皆讥,而学士多称于世云①。至如以术取宰相卿大夫②,辅翼其世主,功名俱著于春秋,固无可言者③〔1〕。及若季次、原宪,闾巷人也,读书怀独行君子之德,义不苟合当世,当世亦笑之④。故季次、原宪终身空室蓬户,褐衣疏食不厌,死而已四百余年,而弟子志之不倦⑤。今游侠⑥,其行虽不轨于正义,然其言必信,其行必果,已诺必诚,不爱其躯,赴士之厄困,既已存亡死生矣,而不矜其能,羞伐其德,盖亦有足多者焉⑦〔2〕。

且缓急,人之所时有也⑧。太史公曰⑨:昔者虞舜窘于井廪,伊尹负于鼎俎,傅说匿于傅险,吕尚困于棘津,夷吾桎梏,百里饭牛,仲尼畏匡,菜色陈、蔡。此皆学士所谓有道仁人也⑩,犹然遭此菑,况以中材而涉乱世之末流乎?其遇害何可胜道哉⑪!

鄙人有言曰⑫:"何知仁义,已向其利者为有德。"故伯夷丑周,饿死首阳山,而文、武不以其故贬王;跖、蹻暴戾,其徒诵义无穷。由此观之,"窃钩者诛,窃国者侯,侯之门仁义存",非虚言也⑬。

今拘学或抱咫尺之义,久孤于世,岂若卑论侪俗,与世沉浮而取荣名哉⑭〔3〕!而布衣之徒,设取予然诺,千里诵义,为死不顾世,此亦有所长,非苟而已也。故士穷窘而得委命,此岂非人之所谓贤豪间者邪⑮?诚使乡曲之侠⑯〔4〕,与季次、原宪比权量力，效功于当世，不同日而论矣[17]。要以功见言信，侠客之义又曷可少哉[18]！

古布衣之侠，靡得而闻已[19]。近世延陵、孟尝、春申、平原、信陵之徒[20]，皆因王者亲属，借于有土卿相之富厚，招天下贤者，显名诸侯，不可谓不贤者矣。此如顺风而呼，声非加疾，其势激也[21]。至如闾巷之侠，修行砥名，声施于天下，莫不称贤，是为难耳[22][5]。然儒、墨皆排摈不载。自秦以前，匹夫之侠，湮灭不见，余甚恨之[23]。以余所闻，汉兴有朱家、田仲、王公、剧孟、郭解之徒，虽时扞当世之文网[24]，然其私义廉洁退让，有足称者。名不虚立，士不虚附[25]。至如朋党宗强比周，设财役贫，豪暴侵凌孤弱，恣欲自快，游侠亦丑之[26]。余悲世俗不察其意，而猥以朱家、郭解等令与暴豪之徒同类而共笑之也[27]。

鲁朱家者，与高祖同时。鲁人皆以儒教，而朱家用侠闻[28][6]。所藏活豪士以百数，其余庸人不可胜言。然终不伐其能，歆其德，诸所尝施，惟恐见之[29]。振人不赡[30]，先从贫贱始。家无余财[31]，衣不完采，食不重味，乘不过牸牛。专趋人之急，甚己之私。既脱季布将军之厄，及布尊显，终身不见也[32]。自关以东，莫不延颈愿交焉。

楚田仲以侠闻[33]，喜剑，父事朱家，自以为行弗及。田仲已死，而雒阳有剧孟[34]。周人以商贾为资[35]，而剧孟以任侠显诸侯[36][7]。吴、楚反时，条侯为太尉，乘传车将至河南，得剧孟，喜曰："吴、楚举大事而不求孟，吾知其无能为已矣[37]。"天下骚动，宰相得之若得一敌国云[38]。剧孟行大类朱家，而好博，多少年之戏。然剧孟母死，自远方送丧盖千乘。及剧孟死，家无余十金之财。而符离人王孟^③亦以侠称江淮之间。

是时济南𤄃氏^⑩、陈周庸亦以豪闻，景帝闻之，使使尽诛此属。其后代诸白^⑪、梁韩无辟、阳翟薛况、陕韩孺纷纷复出焉。

郭解，轵人也。字翁伯，善相人者许负外孙也^⑫。解父以任侠，孝文时诛死^⑬。解为人短小精悍^⑭，不饮酒，少时阴贼，慨不快意，身所杀甚众。以躯借交报仇，藏命作奸剽攻，不休乃铸钱掘冢，固不可胜数^⑮。适有天幸，窘急常得脱，若遇赦。及解年长，更折节为俭，以德报怨，厚施而薄望。然其自喜为侠益甚^⑯。既已振人之命，不矜其功，其阴贼著于心，卒发于睚眦如故云^⑰。而少年慕其行，亦辄为报仇，不使知也^{⑱〔8〕}。解姊子负解之势^⑲，与人饮，使之嚼，非其任，强必灌之^⑳。人怒，拔刀刺杀解姊子，亡去。解姊怒曰："以翁伯之义，人杀吾子，贼不得^㉑。"弃其尸于道，弗葬^㉒，欲以辱解。解使人微知贼处^㉓。贼窘自归，具以实告解。解曰："公杀之固当，吾儿不直。"遂去其贼，罪其姊子，乃收而葬之^㉔。诸公闻之，皆多解之义，益附焉^{〔9〕}。

解出入，人皆避之。有一人独箕踞视之，解遣人问其名姓^㉕。客欲杀之。解曰："居邑屋至不见敬^㉖，是吾德不修也^㉗，彼何罪！"乃阴属尉吏曰^㉘："是人，吾所急也。至践更时脱之^㉙。"^{〔10〕}每至践更，数过，吏弗求。怪之，问其故，乃解使脱之^㉚。箕踞者乃肉袒谢罪。少年闻之，愈益慕解之行⁶¹。

雒阳人有相仇者，邑中贤豪居间者以十数，终不听。客乃见郭解。解夜见仇家⁶²，仇家曲听解。解乃谓仇家曰："吾闻雒阳诸公在此间，多不听者。今子幸而听解，解奈何乃从他县夺人邑中贤大夫权乎⁶³？"乃夜去，不使人知⁶⁴，曰："且无用待我，待我去，令雒阳豪居其间，乃听之。"

解执恭敬，不敢乘车入其县廷。之旁郡国，为人请求事，事可出，出之；不可者，各厌其意，然后乃敢尝酒食。诸公以故严重之，争为用⁶⁵。邑中少年及旁近县贤豪，夜半过门常十余车，请得解客舍养之⁶⁶。

及徙豪富茂陵也⁶⁷，解家贫，不中訾⁶⁸，吏恐，不敢不徙⁶⁹。卫将军为言："郭解家贫，不中徙。"上曰："布衣权至使将军为言，此其家不贫⁷⁰。"解家遂徙。诸公送者出千余万⁷¹。轵人杨季主子为县掾，举徙解。解兄子断杨掾头。由此杨氏与郭氏为仇⁷²。

解入关，关中贤豪知与不知，闻其声，争交欢解⁷³。解为人短小，不饮酒，出未尝有骑⁷⁴。已又杀杨季主⁷⁵。杨季主家上书，人又杀之阙下⁷⁶。上闻，乃下吏捕解。解亡，置其母家室夏阳，身至临晋。临晋籍少公素不知解，解冒，因求出关。籍少公已出解⁷⁷，解转入太原，所过辄告主人家⁷⁸。吏逐之，迹至籍少公。少公自杀，口绝⁷⁹。久之，乃得解。穷治所犯，为解所杀，皆在赦前⁸⁰。轵有儒生侍使者坐⁸¹，客誉郭解，生曰："郭解专以奸犯公法，何谓贤？"解客闻，杀此生，断其舌。吏以此责解，解实不知杀者。杀者亦竟绝，莫知为谁^㉒。吏奏解无罪。御史大夫公孙弘议曰："解布衣为任侠行权，以睚眦杀人，解虽弗知，此罪甚于解杀之。当大逆无道^㉓。"〔11〕遂族郭解翁伯^㉔。

自是之后，为侠者极众，敖而无足数者^㉕。然关中长安樊仲子、槐里赵王孙、长陵高公子、西河郭公仲、太原卤公孺、临淮兒长卿、东阳田君孺，虽为侠而逡巡有退让君子之风〔12〕。至若北道姚氏，西道诸杜，南道仇景，东道赵他、羽公子，南阳赵调之徒，此盗跖居民间者耳，曷足道哉！此乃乡者朱家之羞也^㉖。

【夹批】

① 引韩子语，以儒、侠并讥起案，匹侠于儒，已占地步。

② 此如公孙弘、张汤一辈人，似褒实贬。

③ 此正乱法之伪儒，掀开一边。

④ 再引真儒无可讥笑者，而世复笑之。然则世俗之评论不足据可知，亦为下排摈游侠俗见起案。

⑤ 当时虽笑，没而愈光。

⑥ 陡接。

⑦ 数语洗出游侠真面目，一篇骨子。

⑧ 顿起，文势宕甚。

⑨ 述父谈之恒言，引证缓急时有句。

⑩ 亦应起段"学士"。

⑪ 不觉说到己身，脱口沉痛。

⑫ 此段文极诋当世，轻嘲匹夫游侠之见，不过嗜利俗肠。

⑬ 重此二句，言其所称道不过攘利之魁耳。

⑭ 以上是讥儒之失，引起下段。

⑮ 櫽括上"亦有足多"及"缓急时有"二段,重复唱叹一遍,意味深长。

⑯ 然后合锁儒、侠而归到游侠一面来。

⑰ 此是伸儒诎侠。

⑱ 此是伸侠诎儒。

⑲ 至此方独点"布衣之侠"来。

⑳ 大为侠客装门面。

㉑ 明所以不取有位人之故。

㉒ 明所以独取"布衣之侠"故。

㉓ 应明"古布衣之侠,靡得而闻"意。

㉔ 应上"以武犯禁"句,笔下不肯恕人如此。

㉕ 极赞峭洁。

㉖ 妙以游侠之丑,见侠亦有真伪,正与儒同。

㉗ 隐隐与起手论伪儒相仿,好结构。

㉘ 犹有总叙余影,此文家事外远致。

㉙ 史公重游侠处在此,所以娓娓不去口。

㉚ 奇特。

㉛ 俱用虚叙,最高。

㉜ 实事,亦略扯作证。

㉝ 田仲只附见朱家传中,笔极跳脱。

㉞ 捷递过,好笔!

㉟ 起法与前传同。

㊱ 正面只一句,奇绝。

㊲ 条侯事见他人传者,俱可传。

㊳ 断语响。

㊴ 附传一段。

㊵ 即郅都所灭。

㊶ 白氏不止一豪,故曰"诸白"。

㊷ 史公最重郭解,独书其字,又详其系;末复缀其字,俱有深致。

㊸ 先了一案。

㊹ 颊上三毫。

㊺ 备著其少时盗贼奸宄之状，愈见后之折节为奇。

㊻ 此段是解立节之大凡。

㊼ 此又见其天性之本具。

㊽ 贯彻通篇。

㊾ 可杀。

㊿ 语质而有味。

(51) 三句语气不完，而神态毕具。

(52) 狠甚。

(53) 侠者作用。

(54) 此固见解之能收能展。然杀人贼，王法不得过而问焉，解之犯禁网，已根于此矣。

(55) 即微知贼处之意。

(56) 一布衣出入不回避，何罪可杀？

(57) 伪自反。

(58) 欲其感而悔谢。

(59) 一箕踞之故，不见较亦已矣，何必又特加惠乎？总是伪耳！

(60) "践更"字，亦取更替之义，亦取更筹之义。

(61) 处处找此句妙。

(62) 欲不使人知。

(63) 此意殊详密周匝，语气亦蔼然可感。

(64) 夹语夹叙。

(65) 又找。

(66) 少年慕解之行，知解客亡命多，人请代为给养。

(67) 提笔别甚。

(68)《索隐》曰：訾不满三百万为不中。

(69) 吏以其有豪名之故。

⑩ 语甚聪察,解之祸根伏矣。

⑪ 又找一笔,余气犹劲。

⑫ 语未毕。

⑬ 先安顿一处。

⑭ 忽又找此数语,缠绵有余味。

⑮ 遥接杨、郭为仇句。

⑯ 一时恶焰,与大逆无异矣。

⑰ 得人死力如此,所以深为解惜也。

⑱ 谓到此处,即以先所主之家告之。

⑲ 奇男子。

⑳ 先言解可无死,笔端袅娜尽致。

㉑ 补入一案,非另叙也。文法绝奇。

㉒ 奇甚。

㉓ 天子、宰相皆首提"布衣"为言,此总叙中"侯之门,仁义存"一段议论所从出也。

㉔ 又缀其字,奇甚。

㉕ 先抑一笔,然后扬之,恐其遂与朱家等并列也。

㉖ 文有余响。

【眉批】

〔1〕逐段承接,文法斩斩不乱。史公才大而心未尝不细,如此密寻之,方见其妙。

〔2〕先言游侠之义足多,又言缓急时有以见世实少不得此辈人。此进一步法。

〔3〕排宕处正在粘而不粘,脱而不脱。

〔4〕通篇长峡在此一段中,有绝妙经营。

〔5〕游侠之士,要是人生极意好为苟难之事,若以富厚豪公子挥金结客者当之,则一文不值矣。史公之意,千回百折,直送至龙门碣石之源,真极

用意文字也。

〔6〕称朱家不容口而不使一实笔，然朱家竟足千古。叹今之菜佣墓志，亦刺刺细事，堆垛满纸，阅之无一毫耸神，盖古文之法不讲久矣。

〔7〕朱家传虚矣，而剧孟传更虚。盖朱家传尚从正面著笔而剧孟传皆从四面八方著笔也。始言"宰相得之若得敌国"，则其倾动公卿，隐然操朝宁之重何如？次言母死而送者千乘，则其风靡四海，俨然驾王公之上何如？终言死无余财，则其振人之急，不遗余力何如？盖因孟之行事大类朱家，则不容更复一语，故除却死法，更寻活法也。古人文字金针，亦大可识矣。

〔8〕前二传句句虚，此传则句句实，古人避就之法未尝不极精密也。

〔9〕朱家、剧孟，一以振人之意为主。郭解则急欲著己之奇，如人杀姊子，必令其窘急自归，然后舍之。箕踞不敬，必使其知感谢罪，然后满志。由此而推，则可知其执恭谨以待人者，皆欲假此以倾动天下，而阴贼剽攻，实其根于性而不可回者矣。夫以上有猜忌之君，下有刻深之相，而一布衣之士，方且任侠行权，风靡海内，此时即无杀人罪过，犹且不免于诛，况一人为侠而为之羽翼者，皆俨然群盗乎？解之族灭，非冤也。史公酷嗜奇烈之士，故次之独详，然予夺在手，瑕瑜并呈，使千古读之，宛如交臂，亦岂真进奸雄也哉？

〔10〕考汉法，有卒更、过更、践更，皆守夜戍卒也。虽丞相子亦在调。卒更者，正调也。践更者，受人之值而代役之者也。过更者，出钱三百纳之官，官给戍者，如今之丁钱是也。后世丁役之法，大都本此。○卒更编户之常，践更贫人之事，过更富民及宦室之事。

〔11〕前云"吏恐，不敢不徙"，盖上之督责既严，不得不然耳。彼何罪，而骈首戮之？公孙弘之言，颇得大体，不得概以深文目之也。

〔12〕附见诸子，概以"逡巡退让"一语括之，盖得朱家等之一节者尔。

太史公曰：吾视郭解①，状貌不及中人，言语不足采者。然天下无贤与不肖，知与不知，皆慕其声，言侠者皆引以为名②。谚曰："人貌荣名，岂有既乎！"於戏，惜哉！

【夹批】

① 传重朱家，赞独言解，彼此互见之法。

② 此侠之效而祸之根也，说之津津，其惜极矣。

货殖列传

《老子》曰："至治之极，邻国相望，鸡狗之声相闻①，民各甘其食，美其服，安其俗，乐其业，至老死不相往来。"必用此为务②，挽近世涂民耳目，则几无行矣③〔1〕。

【夹批】

① 小小一事，必从大处立脚。

② 此伏下"善者因之"道理。

③ 此伏下"最下与之争"。

【眉批】

〔1〕此序当与《平准书》相参而论，大抵皆为武帝聚敛而发。观其从至治之世"安俗""乐业"，而"挽近涂民耳目，几于无行"说起，后又言"最下者与之争"，总见民生日用安逸乐康，关乎至性，为人上者。当因其势而利导之，则非有期会征发，而如水之趋下，自然竭能尽智，上下通泰，各见优裕。若榷货算缗，秋毫搜括，而与之争，则必且如《周书》所云，四民不出而匮乏，公私交困，人不聊生矣。大意如此。旧说或谓史公自伤贫困而传《货殖》，所谓以盲引盲也。

太史公曰：夫神农以前，吾不知已。至若《诗》、《书》所述虞、夏以来，耳目欲极声色之好，口欲穷刍豢之味，身安逸乐，而心夸矜势能之荣使，俗之渐民久矣①。虽户说以眇论②，终不能化。故善者因之③，其次利道之④，其次教诲之⑤，其次整齐之⑥，最下者与之争⑦。

　　夫山西饶材、竹、谷、垆、旄、玉石；山东多鱼、盐、漆、丝、声色；江南出楠、梓、姜、桂、金、锡、连、丹砂、犀、瑇瑁、珠玑、齿革；龙门、碣石北多马、牛、羊、旃裘、筋角、铜、铁⑧，则千里往往山出棋置：此其大较也。皆中国人民所喜好，谣俗被服饮食奉生送死之具也⑨。故待农而食之，虞而出之，工而成之⑩，商而通之⑪。此宁有政教发征期会哉⑫？人各任其能，竭其力，以得所欲。故物贱之征贵，贵之征贱，各劝其业，乐其事，若水之趋下，日夜无休时，不召而自来，不求而民出之。岂非道之所符，而自然之验耶⑬？

　　《周书》曰："农不出则乏其食，工不出则乏其事，商不出则三宝绝，虞不出则财匮少。"财匮少而山泽不辟矣。此四者，民所衣食之原也⑭。原大则饶，原小则鲜⑮。上则富国，下则富家。贫富之道，莫之夺予，而巧者有余，拙者不足⑯。

【夹批】

① 货殖为养生之源。世非淡泊，则人争智巧，货殖亦安可少哉！

② 大道理，名议论。

③ 此至治之世。

④ 开其不竭之源。

⑤ 撙节法制。

⑥ 霸者作用。

⑦ 掊克巧取。

⑧ 先胪列四方大凡。

⑨ 遥承耳目口体等意。

⑩ 三句宾。

⑪ 一句主。

⑫ 此所以贵其因而导之也。

⑬ 深远精微。

⑭ 借用原隰之原。

⑮ 以原隰作比。

⑯ 中有深感,令人不复贫富于命。

　　范蠡既雪会稽之耻①,乃喟然而叹曰:"计然之策七,越用其五而得意。既已施于国,吾欲用之家②。"〔1〕乃乘扁舟,浮于江湖,变名易姓,适齐为鸱夷子皮,之陶为朱公。朱公以为陶天下之中,诸侯四通,货物所交易也③,乃治产积居,与时逐而不责于人④。故善治生者,能择人而任时⑤。十九年之中三致千金,再分散与贫交疏昆弟。此所谓富好行其德者也⑥。后年衰老而听子孙,子孙修业而息之,遂至巨万。故言富者,皆称陶朱公。

【夹批】

① 必从谋国起线,是门面语。

② 货殖遂与君相同道,所谓善者因之,固通上下而言也。

③ 揽大势,占全局。

④ 是因字善术。

⑤ 忽下断语,片言居要。

⑥ 传外别调。

【眉批】

〔1〕范大夫一传,分见于《货殖传》及《越世家》。然《越世家》亦详居陶之事,而特以长男不能弃财为谋吴余劲。此传却只虚举"与时逐而不责于

人”，为治生总持，文各有针路，非偶然也。

夫天下物所鲜所多，人民谣俗①[1]，山东食海盐，山西食盐卤，岭南、沙北固往往出盐②，大体如此矣。

总之，楚、越之地③，地广人稀，饭稻羹鱼，或火耕而水耨，果隋蠃蛤④，不待贾而足，地势饶食，无饥馑之患，以故呰窳偷生，无积聚而多贫⑤。是故江、淮以南，无冻饿之人，亦无千金之家。沂、泗水以北，宜五谷桑麻六畜，地小人众，数被水旱之害，民好畜藏[2]。故秦、夏、梁、鲁好农而重民⑥。三河、宛、陈亦然，加以商贾。齐、赵设智巧，仰机利。燕、代田畜而事蚕⑦。

由此观之，贤人深谋于廊庙，论议朝廷，守信死节隐居岩穴之士设为名高者安归乎？归于富厚也⑧。是以廉吏久，久更富，廉贾归富[3]。富者，人之情性，所不学而俱欲者也⑨。故壮士在军⑩，攻城先登，陷阵却敌，斩将搴旗，前蒙矢石，不避汤火之难者，为重赏使也。其在闾巷少年，攻剽椎埋，劫人作奸，掘冢铸币，任侠并兼，借交报仇，篡逐幽隐，不避法禁，走死地如鹜者，其实皆为财用耳⑪。今夫赵女郑姬，设形容，揳鸣琴，揄长袂，蹑利屣[4]，目挑心招，出不远千里，不择老少者，奔富厚也⑫。游闲公子，饰冠剑，连车骑，亦为富贵容也。弋射渔猎，犯晨夜，冒霜雪，驰阬谷，不避猛兽之害，为得味也。博戏驰逐，斗鸡走狗，作色相矜，必争胜者，重失负也。医方诸食技术之人，焦神极能，为重糈也。吏士舞文弄法，刻章伪书，不避刀锯之诛者，没于赂遗也⑬。农工商贾畜长⑭，固求富益货也。此有知尽能索耳⑮，终不余力而让财矣⑯。

　　谚曰:"百里不贩樵,千里不贩籴⑰。"居之一岁,种之以谷;十岁,树之以木;百岁,来之以德⑱〔5〕。德者,人物之谓也⑲。今有无秩禄之奉,爵邑之入,而乐与之比者,命曰"素封⑳"。封者食租税,岁率户二百。千户之君,则二十万,朝觐聘享出其中㉑。庶民农工商贾,率亦岁万息二千户,百万之家则二十万,而更徭租赋出其中㉒。衣食之欲,恣所好美矣㉓。故曰陆地牧马二百蹄,牛蹄角千,千足羊㉔,泽中千足彘,水居千石鱼陂㉕,山居千章之材。安邑千树枣;燕、秦千树栗;蜀、汉、江陵千树橘;淮北、常山已南,河济之间千树萩;陈、夏千亩漆;齐、鲁千亩桑、麻;渭川千亩竹;及名国万家之城,带郭千亩亩钟之田㉖,若千亩卮茜,千畦姜韭㉗:此其人皆与千户侯等㉘。然是富给之资也,不窥市井,不行异邑,坐而待收,身有处士之义而取给焉㉙〔6〕。若至家贫亲老,妻子软弱,岁时无以祭祀进醵㉚,饮食被服不足以自通,如此不惭耻,则无所比矣㉛。是以无财作力,少有斗智,既饶争时,此其大经也㉜。今治生不待危身取给,则贤人勉焉。是故本富为上,末富次之,奸富最下㉝。无岩处奇士之行〔7〕,而长贫贱,好语仁义,亦足羞也㉞。

　　凡编户之民,富相什则卑下之,伯则畏惮之,千则役,万则仆,物之理也㉟。夫用贫求富,农不如工,工不如商,刺绣文不如倚市门,此言末业,贫者之资也。中略。贪贾三之,廉贾五之。中略。此皆诚壹之所致。由此观之,富无经业,则货无常主,能者辐辏,不肖者瓦解㊱。千金之家,比一都之君,巨万者乃与王者同乐,岂所谓"素封"者耶非也。

【夹批】

① 编纪海内物产风俗,历落零碎,仍饶疏逸之致。

② 三句言盐,而其文三变,可知利权所首重。

③ 言大凡如此。

④ 隋与蓛同。

⑤ 此即拙者不足之故,而具有大议论在内。

⑥ 明明是两扇文字,却极意参差,古朴翛然可爱。

⑦ 然则通天下计之,盖莫惰于江淮以南之人也。

⑧ 此段殊不厌人意,为其尽举一世之人心行谊,而悉归之于利也。不知文章感慨处,只是确耳。今之訾病此文者,其居心果何等乎?

⑨ 感入心脾、痛入骨髓之言。

⑩ 以下历举一世之名节事功,而一归之于货。逐段且看其辞藻缤纷,感歆深远之妙。

⑪ 句句变。

⑫ 说尽猥鄙。

⑬ 此中有挟术奸巧者,亦有自力本计者,事虽不同,而心实一致。读书应制举,何独不然?而当时未有其事,史公亦略过士人登朝一端,终是为同类讳耳。而读者犹訾之耶?

⑭ 长,余也。即家无长物之长,当读去声。

⑮ 索亦尽义,旧解谓索财,大谬。

⑯ 妙句。言除是死方休也。却蕴藉而雅。

⑰ 言随所畜而不远取,此殖字精义。

⑱ 此句便深。

⑲ 人聚而物归之。

⑳ 素,即"素王"之"素"。

㉑ 此段专解"素封"二字之义。

㉒ 践更徭役。

㉓ 封君之奉不能过。

㉔ 三句三样句法,古妙绝伦。

㉕ 言养鱼之陂,可容千石,又变。

㉖ 言附郭腴田千亩,每亩收一钟,则千钟粟也。

㉗ 此二句总承"名国万家"句来。

㉘ 再缴"素封"。

㉙ 又写出"素封"之乐,言外有余羡,虽欲不求富得乎?

㉚ 即"博进"之"进",聚物而输之谓。

㉛ 叙到此处,不觉感慨,乃余意,非正意也。

㉜ 治生大略,尽此三言。

㉝ 分别断制,语无畸重,方足传世行远。

㉞ 然则岩处奇士而贫贱不在此例。

㉟ 似太势利,然史公不作欺人语。

㊱ 总坐人事,亦"窗下休言命"之意。

【眉批】

〔1〕二句提起如题目,然其说乃见下文。

〔2〕总论江、淮、沂、泗之间民俗风气,即具有沃土之民不材,瘠土之民莫不向义一段大道理在内。然则货殖者,亦劳民劝相之一端也。君子临文之际,必具小心恭慎之怀,而岂徒为市井贾人儿作身分哉!

〔3〕"廉吏久,久更富",其牟利之方,亦有日计不足而岁计有余之益。"廉贾归富"者,始若俭于取,终则厚于藏也。各举廉者言之,而贪者可无论矣。设意至深。

〔4〕利者,尖纤之义。史公所云"蹑利屣"者,其即妇人弓足之始也。然则以帛缠足其不始于潘妃矣。

〔5〕明李沧溟《汪次公墓志》用《货殖篇》语颇多,其曰"悬疣之祥,应在再世来之以德矣",用"来之以德"句,甚精凿。因汪次公业贾,而其子道昆

生时有豫兆，左乳悬疣，后为名卿，不但致富，而并致贵，是征于物者什一，而征于人者且什九也。故百年之计，必以德来之。来，去声，即“劳之来之”之义。

〔6〕“身有处士之义”句，是特占身分，不肯为伹侩冒誉。

〔7〕收句言、行二字对下，最妙。无其行而空为高大之言，又不能治生自给，所以可羞。班固不察而痛诋之，殊属无谓。

【总评】

疢斋氏曰：孔子曰：“赐不受命，而货殖焉。”又曰：“如不可求，从吾所好。”然则受不受，亦即有命存乎其间。史公此传，独无一言及于命者，岂所谓“慨当以忼”耶？传中子贡开儒贾之宗，下此若巴寡妇清；刀间收取桀黠奴；桓发用博戏富；胃脯简微，浊氏连骑。富贵无种，自昔而然矣。

滑稽列传

孔子曰:"六艺于治一也①,《礼》以节人,《乐》以发和②,《书》以道事,《诗》以达意,《易》以神化,《春秋》以义。"太史公曰:"天道恢恢,岂不大哉③!谈言微中,亦可以解纷④。"〔1〕

淳于髡者,齐之赘婿也⑤。长不满七尺,滑稽多辩,数使诸侯,未尝屈辱⑥。齐威王之时,喜隐,好为淫乐长夜之饮,沉湎不治,委政卿大夫。百官荒乱,诸侯并侵,国且危亡,在于旦暮,左右莫敢谏⑦。淳于髡说之以隐曰:"国中有大鸟,止王之庭,三年不蜚,又不鸣,王知此鸟何也?"王曰:"此鸟不飞则已,一飞冲天;不鸣则已,一鸣惊人⑧。"〔2〕于是乃朝诸县令长七十二人,赏一人,诛一人⑨,奋兵而出。诸侯振惊,皆还齐侵地。威行三十六年,语在《田完世家》中。

威王八年,楚大发兵加齐⑩。齐王使淳于髡之赵请救兵,赍金百斤、车马十驷。淳于髡仰天大笑,冠缨索绝。王曰:"先生少之乎⑪?"髡曰:"何敢!"王曰:"笑岂有说乎⑫?"髡曰:"今者臣从东方来,见道傍有禳田者,操一豚蹄,酒一盂,祝曰:'瓯窭,满篝;污邪,满车;五谷,蕃熟;穰穰,满家⑬。'〔3〕臣见其所持者狭,而所欲者奢,故笑之⑭。"于是齐威王乃益赍黄金千镒、白璧十双、车马百驷⑮。髡辞而行,至赵。赵王与之精兵十万、革车千乘,楚闻之,夜引兵而去。

威王大悦,置酒后宫,召髡,赐之酒。问曰:"先生能饮几何而醉⑯?"对曰:"臣饮一斗亦醉,一石亦醉。"威王曰:"先生饮一斗而醉，恶能饮一石哉！其说可得闻乎？"髡曰[4]：
"赐饮大王之前，执法在傍，御史在后，髡恐惧俯伏而饮，不
过一斗径醉矣⑰。若亲有严客，髡韝鞠䐴⑱，侍酒于前，时
赐余沥，奉觞上寿，数起，饮不过二斗径醉矣。若朋友交游，
久不相见，卒然相睹，欢然道故，私情相语，饮可五六斗径醉
矣。若乃州闾之会，男女杂坐，行酒稽留，六博投壶，相引为
曹，握手无罚，目眙不禁，前有堕珥，后有遗簪，髡窃乐此，饮
可八斗而醉二参⑲。日暮酒阑，合尊促坐，男女同席[5]，履舄
交错，杯盘狼籍⑳，堂上烛灭，主人留髡而送客，罗襦襟解，微
闻芗泽㉑，当此之时，髡心最欢，能饮一石。故曰：酒极则
乱㉒，乐极则悲，万事尽然。言不可极，极之而衰。"以讽谏
焉。齐王曰："善。"乃罢长夜之饮，以髡为诸侯主客。宗室
置酒，髡尝在侧。

其后百余年，楚有优孟㉓。

优孟者，故楚之乐人也。长八尺，多辩，常以谈笑讽
谏[6]。楚庄王之时，有所爱马，衣以文绣，置之华屋之下，席
以露床，啖以枣脯。马病肥死㉔，使群臣丧之，欲以棺椁大夫
礼葬之㉕。左右争之，以为不可。王下令曰："有敢以马谏
者，罪至死㉖。"优孟闻之，入殿门，仰天大哭㉗。王惊而问其
故。优孟曰："马者，王之所爱也，以楚国堂堂之大，何求不
得㉘，而以大夫礼葬之，薄㉙，请以人君礼葬之。"王曰："何
如？"对曰："臣请以雕玉为棺，文梓为椁，楩枫豫章为题凑，
发甲卒为穿圹，老弱负土，齐、赵陪位于前，韩、魏翼卫其
后㉚，庙食太牢，奉以万户之邑。诸侯闻之，皆知大王贱人而

贵马也③。"王曰:"寡人之过,一至此乎!为之奈何?"优孟曰:"请为大王六畜葬之③。以垄灶为椁,铜历为棺,赍以姜枣,荐以木兰,祭以粳稻,衣以火光,葬之于人腹肠③。"〔7〕于是王乃使以马属太官,无令天下久闻也。

楚相孙叔敖知其贤人也,善待之③。病且死,属其子曰:"我死,汝必贫困。若往见优孟,言我孙叔敖之子也③。"〔8〕居数年,其子穷困负薪,逢优孟,与言曰:"我,孙叔敖之子也。父且死时,属我贫困往见优孟。"优孟曰:"若无远有所之③。"即为孙叔敖衣冠,抵掌谈语。岁余,像孙叔敖③,楚王左右不能别也③。庄王置酒,优孟前为寿。庄王大惊,以为孙叔敖复生也,欲以为相③。优孟曰:"请归与妇计之,三日而为相。"〔9〕庄王许之。三日后,优孟复来。王曰:"妇言谓何?"孟曰:"妇言慎无为④,楚相不足为也④。如孙叔敖之为楚相④,尽忠为廉以治楚,楚王得以霸④。今死,其子无立锥之地,贫困负薪以自饮食④。必如孙叔敖④,不如自杀④。"因歌曰:"山居耕田苦,难以得食,起而为吏④。身贪鄙者余财,不顾耻辱,身死家室富④。又恐受赇枉法,为奸触大罪,身死而家灭④。贪吏安可为也⑤!念为廉吏,奉法守职,竟死不敢为非⑤。廉吏安可为也⑤!楚相孙叔敖持廉至死⑤,方今妻子穷困负薪而食,不足为也⑤!"于是庄王谢优孟,乃召孙叔敖子,封之寝丘四百户,以奉其祀,后十世不绝。此知可以言时矣⑤。

其后二百余年,秦有优旃⑤。

优旃者,秦倡侏儒也。善为笑言,然合于大道。秦始皇时,置酒而天雨,陛楯者皆沾寒[57]。优旃见而哀之,谓之曰:"汝欲休乎?"陛楯者皆曰:"幸甚。"优旃曰:"我即呼汝,汝疾应曰诺。"居有顷,殿上上寿呼万岁。优旃临槛大呼曰:"陛楯郎!"郎曰:"诺。"优旃曰:"汝虽长,何益,幸雨立。我虽短也,幸休居[58]。"于是始皇使陛楯者得半相代。

始皇尝议欲大苑囿,东至函谷关,西至雍、陈仓。优旃曰:"善。多纵禽兽于其中,寇从东方来,令麋鹿触之足矣[59]。"[10]始皇以故辍止。

二世立,又欲漆其城。优旃曰:"善。主上虽无言,臣固将请之。漆城虽于百姓愁费,然佳哉!漆城荡荡,寇来不能上。即欲就之,易为漆耳,顾难为荫室[60]。"于是二世笑之,以其故止。居无何,二世杀死,优旃归汉,数年而卒。

【夹批】

① "治"字陪"解纷"二字。

② "节人"、"发和"等要是有以中人,陪下"微中"字。

③ 无所不有故大,岂不能容一滑稽?

④ 解纷,乱亦治也。

⑤ 汉人轻赘婿,故独著,非后世人语。

⑥ 以赘婿之困而仪表又不足观,乃见其数使不屈,全仗滑稽。

⑦ 不极写败乱,不见滑稽之功。此文章跌宕处,非实事也。

⑧ 威王警悟如此,若无髡言,岂竟危亡耶? 故知前之过作形容也。

⑨ 赏即墨,烹阿。

⑩ 既云"威行三十六年",旋接以"八年"被兵,则彼此矛盾矣。盖文笔恣纵之,故多此累。

⑪ 一语便先道破,机警可想。

⑫ 明已猜着，故作一闪，乃见滑稽。

⑬ 随口诌出，古隽不凡，先生真滑稽之首哉！

⑭ 仍归到"少之"句。

⑮ 既以如许厚币买救，亦无借先生神舌矣。髭传俱调笑之辞耳。

⑯ 威王妙人，题目既佳，文字自隽。

⑰ 第一层是尔时正面，掀开一边说。

⑱ 祖褐奉觞以致敬。

⑲ 语意未毕。

⑳ 即承上段，盖醉余更酌也。合尊促坐，乃客已半散，并席移樽之意。

㉑ 并非复醉乡情事矣。

㉒ 只此一句，承上二段，是主句。

㉓ 优孟，楚庄王时人，在齐威王前二百余年，此句误。

㉔ 马死得韵，而人之不韵愈见矣。

㉕ 太呆得可笑。

㉖ 庄王，贤主也，恐未必有此。

㉗ 淳于笑，优孟哭，此曹面孔，正复何所不可。

㉘ 以将顺为匡弼，最工。

㉙ 一字句，韵甚。

㉚ 庄王时无赵、韩、魏三国，盖文章逗漏处。

㉛ 说破反少味。

㉜ 本曰"食之"，却仍曰"葬之"，奇妙。

㉝ 语似歌谣，是乐人致语长伎。

㉞ 点睛有意。

㉟ 死生之际，公卿大夫无一可托者，而独托孟，又不刺刺面语，只以一冷语先之，孟之贤可知矣。

㊱ 嘱得妙。

㊲ 想头却奇绝。

㊳ 言王之左右不能别，盖如演剧者必试过数次，然后去尝试人主。

㊴ 此非实事也，史公妙笔写来，人不能认其蹊径耳。

㊵ 先切戒之。

㊶ 再明其所以然之故。

㊷ 前既貌似叔敖，此处不嫌竟入。

㊸ 只带说妙。

㊹ 正旨只二句。

㊺ 以上明是宾白。

㊻ 以下继之以歌。

㊼ 第一解。

㊽ 第二解。灭顶多凶，一言道尽。

㊾ 第三解。

㊿ 转笔趣。

(51) 第四解。

(52) 先叹一口气，妙。

(53) 第五解。

(54) 再叹入神。

(55) 此盖用《论语》“可以言而不与之言”句意，谓叔敖知人也。

(56) 庄王至秦始皇时四百年矣，语亦小误。

(57) 语妙。

(58) 两“幸”字可解不可解，正尔趣绝。

(59) 绝不词费而意极警动，有前二子之悠扬，不可无此子之简捷。

(60) 余意不竭。

【眉批】

〔1〕此叙固甚有滑稽之风，然其意亦极明划，将“天道恢恢”二句，总揽六艺，将“亦可以”句顶着六个“以”字，见滑稽之雄，固将掇六艺之菁英而无不可者也。若不得其旨，即被他推堕汪洋大海中矣。

〔2〕此数语岂得谓为髡之功？而史公如此摇曳者，传体固不容不尔也。

〔3〕瓯窭之歌，每二字为句，自相为叶，古诗之流也。今人率尔读去，不晓此理。先秦以前，用韵之法迥殊后世，韩昌黎多摹之。○家，当叶江。瓯窭，高田；污邪，低湿也。

〔4〕史公雄于文，而未尝为赋，惟此段错综妍妙，绝有赋心其中，或用韵，或用排，精能之至，几令子云、相如敛衽退舍，盖千古慧业文人，其腕下定无所不有，偶然露颖而终以文单行者，不欲分其力也。

〔5〕二段俱有"男女杂坐"及"男女同席"语，其所讽谏者，固知醉翁之意不在酒也。

〔6〕淳于生机锋轻妙，而所载廋词二段，皆无裨于国。故史公但云"数使诸侯，未尝屈辱"。若优孟、优旃，虽居弄臣之列，而所言皆足以匡君，故一则曰"常以谈笑讽谏"，一则曰"合于大道"，各于传首揭出眼目，大有意思，非闲笔也。

〔7〕此数语真滑稽妙品，千载而下犹若闻其笑语之声。

〔8〕优孟，古之节侠士也，特隐于伶官以玩世耳。孙叔敖秉政之际，堂堂楚国，众材辐辏，而独于一伶人冷眼觑定，以为托妻寄子之友。君子读此文也，为之淋漓感激，又为之蠢然而伤心也。

〔9〕优孟抵掌而谈，只是今人演弄颦色摹仿形容之意。庄王筵前搬撮调笑，因以感动之耳。即所谓"三日谋诸妇"者，亦不过落场重上，更端迭进之态，俱非实事。若认以一番谈笑，庄王真欲以相位授之，乃必无之理。史公妙笔迷离，堕千古学者于云雾中而不觉耳。

〔10〕嬴秦方炽之际，举朝阿谀，寇祸日深，而无敢一字齿及。虽以叔孙通之为人，犹借鼠窃狗偷之言，仅得免于虎口。而优旃独两提寇至，矢口惊心，长歌之哀，深于痛哭矣，岂非奇士哉！末特结之以"二世杀死，优旃归汉"，此其故可思也，而不可言也。呜呼！史公之文，味外有味，畴则见之。

太史公曰：淳于髡仰天大笑，齐威王横行。优孟摇头而歌，负薪者以封。优旃临槛疾呼，陛楯得以半更。岂不亦伟哉!

【总评】

《滑稽传》所载三人,一层深一层。髡语"劝百而讽一"者也,舌辩之雄,而不必有裨于国。孟语笃友谊于死生,明功臣于没世,节侠之流也。旃语惜陛楯之沾寒,警寇机于未至,忠厚之发也。史公特为讽谏立传,非徒以谈锋调笑见长。褚先生不得其旨而妄续之,则夸而无当矣。

太史公自序

太史公既掌天官，不治民。有子曰迁[1]。

迁生龙门，耕牧河山之阳。年十岁则诵古文。二十而南游江、淮，上会稽，探禹穴，窥九疑，浮于沅、湘；北涉汶、泗①，讲业齐、鲁之都②，观孔子之遗风，乡射邹、峄③；厄困鄱、薛、彭城，过梁、楚以归。于是迁仕为郎中，奉使西征巴、蜀以南，南略邛、筰、昆明④，还报命。

是岁天子始建汉家之封⑤，而太史公留滞周南⑥，不得与从事，故发愤且卒⑦。而子迁适使反，见父于河洛之间，太史公执迁手而泣曰[2]："余先，周室之太史也⑧。自上世尝显功名于虞、夏，典天官事。后世中衰，绝于予乎？汝复为太史，则续吾祖矣⑨。今天子接千岁之统，封泰山，而余不得从行⑩，是命也夫，命也夫！余死，汝必为太史；为太史，无忘吾所欲论著矣⑪。且夫孝始于事亲，中于事君，终于立身。扬名于后世⑫，以显父母，此孝之大者。夫天下称诵周公，言其能咏歌文、武之德⑬，宣周、召之风⑭，达太王、王季之思虑，爰及公刘，以尊后稷也⑮。幽、厉之后，王道缺，礼乐衰⑯，孔子修旧起废，论《诗》、《书》，作《春秋》⑰，则学者至今则之。自获麟以来四百有余岁，而诸侯相兼，史记放绝⑱。今汉兴，海内一统，明主贤君、忠臣死义之士⑲，余为太史而弗论载，废天下之史文，余甚惧焉，汝其念哉！"迁俯首流涕曰："小子不敏，请悉论先人所次旧闻，弗敢阙⑳。"

卒三岁而迁为太史令,绅史记石室金匮之书㉑。五年而当太初元年,十一月甲子朔旦冬至,天历始改,建于明堂,诸神受纪㉒。

太史公[3]曰㉓:"先人有言㉔:'自周公卒五百岁而有孔子,孔子卒后至于今五百岁㉕,有能绍明世,正《易传》、继《春秋》,本《诗》、《书》、《礼》、《乐》之际?'意在斯乎!意在斯乎!小子何敢让焉㉖!"

上大夫壶遂曰[4]:"昔孔子何为而作《春秋》哉㉗?"太史公曰:"余闻董生㉘曰:'周道衰废,孔子为鲁司寇,诸侯害之,大夫壅之㉙。孔子知言之不用,道之不行也,是非二百四十二年之中,以为天下仪表,贬天子㉚,退诸侯,讨大夫,以达王事而已矣。'子曰:'我欲载之空言,不如见之于行事之深切著明也㉛。'夫《春秋》㉜,上明三王之道,下辨人事之纪,别嫌疑,明是非,定犹豫,善善恶恶,贤贤贱不肖,存亡国,继绝世,补敝起废,王道之大者也㉝。《易》著天地阴阳四时五行㉞,故长于变;《礼》经纪人伦,故长于行;《书》记先王之事,故长于政;《诗》记山川溪谷禽兽草木牝牡雌雄,故长于风;《乐》乐所以立,故长于和;《春秋》辨是非,故长于治人㉟。是故《礼》以节人,《乐》以发和,《书》以道事,《诗》以达意,《易》以道化,《春秋》以道义㊱,拨乱世反之正,莫近于《春秋》㊲。《春秋》文成数万,其指数千。万物之散聚皆在《春秋》㊳。《春秋》之中,弑君三十六,亡国五十二,诸侯奔走不得保其社稷者,不可胜数。察其所以,皆失其本已㊴。故《易》曰:'失之毫厘,差以千里㊵。'故曰:'臣弑君,子弑父,非一旦一夕之故也,其渐久矣[41]。'故有国者不可以不知《春秋》,前有谗而不见,后有贼而不知。为人臣者不可以不知《春秋》,经事而不知其宜,遭变而不知其权[42]。为人君父而不通于《春秋》之义者,必蒙首恶之名[43]。为人臣子而不通于《春秋》之义者,必陷篡弑之诛,死罪之名[5]。其实皆以为善,为之不知其义,被之空言而不敢辞[44]。夫不通礼义之旨[45],至于君不君,臣不臣,父不父,子不子。夫君不君则犯,臣不臣则诛,父不父则无道,子不子则不孝。此四行者,天下之大过也。以天下之大过予之,则受而弗敢辞。故《春秋》者,礼义之大宗也[46]。夫礼禁未然之前,法施已然之后,法之所为用者易见,而礼之所为禁者难知[47]。"

壶遂曰:"孔子之时,上无明君,下不得任用,故作《春秋》,垂空文以断礼义,当一王之法。今夫子上遇明天子,下得守职,万事既具,咸各序其宜,夫子所论,欲以何明[48]?"[6]

太史公曰:"唯唯,否否,不然。余闻之先人曰[49]:'伏羲至纯厚,作《易八卦》。尧、舜之盛,《尚书》载之,礼乐作焉。汤、武之隆,诗人歌之[50]。《春秋》采善贬恶,推三代之德,褒周室,非独刺讥而已也[51]。'汉兴以来,至明天子,获符瑞,建封禅[52],改正朔,易服色,受命于穆清,泽流罔极,海外殊俗,重译款塞,请来献见者,不可胜道。臣下百官力诵圣德,犹不能宣尽其意[53]。且士贤能而不用,有国者之耻;主上明圣而德不布闻,有司之过也[54]。且余尝掌其官[55],废明圣盛德不载,灭功臣世家贤大夫之业不述[56],堕先人所言,罪莫大焉[57]。余所谓述故事,整齐其世传,非所谓作也[58],而君比之于《春秋》,谬矣^⑤!"

于是论次其文^[7]。七年而太史公遭李陵之祸,幽于缧绁,乃喟然而叹曰:"是余之罪也夫!是余之罪也夫^⑥!身毁不用矣。"退而深惟曰:"夫《诗》《书》隐约者,欲遂其志之思也^⑥。昔西伯拘羑里,演《周易》;孔子厄陈、蔡,作《春秋》;屈原放逐,著《离骚》;左丘失明,厥有《国语》;孙子膑脚,而论《兵法》;不韦迁蜀,世传《吕览》;韩非囚秦,《说难》《孤愤》;《诗》三百篇,大抵圣贤发愤之所为作也。此人皆意有所郁结,不得通其道也^⑥,故述往事,思来者。"于是卒述陶唐以来^⑥,至于麟止^[8],自黄帝始。

【夹批】

① 先将一部《史记》奇伟恢廓大本领指出,并非漫作游记也。

② 此句独重,为通篇伏脉。

③ 承上句言,于邹、峄行乡射礼,亦孔子流风所渐被也。

④ 观此则知通西南夷一事,史公亦身与其役,不但博望、相如也。

⑤ 武帝元封元年行封禅诸礼。

⑥ 自陕以东,皆曰周南。

⑦ 此事是天官所掌,故以不与为恨,然实是习气。

⑧ 写得入情,一篇发愤情事皆化为忠孝文章矣。

⑨ 惓惓于此,当时固以记事之史,与卜祝之官合为一职。

⑩ 发明愤懑之旨。

⑪ 一篇提纲,在此一句。

⑫ 扬名借作引子,非正意。

⑬ 此跟论著意,是主。

⑭ 指《二南》风诗言之。

⑮ 逆数周家世德,一句串出,奇妙。

⑯ 此段方指授所欲论著之大凡。

⑰ 隐隐隆隆,逗起《六经》,伏线作案。

⑱ 孔子时列国犹有史职,至战国兼并,日寻干戈,史职始废。

⑲ 此统指四百余岁言之,非专言汉事。

⑳ 要见一部《史记》,俱太史公谈收集古文系本,但迁始裁择润色,勒为成书耳。

㉑ 一句引起撰次,却不说完。

㉒ 特载此数语,遥应前"始建汉家之封"等语,隐隐见卒酬父志,以释其愤。

㉓ 此指自己,与前称父者不同。

㉔ 先人,则谈也。

㉕ 当时未有道统之说,而史公为此言,自负良非鲜腆。

㉖ 此即上文获麟以来四百余岁一段大意,钁括重提,为《史记》作自叙也。

㉗ 遂时为詹事,秩二千石,假人言以发明己意,专提《春秋》,是窃比正旨。

㉘ 仲舒。

㉙ 八字只是"道不行"之案,不必谓别有寄托。

㉚ 所谓"贬天子"者,意谓贬斥时王,以明文、武之道,然自是语累。

㉛ 谓空言其理,不若附见当时实事,故当时贾、董之流,皆有大篇,而迁独作《史记》,亦其意也。

㉜ 数语赞《春秋》,实是自道其作史张本。

㉝ 以上正答何为作《春秋》之问。

㉞ 此承"有能绍明世"一段而推言之。

㉟ 言《六经》所长,亦不过约举大意,不必深求其当否。

㊱ 再作一总,归重《春秋》,笔力绝大。

㊲ 接手自然,无罅积痕,故妙。

㊳ 以上又自发明《春秋》经世之功绝大。

㊴ 言由于大义不明，前故云《春秋》以道义也。

㊵ 承“失其本”“失”字而精言之。

㊶ 其初只有毫厘之差，其卒遂成篡弑之祸，盖不过一念之肆，为之渐渍而长。

㊷ 如赵盾不讨贼，许止不尝药，此种谗贼之人，非明于《春秋》之义，安能辨之？辨之不早，其祸将长矣。

㊸ 承上二语而危言以惕之。

㊹ 其初自谓善事，故遂为之，由于义之不明也。至其后加以篡弑之名，安能解免。

㊺ 以下十三句，乃复衍上文之旨，一气赶出“故《春秋》者，礼义之大宗也”一句来。

㊻ 言《六经》之旨，皆约而归焉，如朝宗之义。

㊼ 已上统为一大段，正言有天下国家者，不可一日废史臣之职。言《春秋》者，皆言史，不复指孔子所作之书也。

㊽ 再着此问，是周旋本朝之法，不得不尔，实非正旨。

㊾ 言必称先，最有深意。

㊿ 引盛世为例，仍必原本《六经》，文字缜密如此。

(51) 此自救前文“贬天子”云云之文也。看“非独刺讥”句，则知所刺讥者已过半矣。

(52) 再跟“建汉家之封”等意，落笔有来历。

(53) 正答“欲以何明”之问。

(54) 虽作感慨，以陪跌下句，遂不觉其用意之深。

(55) 点入此句，明尽职之意。

(56) 此二句约言本朝在内。

(57) 紧跟先人，针路不紊。

(58) 此二句言汉以前。

(59) 明明自比《春秋》，而转谬他人之问，一闪入妙。

⑩ 以不得卒业顺承先泽为罪。

⑪ 一转转入穷愁著书,乃末后不得已自己宽譬之辞。而世俱以此为作史张本,冤极,谬极,最不足采。

⑫ 此直应孔子"诸侯害之,大夫壅之"数句,不为李陵之事。

⑬ 须看"卒述"二字,乃终成其事,非托始于今也。

【眉批】

〔1〕由前篇首起,至"建于明堂,诸神受纪"句止,是太史公自叙家传。自"先人有言曰"起,至篇终,是全部《史记》后叙。其后又有逐篇小叙,须分三项看。今已芟录什五,然其主脑须揭明之,庶易寻其脉络。

〔2〕封禅改朔之事。本非三代以上所重,后世乃自谓功德隆盛,假此以侈受命之符,且其事亦何关史臣论著之职?而太史谈顾以留滞异地,不得扈从东封,至于发愤成疾,遂殒其身,不亦惑之甚乎?盖谈承前秦流弊,记事之言疑于诽谤,一切废弛,而巫史卜祝之官,遂沦于倡优待诏之亚,故习气所流,不能自振。然能于其时流连六籍,蕴蓄论著之端,且欲窃比《春秋》绝业,迁之功,实谈有以启之,又何可不谓之贤豪间者哉!

〔3〕自此以下,自叙《史记》,故又以《六经》引起,而仍托之先人,其实即隐括前言,不必云谈复有此数语也。

〔4〕假壶遂一问,发明作史之由。前一段专指孔子隐、桓以下,定、哀以上二百四十二年之作言。后一段则通论邃古以来,下极无穷之世。总之不可一日无史笔以维持于三纲五常之际也。从迁以前,如晋狐、楚倚之属,号称良史,而其书俱不传。《春秋》幸经圣人笔削,又得《三传》发明,遂为万古史成鼻祖。至史迁创年表以续经,为记、传、书、志以继传,合经、传而出一人之手笔,以垂劝戒于后,实为继往开来第一部书。即无尔许奇笔,尚可不祧,况奇伟恢廓,无所不备如此乎?其惓惓自拟《春秋》,有以也夫!

〔5〕王介甫号称经术宗师,独诋《春秋》为"烂朝报",无忌惮至此。太史公处秦政劫灰之后,而能表明经世之功,岂非千古巨眼?而班氏讥其贵黄、老后《六经》者,盖指前半其父谈论六家之要云云而误以为迁之罪案也。班

有整齐之力而识见不高，殆无足道。○史谈于六家之要处，节去不录。

〔6〕史迁著书，固与孔子假褒贬以讨乱贼者不同，然以为"力颂圣德"、"宣尽其意"，则亦非其本旨也。想其心以《封禅》、《平准》等书刺讥当世之事者，良复不少，故特假此数言，以相掩蔽，故谬其辞以自匿耳。读者当于笔墨之外寻之，勿但泥其文也。

〔7〕自叙作史之志，上攀六籍，窃比麟经，如此其深切著明，后适有李陵之祸，惧大业废于垂成，故假古人忧患之端，稍为宽譬。乃眯者独指此为发愤著书之由，真不可晓，余故力雪之。

〔8〕以武帝元狩获麟，聊据作窃比《春秋》之一证，故云麟止。

【总评】

《史记》一书，学者断不可不读，而亦至不易读者也。盖其文洸洋玮丽，无奇不备，汇先秦以上百家六艺之菁英，罗汉兴以来创制显庸之大略，莫不选言就班，青黄纂组。如游禁籞，如历钧天，如梦前生，如泛重溟。以故谫材谀学，无有能阅之终数卷者。前哲虽有评林，要亦丹黄粗及，全豹不呈。不揣荒陋，特采录而详阅之，务使开卷犁然，皆可成诵。间加论断，必出心裁。密字蝇头，经涉寒暑，幸可成编，固足为雪案之快观也。若所删节者，刊本具存，岂妨翻读？世有《三仓》四库烂熟胸中之士，吾又安能限之哉！辛丑长至后三日，阅讫题此。

附录一

序

《史记菁华录》,盖钱塘姚公苧田先生摘录成帙,刊以行世,其书颇传于苏、浙间,而一二好古之士,往往爱其书而卒不获见,每深恨焉。

余向尝尽读史公书,萃精殚力,如入武夷、九华诸胜,层折迤逦,奇峰怪石,不可名状;又如涉鄱湖、济洞庭,波涛汹涌,气象万千。全豹之窥,猎涉家非不称快一时,而掩卷之余,或不能使之一一成诵在胸,诚以后人思力,远不逮古作者,矧史公才雄百代,其所为文折奥疏宕多奇气,视他作颇难记忆,则用力多获益浅,亦毋怪然者。

余久欲购一节抄善本,便便流览。适得斯录,见其削繁就简,不戾史公本旨,则不得谓史公之功臣,而未尝不为读史公书者之一津梁也。

余刻其书以公诸世,即为叙其沿起如此云。

绣谷省庵赵承恩谨序

附录二

《史记菁华录》指导大概
朱自清

　　读《史记菁华录》，不可不知道《史记》的大概。《史记》的作者司马迁的传叙，有《史记》的末篇《自序》。那篇历叙他的家世，传述他父亲的学术见解和著述志愿，又记载他自己的游览各地和继承先志，然后说到《史记》的编例和内容。《汉书》里的《司马迁传》，就直抄那篇的原文，不过加入了迁报任安的一封书信罢了。现在为便利读者起见，作司马迁传略如下：

　　司马迁，字子长，生于龙门（龙门是山名，在今山西省河津县西北、陕西省韩城县东北，分跨黄河两岸，形如门阙）。他的生年有两说：一说是汉景帝中元五年（公元前一四五年），一说是汉武帝建元六年（公元前一三五年），相差十年；据近人考证，前一说为是。他的父亲谈，于各派学术无所不窥，当武帝建元、元封之间，为太史令。谈死于元封初年（元封元年当公元前一一〇年），迁即继职为太史令。因此，《史记》中称父亲，称自己，都作"太史公"（《天官书》里有"太史公推古天变"一说，《封禅书》里有"有司与太史公祠官宽舒议"、"太史公祠官宽舒等曰"两语，其中的"太史公"，和"自序"前篇用了六次的"太史公"，都是称父亲；各篇后面"赞"的开头"太史公曰"的"太史公"，都是称自己。官是太史令，为什么称"太史公"呢？关于此点，解释很多。有的说，"太史公"是官名，其位极尊；驳者却说，《汉书·百官公卿表》中并没有这个官。有的说，称"令"为"公"，同于邑令称"公";驳者却说,这是僭称,用来称呼别人犹可,哪里有用来自称的? 有的说,迁尊其父,故称为"公";驳者却说,明明自称的地方也作"公"。为什么对自己也要"尊"? 有的说,尊父为"公",是迁的原文,尊迁为"公",是后人所改;驳者却说,后人这一改,似乎有点愚。有的说,这个"公"字并没有特别表示尊重的意思,只如古代著书,自称为"子"或"君子"而已;此说用来解释称父和自称,都比较圆通,但得其真际与否,还是不可知)。迁在青年时期出去游览。《自序》里说:"二十而南游江淮,上会稽,探禹穴,窥九疑,浮于沅湘,北涉汶泗,讲业齐鲁之都,观孔子之遗风,乡射邹峄,厄困鄱薛彭城,过梁楚以归。"黄河、长江流域的大部分,他都到过,回来之后,作郎中的官。元封元年,"奉使西征巴蜀以南,南略邛笮昆明",便又游览了西南地方。及继任了太史令,于太初元年(公元前一〇四年)开始他的著作。《自序》里说:"余尝掌其官,废明圣盛德不载,灭功臣世家贤大夫之业不述,堕先人所言,罪莫大焉。……于是论次其文。"可见他从事著作为的是继承先志。"论次其文"是就旧闻旧文加以整理编排的意思,他既受了父亲的熏陶,又读遍了皇室的藏书,观察了各地的山川、风俗,接触了在朝在野的许多人物,自然能够取精用宏,肆应不穷。

天汉二年(公元前九九年),李陵与匈奴战,矢尽力竭,便投降了匈奴。消息传来,一班朝臣都说陵罪很重;武帝问到迁,迁独替李陵辨白。他说:"陵事亲孝,与士信,常奋不顾身,以殉国家之急,其素所畜积也,有国士之风。今举事一不幸,全躯保妻子之臣,随而媒蘗其短,诚可痛也! 且陵提步卒不满五千,深轹戎马之地,抑数万之师,虏救死扶伤不暇,悉举引弓之民,共攻围之:转斗千里,矢尽道穷,士张空拳、冒白刃,北首争死敌,得人之死力,虽古名将不过也,身虽陷败,然其所摧败,亦足暴于天下。彼之不死,宜欲得当以报汉也。"(见《汉书·李陵传》,《报任安书》中也提到这一层,大致相同)这是说李陵人品既好,将才又出众,战败是不得已,投降是有所待。武帝以为迁诬罔,意在毁谤贰师将军李广利(那一次打匈奴,李广利将三万骑,为主力军,但没有与单于大军相遇,因此少有功劳),并替李陵说好话;便治他的罪,处以最残酷的腐刑(割去生殖器)。这不但残伤了他的身体,同时也打击了他的精神。《报任安书》中说:"祸莫憯于欲利,悲莫痛于伤心,行莫丑于辱先,而诟莫大于宫刑。刑余之人,无所比数,非一世也,所从来远矣。昔卫灵公与雍渠载,孔子适陈;商鞅因景监见,赵良寒心;同子参乘,爰丝变色;自古而耻之。夫中材之人,事关于宦竖,莫不伤气,况忼慨之士乎!"从这些话,可知他的羞愤和伤心达到了何等程度。

受刑之后不久,他又作中书令的官。对于著作事业,还是继续努力。《报任安书》中有"所以隐忍苟活,幽粪土之中而不辞者,恨私心有所不尽,鄙没世而文采不表于后也。古者富贵而名磨灭,不可胜记,唯俶傥非常之人称焉。盖西伯拘而演《周易》;仲尼厄而作《春秋》;屈原放逐,乃赋《离骚》;左丘失明,厥有《国语》;孙子膑脚,《兵法》修列;不韦迁蜀,世传《吕览》;韩非囚秦,《说难》《孤愤》;《诗》三百篇,大抵贤圣发愤之所为作也。此人皆意有所郁结,不得通其道,故述往事、思来者。及如左丘明无目,孙子断足,终不可用,退论书策,以舒其愤思,垂空文以自见"的话,说明了他在痛苦之中,希望立言传世,垂名于久远的心理。接着就说:"仆窃不逊,近自托于无能之辞,网罗天下放失旧闻。考之行事,稽其成败兴坏之理,凡百三十篇;亦欲以究天人之际,通古今之变,成一家之言,草创未就,适会此祸;惜其不成,是以就极刑而无愠色。"写这封书信的时候,既说了"近自托于无能之辞"的话,又有了"百三十篇"的总数,他的初稿大概已经完成了。这封书信,据近人考证,作于征和二年(公元前九一年);其时迁从武帝幸甘泉,甘泉在今陕西省淳化县西北,距长安西北二百里,所以书中说"会东从上来";次年正月武帝要幸雍,迁也将从行,所以书中说"仆又薄从上雍"("薄"是"近"和"迫"的意思,也就是"立刻要")。如此说来,他的著作,从开始着手到初稿完成,共占了十几年的时间;一部开创的大著作,十几年的工夫自然是要的。他的死年不可知,大概在武帝末年或昭帝初年(武帝末年当公元前八七年),年龄在六十岁左右。

司马迁所著的书,他自己并不称为"史记"。原来"史记"这个名词,在古代是记事之史的通称,这在司马迁书里,就有许多证据。如《周本纪》里说:"周太史伯阳读史记曰:'周亡矣!'"这"史记"指周室所藏的记事之史;《孔子世家》里说孔子"因史记作《春秋》",《十二诸侯年表序》里说孔子"论史记旧闻,兴于鲁而次《春秋》",这"史记"指孔子所见的记事之史;《自序》里说"诸侯相兼,史记放绝",《六国年表·序》里序:"秦既得意,烧天下诗书,诸侯史记尤甚。"这"史记"指各国所有的记事之史;《天官书》里说"余观史记,考行事,百年之中,五星无出而不反逆行",这"史记"指汉代的记事之史,从"百年之中"一语可以推知;《自序》里说:"绌史记石室金匮之书",这"史记"兼指汉代、秦代、秦国(《秦记》独存,见《六国年表序》),及残余的各国的记事之史,这些都是他著书的参考资料。司马迁没有把"史记"这个通称作为自己的书的专名,也没有给自己的书取一个统摄全部的别的专名:他在《自序》里,只说"著十二《本纪》……作十《表》……作八《书》……作三十《世家》……作七十《列传》,凡百三十篇,五十二万六千五百字,为'太史公书'"而已。班固撰《汉书》,其《艺文志》承沿着刘歆的《七略》,称"司马迁书"为"太史公百三十篇",没有"书"字。他的父亲班彪论史家著述,将"太史公书"与《左氏》、《国语》、《世本》、《战国策》、《楚汉春秋》并举(见《后汉书·班彪传》)。这可见在班氏父子当时,还没有把"司马迁书"称为"史记"的。但范晔在《后汉书·班彪传》的叙述语中,却有"司马迁著《史记》"的话。据此推测,"史记"成为司马迁书的专名,该是起于班、范之间,从后汉到晋、宋的时代。

《史记》一百三十篇,就体例而言,分为五类,就是《本纪》、《表》、《书》、《世家》、《列传》。《本纪》记载帝王的事迹,从五帝(黄帝、帝颛顼、帝喾、帝尧、帝舜)到汉武帝,有年的分年,没有年的分代。《表》编排各代的大事,年代已经不可考的作《世表》,年代可考的作《年表》,变化太剧烈的时候作《月表》;并表列汉兴以来侯王的封立和将相的任免。《书》叙述文化的各部门,如礼节、历法、祭祀、水利、财政等,都分类历叙,使读者对于这些方面得到系统的知识。《世家》按国按家并按着年代世系,记载若干有重要事迹的封建侯王;体例和《本纪》相同,不过《本纪》记的是统治天下的人,《世家》记的是统治一个区域的人,有这一点分别而已。《列传》记载自古到汉或好或坏的重要人物,以及边疆内外的各国状态。这五类,所包容范围很广大,组织很完密;在汉朝当时,实在是一部空前的"中国通史"。自从有了《史记》,我国史书的规模就确定了,以后史家作史大多模仿它,现在所谓"二十四史",除了《史记》以外的二十三史,体例都与《史记》相同。(不过《世家》一类,以后的史中没有了。《书》一类自从《汉书》改称了"志",便一直沿用下去,都称"志"而不称"书"。《表》和《志》并非各史都有,其没有这两类的,便只有《纪》和《传》了)这种体例称为"纪传体",与另外两个重要史体"编年体"和"纪事本末体"相对待。

五类之中,《本纪》和《世家》两类都有几篇足以引起人疑问的,这里简略的说一说,先说《本纪》方面。秦自庄襄王以上,论地位还是诸侯,应该入《世家》,迁却作了《秦本纪》,这是一点。项羽并没有得天下、成帝业,迁却作了《项羽本纪》,这是二点。惠帝作了七年的天子,迁不给他作"本纪",却作了《吕太后本纪》,这是三点。以上三点疑问,看了《自序》的话,都可以得到解答。《自序》里说:"略推三代,录秦、汉,上记轩辕,下至于兹,著十二《本纪》,既科条之矣。""科条之"是科分条例、举其大纲的意思;换句话说,十二《本纪》是全书的纲领。既要"录秦、汉",自不得不详及秦的先代。《秦本纪》里说:"秦之先伯翳,帝颛顼之苗裔。"《秦始皇本纪赞》里说:"秦之先伯翳,尝有勋于唐、虞之际。"都是说秦的由来久远。《秦始皇本纪赞》里又说:"自缪公以来,稍蚕食诸侯,竟成始皇。"《自序》里说:"昭、襄业帝,作《秦本纪》第五。"都是说秦的帝业的由来。况且诸侯史记大多散失,独有《秦纪》保存着;要举纲领,自宜将秦列入《本纪》了。项羽自为西楚霸王("霸"是"伯"的借字——"伯长"的意思,"霸王"便是诸侯之长),他实际上为诸侯之长,所以《项羽本纪赞》里说:"分裂天下而封王侯,政由羽出,号为霸王。"那自宜将他列入《本纪》了。惠帝当元年的时候,因为吕太后"断戚夫人(高祖的宠姬)手足,去眼煇耳,饮喑药,使居厕中,命曰'人彘'",便派人对太后说:"此非人所为;臣为太后子,终不能治天下。"迁既记载了这个话,下文又说:"孝惠以此日饮为淫乐,不听政。"在元年,惠帝便不听政了;惠帝即位以后,实际上纲纪天下的是吕太后。那自宜将她列入《本纪》了。

再说《世家》方面。孔子并非侯王,应与老、庄、孟、荀同等,入《列传》,迁却作了《孔子世家》,这是一点。陈涉起自群盗,自立为陈王,六月而死,以后就没有子孙传下去了,这与封建侯王的情形不同,也应入《列传》,迁却作了《陈涉世家》,这是二点。《外戚世家》记载后妃,后妃与封建侯王更不相类,为什么要为她们作《世家》?这是三点。以上三点疑问,也可以从《自序》得到解答。《自序》里说:"二十八宿环北辰,三十辐共一毂,运行无穷,辅拂股肱之臣配焉,忠信行道,以奉主上,作三十《世家》。"这说明了《世家》所叙人物,都是对统治者尽了"辅拂(同"弼"字)股肱"的责任的。孔子不仕于周室,在周固非"辅拂股肱之臣";但在汉朝人观念中,孔子垂教乃是"为汉制作",他的功劳,实在当代功臣之上;《自序》里说:"为天下制仪法,垂六艺之统纪于后世。"便表示这个意思。那自宜将他列入《世家》了。汉室的兴起,由于天下豪杰群起反秦,而反秦的头一个,便是陈涉。《高祖本纪》里说:"陈胜等起蕲,至陈而王,号为'张楚',诸郡县皆多杀其长吏,以应陈涉。"高祖便是响应陈涉的一个。《陈涉世家》里说:"陈胜虽已死,其所置遣侯王将相竟亡秦,由涉首事也。"《自序》里说:"天下之乱,自涉发难。"可见陈涉对于汉室虽没有直接的功劳,间接的关系却非常重大,如果陈涉不发难,也许就没有汉室。那自宜将他列入《世家》了。至于后妃列入《世家》,因为她们对于统治者辅弼之功独大;换句话说,她的影响统治者最为深切。《外戚世家》开头说:"自古受命帝王,及继体守文之君,非独内德茂也,盖亦有外戚之助焉。夏之兴也以塗山,而桀之放也以末喜;殷之兴也以有娀,纣之杀也嬖妲己;周之兴也以姜原及大任,而幽王之禽也淫于褒姒。"便说明这层意思。

五类之中,《列传》分量最多;体例并不一致,又可以分为三类,就是:"分传","合传","杂传"。"分传"是一篇叙一个人,如《孟尝君》《信陵君》《李斯》《蒙恬》等传都是。"合传"是一篇叙两个人或两个人以上,或与事迹关联,不可分割,便叙在一起,如《廉颇蔺相如列传》是;或则时代虽隔,而精神相通,也便叙在一起,如《屈原贾谊列传》是。"杂传"是把许多人,其学业或技艺或治术或行为相类的,按照先后叙在一篇里,计有《刺客》《循吏》《儒林》《酷吏》《游侠》《佞幸》《滑稽》《日者》《龟策》《货殖》十篇,合了《扁鹊仓公列传》(该是"医者列传",但迁并没有标明),共十一篇。

　　《史记》中《本纪》、《世家》、《列传》三类，都是叙述人物和他们的事迹的，那些篇章并不是独立的单位，一个人物的性行，一件事情的原委，往往散见在若干篇中，读者要参看了若干篇才可以得其全貌；这由于作者认一百三十篇是整部的书。他期望读者读的时候，不仅抽读一篇两篇，而能整部的读。其所以运用这样作法，有几层理由可以说的。第一，一部《史记》包括若干人物的事迹，这若干人物的事迹，必然有若干共同的项目；若把每个人物的事迹，都叙述在关于其人的篇章里，必然有若干重复或雷同，就整部书看起来，便是浪费了许多可省的篇幅。所以作者把这些共同的事迹，叙述在关于主角的篇章里，同时连带叙及与此有关的其他人物；而在关于其他人物的篇章里，便节省笔墨，单说一句"见某篇"了事，有时连这一句也省去了。这叫做"互见"，其主要目的在于避免重复。例如管仲、晏婴两人的重要事迹，都叙在《齐世家》里；于是在《管晏列传》里，对于管仲，便只叙他与鲍叔的交情和他的政治主张两点。对于晏婴，便只叙他事齐三世、与越石父交和荐其御者为大夫三点。大概迁以为管、晏的重要事迹，都与齐国关系极大，而管、晏与齐国比较，自然齐国居于主位，所以叙在《齐世家》里，《齐世家》里既然叙了，为避免重复起见，《管晏列传》里就不再叙了。若不明白这个"互见"的体例，单就《管晏列传》求知管、晏，那是不会得其全貌的。第二，"互见"的体例不只在避免重复，又常用来寄托作者对于历史人物的褒贬。作者认为某人物该褒，便在关于其人的篇章里，专叙其人的长处；作者认为某人物该贬，便在关于其人的篇章里，专叙其人的短处；遇到该褒的人确有短处，无可讳言，该贬的人确有长处，不容不说的时候，便也用"互见"的办法，都给放到另外的篇章里去。例如《信陵君列传》，前面既说"诸侯以公子贤，多客，不敢加兵谋魏十余年"，末后又说"秦闻公子死，使蒙骜攻魏，拔二十城，初置东郡，其后秦稍蚕食魏,十八岁而虏魏王,屠大梁",隐隐表示信陵君的生死影响到魏国的存亡。这由于迁对信陵君太倾倒了,任着感情写下去,以至"褒"得过了分寸。所以《魏世家赞》里又说:"说者皆曰,魏以不用信陵君,故国削弱;余以为不然。"读者若单看《信陵君传》而不注意《魏世家赞》里的话,对于迁的史识,就不免要发生误会。又如《信陵君列传》写信陵君的个性,先提明"公子为人仁而下士",以下所叙许多故事,便集中在这一点;所以就文章论,这是一篇完整之作。但"仁而下士"只是信陵君个性的好的一方面;还有不甚高明的方面,却在另外的篇章里。《范睢列传》里叙秦昭王要为范睢报仇,向赵国索取从魏国逃到平原君家里的魏齐,魏齐往见赵相虞卿,虞卿便解了相印,与魏齐同到大梁,欲见信陵君,信陵君犹豫不肯见,魏齐怒而自刭。虞卿可以丢了高官,陪着朋友亡命;信陵君与魏齐同宗,偏偏顾忌着秦国,拒而不见,无怪要引起侯嬴的讥刺了。同传里又叙秦昭王把平原君骗到秦国,软禁起来,向他要魏齐的头;平原君只说:"贵而为友者为贱也,富而为交者为贫也;夫魏齐者,胜之友也,在固不出也,今又不在臣所。"平原君看重交情,表示得这么勇决,以与信陵君的顾忌犹豫相对比,更可看出信陵君的"仁"并非毫无问题。读者若单记着《信陵君传》里的"仁而下士",对于信陵君的个性,就只知识了一半。第三,"互见"的体例,又常用来掩护作者,以免触犯忌讳。事实上是这样,而在作者所处的地位,却不容不说那样,否则便触犯忌讳;于是也用"互见"的办法,使读者参互求之,自得其真相。例如迁对于高祖、项羽两人,他的同情似乎完全在项羽方面,但他是汉朝的臣子,不容不称赞高祖,因此,他写两人就运用"互见"的体例,大概从正面写时,高祖是一个长者,而项羽是一个暴君,从侧面写时,便恰正相反。《高祖本纪》开头说高祖"仁而爱人",这是正面。在其他篇章里,便常有相反的记载。《张丞相列传》里记载周昌对高祖说:

"陛下即桀、纣之主也。"《佞幸列传》里直说"高祖至暴抗也",此外见于《张耳陈馀列传》、《魏豹彭越列传》、《淮阴侯列传》、《郦生列传》里的,不一而足。从这许多记载,读者可以见到高祖怎样的暴而无礼,恰正是"仁而爱人"的反面。《萧相国世家》里记载萧何请把上林中空地,让人民进来耕种,高祖大怒,教廷尉论萧何的罪,其后对萧何说:"相国休矣! 相国为民请苑,吾不许,我不过为桀、纣主,而相国为贤相;吾故系相国,欲令百姓闻吾过也。""桀、纣主"的话,高祖自己也说出来了,可见高祖连假装"仁而爱人"的心思也并不存的。《高祖本纪》里说:"怀王诸老将皆曰:'项羽为人僄悍猾贼。'"这是正面。在其他篇章里,便也常有相反的记载。《陈丞相世家》里记载陈平对高祖说:"项羽为人,恭敬爱人,士之廉节好礼者多归之。"《淮阴侯列传》里记载韩信对高祖说:"项羽见人,恭敬慈爱,言语呕呕,人有疾病,涕泣分食饮。"便在《高祖本纪》里,也还留着王陵的"项羽仁而爱人"一句话。陈平,韩信都是弃楚归汉的人,王陵的母亲在楚死于非命,他们三个人对于项羽,当然不会有过分的好评:把他们的话合起来看,项羽"恭敬爱人"该是真的,恰正是"僄悍猾贼"的反面。读者若不把各篇参看,对于高祖、项羽两人,就得不到真切的认识。

"互见"的体例具有避免重复、寄托褒贬、掩饰忌讳三种作用,《史记》是这样,以后模仿《史记》的许多史书也是这样。因此,凡属"纪传体"的史书,必须统看全部,才会得到人物及其事迹的真相,倘若仅仅抽读一篇两篇,那所得的只是个朦胧而不切实的印象而已。所以,在欲知一点史实的人,"纪传体"的史书并非必读;现在有好些研究历史的人,给大学生作了《中国通史》;给中学生读的《中国通史》似乎还没有,但编辑得完善一点的历史教本,也足够使中学生知道史实了。"纪传体"的史书,就其性质而言,还只是一种材料;把它参互比观,仔细钩稽,是史学专家和大学史学系学生的工作,仅仅欲知一点史实的人是不能而且也不必去做的。还有,"纪传体"以人物为经,自不得不以纪事迹为纬,即使不嫌重复,想不用"互见"的体例,事实上也办不到。而在欲知史实的人,却是事迹重于人物。一件事迹往往延续到若干年,另外一种"编年体"为要编年,把整件事迹分隔开来,看起来也不方便。所以宋朝袁枢在"纪传体"和"编年体"之外,创立"纪事本末体"而作《通鉴纪事本末》,它把一件大事作题目,凡司马光《资治通鉴》中关于这件大事的记载,都抄来放在一起,这样,一件事迹便有头有尾,它的前因后果都容易看明白了。在旧式的史书中,"纪事本末体"比较适宜于一般欲知史实的人,这是应该知道的。

现在的《史记》并不是司马迁当时的原样,已经经过了许多人的增补和窜改,《汉书·司马迁传》载了《史记》《自序》之文,接着说:"迁之自叙云尔,而十篇缺,有录无书。"这是说整篇的缺失,而古代简策,保存不易,零星的残逸,也是可以想见的事。修补《史记》的,以汉褚少孙为最早,又有冯商和孟柳,"俱待诏,颇序列传"(见《汉书·艺文志》颜师古注),东汉时有杨终,"受诏删'太史公书'为十余万言"(见《后汉书·杨终传》),唐刘知幾《史通外篇》、《古今正史》中说《史记》之后,刘向、向子歆及诸好事者若冯商、卫衡、扬雄、史岑、梁审、肆仁、晋冯、段肃、金丹、冯衍、韦融、萧奋、刘恂等相次撰续,迄于哀、平,犹名'史记'。"这些增补删削的本子,与原书混和起来是很容易的,着手混和的人也不一定为着存心作伪。现在的《史记》,惟褚少孙的补作低一格刊刻,或更标明"褚先生曰",可以一望而知;此外的增补和窜改便不能辨别了。旧注中颇有辨伪的考证;历代就单篇零句加以考证的,多不胜举;清崔适作《史记探源》八卷,举出伪窜之处特别多,虽未必完全可靠,但一般批评都认为当得"精博"两字。

关于《史记》的注释,宋裴骃的《史记集解》、唐司马贞的《史记索隐》、唐张守节的《史记正义》，合称"三注"，现在都附刊在《史记》里。《史记集解》的序文中说："考较此书（指《史记》），文句不同，有多有少，莫辩其实。而世之惑者，定彼从此，是非相贸，真伪舛杂。故中散大夫东莞徐广，研核众本，为作《音义》，具列异同，兼述训解；粗有所发明，而殊恨省略。聊以愚管，增演徐氏。采经传百家并先儒之说，豫是有益，悉皆抄内，删其游辞，取其要实；或义在可疑，则数家兼列……号曰《集解》。未详则阙，弗敢臆说。"《史记索隐》的序文中说："贞谬闻陋识，颇事钻研，而家传是书（指《史记》），不敢失坠。初欲改更舛错，裨补疏遗，义有未通，兼重注述。然以此书残缺虽多，实为古史，忽加穿凿，难允物情。今止探求异闻，采摭典故，解其所未解，申其所未申者，释文演注，又为述赞，凡三十卷，号曰《史记索隐》。"《史记正义》的序文中说："守节涉学三十余年，六籍九流，地里《苍雅》，锐心观采，评《史》《汉》，诠众训释而作《正义》。郡国城邑，委曲申明，古典幽微，窃探其美，索理允惬，次旧书之旨，兼音解注，引致旁通，凡成三十卷，名曰《史记正义》。"看了以上所引，约略可以知道"三注"的大概。若作《史记》的研究，单看"三注"是不够的；因为关于《史记》任何方面的考据，从唐以后还有很多，就是现在也常有人发表新见，必须搜罗在一起，互相比观，才谈得到研究。若并不作研究而仅仅是阅读，那不必全看"三注"，也可以全不看，只要有一部较好的辞书，如商务印书馆《辞源》或中华书局《辞海》，就可以解决大部分疑难了。

《史记》的大概既已说明，才可以谈到《史记菁华录》。

现在中学里自有历史课程，或用教本，或由教师编撰讲义，学生据以研修，便知道了从古到今的史实。《史记》不是仅仅欲知一点史实的人所宜，前面已经说过；若把它认为古史教本，给中学生研修，那在能力和时间上都超过了限度,无论如何是不应该的。(事实上也没有一个中学把《史记》作为历史教本的。)但同样一部书,往往可以从不同的观点去看它;譬如《庄子》,就内容的观点说,是一部哲学书,但就写作技术的观点说,却是一部文学书;又如《水经注》,就内容的观点说,是一部地理书,但就写作技术的观点说,却是一部文学书。内容和写作技术当然不能划然分开——要了解内容必须明白它怎样表达,要理会写作技术必须明白它说些什么;但偏重一方面,在一方面多用些工夫,那是可以的。从哲学的观点读《庄子》,必须弄清楚庄子思想的整个系统,以及它与当时别派思想的异同,它给与后来思想界的影响等项;从地理的观点读《水经注》,必须弄清楚古今的变迁,广稽图籍,知道什么水道还是与古来一样,什么水道却不同了,又须辨别原著的是非,详加考证,知道某处记载确凿可靠,某处记载却是作者的疏失。但从文学的观点读这两部书,这些方面便不必过于精求,只须注重在词句的运用,篇章的安排,以及人情事态的描写等项就是了。《史记》也同上面所举两部书一样,就内容的观点说,是一部历史书,就写作技术的观点说,是一部文学书。认《史记》为历史而读它,固非中学生所能胜任;但认《史记》为文学而读它,对于中学生却未尝不相宜。《史记》的多数篇章,叙人叙事都是"文学的",值得恒久的玩味;二十四史中的各史,不一定全是文学,但《史记》无疑的是文学的名著。中学生读《史记》,目的并不在也能写出像《史记》一般的古文,而在借此训练欣赏文学的能力和写作记叙文的技术;换句话说,借此养成眼力和手法,以便运用到阅读和写作方面去,得到切实的受用。

中学生读文学名著,虽不宜贪多务博,广事涉猎,也不能抱定一书,不再他求。因此,对于每一部书,不能通读全部,只能节取其一部分;全部的分量往往太多了,非中学生的时力所能应付;所节取的一部分，当然是全书的精粹。教育部颁布的《中学国文课程标准》，在《实施方法概要》项的《教材标准》目下，初中的略读部分列着有"诠释之名著节本"一条，高中的略读部分列着"选读整部或选本之名著"一语，就是这个意思。现在提出的《史记菁华录》，就是一种"名著节本"或"选本之名著"。

《史记菁华录》是钱唐姚祖恩编的。他在卷首有一篇《题辞》，末书"康熙辛丑七夕后三日苧田氏题"；卷尾又有一篇跋，末书"辛丑长至后三日阅讫题此"；据此可知他这部书的编成在清康熙六十年辛丑（公元一七二一年）。苧田氏是他的别号；幸而《题辞》后面有吴振棫的短跋："此本为吾乡姚公祖恩摘录，比携之入黔，中丞善化贺公见而善之，命校勘刊行，以惠学者；道光癸卯五月，钱唐吴振棫识。"才使我们知道编者的姓名和籍贯。但除此以外，我们对于姚祖恩便别无所知。善化贺公是贺长龄，曾做贵州巡抚。吴振棫曾做贵州布政使，此书原版就在任内刊刻，所以卷首书名旁边署着"藩宪吴开雕"五字。"癸卯"是道光二十三年（公元一八四三年），据此可知此书行世快满一百年了。原版而外，各地刻本不少；最近在成都买到一部，是民国三年成都文明阁刻的。自从西洋印刷术流传进来之后，又有些铅印石印的本子。你一定要在某家书铺子里买到一部，往往不能如愿；但如果随时留心的话，却很容易遇见此书，当然不限定那一种本子。

姚祖恩自题两篇，就所记时日看，跋作在前。此跋说明他的编撰体例，现在全录于后：

《史记》一书，学者断不可不读，而亦至不易读者也。盖其文汪洋玮丽，无奇不备，汇先秦以上百家六艺之菁英，罗汉兴以来创制显庸之大略，莫不选言就班，青黄纂组。如游禁籞，如历钧天,如梦前生,如泛重溟。以故谫材谀学,无有能阅之终数卷者。前哲虽有评林,要亦丹黄粗及,全豹不呈。不揣荒陋,特采录而详阅之,务使开卷犁然,皆可成诵。间加论断,必出心裁。密字蝇头,经涉寒暑,幸可成编,固足为雪案之快观也。若所删节者,刊本具存,岂妨翻读?世有《三仓》四库烂熟胸中之士,吾又安能限之哉!

这里说他所采选的,都可以认为完整的篇章;如要看删去的部分,自有整部的《史记》在那里。采选之外,他又自出心裁,加以评注。《题辞》一篇,说明他编撰此书的用意,现在摘录如下:

余少好龙门《史记》,循环咀讽,炙辄而味益深长。顾其夥颐奥衍,既不能束之巾笥;又往哲评林,迄无定本。尝欲抽挹菁华,批导窾郤,使其天工人巧,刻削呈露,俾士之欲漱芳润而倾沥液者,澜翻胸次,而龙门之精神眉宇,亦且郁勃翔舞于尺寸之际,良为快事矣。……古人比事属辞,事奇则文亦奇;事或纷糅,则文不能无冗蔓。故有精华结聚之处,即不能无随事敷衍之处。掇其菁华而略其敷衍,而后知古人之作文甚苦,而我之读之者乃甚甘也。今夫龙门之文,得于善游,夫人而能言之矣,则当其浮长淮,溯大江,极览夫惊沙逆澜、长风怒号、崩击而横飞者,吾于其书而掇取之;望云梦之决溓,睹九嶷之芊绵,苍梧之野,巫山之阳,朝云夕烟,靡曼绰约,吾于其书而掇取之;临广武之墟,历鸿门之坂,访潜龙之巷陌,思霸主之雄图,鹰扬豹变,慷慨悲怀,吾与其文而掇取之;奉使巴岷,吊蚕丛、鱼凫之疆,扪石栈、天梯之险,萦纡晦宵,巉峭幽深,吾于其文而掇取之;适鲁登夫子之堂,抚琴书,亲杖履,雍容鱼雅,穆如清风,吾于其文而掇取之。若夫后胜未来，前奇已过，于其中间，历荒堤而经破驿，顽山钝水，非其兴会之所属，斯逸而勿登焉。读其文而可以知其游之道如彼，则文之道诚不得不如此也。……凡《史记》旧文几五十万言，今掇其五之一；评注皆断以鄙意，视他本为最详，约亦数万言。龙门善游，此亦如米海岳七十二芙蓉，研山几案间卧游之逸品也。因目之曰《史记菁华录》云。

这里说摘出一些部分，足以表见《史记》文字的"天工人巧"的，供学者研摩；又把游览比喻读书，游览可以挑选那最胜之处，"顽山钝水"，便舍弃不顾，读书可以挑选那精粹之处，随事敷衍的笔墨，便也舍弃不顾：这是文章家的看法，把《史记》认为文学书，与史学家的看法全然不同。其中"事奇则文亦奇"的"奇"字，与跋中"无奇不备"的"奇"字，在评注中也常常用到，并不是"奇怪"或"新奇"的意思；大概"事奇"的"奇"字指其事可供描写而言，"文奇"的"奇"字指其文描写得出而言。但站在史家的立场，不能专取那些可供描写的材料；一事的过场脉络，也不得不叙；趣味枯燥可是关系重要的事迹，也不得不记。这些材料，在文章家看来，便是不奇的事；写成文字，只是寻常的记叙文，便是不奇的文了。

此书选录《本纪》三篇，《表序》三篇，《书》三篇，《世家》九篇，《列传》三十三篇，共五十一篇。各篇之中，并不都加删节，全录的有十六篇（《高祖功臣年表序》、《秦楚之际月表序》、《六国表序》、《萧相国世家》、《伯夷列传》、《司马穰苴列传》、《孟子荀卿列传》、《信陵君列传》、《季布栾布列传》、《张释之冯唐列传》、《魏其武安侯列传》、《李将军列传》、《汲郑列传》、《酷吏列传》、《游侠列传》、《滑稽列传》）。于"合传"中全录一人之传的也有五篇（于《老庄申韩列传》全录老子传，于《屈原贾生列传》全录屈原传，于《韩王信卢绾列传》全录卢绾传,于《郦生陆贾列传》全录陆贾传而郦生传有删节,于《扁鹊仓公列传》全录扁鹊传而仓公传有删节)。这些全录的,该是编者所认为完整的篇章,文学的佳作。从此又可推知,凡加以删节的,他必认为其中有随事敷衍之处,非作者"兴会之所属"。如《本纪》一类,原是全书的纲领,从史学的观点看,是极关重要的,但作者写来,不能不平铺直叙,有如记账。所以十二《本纪》中,他只选了三篇,而且都加以删节。于《秦始皇本纪》,只取了"议帝号"、"制郡县"、"废《诗》《书》"三节;这三节主要部分是议论,阔大而简劲,其事对于后来又有极大关系,故而采选。于《项羽本纪》,删去的部分就没有《秦始皇本纪》那么多,约占全篇的三分之一,都是叙述当时一般的战争情势的。原来《项羽本纪》注重在描写项羽这个人物,在十二《本纪》中,是并不拘守体例的一篇;从文章家看来,描写项羽的部分都是好文章,其叙述当时一般的战争情势的部分,虽是史学家所不容忽略,然而非作者"兴会之所属"了。于《高祖本纪》,只取了开头叙高祖微时的一节,和高祖还沛,酒酣作《大风歌》的一节。这两节都是描写高祖这个人物,采选的用意与《项羽本纪》相同。其他各篇删节,大致都是如此。

编者用从前人评点的办法,把《史记》文字逐语圈断;认为颇关紧要或文章佳胜的处所,便在旁边加上连点或连圈。因为刊刻的不精审,就是原版也有很多地方把圈断的圈儿刻错了,其他翻刻排印的本子,也不能完全校正无误;其加上连圈的部分,把一段文字一直圈下去,圈断之处便无从辨别。因此,阅读此书的时候,先得自己下一番工夫,详审文字的意义而加上句读,不能全靠圈断的圈儿。阅读古书,第一步原在明句读,句读弄清楚了,对于书中的意义才确切咬定,没有含糊。像此书似的单用一种圈儿作符号,语意未完的地方是圈儿,语意足的地方也是圈儿,本来不很妥当。读者自己下一番工夫,在语意未完的地方用逗号,在语意完足的地方才用句号,这是很有意思的一种练习,使你对于文中每一个字都不能滑过。至于文字旁边的连点和连圈,也可以不必重视,因为加上这种符号由于编者的主观,读者若能读得透彻,别有会心,也自有他的主观,而这两种主观,从读者方面说,以后者为要,前者只有拿来比照的用处罢了。

古人作文不分段,现在重印古书,往往给它分段,如果分得很精审的话,在读者自是极大便利。此书除了删去一段,下段另行开头以外,仍照原样不分段。因此,读者在断句之后,还得下一番分段的工夫。这番工夫也不是白用的,从这上边,你可以练习解析文章的手段。分段的时候,可以参考此书的注,因为注中有时提到关于段落的话。如《项羽本纪》,此书节录"初宋义所遇齐使者高陵君显在楚军"至"项羽由是始为诸侯上将军,诸侯皆属焉"为一段;但在其中"当阳君、蒲将军皆属项羽"一句下注道:"以上一大段,总写羽为上将军之案。"便可知此处是一段之末,以下"项羽已杀卿子冠军"可另作一段。又如同篇节录叙"鸿门之会"的文字为一段,但在其中"乃令张良留谢"一语下注道:"张良留谢,自作一段读。"便可知此处是一段之始,该与上一语"于是遂去"划开。在注中没有提到的地方,就得自出心裁,把每一段都分得极精审。

编者所加评注,篇中篇末都有。在篇中的,有的写在文句之下,有的写在书页的上方,如所谓"眉批",大致评注少数语句的,写在文句之下,评注较长的一节的,写在书页的上方;但这个区别并不严格,只能说是编者下笔时随便书写的结果。在篇末的,是对于本篇的评论;所选五十一篇的后面,并不是每篇都有,只有二十四篇有。我们既选读此书,对于这些评注,应当明白它的体例,辨别它的善否,选择它的善者而利用它。以下便就这方面说。

通常所谓"注"，是解释字义句义，凡读者不易了悟之处，都把它申说明白；成考证故事成语，凡读者见得生疏之处，都把它指点清楚。这类的注，此书并不多，所以阅读的时候，案头应当备一部较好的辞书。但此书属于这类的注，大体都明白扼要，可以阅看。如《秦始皇本纪》，于"丞相绾、御史大夫劫、廷尉斯等"下注道："秦初三公之职如此。"读者便知"丞相"、"御史大夫"、"廷尉"是秦的"三公"，汉时"三公"是因袭秦制。又如《项羽本纪》，于"公将见武信君乎"下注道："即项梁。"于"项王令壮士出挑战"下注道："独骑相持，不用兵卒者，谓之挑战。"于赞语"何兴之暴也"上方注道："暴字只是骤字义，言苟非神明之后，何德而致此骤兴也。"读者对于"武信君"、"挑战"和"暴"字，或将迷惑，看了注语，便明白了。又如《秦始皇本纪》，于"人善其所私学，以非上之所建立"下注道："人各以其所私学者为善也，长句曲而劲。"《高祖本纪》，于"高祖每酤，留饮酒，仇数倍"下注道："始则索钱数倍常价，以其不琐琐较量也。"读者于此等语句或将不明其义，看了"人各以其所私学为善"，便明白什么是"人善其所私学"，看了"索钱数倍常价"，便明白什么是"仇数倍"。不过也偶尔有解释错的。如《项羽本纪》，于"马童面之，指王翳曰：'此项王也。'"下注道："回面向王翳也。"把"回面向"解释"面"字，又把"之"认为称代王翳，都是显然的错误。这个"面"字向来认为用的反训，是"背向"的意思；又有人说是"偭"的借字，"偭"有"向"义，也有"背"义，《离骚》"偭规矩而改错"的"偭"字，便是"背"义。用代名词"之"字，所代的人或事物必然先见，没有先见了"之"字，然后提出它所代的人或事物的；现在说"回面向王翳"，便是"之"字先见、王翳后出了。这个"之"字分明是称代上一句"项王身亦被十余创……"的项王，"面之"便是"背向项王"。

除了前一类的注以外，多数的评注可以分为两大类：一类是关于文章的,一类是关于事迹的。现在先说前一类。前一类中又可以分为几类。一类是说明文章的段落,前面已经提及,这里不再说了。又一类是说明文章的层次脉络。如《秦始皇本纪》,于"收天下兵,聚之咸阳,销以为钟镰,金人十二,重各千石,置宫廷中"下注道:"一销兵。"于"一法度衡石丈尺,车同轨,书同文字"下注道:"二同律。"于"地东至海暨朝鲜,西至临洮、羌中,南至北向户,北据河为塞,并阴山至辽东"下注道:"三舆地。"于"徙天下豪富于咸阳十二万户。诸庙及章台、上林,皆在渭南"下注道:"四建京。"看了这四注,对于这节文字便有了统括的观念。又如《项羽本纪》,于"是时汉兵盛食多,项王兵罢食绝"下注道:"成败大关目,提出大有笔力。"于张良、陈平说汉王语中的"楚兵罢食尽"下又注道:"再言之。"于"项王军壁垓下,兵少食尽"下又注道:"三言之。"其上方又注道:"'兵罢食尽'之语凡三提之,正与项王'天亡我'之言呼应。史公力为项王占地步,其不肯以成败论英雄如此,皆所谓'一篇之中,三致意焉'者也。"这提醒了读者,由此可知屡叙兵罢食尽并不是无谓的赘笔。又如同篇,于"项王身亦被十余创,顾见汉骑司马吕马童曰:'若非吾故人乎?'马童面之,指王翳曰:'此项王也。'项王乃曰:'吾闻汉购我头千金……'"的上方注道:"项王语本一片,中间别描吕马童数笔,此夹叙法。"看了此注,便知项王"吾闻汉购我头千金……"的语与"若非吾故人乎"的话原是径接的,知道径接,项王当时的心情声态更觉如在目前,又可以进而推求,为什么要把吕马童向王翳说的话插在中间。推求的结果,便知道移到后面去就安排不好,惟有插在中间,才表现出当时的生动的场面。这一类注都有用处,都该细看。

又一类是说明文章的作用。如《项羽本纪》,于"诸项氏枝属,汉王皆不诛,乃封项伯为射阳侯"下注道:"合叙中见轻重法。"读者便知特提项伯,其作用在显示他是有恩于汉王的人,下文"桃侯、平皋侯、玄武侯"三人都无甚关系,所以只以"皆项氏,赐姓刘氏"了之。
又如《高祖本纪》,于"吕公大惊,起迎之门。吕公者,好相人"下注
道:"史公每用夹注法,最奇妙。"于下文"见高祖状貌,因重敬之,引
入坐"下又注道:"接上'迎之门'句。"读者便知"吕公者,好相人"的
作用是插注,"引入坐"的作用是回接。又如《河渠书》,于"随山浚
川,任土作贡,通九道,陂九泽,度九山,然河菑衍溢,害中国也尤甚"
下注道:"忽宕一笔,是史公文至此方从洪水独抽出河来,以下皆言
治河。"读者便知"然河菑衍溢,害中国也尤甚"的作用从广泛的洪水
转到单独的河害。这一类注也有用处,由此可以养成仔细阅读的
习惯。

又一类是阐说文章的旨趣。如《项羽本纪》,于"梁父即楚将项
燕,为秦将王翦所戮者也。项氏世世为楚将"的上方注道:"提出项
燕、王翦,以著秦、项世仇,提出世为楚将,以著霸楚缘起。"又如同
篇,于"项王渡淮,骑能属者百余人耳"的上方注道:"以下皆子长极
意摹神之笔,非他传可比。"又如《高祖本纪》,于所选第一段的上方
注道:"汉室定鼎,诛伐大事,皆详于诸功臣《世家》、《列传》中,及《高
祖本纪》,则多载其细微时事及他神异符验,所以其文繁而不杀,灵
而不滞;叹后世撰《实录》者不敢复用此格,而因以竟无可传之文
也。"又如《六国表序》,于"独有《秦记》"至"此与耳食无异,悲夫"的
上方注道:"此段是正叙采《秦记》以著《六国年表》本意;然《秦记》卑
陋,为世儒聚道,下段故特举'耳食'之弊,以见《秦记》之不可尽废
也;文义始终照应,一丝不走。"以上四例,从第一例,可知叙述项燕
为王翦所戮和项氏世世为楚将,并非闲笔墨。从第二例,可以唤起
阅读时的注意,于项王战败自到一大段,细辨其"极意摹神"之处。
从第三例,可知《高祖本纪》内容的大概,以及其何以略于"诛伐大
事"。从第四例,可知《六国表序》以"太史公读《秦记》"开头,以下以

各国与秦并论,而侧重于秦,皆所以说明"因《秦记》"作表的旨趣。这一类注都于读者有帮助。

又一类是指出描写的妙笔。如《项羽本纪》,于"项伯……欲呼张良与俱去,曰'毋从俱死也'"下注道:"千余字耳,叙得情事俱尽,性情态色俱现,千古奇笔。"于"张良曰'谁为大王为此计者'"下又注道:"从容得妙。"于"(沛公)曰:'鲰生说我曰'"下又注道:"急中骂语,皆极传神。"于"良曰'料大王士卒,足以当项王乎'"下又注道:"偏从容。"于"沛公默然曰'固不如也,且为之奈何'"下又注道:"又倔强,又急遽,传神之笔。"于"张良曰'请往谓项伯,言沛公不敢背项王也'"下又注道:"到底从容,音节琅琅可听,只如此妙。"于这段文字的上方又注道:"以一笔夹写两人,一则窘迫绝人,一则从容自如,性情须眉,跃跃纸上,史公独绝之文,《左》、《国》中无有此文字。"沛公与张良计议是史实,但这些注语并不论史实而论文章,从文章看,沛公的窘迫和张良的从容都表现了出来,而注语把表现了出来之处给点醒了。又如《高祖本纪》,于"吕后与两子居田中耨,有一老父过,请饮,吕后田铺之"下注道:"看他连叙两个相人,无一笔犯复,古人不可及在此。"一个相人是吕公相高祖,一个相人是老父相吕后、孝惠和鲁元。于"相鲁元亦皆贵"下又注道:"相人凡换四样笔,乃至一字不相袭,与城北徐公语又大不同。"所谓四样笔,一是吕公相高祖,明说"臣少好相人,相人多矣,无如季相"。二是老父相吕后,赞称"夫人天下贵人"。三是老父相孝惠,说明"夫人所以贵者,乃此男也"。四是老父相鲁元,不复记其言语,只叙道:"相鲁元亦皆贵。"这也是论文章,记叙同样的事实,而文章能变化,确然值得玩味。后一注中所称"城北徐公语",指《战国策·齐策》"邹忌修八尺有余"一篇中的问答语而言。邹忌问其妻"我孰与城北徐公美",妻答道:"君美甚,徐公何能及君也!"又问其妾"吾孰与徐公美",妾答道:"徐公何

能及君也!"又问其客"吾与徐公孰美",客答道:"徐公不若君之美
也。"每次问答语都不相同,向来认为文章能变化的好例;但与《高祖
本纪》写相人的这一节对比,便觉得《战国策》问答语的变化仅在字
句之间了。又如《项羽本纪》"项王、范增……乃阴谋曰:'巴蜀道险,
秦之迁人皆居蜀',乃曰:'巴蜀亦关中地也。'故立沛公为汉王,王巴
蜀汉中"一节,于"巴蜀亦关中地也"下注道:"'乃阴谋曰','乃曰',
一阴一阳,连缀而下,真绘水绘声手。"经这一点明,便知这两语一表
私下的计议,一表公开的宣布,虽是简单的叙述,也具有描写的作
用。又如《陈涉世家》,于"旦日,卒中往往语,皆指目陈胜"下注道:
"画出情景。"经这一点明,便觉"指目陈胜"四字写出一个繁复而生
动的场面,读者各自可以想像得之。又如《信陵君列传》,于"当是
时,魏将相宾客满堂,待公子举酒,市人皆观公子执辔,从骑皆窃骂
侯生"下注道:"方写市中公子、侯生,忽从家内插一笔,从骑插一笔,
市人插一笔,神妙之笔,当面飞来,又凭空抹倒。"经这一点明,便觉
这几语看似突兀,而实则极入情理,以见所有的人都惊怪于公子的
谦恭和侯生的骄蹇,于是"侯生视公子,色终不变"两语接上去,才格
外的有力——因为看似突兀,所以说"当面飞来",因为下文仍归到
市中公子、侯生,所以说"又凭空抹倒"。这一类注都足以启发读者,
语句虽简短,有时又不免抽象一点,但读者据此推想开来,往往可以
体会到描写的佳处。

　　以上所举几类的注,都是关于文章的。现在再说关于事迹的。
这又可以分为几类。一类是批评事迹,与文章全无关系;但其语精
警,于读者知人论世颇有帮助。如《项羽本纪》,于樊哙带剑拥盾入
项王军门一节的上方批道:"樊哙谏还军霸上,及定天下后排闼问疾
数语,俱有大臣作用,此段忠诚勇决,亦岂等闲可同;论世者宜分别
观之。"编者恐读者但认樊哙为粗豪武夫,所以批注这一条,唤起读

者的注意。沛公攻进了咸阳,艳羡秦宫的富有,意欲就此住下来;樊哙劝他还军霸上,他不听;张良说樊哙的话是忠言,他才听了,事见《留侯世家》(此书《留侯世家》没有选录这一节)。高祖在禁中卧病,不让群臣进见;樊哙排闼直入,一班大臣也就跟了进去,却见高祖枕着一个宦者躺在那里,哙等于是流涕进谏,有"陛下病甚,大臣震恐,不见臣等计事,顾独与一宦者绝乎!且陛下独不见赵高之事乎"的话,事见《樊郦滕灌列传》(此书没有选录下《樊郦滕灌列传》)。读者若细味本篇樊哙对项王说一番话,再兼看那两篇,对于樊哙这个人物,印象自当不同。又如《廉颇蔺相如列传》,于相如送璧先归,庭对秦王一节的上方批道:"人臣谋国,只是致身二字看得明白,即智勇皆从此生,而天下无难处之事矣。玩相如完璧归赵一语,当奉使时,已自分璧完而身碎,璧归赵而身不与之俱归矣。此时只身庭见,若有丝毫冀幸之情,即一字说不出。看其侃侃数言,有伦有脊,故知其明于致身之义者也。"这里提出"致身"二字,解释相如智勇的由来,很有见地。又如《淮阴侯列传》,于诸将问韩信致胜之术,韩信答以"置之死地"一节的上方批道:"岳忠武论兵曰:'运用之妙,存乎一心。'夫心之精微,口不能言也,况于书乎。汉王尝以十万之兵,夹睢水阵,为楚所麾,睢水为之不流,此与'置之死地'者何异,而败衄至此。使泥韩信之言,其不至颠蹶舆尸,载胥及溺者几何矣。此总难为死守训诂者言也。"这一段以韩信背水阵与汉王夹睢水阵并论,两回战役情形相似,而一胜一败,可见致胜的因素决不止一个。韩信据兵法说由于"置之死地"之不过许多因素中的一个而已。因此归结到韩信的话不可泥,自是颇为通达的议论。又如《李将军列传》,于文帝说李广"惜乎子不遇时,如令子当高帝时,万户侯岂足道哉"的上方批道:"文帝'惜乎子不遇时'之言,非关高帝时尚武而今偃武修文也。文帝时匈奴无岁不扰,岂得不倚重名将?帝意正以广才气跅弛,大有黥、彭、樊、灌之风,当肇造区宇之时,大者王,小者侯,取之如探策矣。今天下已定,虽勒兵陷阵,要必束之于簿书文法之中;鳃鳃纪律,良非广之所堪也,故叹惜之。此实文帝有鉴别人才处;广之一生数奇,早为所决矣。"这一段发明文帝语意和李广所以一生数奇,都很精辟。

又一类也是批评事迹,也与文章全无关系,且所评只是编者一时的兴会,说不上知人论世。这一类评注对读者无甚益处,竟可不看,即使顺便看了,也无须加以仔细研求。如《项羽本纪》,于项羽拔剑斩会稽守头下批道:"如此起局,自然只成群雄事业。"这似乎说项羽不能取天下,成帝业,乃由于他起局的不正,未免把历史大事看得太简单太机械了。于项王以马赐乌江亭长下批道:"以马与长者,好处分。"于项王对吕马童说"若非吾故人乎"下又批道:"寻一自刭好题目。"于项王"乃自刭而死"下又批道:"以身与故人,又好处分。"这些都是在小节目上说巧话,颇像从前人批评小说的格调,对于读者实在没有什么启发。又如《绛侯周勃世家》,于文帝劳军细柳,"军士吏被甲锐兵刃彀弓弩持满"下批道:"作临阵之态,岂非着意妆点,见才于人主乎。"于"天子先驱至,不得入"下又批道:"若先驱得入,则不能令天子亲见军容矣,其理可知。"于"都尉曰'将军令曰'"下又批道:"极意作态。"于"于是上乃使使持节诏将军"下又批道:"此亦天子之诏也,天子未至则不受,至则受之,为其整肃之已见也,倨甚。"于"壁门士吏谓从属车骑曰:'将军约,军中不得驱驰'"下又批道:"乃至以约束吏者约束天子,倨甚。"于"将军亚夫持兵揖曰"下又批道:"倨甚。"于这一节文字的上方又批道:"细柳劳军,千古美谈。全谓亚夫之巧于自著其能以邀主眷耳。行军之要,固不在此也。何者?当时遣三将军出屯备胡,既非临阵之时,则执兵介胄,传呼辟门,一何过倨。况军屯首重侦探,岂有天子劳军已历两塞,而亚夫尚未知之理？乃至先驱既至，犹闭壁门，都尉申辞，令天子亦遵军令，不亦甚乎！然其持重之体迥异他军，则锥处囊中，脱颖而出，亚夫之谋亦工矣。顾非文帝之贤，安能相赏于形迹之外哉？"这些评语以为亚夫有意做作，好像他预知文帝能够赏识他那一套似的，未免是存心挑剔。从前有一部分翻案的史论就属于这一类，都无关于史实的认识。

又一类是批评事迹，却与文章的了解或欣赏有关。这一类大致可看：看了之后，于事迹，于文章，都可有进一步的体会。如《项羽本纪》，于"籍曰'彼可取而代也'"下批道："蛮得妙，与高祖语互看，两人大局已定于此。"《高祖本纪》，于"观秦皇帝，喟然太息曰'嗟乎！大丈夫当如此也'"下批道："与项羽语参看。""两人大局已定于此"的话虽浮游无根，但把两语参看，确可见刘、项微时，正具一般的雄心；而两语一表粗豪，一表阔大，也可从比较中见出。又如《项羽本纪》，于项王困于垓下，自为诗歌下批道："英雄气短，儿女情深，千古有心人莫不下涕。"《留侯世家》，于高祖欲立戚夫人子为太子，因张良计阻，不得如愿，"戚夫人泣，上曰'为我楚舞，吾为若楚歌'"下批道："项羽垓下事情，高祖此时却类之，英雄儿女之情，何必以成败异也，读之凄绝。"两事很相类，若取这两节文章对看，体会其文情，更吟味两人所为诗歌的感慨意绪，自比单看一节有趣得多。又如《魏其武安侯列传》，于篇首的上方批道："叙魏其事，须看其段段与武安针锋相对，豫为占地步处。"又道："田蚡借太后之势以得侯，魏其诎太后之私以去位，此一异也；田蚡贵幸，镇抚多宾客之谋，魏其赐环，投身赴国家之难，此二异也；田蚡居丞相之位，不肯诎于其兄，魏其受大将之权，必先进乎其友，此三异也；田蚡之狗马玩好，遍征郡国而未厌其心，魏其之赐金千斤，尽陈廊庑而不私于己，此四异也；魏其以强谏谢病，宾客语之莫来，田蚡以怙势见疏，人主麾之不去，此五异也。凡此之类，皆史公著意推毂魏其，以深致痛惜之情，而田蚡之不值一钱，亦俱于反照处见之矣。"这些评语把两人事迹扼要提示，同时指出作者的文心，使读者看下去，头绪很清楚，并能领会于叙述中见褒贬的笔法。但这一类中也有不足取的。如《留侯世家》，于"子房始所见下邳圯上父老与《太公书》者，后十三年，从高帝过济北，果见谷城山下黄石，取而葆祠之"的"子房始所见下邳圯上父老与《太公书》者"下批道："好结穴，诸传所无。"他人并没有老人授书事，他人传中当然不会有此结笔。这不过是补叙余事，回应前文而已，定要说是"诸传所无"的"好结穴"，未免求之过深。又如《张仪列传》，于苏秦使舍人阴奉张仪，让他得见秦惠王，既已达到目的，舍人辞去，张仪留他，舍人说："臣非知君，知君乃苏君：苏君忧秦伐赵败从约，以为非君莫能得秦柄，故感怒君"下批道："此数语恐当日未必明明说出，若说出一毫无味矣；史公未检之笔也，不可不晓。"因其明说无味，便认为"未检之笔"，这纯把作史看成作小说了。并且，不叙舍人说"苏君忧秦伐赵败从约"，下文张仪"吾又新用，安能谋赵乎"的话又怎能着拍？所以这个评语乃是不中节的吹求。

此书所选《史记》文字，其中二十四篇的篇末，有编者的评论，都就全篇而言。体例也不一律，或仅论事论人，或在论事论人之外兼论文章理法，或仅发表对于本篇的感想，现在各举一例。《商君列传》篇末评道：

> 商君变法一事，乃三代以下一大关键。由斯以后，先王之流风余韵遂荡然一无可考，其罪固不可胜诛。然设身处地，以一羁旅之臣，岸然排父兄百官之议，任众怨，兼众劳，以卒成其破荒特创之功，非绝世之异才，不能为也。故吾以为古今言变法者数人：卫鞅，才子也；介甫，学究也；赵武灵王，雄主也；魏

孝文帝，明辟也。其所见不同，而有定力则一。惟学究之害最深，以其执古方以杀人，而不知通其理也。

这一说商鞅废古，罪不可胜诛，王介甫行新法，是执古方以杀人，都是从前读书人的传统见解，无甚意思。但说商鞅变法是三代以下一大关键，却有识见。秦变法之后，立了许多新制度，后来传给汉，于是秦、汉的局面与三代大不相同；岂不是一大关键？《秦楚之际月表序》篇末评道：

题曰"秦楚之际"，试问二世既亡，汉国未建，此时号令所出，非项羽而谁？又当山东蜂起，六国复立，武信初兴，沛公未兆，此时号令所出，非陈胜而谁？故不可言秦，不可言楚，谓之"际"者，凡以陈、项两雄也。表为两雄而作，却以记本朝创业之由，故首以三家并起，而言下轩轾自明。次引古反击一段，然后收归本朝，作赞叹不尽之语以结之。布局之工，未易测也。

这一段前半据史实发明立题的旨趣，后半就文章阐说全局的布置，都很精当，于读者颇有帮助。又如《信陵君列传》篇末评道：

不知文者，尝谓无奇功伟烈，便不足垂之青简，照耀千秋。岂知文章予夺，都不关实事。此传以存赵起，抑秦终，然"窃符救赵"，本末交兵，即逐秦至关，亦只数言带叙，其余摹情写景，按之无一端实事。乃千载读之，无不神情飞舞，推为绝世伟人。文章有神，夫岂细故哉！

这一段点明《信陵君列传》所以使人赞赏不已，不在信陵君的事功,而在文章描写的精妙,确是见到之言。

关于此书的评注,前面已经谈得很多。读者若能依据前面所分类目,逐一比附,取其精要的,特别加以体会,略其肤泛的,不再多费思索;便是善于利用此书了。当然,在编者的评注以外,读者自己若能有深入的心得,那是尤其可贵的。

注:本篇前半谈《史记》的部分,有许多意见是从朱东润先生的《史记讲录》(武汉大学讲义)和《传叙文学与史传之别》(《星期评论》第三十一期)采集的,不为掠美,特此声明。

(按:本文采自四川省立教育科学馆《国文教学丛刊》之一《略读指导举隅》一书。署"叶绍钧、朱自清著"。书中各篇未标著者姓名。惟《朱自清研究资料集》则标此篇作者为朱自清,姑从之。)

《国学典藏》丛书已出书目

周易 [明]来知德 集注

诗经 [宋]朱熹 集传

尚书 曾运乾 注

周礼 [清]方苞 集注

仪礼 [汉]郑玄 注 [清]张尔岐 句读

礼记 [元]陈澔 注

论语·大学·中庸 [宋]朱熹 集注

孟子 [宋]朱熹 集注

左传 [战国]左丘明 著 [晋]杜预 注

孝经 [唐]李隆基 注 [宋]邢昺 疏

尔雅 [晋]郭璞 注

说文解字 [汉]许慎 撰

战国策 [汉]刘向 辑录
　　　 [宋]鲍彪 注 [元]吴师道 校注

国语 [战国]左丘明 著
　　 [三国吴]韦昭 注

史记菁华录 [汉]司马迁 著
　　　　　 [清]姚苎田 节评

徐霞客游记 [明]徐弘祖 著

孔子家语 [三国魏]王肃 注
　　　　 (日)太宰纯 增注

荀子 [战国]荀况 著 [唐]杨倞 注

近思录 [宋]朱熹 吕祖谦 编
　　　 [宋]叶采 [清]茅星来等 注

传习录 [明]王阳明 撰
　　　 (日)佐藤一斋 注评

老子 [汉]河上公 注 [汉]严遵 指归
　　 [三国魏]王弼 注

庄子 [清]王先谦 集解

列子 [晋]张湛 注 [唐]卢重玄 解
　　 [唐]殷敬顺 [宋]陈景元 释文

孙子 [春秋]孙武 著 [汉]曹操 等注

墨子 [清]毕沅 校注

韩非子 [清]王先慎 集解

吕氏春秋 [汉]高诱 注 [清]毕沅 校

管子 [唐]房玄龄 注 [明]刘绩 补注

淮南子 [汉]刘安 著 [汉]许慎 注

金刚经 [后秦]鸠摩罗什 译 丁福保 笺注

维摩诘经 [后秦]僧肇等 注

楞伽经 [南朝宋]求那跋陀罗 译
　　　 [宋]释正受 集注

坛经 [唐]惠能 著 丁福保 笺注

世说新语 [南朝宋]刘义庆 著
　　　　 [南朝梁]刘孝标 注

山海经 [晋]郭璞 注 [清]郝懿行 笺疏

颜氏家训 [北齐]颜之推 著
　　　　 [清]赵曦明 注 [清]卢文弨 补注

三字经·百家姓·千字文
　　　　 [宋]王应麟等 著

龙文鞭影 [明]萧良有等 编撰

幼学故事琼林 [明]程登吉 原编
　　　　　　 [清]邹圣脉 增补

梦溪笔谈 [宋]沈括 著

容斋随笔 [宋]洪迈 著

困学纪闻 [宋]王应麟 著
　　　　 [清]阎若璩 等注

楚辞 [汉]刘向 辑
　　 [汉]王逸 注 [宋]洪兴祖 补注

曹植集 [三国魏]曹植 著
　　　 [清]朱绪曾 考异 [清]丁晏 铨评

陶渊明全集 [晋]陶渊明 著
　　　　　 [清]陶澍 集注

王维诗集 [唐]王维 著 [清]赵殿成 笺注

杜甫诗集 [唐]杜甫 著 [清]钱谦益 笺注

李贺诗集 [唐]李贺 著 [清]王琦等 评注

李商隐诗集 [唐]李商隐 著
　　　　　　[清]朱鹤龄 笺注
杜牧诗集 [唐]杜牧 著 [清]冯集梧 注
李煜词集（附李璟词集、冯延巳词集）
　　　　　　[南唐]李煜 著
柳永词集 [宋]柳永 著
晏殊词集·晏幾道词集
　　　　　　[宋]晏殊 晏幾道 著
苏轼词集 [宋]苏轼 著 [宋]傅幹 注
黄庭坚词集·秦观词集
　　　　　　[宋]黄庭坚 著 [宋]秦观 著
李清照诗词集 [宋]李清照 著
辛弃疾词集 [宋]辛弃疾 著
纳兰性德词集 [清]纳兰性德 著
六朝文絜 [清]许梿 评选
　　　　　　[清]黎经诰 笺注
古文辞类纂 [清]姚鼐 纂集
乐府诗集 [宋]郭茂倩 编撰
玉台新咏 [南朝陈]徐陵 编
　　　　　　[清]吴兆宜 注 [清]程琰 删补
古诗源 [清]沈德潜 选评
千家诗 [宋]谢枋得 编
　　　　　　[清]王相 注 [清]黎恂 注
瀛奎律髓 [元]方回 选评
花间集 [后蜀]赵崇祚 集
　　　　　　[明]汤显祖 评
绝妙好词 [宋]周密 选辑
　　　[清]项絪 笺 [清]查为仁 厉鹗 笺

词综 [清]朱彝尊 汪森 编
花庵词选 [宋]黄昇 选编
阳春白雪 [元]杨朝英 选编
唐宋八大家文钞 [清]张伯行 选编
宋诗精华录 [清]陈衍 评选
古文观止 [清]吴楚材 吴调侯 选注
唐诗三百首 [清]蘅塘退士 编选
　　　　　　[清]陈婉俊 补注
宋词三百首 [清]朱祖谋 编选
文心雕龙 [南朝梁]刘勰 著
　　　　　　[清]黄叔琳 注 纪昀 评
　　　　　　李详 补注 刘咸炘 阐说
诗品 [南朝梁]锺嵘 著
　　　古直 笺 许文雨 讲疏
人间词话·王国维词集 王国维 著

戏曲系列
西厢记 [元]王实甫 著
　　　　　　[清]金圣叹 评点
牡丹亭 [明]汤显祖 著
　　　　　　[清]陈同 谈则 钱宜 合评
长生殿 [清]洪昇 著 [清]吴人 评点
桃花扇 [清]孔尚任 著
　　　　　　[清]云亭山人 评点

小说系列
儒林外史 [清]吴敬梓 著
　　　　　　[清]卧闲草堂等 评

部分将出书目

公羊传	水经注	古诗笺	清诗别裁集
榖梁传	史通	李白全集	博物志
史记	日知录	孟浩然诗集	温庭筠词集
汉书	文史通义	白居易诗集	封神演义
后汉书	心经	唐诗别裁集	聊斋志异
三国志	文选	明诗别裁集